LIVROS QUE CONSTROEM

AS GRANDES GUERRAS DA HISTÓRIA

CIP-Brasil. Catalogação-na-Publicação
Câmara Brasileira do Livro, SP

Liddell Hart, Basil Henry, 1895-1970.
L68g As grandes guerras da história / B. H. Liddell
3.ed. Hart ; tradução Aydano Arruda ; revisão técnica e anotações do Gen. Reynaldo Mello de Almeida. -- 3. ed. -- São Paulo : IBRASA, 1982.
(Biblioteca história ; 9)

1. Estratégia 2. História militar I. Título.

CDD-355.48
82-0507 -355.43

Índices para catálogo sistemático:
1. Estratégia : Ciência militar 355.43
2. Guerras : Análise : Ciência militar 355.48

Biblioteca "HISTÓRIA, EXPLORAÇÕES E DESCOBERTAS"

Volumes publicados

1	*História dos Povos da Língua Inglesa*	Winston Churchill
2	*A Revolução Russa*	Alan Moorehead
3	*Memórias de Montgomery*	Mal Montgomery
4	*Tudo Começou em Babel*	Herbert Wendt
5	*História das Línguas*	Ernst Doblhofer
6.	*Jornal do Mundo*	Vários autores
7	*História das Orgias*	Burgo Partdrige
8.	*O Homem e o Universo*	Arthur Koestler
9	*A Revolução Francesa*	Georges Lefebvre
10	*As Grandes Guerras da História*	H Lidell Hart
11	*Nova Mitologia Clássica*	Mario Meunier
12	*História dos Gregos*	Indro Montanelli
13.	*História de Roma*	Indro Montanelli
14	*Hernan Cortez*	S. de Madriaga
15	*História da Ciência*	William C Dampier
16.	*De Adão à ONU*	René Sedillot
17	*Rendição Secreta*	Allen Dulles
18.	*A Angústia dos Judeus*	E H Flannery
19	*Idade Média. Trevas ou Luz?*	Indro Montanelli
20	*Itália: Os Séculos de Ouro*	Indro Montanelli
21	*Itália. Os Séculos Decisivos*	Indro Montanelli
22	*Hitler e a Rússia*	Trumbull Higgins
23.	*Síntese Histórica do Livro*	J Barbosa Mello
24	*Ruínas Célebres*	Herman e G Schreiber
25	*Impérios Soterrados*	Herman e G Schreiber
26.	*Romance da Arqueologia*	P E Cleator
27	*Autobiografia de Benjamin Franklin*	Benjamin Franklin
28.	*A Declaração da Independência*	Carl L. Becker
29	*Hitler: Autodestruição de uma Personalidade*	H D Rohrs
30.	*Israel Do Sonho à Realidade*	Chaim Weizmann
31	*Conspiração Mundial dos Judeus*	Norman Cohn
32	*A Longa Marcha*	Simone de Beauvoir
33	*De Leste ao Oeste*	Arnold Toynbee
34	*A Manipulação da História no Ensino e Meios de Comunicação*	Marc Ferro
35.	*Japão. Passado e Presente*	José Yamashiro
36.	*História da Cultura Japonesa*	José Yamashiro
37	*Astrônomos Pré-Históricos do Ingá*	F Pessoa Faria
38.	*Choque Luso no Japão dos Séculos XVI e XVII*	José Yamashiro
39	*João Paulo II, o Vermelho e o Branco*	G S. Wegener
41	*A Papisa Joana*	Rosemary e D Pardoe
42	*História dos Samurais*	José Yamashiro
43	*A língua de Camões*	José Verdasca
44	*Raízes da Nação Brasileira*	José Verdasca
45	*Imagem do Índio*	Yolanda Lhullier dos Santos

B. H. LIDDELL HART

AS GRANDES GUERRAS DA HISTÓRIA

Tradução de
Aydano Arruda

Revisão técnica e anotações do
Gen. Reynaldo Mello de Almeida

6ª EDIÇÃO

IBRASA
INSTITUIÇÃO BRASILEIRA DE DIFUSÃO CULTURAL LTDA.
SÃO PAULO

Outras Obras de Liddell Hart

TEORIA DA GUERRA

The Revolution in Warfare
Thoughts on War
The Ghost of Napoleon
The British Way in Warfare
The Future of Infantry
Paris, or The Future of War
Science of Infantry Tactics
New Methods of Infantry Training
e diversos manuais sobre funcionamento do
ESTADO-MAIOR GERAL

ASSUNTOS MILITARES E SEGUNDA GUERRA MUNDIAL

Defence of the West
The Other Side of the Hill
(U.S. Title: The German Generals Talk)
This Expanding War
The Current of War
Dynamic Defence
The Defence of Britain
Europe in Arms
The Remaking of Modern Armies
The Rommel Papers (editor)
Deterrent or Defense

PRIMEIRA GUERRA MUNDIAL

The War in Outline
A History of the World War, 1914-18
Through the Fog of War
Reputations
Foch
'T. E. Lawrence' in Arabia and After

HISTÓRIA ANTIGA

Scipio Africanus
Great Captains Unveiled
Sherman
The Letters of Private Wheeler (editor)

GERAL

Why Don't We Learn from History?

Título do original inglês:

Strategy

Publicado pela Frederick A. Praeger, Inc., de Nova York, no mesmo ano e reimpresso, em edição revista, por Praeger Paperbacks, Inc. N. Y. Desta última edição é que se fêz a tradução brasileira.

Capa de
A. E. ARIZPE

IBRASA
INSTITUIÇÃO BRASILEIRA DE DIFUSÃO CULTURAL LTDA.
Rua 13 de Maio, 446
Tel/Fax: (0xx11) 3284-8382
e-mail: ibrasa@ibrasa.com.br
home page: www.ibrasa.com.br

Impresso em **2010**

IMPRESSO NO BRASIL - PRINTED IN BRAZIL

A

IVOR MARX

Instrutor de Tropas para a Guerra

NOTA — O tradutor conservou no texto as medidas inglesas como se encontravam no original. Para orientação do leitor, lembramos que a milha equivale a 1,6 km; a jarda, 91 cm e a libra, 453,6 g. A milha náutica equivale a 1.800 metros. O pé equivale a 30,5 cm.

ÍNDICE

Parte III

Parte IV

FUNDAMENTOS DA ESTRATÉGIA E GRANDE ESTRATÉGIA

MAPAS

Esboços

"A simulação é fundamental na conduta da guerra: Assim, quando em condições de atacar devemos mostrar-nos incapazes de fazê-lo; quando em operações, aparentar inatividade; quando próximos, fazer o inimigo acreditar que estamos longe; quando longe, fazê-lo crer que estamos perto. Usar de engodos para atrair o inimigo; mostrar-nos desorganizados para destruí-lo."

"Não há exemplo de um país que se tenha beneficiado com uma guerra prolongada."

"Somente quem está amplamente familiarizado com os malefícios da guerra está em condições de conduzi-la de modo proveitoso."

"O ideal, na guerra, é quebrar a resistência do inimigo sem luta."

A grande sabedoria de um general consiste primeiro em frustrar os planos do inimigo; depois, em evitar a junção de suas forças e, finalmente, atacá-lo em campo aberto. Seu maior erro será sitiá-lo em cidades fortificadas."

"Em toda luta o método direto pode ser usado para marchar para a batalha, mas somente os métodos indiretos conduzirão à vitória."

"Aparecei em pontos onde o inimigo tenha pressa em defender-se e atuai, rapidamente, onde não sejais esperado."

"Podeis avançar e ser absolutamente irresistíveis se investirdes contra os pontos fracos do inimigo; podeis retirar-vos e escapar da perseguição, se vossos deslocamentos forem mais rápidos que os do inimigo."

"Todos podem ver as táticas empregadas nas minhas conquistas; mas o que ninguém pode visualizar é a estratégia que as possibilita."

"A tática militar se assemelha à água que, em seu curso natural, corre das partes altas para as baixas. Na guerra, a maneira de evitar o que é forte é atacar o que é fraco."

"A água modela seu curso de acordo com o terreno sobre o qual corre; o soldado constrói sua vitória em função do inimigo que enfrenta."

"Assim, tomar uma longa via circundante, depois de atrair o inimigo para outra direção e, mesmo tendo partido depois dele, conseguir precedê-lo na conquista do objetivo, demonstra conhecimento da arte da *diversão*."

"Dominará aquele que aprender a arte da *diversão*. Essa é a arte da manobra."

"Abster-se de interceptar um inimigo cujas bandeiras estejam em perfeita ordem, abster-se de atacar um exército conduzido em calma e confiante formação, eis a arte de avaliar as circunstâncias."

"Quando cercardes um exército, deixai-lhe uma porta de fuga. Não pressioneis demasiadamente um inimigo desesperado."

"A rapidez é a essência da guerra; tirai vantagem do despreparo do inimigo, avançai por vias inesperadas e atacai postos desguarnecidos."

SUN TZU, *A Arte da Guerra* — 500 A.C.

"A vitória mais completa e feliz é aquela em que o inimigo é compelido a abandonar seus propósitos, sem nenhum dano de nossa parte."

BELISÁRIO

"Por meios indiretos descobrir direções para atuar."

SHAKESPEARE — *Hamlet*, ato II, cena I.

"A arte da guerra consiste, em essência, numa defensiva bem planejada e extremamente ponderada, seguida de um rápido e audacioso ataque."

NAPOLEÃO

"Toda ação militar é impregnada por forças de inteligência e seus efeitos."

CLAUSEWITZ

"Um hábil chefe militar conseguirá, em muitos casos, selecionar posições defensivas de natureza tão ofensiva, do ponto de vista estratégico, que o inimigo se veja compelido a atacá-las."

MOLTKE

"Bravos companheiros, esses soldados; eles sempre procuram a parte mais densa da cerca."

ALMIRANTE DE ROBECK
observando o desembarque de Gallipoli
em 25 de abril de 1915.

PREFÁCIO

A bomba de hidrogênio não é a resposta ao sonho dos povos ocidentais de garantia completa e definitiva de seus anseios de segurança. Não é, também, defesa para os perigos que os ameaçam. Ao contrário, à medida que aumenta seu poder destruidor, a ansiedade e a sensação de insegurança daqueles povos se aprofundam e se ampliam.

A bomba atômica, em 1945, era considerada pelos estadistas responsáveis do Ocidente como um meio simples e fácil de assegurar uma vitória rápida e completa — e a subseqüente paz mundial. Esposavam eles, segundo Winston Churchill, o seguinte raciocínio: "Terminar a guerra, dar paz ao mundo, estender mãos benfazejas a povos torturados, por meio de uma demonstração de poder esmagador, ao custo de poucas explosões, seria uma solução milagrosa após tantos perigos e sacrifícios já sofridos." Mas o estado de ansiedade em que se encontram hoje os povos do mundo livre é uma prova de que os estadistas falharam no exame em profundidade do problema — alcançar a paz como resultado de tal vitória.

Eles não foram além do objetivo estratégico imediato de "ganhar a guerra" e contentaram-se em admitir que a vitória militar asseguraria a paz — suposição contrária à experiência geral da História.

O ensinamento daí resultante é que a estratégia militar precisa ser orientada sob ponto de vista mais amplo e profundo e dentro do plano mais elevado da "grande estratégia".(*)

(*) A estratégia, que anteriormente era exclusivamente militar — "a arte do General" — foi, a partir da primeira guerra mundial, invadindo o campo da política para dar lugar à chamada *grande estratégia*, por outros referida como *estratégia nacional* ou *estratégia geral*. A Escola Superior de Guerra

Nas circunstâncias em que se desenrolou a segunda guerra mundial, a busca da vitória estava, desde logo, condenada a transformar-se em tragédia e futilidade. Uma completa destruição do poder de resistência da Alemanha fatalmente abriria caminho para o domínio do continente eurasiático pela Rússia Soviética e para uma vasta ampliação do poderio comunista em todas as direções. Era igualmente natural que a impressionante demonstração de poderio atômico com que se encerrou a guerra determinasse a corrida pelo desenvolvimento de armas semelhantes por parte da Rússia.

Jamais uma paz trouxe tão pouca segurança; depois de oito angustiosos anos a produção de armas termonucleares aprofundou a sensação de insegurança dos povos "vitoriosos". E essa não foi a única conseqüência.

A bomba H, mesmo em sua fase de explosões experimentais, contribui mais do que qualquer outra coisa para tornar evidente que a "guerra total" como método e a "vitória", como objetivo de guerra, são conceitos ultrapassados.

Isso chegou a ser aceito pelos mais destacados teoristas do bombardeio estratégico. O Marechal da RAF John Slessor manifestou, recentemente, sua crença de que "a guerra total como a conhecemos nos últimos quarenta anos é coisa do passado... uma guerra mundial nos dias de hoje seria um suicídio geral e o fim da Civilização, tal como a conhecemos". O Marechal da RAF, Tedder, anteriormente já considerara tal ponto de vista "uma afirmação exata e fora das possibilidades atuais", dizendo: "Um conflito com emprego de armas atômicas não seria um duelo, mas um suicídio mútuo."

Com menos lógica, acrescentava: "Esta é uma perspectiva que dificilmente encorajará a agressão." Com menos lógica, porque um agressor impiedoso pode contar com a relutância natural do adversário em suicidar-se face a uma ameaça que não lhe seja claramente fatal.

---

conceitua a *estratégia geral* como "a arte de fortalecer e aplicar, tanto na paz como na guerra, o Poder Nacional para superar ou vencer — em certos casos apenas diferindo ou contornando — os antagonismos que se manifestem ou possam vir a manifestar-se, no campo interno ou no âmbito internacional, em oposição mais ou menos frontal à consecução ou preservação dos objetivos nacionais". (N. do R.)

Que governo consciente de sua responsabilidade, neste estágio da ciência e da técnica, autorizaria o emprego da bomba H para enfrentar uma agressão indireta ou de natureza local e limitada? Que governo responsável tomaria iniciativa numa ação que os próprios líderes aeronáuticos consideram como verdadeiro suicídio? Deve-se concluir, assim, que a bomba H não será empregada a não ser para enfrentar uma ameaça admitida como evidente e fatal, como é a própria bomba.

A confiança que os estadistas depositam em tal arma, como um meio de deter a agressão, parece, assim, basear-se numa ilusão. A ameaça de usá-la poderia, provavelmente, ser considerada com menos seriedade pelo Cremlin do que pelos países próximos à Cortina de Ferro, cujos povos estão perigosamente próximos da Rússia e de suas forças de bombardeio estratégico. A ameaça atômica, se explorada como meio de protegê-los, poderá somente enfraquecer seu espírito de resistência. O efeito oposto desta ameaça já tem provocado sérios danos.

A bomba H é mais desvantagem do que ajuda à política de "contenção". Do mesmo modo que reduz a probabilidade de uma guerra generalizada, *aumenta* a possibilidade da "guerra limitada", desencadeada por agressões locais, indiretas e disseminadas. O agressor pode utilizar técnicas variadas, diferindo em detalhes, com todas as probabilidades de êxito, porém ficará sempre na expectativa do emprego, em revide, de bombas H ou bombas A.

Para "contenção" da ameaça, tornamo-nos cada vez mais dependentes das "armas convencionais". Esta conclusão, contudo, não deve significar que devemos voltar aos métodos convencionais, mas servir como incentivo ao desenvolvimento de novos métodos.

Entramos em uma nova era da estratégia, muito diferente da que era admitida pelos defensores do poderio atômico aéreo — os "revolucionários" da era passada. A estratégia que está sendo atualmente desenvolvida por nossos adversários é inspirada na dupla idéia de esquivar-se de um poder aéreo superior e de anulá-lo. Irônicamente quanto mais temos desenvolvido o efeito *maciço* das armas de bombardeio, tanto mais auxiliamos o progresso da estratégia do tipo guerrilha.

Nossa própria estratégia deve basear-se em um claro entendimento deste conceito e nossa política militar necessita de reorientação. Há fundamento, e nós devemos aproveitá-lo, efetivamente, para adoção de uma contra-estratégia de natureza correspondente. Podemos observar, entre parêntesis, que eliminar cidades pelo emprego de bombas H é destruir nosso potencial de elementos "quinta-coluna".

A suposição comum de que o poderio atômico eliminou a estratégia é mal fundada e enganosa. Levando a capacidade de destruição a um extremo "suicida", ele estimula e acelera o retorno aos métodos indiretos(*) que são a essência da estratégia — por dotarem a guerra de propriedades inteligentes que a elevam acima da aplicação bruta da força. Indícios deste retorno à "ação indireta" já se tornaram evidentes na Segunda Guerra Mundial, na qual a estratégia apresentou maior relevo que na Primeira — embora a grande estratégia não se tivesse manifestado. Presentemente a ação atômica exercida diretamente sobre objetivos não-militares tende a incentivar sutilezas estratégicas mais acentuadas por parte dos agressores. Disso ressalta a necessidade de contrabalançar essa técnica por uma compreensão semelhante do poder estratégico de nossa parte.

A história da estratégia é, fundamentalmente, um registro da aplicação e da evolução da ação indireta.

Um estudo original sobre "a estratégia da ação indireta" foi publicado em 1929, sob o título "The decisive wars of History" ("As guerras decisivas da História"). O presente livro encerra os resultados de vinte e cinco anos de pesquisas e reflexão, aliados a uma análise das lições da Segunda Guerra Mundial — em estratégia e grande estratégia.

Quando, no correr dos estudos de uma longa série de campanhas militares, percebi, pela primeira vez, a superioridade

---

(*) Sobre essa conceituação, de *método direto* (a estratégia da batalha) e *método indireto*, (a estratégia da batalha e da manobra), DELBRUCK, estudando a estratégia militar, distingue duas formas básicas:

"a estratégia da batalha, a de CLAUSEWITZ, a estratégia de *um só pólo*, a estratégia do aniquilamento;

"a estratégia da batalha e da manobra, estratégia de *dois pólos*, de objetivos limitados, da exaustão e da usura — que *evita a batalha* para não perder a guerra e, até, pode ganhar a guerra sem travar, sequer, uma batalha decisiva". (N. do R.)

da ação indireta sobre a ação direta, eu estava apenas buscando luzes sobre estratégia. Com mais reflexão, entretanto, comecei a perceber que a ação indireta tinha uma aplicação muito mais ampla — que ela era norma de vida em todos os setores: uma verdade filosófica. Seu significado era a chave para a realização prática de qualquer problema em que predomine o fator humano, e o conflito de vontades tenda a emergir de um concerto de interesses subjacentes. Em todos êsses casos a apresentação direta de novas idéias provoca forte resistência, intensificando, assim, a dificuldade em se obter uma modificação de pontos de vista. Alcança-se a conversão mais fácil e rapidamente pela infiltração insuspeitada de uma idéia diferente, ou por um argumento que contorne a oposição instintiva. A ação indireta é fundamental, tanto no campo da política como no do sexo.

No comércio, a sugestão de que uma pechincha está sendo apresentada terá muito maior eficiência do que um apelo direto à compra. Em qualquer setor, é proverbial que o meio mais seguro de se conseguir a aceitação de uma nova idéia por um superior é persuadi-lo de que a idéia é dele. Como na guerra, o objetivo é enfraquecer a resistência, antes de tentar dominá-la, e o efeito será melhor alcançado afastando a outra parte da proteção de suas defesas.

Esta idéia de ação indireta está intimamente ligada a todos os problemas de influência de uma mente sobre outra, o fator mais influente na história da humanidade. É difícil, todavia, conciliar isso com outra lição: a de que conclusões verdadeiras só podem ser obtidas ou tentadas buscando-se a verdade sem indagar aonde ela nos conduzirá, ou que efeitos ela poderá acarretar — sobre diferentes interesses.

A História é testemunha do papel vital desempenhado pelos "profetas" no progresso humano — o que evidencia o valor prático e decisivo de se expressar a verdade sem reservas, como ela é sentida. É claro, entretanto, que a aceitação e a difusão de suas idéias sempre dependem de outra classe de homens — os "líderes", que tinham de ser estrategistas filosóficos, promovendo uma conciliação entre a verdade e a receptividade dos homens para com ela. Seu êxito dependeu, muitas vezes, não só de suas próprias limitações na percepção da verdade como de sua sabedoria prática em proclamá-la.

Os profetas devem ser apedrejados; esse é seu destino e a prova de sua auto-realização. O líder que é apedrejado, entretanto, apenas pode provar haver fracassado em sua missão, por deficiência de sabedoria ou por haver confundido sua missão com a de um profeta. Somente o tempo pode dizer se o efeito de tal sacrifício redime seu insucesso aparente como líder, que o enobrece como homem. Ao menos ele evita a falha mais comum nos líderes — a de sacrificar a verdade à conveniência, sem vantagem final para a causa. Pois, quem habitualmente suprime a verdade, no interesse pessoal, criará uma deformidade das profundezas de seu pensamento.

Haverá um meio prático de combinar o progresso no sentido da obtenção da verdade, com o progresso no sentido de sua aceitação? Uma possível solução para o problema é sugerida pela reflexão sobre os princípios estratégicos — que mostram a importância de se manter consistentemente o objeto do estudo e, também, de prosseguir em seu exame, de acordo com as circunstâncias. A oposição à verdade é inevitável, especialmente se ela se apresenta sob a forma de idéia nova, mas pode-se diminuir o grau de resistência dedicando-se atenção não apenas ao objetivo final, porém também ao método de empreender o estudo. Evitar atacar frontalmente uma posição estabelecida há muito tempo e, em lugar disso, procurar desbordá-la por movimento de flanco, de modo a que o lado mais penetrável fique exposto à investida da verdade.

Em qualquer ação, indireta, porém, cuidar em não desviar-se da verdade, pois nada é mais fatal ao seu êxito do que descambar-se para a inverdade.

O significado destas reflexões pode tornar-se mais claro se ilustrado com a experiência. Recordando-se as fases através das quais várias idéias atuais conseguiram aceitação, pode-se ver que o processo foi facilitado quando elas puderam ser apresentadas não como algo radicalmente novo, mas como revivescência, em termos modernos, de alguma prática ou princípio tradicional que haviam sido esquecidos. Isto não exigiu simulação, mas habilidade no estabelecimento da conexão — visto "não haver nada de novo sob o sol". Exemplo notável foi o modo como se reduziu a oposição à mecanização mostrando-se que o veículo automóvel blindado — o carro de combate de movimentos rápidos — era fundamentalmente o herdeiro do cavaleiro encouraçado e, assim, o meio natural de reviver o papel decisivo que a Cavalaria havia desempenhado em outras eras.

B. H. LIDDELL HART

PARTE I

Estratégia do Século V a. C. ao Século XX d. C.

CAPÍTULO I

A HISTÓRIA COMO EXPERIÊNCIA PRÁTICA

"Os tolos dizem que aprendem com a experiência. Eu prefiro tirar proveito da experiência alheia." Esse dito, atribuído a Bismarck, mas de maneira alguma original dele, aplica-se esplêndidamente às questões militares. Ao contrário daqueles que seguem outras carreiras, "o soldado profissional" não tem grandes oportunidades para praticá-la regularmente. Com efeito, poder-se-ia até argumentar que num sentido literal a profissão das armas absolutamente não é uma profissão, mas apenas um "emprego casual" — e, paradoxalmente, que deixou de ser profissão quando as tropas mercenárias que eram empregadas e pagas para fazer guerra foram substituídas por exércitos permanentes que continuavam a ser pagos quando não havia guerra.

Se o argumento — de que, na realidade, não existe uma "profissão militar" — não é válido na maioria das forças armadas de hoje, tendo em vista o trabalho que realizam, é, sem dúvida, fortalecido na prática porque as guerras se tornaram menos numerosas, embora maiores, se comparadas com as dos tempos antigos. Por isso mesmo o melhor treinamento realizado em tempo de paz é mais "teórico" do que uma experiência "prática".

O aforismo de Bismarck, contudo, lança sobre o problema uma luz diferente e mais encorajadora. Ajuda-nos a perceber que existem duas formas de experiência prática — a direta e a indireta — e que, das duas, a experiência indireta pode ser a mais valiosa porque é infinitamente mais ampla. Mesmo na mais ativa das profissões, especialmente a militar, as possibilidades e o alcance de uma experiência direta são extremamente limitados. Em contraste com a militar, a profissão médica proporciona prática incessante; todavia, os grandes progressos na Medicina e Cirurgia foram devidos mais ao pensador científico e ao pesquisador do que ao executante.

A experiência direta é por demais limitada para servir como fundamento adequado quer à teoria quer à prática. Nas melhores circunstâncias produz uma atmosfera valiosa para secar e endurecer a estrutura do pensamento. O maior valor da experiência indireta está na sua variedade e extensão. "A História é experiência universal" — experiência não de um porém de muitos em condições as mais diversas.

Aqui está a explicação racional de se ter a história militar como base da educação militar — seu valor prático preponderante para a formação e desenvolvimento mental do militar. Porém, como em toda experiência, os benefícios dependerão da amplitude e do método utilizado em seu estudo.

Os militares universalmente admitem como verdade a tão conhecida afirmação de Napoleão de que na guerra "o moral está para o físico como três para um". A proporção matemática efetiva talvez não tenha valor, pois o moral tende a decair quando as armas são inadequadas, e a mais forte vontade vale pouco dentro de um corpo morto. Contudo, embora os fatores morais e físicos sejam inseparáveis e indivisíveis, a expressão adquire seu valor permanente porque exprime a idéia da predominância dos fatores morais em todas as decisões militares. Em torno deles giram, constantemente, os problemas da guerra ou das batalhas. Na história da guerra eles representam os fatores mais constantes, mudando apenas de grau, ao passo que os fatores físicos são diferentes em quase todas as guerras e todas as situações militares.

Essa compreensão afeta profundamente a questão do estudo da história militar para utilização prática. Nas últimas gerações o método empregado tem sido o de selecionar uma ou duas campanhas e estudá-las exaustivamente como processo de treinamento profissional e como fundamento da teoria militar. Porém, com subsídios tão limitados e a evolução contínua dos meios utilizados, de guerra para guerra, os ensinamentos que podem ser tirados são imprecisos, tornando as lições enganadoras. Na esfera física o único fator que se pode considerar constante é que os meios e as condições são invariavelmente inconstantes.

Em contraste, a reação da natureza humana ao perigo varia muito pouco. Alguns homens, por hereditariedade, devido ao ambiente ou ao treinamento, podem ser menos sensíveis do que outros, porém a diferença é somente de grau e não é fundamental. Quanto mais localizadas forem a situação e o estudo empreendido, tanto mais desconcertante e menos calculável será essa diferença de grau. Isso pode tornar impossível qualquer apreciação exata sobre a resistência que os homens oferecerão em determinada situação, porém não prejudica a conclusão de que oferecerão menos resistência se forem tomados de surpresa do que se estiverem preparados; menos se estiverem cansados e famintos do que se estiverem descansados e bem alimentados. Quanto mais ampla for a pesquisa tanto melhor será a base para se fazerem deduções.

A predominância do psiquismo sobre o físico e sua maior constância levam à conclusão de que a base de qualquer teoria de guerra deve ser a mais ampla possível. Um estudo intensivo de uma única campanha, a menos que se baseie em extenso conhecimento de toda a história da guerra, provavelmente nos conduzirá a enganos. No entanto, se for verificado que um efeito específico se segue a uma causa específica em vinte ou mais casos, em épocas diferentes e condições diversas, há fundamento para considerar-se essa causa como parte integrante de qualquer teoria de guerra.

A tese exposta neste livro foi produto de um exame extenso. Poderia, realmente, ser qualificada como o efeito composto de certas causas — estando estas relacionadas com minha tarefa como redator militar da "Enciclopédia Britânica". Isso porque, embora eu me tivesse anteriormente dedicado ao estudo de determinados períodos da história militar de acordo com minha inclinação, citada tarefa obrigou-me a um exame geral de todos os períodos. Um agrimensor — mesmo um amador se quiserem — tem, pelo menos, uma perspectiva mais ampla e pode informar melhor sobre a topografia do terreno onde um mineiro conhece, apenas, seu próprio veio.

Durante este estudo, uma impressão me ficou cada vez mais convincente: a de que, através dos tempos, só foram obtidos resultados objetivos nas guerras, com raras exceções, quando a operação foi realizada de maneira tão indireta que o adversário não estava em condições de enfrentá-la. Essa ação indireta refere-se usualmente ao campo físico, porém, em todos os casos, ao psicológico. Na estratégia nem sempre a linha reta é o caminho mais curto entre dois pontos.

Tornou-se cada vez mais claro que a ação direta contra um objeto mental, ou objetivo físico, realizada segundo "a linha de ação" esperada pelo inimigo, é fadada a produzir resultados negativos. A razão pode ser explicada pelo dito de Napoleão de que "o moral está para o físico como três estão para um". Pode ser expressa cientificamente dizendo-se que, embora o poderio de uma força ou país adversário resida aparentemente em seus efetivos e recursos, estes dependem fundamentalmente da estabilidade do seu controle, do seu moral e suprimento.

Movimentar-se de acordo com o que está previsto pelo adversário é permitir-lhe o equilíbrio de que necessita para aumentar sua capacidade de resistência. Na guerra, como na luta-livre, a tentativa de derrubar o adversário sem fazê-lo perder o apoio dos pés e sem perturbar seu equilíbrio resulta em auto-esgotamento, que aumenta, em ritmo desproporcional, a força efetiva a ser empregada contra ele. O êxito de tal método só se torna possível quando se dispõe de enorme superioridade de força que, mesmo assim, tende a perder progressivamente seu efeito decisivo. Na maioria das campanhas o desequilíbrio psicofísico do adversário tem sido a ação vital na tentativa de derrotá-lo.

Esse desequilíbrio tem sido obtido por uma ação estratégica indireta, intencional ou fortuita, que pode tomar diversas formas. A estratégia de ação indireta engloba, embora muito mais ampla que ela, a "manobra sobre a retaguarda" que os estudos do General Camon mostravam ser o objetivo constante e o método-chave utilizado por Napoleão na conduta de suas operações. O que interessava particularmente a Camon eram os aspectos logísticos — principalmente os fatores tempo, espaço e vias de transportes. Todavia a análise dos fatores psicológicos torna claro que existe uma relação estreita entre muitas operações estratégicas que aparentemente não tiveram semelhança com uma manobra contra a retaguarda inimiga — mas que são, embora não perfeitamente caracterizados, exemplos clássicos da estratégia de ação indireta.

Para caracterizar uma semelhança e determinar o caráter da operação é desnecessário conhecer os quadros de efetivo e os pormenores do suprimento e do transporte. Nossa preocupação diz respeito mais às conclusões históricas retiradas de uma série de exemplos selecionados e aos aspectos logísticos e efeitos psicológicos que deles resultaram.

Se, em operações semelhantes mas que variem grandemente em sua natureza, amplitude e oportunidade, puderem ser identificados os mesmos efeitos, é lógico que poderemos deduzir serem êles produzidos por uma causa comum. Em conseqüência, quanto mais amplamente variarem essas condições tanto mais verdadeira será essa conclusão.

Um estudo profundo da guerra não é somente necessário ao estabelecimento de uma teoria de guerra que oriente a elaboração de uma doutrina atualizada e eficiente mas, também, é indispensável ao estudante militar que procura desenvolver a sua capacidade de discernimento e de julgamento. Sem isso seu conhecimento da arte da guerra será como uma pirâmide invertida, precariamente equilibrada sobre seu vértice.

(*) A palavra teoria representa o esfôrço pela unidade e generalização da experiência concreta provinda da observação dos fatos. Assim, a teoria não é motivada; ela se preocupa mais com o ser do que com o dever ser. Já a doutrina é um sistema do dever ser e não do ser. Ela incorpora, necessariamente, um propósito normativo, utiliza a experiência teórica em sentido deliberado, tende sempre a alcançar ou a construir uma finalidade que se coloca além da teoria. Claro que a doutrina advém da teoria. (N. do R.)

CAPÍTULO II

GUERRAS GREGAS — EPAMINONDAS, FILIPE E ALEXANDRE

O ponto de partida mais natural para um estudo é a primeira "Grande Guerra" da história européia — a Grande Guerra Persa. Não podemos esperar colher muitos ensinamentos num período em que a estratégia ainda estava em sua infância; mas a palavra Maratona está gravada muito profundamente no espírito e na imaginação de todos os leitores de História para que possa ser desprezada. Ela estava ainda mais gravada na imaginação dos gregos; daí sua importância ter sido exagerada por eles e, através deles, por europeus de todas as épocas subseqüentes. Entretanto, mesmo reduzindo sua importância a proporções mais justas, sua significação estratégica aumenta.

A invasão persa do ano 490 A.C. foi uma expedição relativamente limitada destinada a ensinar Erétria e Atenas — pequenos estados aos olhos de Dario — a cuidarem de seus problemas internos e absterem-se de encorajar revoltas entre os súditos gregos da Pérsia, na Ásia Menor. Erétria foi destruída e seus habitantes deportados para que se fixassem no Golfo Pérsico. Chegou depois a vez de Atenas, onde se sabia que o partido ultrademocrático ajudaria a invasão persa em decorrência de sua luta com o partido conservador. Os persas ao invés de efetuarem um avanço direto sobre Atenas desembarcaram em Maratona, vinte e quatro milhas a nordeste dela. Com isso, visavam atrair o exército ateniense, facilitando assim a conquista do poder, em Atenas, por seus adeptos. Um ataque direto contra a cidade teria prejudicado tal ação e talvez, mesmo, levado às fôrças que dele participariam a arregimentar-se contra os persas; de qualquer maneira, criaria para os persas dificuldades extras, com a operação de sítio.

Se essa foi a idéia de manobra dos persas, foi acertada, pois o exército ateniense marchou para a Maratona a fim de enfrentá-los enquanto eles passavam a executar a fase seguinte de seu plano estratégico. Sob a proteção de uma fôrça de cobertura reembarcaram o restante do exército com destino a Falero, de onde passariam a realizar uma investida sôbre a desprotegida Atenas. A sutileza da concepção estratégica foi notável, mesmo tendo malogrado, em conseqüência de uma série de fatores.

Graças à energia de Milcíades, os atenienses aproveitaram sua única oportunidade de sucesso, atacando sem demora a fôrça de cobertura. Na batalha de Maratona, as armaduras melhores e as lanças mais longas dos gregos, que sempre lhes deram nítida vantagem sôbre os persas, contribuíram, mais uma vez, para assegurar-lhes a vitória — embora a luta tenha sido mais árdua do que sugere a lenda patriótica e a maioria da fôrça de cobertura tenha conseguido retirar-se, em segurança, em seus navios. Com energia ainda mais louvável os atenienses marcharam de volta à sua cidade e essa rapidez, combinada com as hesitações do partido descontente, salvou Atenas. Quando o exército ateniense chegou a Atenas os persas concluíram que era inevitável um sítio e embarcaram de regresso à Ásia — pois o objetivo da operação tinha caráter meramente punitivo e não justificava o pagamento de preço tão elevado.

Dez anos transcorreram antes que os persas fizessem outra tentativa e dessa vez em maior proporção. Os gregos demoraram-se em tirar proveito da advertência e não foi senão no ano 487 A.C. que Atenas começou a aumentar a sua frota — que seria o fator decisivo para equilibrar a superioridade das fôrças terrestres dos persas. Pode-se, portanto, dizer com segurança que a Grécia e a Europa só foram salvas em conseqüência de uma revolta no Egito — que manteve a atenção da Pérsia ocupada de 486 a 484 — bem como pela morte de Dario, o mais capaz dos governantes persas daquela época.

Quando, em 481, surgiu a ameaça, dessa vez em grande escala, sua magnitude não somente consolidou contra ela as facções e estados gregos mas também compeliu Xerxes a realizar uma ação direta ao seu objetivo. Realmente, o exército era demasiado grande para ser transportado por mar, sendo, desse modo, forçado a deslocar-se por terra. Era também muito grande para abastecer-se aproveitando os recursos locais, de modo que a frota precisava ser utilizada com essa finalidade. O exército ficou assim preso à costa, e a marinha ao exército. Assim, os gregos podiam ter certeza da direção em que deveriam esperar o ataque inimigo, pois os persas estavam impossibilitados de manobrar.

O terreno oferecia aos gregos uma série de posições nas quais podiam barrar a direção obrigatória da progressão inimiga e, como observou Grundy, se não fossem as divergências de interesse e opiniões entre os gregos "é provável que os invasores jamais tivessem chegado ao sul das Termópilas". Como as coisas se passaram a História ganhou um episódio imortal e coube à frota grega deter irremediavelmente a invasão ao derrotar a esquadra persa em Salamina — enquanto Xerxes e o exército persa observavam, impotentes, a destruição daquilo que era, não apenas a sua marinha, mas principalmente a sua fonte de suprimento.

Convém notar que a oportunidade para essa batalha decisiva surgiu de um ardil que pode ser classificado como uma forma de ação indireta — a mensagem de Temístocles a Xerxes, informando que a frota grega estava preparada para uma rendição traiçoeira. A cilada, que atraiu a esquadra persa aos apertados estreitos onde a sua superioridade numérica foi anulada, mostrou-se ainda mais eficiente porque a experiência anterior dava plausividade à mensagem. Na realidade a mensagem de Temístocles foi inspirada por seu temor de que os comandantes peloponésios aliados se retirassem de Salamina, como haviam ameaçado no conselho de guerra, deixando assim a frota ateniense sozinha para combater ou dando aos persas a oportunidade de utilizar a sua superioridade numérica em alto mar.

Do lado dos persas, somente a voz da Rainha-Marinheira, Artemísia, do Halicarnasso, se erguera contra o ansioso desejo de luta de Xerxes, ao insistir contra o plano de ação direta para, em lugar dele, cooperar com as forças terrestres persas numa ação contra o Peloponeso. Argumentava ela que o contingente naval peloponésio reagiria a tal ação retornando à sua pátria e provocando, dessa maneira, a desintegração da esquadra grega. Parece que sua previsão era acertada, como foi demonstrado pela ansiedade de Temístocles e que tal retirada se teria realizado, logo na manhã seguinte, não fosse o fato de terem as galeras persas, preparando-se para o ataque, bloqueado as saídas.

Contudo, o ataque iniciou-se e, desde logo, tomou um rumo fatalmente desvantajoso para os atacantes por terem os defensores, retirando-se em parte da frente, levado o inimigo, com esse estratagema, a modificar seu dispositivo de ataque, desequilibrando-o inteiramente.

Quando os atacantes avançaram através dos apertados estreitos, as galeras gregas retraíram-se rapidamente, obrigando os persas a aumentarem o ritmo de suas remadas, ocasionando grande congestionamento que os tornou impotentes ante os contra-ataques desfechados pelos barcos gregos em ambos seus flancos.

Nos setenta anos que se seguiram um dos principais fatores que levaram os persas a se absterem de nova intervenção na Grécia parece ter sido a possibilidade, da parte de Atenas, de uma ação indireta contra as vias de comunicações persas — dedução essa apoiada pela execução de tal interferência após a destruição da esquadra ateniense em Siracusa. Historicamente, convém notar, o emprego da mobilidade estratégica na ação indireta foi compreendido e explorado muito mais cedo na guerra marítima do que na terrestre. A explicação natural é que somente em fase posterior os *exércitos* passaram a depender de suas "linhas de comunicações" para seus abastecimentos. As esquadras, porém, sempre foram empregadas para o ataque às linhas de comunicações ou fontes de suprimento do adversário.

Com o desaparecimento da ameaça persa, a conseqüência principal da batalha de Salamina foi determinar a liderança de Atenas nos negócios gregos. Essa ascendência só terminou com a Guerra do Peloponeso (431-404 A.C.). A duração extravagante de vinte e sete anos dessa guerra e os terríveis sacrifícios que impôs (não apenas aos principais antagonistas como também aos infelizes supostos neutros) podem ser atribuídos à estratégia indecisa e, muitas vezes, sem propósito que ambos os partidos utilizaram.

Em sua primeira fase, Esparta e seus aliados tentaram uma invasão direta a Ática. Não obtiveram êxito em conseqüência da concepção de guerra estabelecida por Péricles, de evitar uma batalha terrestre enquanto desgastava a vontade de lutar do inimigo por meio de incursões devastadoras realizadas pela marinha ateniense, superior em número.

Embora a expressão "estratégia de Péricles" seja tão familiar quanto a de "estratégia fabiana", surgida em época posterior, ela limita e confunde a significação do curso tomado pela guerra. A palavra exata é essencial ao esclarecimento do espírito, e o termo "estratégia" é melhor compreendido quando se refere a sua significação literal de "arte do general" — direção de forças militares bem distinta da do emprego e combinação de outros instrumentos do Poder Nacional: econômico, político e psicossocial. A arte do emprego desses instrumentos pertence a um nível mais elevado do que o campo militar — daí ter recebido a designação de "grande estratégia".

Em contraste com a estratégia de ação indireta, que procura desequilibrar o inimigo forçando uma decisão, pode-se incluir o plano de Péricles como de "grande estratégia", visto como procurou desgastar gradualmente a resistência do inimigo a fim de convencê-lo de que lhe seria impossível uma decisão favorável. Infelizmente, para Atenas, uma epidemia de peste fez a balança pender contra ela nessa campanha de desgaste moral e econômico. Em conseqüência, em 426 A.C., a estratégia de Péricles cedeu lugar à estratégia de ação direta de Cleon e Demóstenes. Esta última custou mais caro e não deu melhores resultados, apesar de alguns brilhantes êxitos táticos. Então, no começo do inverno de 424 A.C., Brásidas, o mais competente soldado de Esparta, anulou toda vantagem que Atenas havia tão penosamente conquistado. Conseguiu isso por uma ação estratégica dirigida contra as raízes, ao invés do tronco do poderio inimigo. Flanqueando Atenas, marchou rapidamente para o norte, atravessando toda a Grécia, para atacar Calcídia, com razão considerada como "o calcanhar de Aquiles do império ateniense". Combinando uma ação militar com a promessa de liberdade e proteção a todas as cidades que se revoltassem contra Atenas, abalou de tal modo o domínio desta em Calcídia que arrastou para lá as principais forças atenienses. Em Anfilópolis estas últimas sofreram desastrosa derrota. Embora Brásidas tenha tombado no momento da vitória, Atenas considerou-se feliz, apesar de ter concordado com uma paz que lhe era desfavorável.

Nos anos subseqüentes de pseudopaz, repetidas expedições atenienses malograram em seu esfôrço para reconquistar o terreno perdido em Calcídia. Finalmente, como última tentativa, Atenas empreendeu uma expedição contra Siracusa, a chave da Sicília, de onde provinham os suprimentos alimentícios ultramarinos de Esparta e do Peloponeso em geral. Como uma ação indireta de "grande estratégia" teve o erro de investir, não contra os verdadeiros aliados do inimigo, porém contra seus sócios comerciais. Em conseqüência, ao invés de desviar as forças inimigas, atraiu novas forças para o campo adversário.

Apesar disso, as conseqüências morais e econômicas de um resultado favorável poderiam ter alterado o resultado da guerra, não fosse uma seqüência de erros na execução do plano. Alcibíades, o seu autor, foi afastado de seu comando combinado, pelas intrigas de seus inimigos políticos. Em lugar de voltar a Atenas para ser julgado por sacrilégio e enfrentar uma sentença de morte quase certa, fugiu para Esparta a fim de lá aconselhar seus inimigos sobre os meios de fazer malograr seu próprio plano. O mais intransigente opositor do plano, Nícias, foi investido no comando para executá-lo e, por sua obstinada estupidez, levou-o à ruína.

Com seu exército perdido em Siracusa, Atenas evitou a derrota em seu próprio território pelo emprego de sua esquadra e, nos nove anos de guerra marítima que se seguiram, chegou quase a alcançar não apenas uma paz vantajosa mas também a restauração de seu império. Suas esperanças foram, porém, dramaticamente arruinadas pelo almirante espartano Lisandro, em 405 A.C. Segundo a "Cambridge Ancient History", sua idéia de manobra era a seguinte: evitar a luta e levar os atenienses ao desespero atacando seu império nos pontos mais vulneráveis. A primeira parte parece não ter sido exata pois, na realidade, sua concepção não era de fugir à batalha, porém chegar a ela quando as circunstâncias fossem inteiramente a seu favor. Com hábeis e desnorteantes mudanças de direção chegou à entrada dos Dardanelos e lá ficou à espera dos navios pônticos, carregados de cereais, que viajavam para Atenas. "Como o suprimento de cereais era de interesse vital para Atenas" o comando ateniense enviou às pressas toda sua esquadra de 180 navios para garanti-lo. Durante quatro dias consecutivos tentaram, em vão, atrair Lisandro à batalha, ao mesmo tempo que ele lhes dava todos os indícios de que se achava encurralado. Assim, ao invés de se retirarem para reabastecimento na segura baía de Sestos, permaneceram no estreito aberto, diante dele, em Aegospotamoi. No quinto dia, quando a maioria das tripulações descera à terra para recolher alimentos, ele fez uma surtida repentina, capturou quase toda a esquadra sem combate e numa única hora pôs termo à mais longa das guerras.

Nessa luta de vinte e sete anos de duração, onde dezenas de ações diretas falharam, de um modo geral com grandes prejuízos para seus executantes, a balança pendeu definitivamente para Atenas como resultado do movimento do Brásidas contra sua "raiz" em Calcídia.

As mais fundadas esperanças de salvação ocorreram com a ação indireta de Alcibíades — já no plano de grande estratégia — contra a "raiz" econômica de Esparta na Sicília. E o golpe final, após uma prorrogação de dez anos, foi dado com um ataque tático indireto no mar, que nada mais era do que uma seqüência de outra ação de grande estratégia, isso porque, deve-se notar, a oportunidade foi criada pelas ameaças de corte das linhas de comunicações dos atenienses. Atacando um objetivo de caráter econômico, Lisandro poderia esperar, pelo menos, desgastar o poderio de Atenas; como resultado da exasperação e medo assim provocados, ele conseguiu criar condições favoráveis à surpresa e, desse modo, obter uma rápida decisão militar.

Com a queda do império ateniense, a fase seguinte a considerar na história grega é a elevação de Esparta à supremacia da Grécia. A próxima questão a solucionar é a determinação do fator preponderante no término da ascendência de Esparta. E a solução é uma só — um homem e a contribuição que deu à ciência e à arte da guerra. Nos anos que precederam o aparecimento de Epaminondas, Tebas libertou-se do domínio de Esparta pelo método, que mais tarde foi batizado com o nome de Fabiano, de recusar a batalha — grande estratégia de ação indireta, porém de mera evasão — enquanto os exércitos espartanos vagueavam, sem oposição, através da Beócia. Esse método deu a Tebas o tempo de que necessitava para organizar uma força armada profissional, selecionada, que ganhou fama com o nome de Bando Sagrado, e que foi o núcleo básico da organização das forças subseqüentes. Deu, também, tempo para que o descontentamento se espalhasse nas hostes adversas e Atenas, desse modo aliviada da pressão terrestre, concentrasse sua energia e potencial humano na reconstrução de sua esquadra.

Assim, no ano 374 A.C., a confederação ateniense, que incluía Tebas, encontrou Esparta disposta a concordar com uma paz vantajosa. Embora a paz fosse rapidamente rompida, devido a uma aventura marítima ateniense, novo congresso de paz foi convocado três anos mais tarde, numa época em que os atenienses já estavam cansados de guerra. Esparta recuperou na mesa do grande conselho parte do que havia perdido no campo de batalha e conseguiu isolar Tebas de seus aliados. Voltou-se então ansiosamente contra Tebas, numa tentativa de esmagá-la. Avançando, porém, seu exército tradicionalmente superior em qualidade e efetivo (10.000 contra 6.000) pelo interior da Beócia, em 371 A.C., foi decisivamente derrotada em Leuctras, pelo recém-organizado e modelar exército de Tebas sob o comando de Epaminondas. Este não só desprezou os métodos táticos estabelecidos pela experiência dos séculos como, também, tanto na tática, como na estratégia, e mesmo na grande estratégia, lançou os alicerces sobre os quais os mestres da guerra que se seguiram iriam edificar.

Termópilas
Citínio
Elatéia
Parapótamo
Queronéia
Anfissa
Naupactus
BEÓCIA
Tebas
Eretria
Maratona
Atenas
Salamina
Corinto
Mantinéia
Tegea
Megalópolis
Monte Itone
Cária
Messene
Esparta
GRÉCIA
Milhas
10 0 20 40
Terreno de mais de 3.000 pés

Na tática, a "ordem oblíqua" que Frederico tornou famosa nada mais foi do que ligeiro aperfeiçoamento do método de Epaminondas. Em Leuctras, contrariando a rotina, Epaminondas dispôs não somente seus melhores homens, mas a maioria de suas forças, na ala esquerda e, depois, mantendo recuados seu centro e ala direita mais fracos, estabeleceu esmagadora superioridade contra uma das alas do inimigo, aquela onde se encontrava seu chefe e, portanto, o ponto-chave de sua vontade.

Um ano após Leuctras, Epaminondas conduziu as forças da recém-formada Liga Arcadiana contra a própria Esparta ainda virgem. Essa marcha dirigida contra o coração da península do Peloponeso, até então domínio incontestado de Esparta, distinguiu-se pela natureza múltipla dessa ação indireta. Foi realizada em pleno inverno por três colunas independentes, mas operando em direções convergentes, o que determinou não só a separação das forças adversas como a dúvida sobre a direção em que o esforço da defesa deveria ser realizado. Todavia, numa decisão estratégica ainda mais profunda, Epaminondas, após a reunião de suas forças em Caria, a vinte milhas de Esparta, em lugar de atacar a cidade investiu sobre sua retaguarda. Esse movimento visava, calculadamente, a arregimentação de numerosos contingentes de helotas e outros elementos descontentes. Os espartanos conseguiram frustrar essa perigosa debandada em suas hostes com a promessa urgente de emancipação, e a oportuna chegada a Esparta de poderosos reforços, enviados por seus aliados peloponésios, eliminou a probabilidade de ser a cidade conquistada sem uma operação demorada de sítio.

Epaminondas logo percebeu que os espartanos não seriam atraídos para campo aberto e que um cerco prolongado significaria a redução de sua força heterogênea. Abandonou, por isso, a arma estratégica que empregava, por outra mais sutil — uma grande estratégia de ação indireta. No monte Itone, cidadela natural de Messênia, fundou uma cidade com foros de capital de um novo estado messeniano e lá instalou todos os elementos insurgentes que a ele se haviam juntado, empregando o botim que conquistara, durante a invasão, como auxílio ao novo Estado. Isso deveria servir como obstáculo e contrapeso a Esparta na região ao sul da Grécia. Com esta medida Esparta perdeu metade de seu território e mais de metade de seus súditos. Com a fundação de Megalópolis, na Arcádia, Epaminondas fez surgir novo obstáculo e Esparta ficou cercada não só polìticamente como por uma cadeia de fortalezas, tendo cortadas as raízes econômicas de sua supremacia militar. Quando Epaminondas deixou o Peloponeso, depois de uma campanha de apenas alguns meses, não havia conquistado nenhuma vitória no campo de batalha, mas sua grande estratégia deslocava, definitivamente, os alicerces do poderio espartano.

Em sua pátria, porém, os políticos haviam desejado um êxito militar definitivo e ficaram desapontados por não tê-lo conseguido. Com a subseqüente, embora temporária, substituição de Epaminondas, a democracia tebana — em conseqüência de uma política de vistas curtas e uma diplomacia eivada de errôs — perdeu a vantagem por ele conquistada. Com isso seus aliados arcadianos, repudiando a gratidão devida pelos benefícios recebidos procuraram, com presunção e ambição, disputar a liderança tebana. Em 362 A.C. Tebas foi obrigada a decidir pela reafirmação de sua autoridade com o emprego da força ou pelo sacrifício de seu prestígio. A operação contra Arcádia fez dividir os Estados gregos em duas facções adversárias. Felizmente Tebas tinha ainda a seu serviço não somente Epaminondas, como os frutos de sua grande estratégia, pois a existência de Messênia e Megalópolis serviu não só como obstáculo a Esparta, mas também como um contrapeso do lado tebano.

Penetrando no Peloponeso, Epaminondas reuniu suas forças em Tégea com a de seus aliados peloponésios, colocando-se, assim, entre Esparta e as forças dos demais estados antitebanos concentradas em Mantinéia. Enquanto os espartanos alongavam seu itinerário de marcha para se juntarem aos aliados, Epaminondas realizou à noite, com uma coluna móvel, rápida investida contra a própria Esparta, operação que só não teve sucesso por ter um desertor avisado os espartanos, dando-lhes tempo de, em marcha forçada, retornar à sua cidade. Epaminondas procurou então buscar uma decisão no campo de batalha e avançou de Tégea para Mantinéia, a cerca de dez milhas de distância, ao longo de um vale em forma de ampulheta. O inimigo instalou-se numa forte posição na parte mais estreita da "ampulheta", que tinha uma milha de largura.

Não sabemos se se deve classificar esse avanço como ação tática ou estratégica; uma tentativa de definição arbitrária pode ser falsa, pois a explicação da vitória em Mantinéia deve basear-se, principalmente, na ação indireta executada para estabelecer o contacto efetivo.

A princípio Epaminondas marchou diretamente sobre o campo inimigo fazendo que seus adversários se dispusessem em ordem de batalha, barrando a direção de sua aproximação — a mais provável indicada pelo terreno. Mas quando, ainda a várias milhas de distância, mudou rapidamente de direção para a esquerda, apoiando-se em um contraforte saliente, ameaçou, de surpresa, a ala direita do inimigo. Para perturbar, mais ainda, o dispositivo adversário, Epaminondas fez alto, mandando seus homens descansar armas, como se desejasse acampar. O ardil deu resultado, pois o inimigo foi levado a relaxar a ordem de batalha, permitindo que seus homens abandonassem as formações e seus cavalos fossem desbridados. Enquanto isso Epaminondas estava, na realidade, completando seu dispositivo — semelhante ao de Leuctras, porém mais aperfeiçoado — sob a proteção de uma cobertura de tropas ligeiras.

Em seguida, a um sinal, o exército tebano tomou suas armas e avançou para conquistar uma vitória já previamente assegurada, pelo desequilíbrio provocado anteriormente no dispositivo do inimigo. O próprio Epaminondas tombou no momento da vitória e com sua morte proporcionou, de modo dramático e convincente, uma de suas lições mais importantes às gerações futuras: um Exército e um Estado sucumbem mais rapidamente quando seu cérebro é paralisado.

A campanha seguinte foi a que, pouco mais de vinte anos depois, 338 A.C., deu à Macedônia a supremacia da Grécia. Constitui um exemplo convincente de como a política e a estratégia podem ajudar-se mutuamente e como a estratégia pode utilizar, com vantagem, obstáculos topográficos desvantajosos.

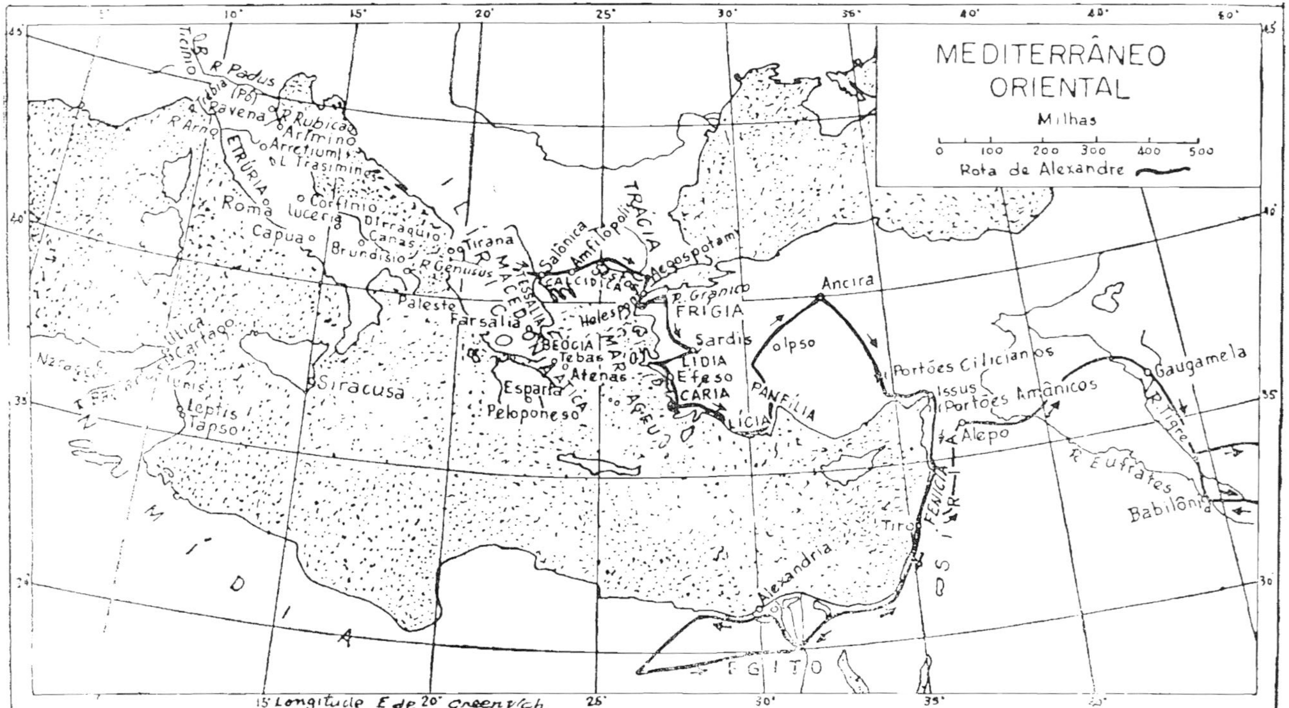
MEDITERRÂNEO
ORIENTAL
Milhas
0 100 200 300 400 500
Rota de Alexandre
R. Padus
Trebia (Pó)
Ticínio
Ravena
R. Rubicão
Ariminio
Arretium
L. Trasimine
R. Arno
ETRÚRIA
Roma
Corfínio
Luceria
Capua
Dirráquio
Canas
Brundísio
Tirana
R. Genusus
MACEDÔNIA
TESSÁLIA
Paleste
Farsália
Salônica
Anfípolis
CALCÍDICA
TRÁCIA
Aegospotami
R. Granico
FRIGIA
Holesp
BEÓCIA
Tebas
Atenas
ÁTICA
Esparta
Peloponeso
MAR AGEU
Sardis
LÍDIA
Éfeso
CÁRIA
LÍCIA
PANFÍLIA
Ancira
Portões Cilicianos
Issus
Portões Amânicos
Alepo
Gaugamela
R. Tigre
R. Eufrates
Babilônia
FENÍCIA
SÍRIA
Tiro
Alexandria
EGITO
Siracusa
Útica
Cartago
Túnis
Leptis
Tapso
NUMÍDIA
Longitude E de Greenwich

O desafiante, embora grego, era um estranho, ao passo que Tebas e Atenas estavam unidas no esforço de constituir uma Liga Pan-Helênica para opor-se ao crescente poderio da Macedônia. Encontraram apoio num rei persa — fraqueza da natureza humana apreciada pela História. Mais uma vez é o atacante quem percebe o valor da ação indireta.

O próprio pretexto utilizado por Filipe da Macedônia para tentar obter a supremacia foi indireto, pois ele tinha sido convidado pelo Conselho Anfitiônico apenas para ajudar na punição de Anfissa, na Beócia Ocidental, por um crime sacrílego. É provável que o próprio Filipe tenha provocado esse convite que, embora arregimentando Tebas e Atenas contra ele, lhe assegurou a benevolente neutralidade dos demais Estados.

Depois de marchar para o sul, como se destinando a Anfissa, direção natural de seu avanço, Filipe, de Cintínia marchou para Elatéia, que ocupou e fortificou. Essa mudança de direção já mostrava objetivos políticos mais amplos, ao mesmo tempo que definia uma qualidade estratégica que os acontecimentos vieram confirmar. Os aliados tebanos e beócios bloqueavam os passos que conduziam ao interior da Beócia, tanto na direção Cintínia-Anfissa, como em Parapotâmia, sobre a rota de Elatéia a Queronéia. A primeira era como a parte vertical de um L, a de Cintínia a Elatéia seu traço horizontal e o prolongamento, através do passo de Queronéia, como a pequena parte vertical do pé do L.

Antes de iniciar outro movimento militar, Filipe tomou novas medidas para enfraquecer o adversário: encorajou, politicamente, a restauração das comunidades fócidas que tinham sido dispersadas pelos tebanos e, no campo psico-social, fez-se proclamar campeão do Deus de Delfos.

Em seguida, na primavera de 338 A.C., atacou repentinamente, após ter, por meio de um estratagema, feito a limpeza de seu itinerário de marcha. Tendo já, com a ocupação de Elatéia, desviado a atenção estratégica do inimigo para a rota oriental — que se tornara, assim, a linha natural de penetração — perturbou a atenção tática da força que barrava a rota oriental, fazendo que caísse em sua mão uma carta que informava de seu regresso à Trácia. A seguir, partindo de Cintínia, atravessou o passo durante a noite e penetrou na Beócia Ocidental, em Anfissa. Conquistando Naupacta, abriu suas comunicações com o mar.

Estava agora, embora um pouco distante, na retaguarda dos defensores do passo oriental. Por esse motivo eles recuaram de Parapotâmia, não apenas pela ameaça de terem cortada sua retirada, mas também porque não mais se justificava que lá permanecessem. Filipe, porém, afastou-se mais uma vez da linha de ação mais provável e realizou outra ação indireta. Em lugar de, partindo de Anfissa, dirigir-se para leste, através de um terreno montanhoso que facilitava a defesa, voltou através de Cintínia e Elatéia, infletiu para o sul pelo passo de Parapotâmia, completamente desguarnecido, e caiu sobre o exército inimigo em Queronéia.

Essa manobra contribuiu muito para assegurar sua vitória na batalha que se seguiu. O efeito obtido foi completado por manobras táticas sutis. Atraiu os atenienses para fora de suas posições, por uma retirada em sua frente, e depois, quando estes progrediam em terreno mais baixo, isolou-os com um contra-ataque. O resultado da batalha de Queronéia foi o estabelecimento da supremacia macedônia na Grécia.

O destino cortou a vida de Filipe antes que pudesse ampliar suas conquistas na Ásia e coube a seu filho realizar a campanha por ele pretendida. Alexandre recebeu como herança não apenas um plano e um instrumento de ação modelar — o exército organizado por Filipe(*) — mas, também, a concepção de uma grande estratégia. Outra herança de inestimável valor foi a posse da cabeça-de-ponte nos Dardanelos, assegurada por Filipe no ano 336 A.C.

Estudando-se sobre uma carta a ofensiva de Alexandre, verifica-se que foi realizada em ziguezagues agudos. Um estudo histórico sugere que as razões para sua ação indireta foram mais políticas do que estratégicas, embora, como políticas, sejam de grande estratégia.

Nas campanhas iniciais, sua estratégia logística era direta e desprovida de sutilezas. A explicação encontra-se, em pri-

---

(*) Filipe passou três anos de sua mocidade como refém em Tebas, quando Epaminondas estava no apogeu, e as impressões que recebeu, nessa época, podem ser claramente divisadas na tática utilizada pelo exército macedônico.

meiro lugar, no fato de ter sido o jovem Alexandre criado para a realeza e para o triunfo; depois, por possuir ele muito mais qualidades características do herói homérico do que os demais grandes capitães da História(*) e, ainda, pela tão justificada confiança que tinha na superioridade de seu instrumento de ação e na sua própria capacidade de dirigi-lo, o que lhe permitia despreocupar-se com o desequilíbrio estratégico de seus adversários. Suas lições para a posteridade situam-se em dois campos: grande estratégia e tática.

Partindo das costas orientais dos Dardanelos, na primavera de 334 A.C., Alexandre movimentou-se inicialmente para o sul, onde com o peso e o ímpeto de sua cavalaria, armada de lanças, derrotou a força de cobertura persa colocada no rio Granico. O inimigo teve a sagacidade de perceber que, se conseguisse eliminar Alexandre, paralisaria a invasão em nascedouro e por pouco falhou na consecução desse objetivo.

Alexandre movimentou-se, a seguir, para o sul, sobre Sardes, chave política e econômica da Lídia e dali para oeste até Éfeso. Nessas cidades gregas restabeleceu os antigos governos e assegurou os direitos democráticos, como o meio mais seguro e econômico de garantir sua própria retaguarda. Estava agora de volta ao litoral egeu e continuou seu caminho, inicialmente para o sul, e depois para leste, ao longo dele, através de Cária, Lícia e Panfília. Nessa manobra tinha como objetivo eliminar o domínio persa no mar, privando sua esquadra de liberdade de movimentos pela ocupação de suas bases. Libertando êsses portos marítimos, desfalcava a esquadra inimiga de grande parte do seu potencial humano, que nele era recrutado.

(*) No início de sua invasão da Ásia, Alexandre reviveu romànticamente a história homérica da expedição contra Tróia. Enquanto seu exército esperava para cruzar os Dardanelos, o próprio Alexandre, com um destacamento selecionado, desembarcou nas proximidades de Ilia, no local em que os gregos teriam ancorado seus navios na guerra de Tróia. Em seguida deslocou-se para o local em que a antiga cidade tinha sido construída, onde ofereceu sacrifício no templo de Atenas, encenou uma batalha mímica e proferiu uma oração diante da suposta sepultura de Aquiles, seu antepassado tradicional. Depois desses atos simbólicos, reuniu-se ao seu exército, para dirigir a verdadeira campanha.

Além de Panfília, o litoral da Ásia Menor era praticamente desprovido de portos. Por isso Alexandre voltou novamente para o norte até Frígia e para leste até Ancira (a atual Ancara) consolidando seu domínio e garantindo sua retaguarda na parte central da Ásia Menor. Depois, em 333 A.C., voltou-se para o sul, atravessando os "Portões" cilicianos, na estrada direta para a Síria, onde Dario concentrava suas forças para enfrentá-lo. Ali, pelo fracasso de seu serviço de informações e pela própria suposição de que os persas o esperariam nas planícies, Alexandre foi estrategicamente vencido. Enquanto Alexandre realizava uma aproximação direta, Dario realizava uma indireta, pois, subindo o curso superior do Eufrates, irrompeu pelos "Portões" amânicos sobre a retaguarda de Alexandre. Este, tão cuidadoso em garantir sua cadeia de bases, via-se agora isolado delas. Contudo, recuando oportunamente, recobrou sua liberdade de ação na batalha de Issus graças a sua tática superior e ao instrumento que a executava (nenhum capitão tirou mais proveito da surprêsa tática em suas ações indiretas do que ele).

Daí por diante seguiu em direção não prevista pelo inimigo, descendo o litoral da Síria ao invés de investir sobre a Babilônia, coração do poderio persa. A grande estratégia ditou claramente esse rumo. Isso porque, embora já tivesse perturbado o domínio persa no mar, ainda não o tinha eliminado. Enquanto ele existisse, poderia ameaçar sua própria retaguarda, especialmente na Grécia e, particularmente, em Atenas, desagradavelmente agitada. Sua investida sobre a Fenícia eliminou a esquadra persa, pois o que dela restou era principalmente fenício. A maior parte dela aderiu, e a porção tíria caiu com a derrota de Tiro. A seguir movimentou-se novamente para o sul, penetrando no Egito, numa manobra dificilmente explicável do ponto de vista naval, salvo como uma operação de segurança. Contudo é compreensível, politicamente, pelo interesse de ocupação do império persa e sua consolidação sob seu jugo; o Egito era um apoio econômico que não poderia ser desprezado.

Finalmente, em 331 A.C., êle marchou para o norte até Aleppo, infletiu para leste, atravessou o Eufrates e avançou até o curso superior do Tigre. Ali, perto de Nínive (a atual

Mosul) Dario havia concentrado novo e poderoso exército. Atravessando o Tigre, bem mais acima, desceu pela sua margem oriental, obrigando Dario a mudar de posição. Mais uma vez na batalha, em Gaugamela (mais conhecida como batalha de Arbela, nome de uma cidade dela distante cerca de 60 milhas) Alexandre e seu exército demonstravam completa superioridade sobre um outro que, na realidade, era o menor dos obstáculos a ser vencido para a conquista dos verdadeiros objetivos de sua grande estratégia. Seguiu-se a ocupação de Babilônia.

As campanhas seguintes de Alexandre até atingir as fronteiras da Índia nada mais foram do que operações de limpeza militar do império persa, destinadas à consolidação política de sua ocupação. Forçou o desfiladeiro uxiano e os "Portões" persas com ações indiretas e quando foi enfrentado por Porus no Hidaspo apresentou uma obra-prima de ação indireta, que demonstrou o amadurecimento de suas qualidades estratégicas. Fazendo grandes provisões de trigo e desdobrando seu exército ao longo da margem ocidental, iludiu o inimigo quanto às suas verdadeiras intenções. Repetidas e ruidosas marchas e contramarchas da sua cavalaria mantiveram Porus, inicialmente, sob grande tensão para, em seguida, pela repetição, entorpecer sua reação. Tendo assim imobilizado Porus com o grosso de seu exército, desbordou-o numa travessia noturna realizada dezoito milhas acima, com uma força selecionada, comandada por ele próprio. Com a surpresa deste desbordamento Alexandre descompensou o equilíbrio mental e moral de Porus, bem como o moral e físico de seu exército. Na batalha que se seguiu, Alexandre, com uma fração de seu exército, pôde derrotar quase a totalidade do exército inimigo. Se esse desequilíbrio preliminar não tivesse ocorrido não haveria explicação teórica ou prática para que Alexandre tivesse exposto uma fração isolada de suas forças ao risco de destruição completa.

Nas longas guerras dos "Sucessores" de Alexandre, que despedaçaram seu império, houve numerosos exemplos de ação indireta que podem ser considerados. Os generais de Alexandre eram homens bem mais capazes que os marechais de Napoleão e a experiência que possuíam os convencera da importância do princípio da economia de forças. Embora muitas de suas operações mereçam estudo, a presente análise está restrita à apreciação das campanhas decisivas da história antiga e, nessas guerras dos Diádocos, somente a última, em 301 A.C., pode ser categoricamente considerada como tal. A natureza decisiva dessa campanha dificilmente pode ser posta em dúvida pois, nas palavras ponderadas da "Cambridge Ancient History", como conseqüência dela "a luta entre o poder central e os dinastas terminou" e "o desmembramento do mundo greco-macedônico tornou-se inevitável".

No ano 302 A.C., Antígono, que reclamava o direito de ocupar o lugar de Alexandre, teve em mãos a possibilidade de apossar-se do império. Expandindo-se de sua satrápia original na Frígia, conquistara o controle da Ásia, desde o Egeu ao Eufrates. Contra ele, Seleuco tinha resistido e mantido Babilônia com dificuldade; Ptolomeu ficara somente com o Egito; Lisímaco considerava-se mais seguro na Trácia, porém Cassandro, considerado o mais temível dos seus adversários e o maior obstáculo à concretização das aspirações de Antígono, fora expulso da Grécia por Demétrio, filho de Antígono, que em muitas características era um segundo Alexandre. Intimado a uma rendição incondicional, Cassandro respondeu com um golpe característico de gênio estratégico. O plano foi preparado após uma conferência com Lisímaco; buscou-se, a seguir, o auxílio de Ptolomeu que, por sua vez, entrou em contacto com Seleuco, utilizando camelos através do deserto árabe.

Cassandro reservou, apenas, cerca de 31.000 homens para enfrentar a invasão de Tessália por Demétrio, que se acreditava dispor de 57 mil homens, entregando o restante do seu exército a Lisímaco. Este cruzou os Dardanelos em direção ao leste, enquanto Seleuco se movimentava para oeste, na direção da Ásia Menor, com um exército que incluía quinhentos elefantes de guerra obtidos na Índia.

Ptolomeu avançou para o norte, pelo interior da Síria, mas, recebendo informação falsa de uma derrota de Lisímaco, voltou ao Egito. Apesar disso a penetração convergente, realizada por ambos os lados do coração do seu império, obrigou Antígono a chamar urgentemente Demétrio de volta da Tessália, onde Cassandro conseguira mantê-lo imobilizado, até que a ameaça estratégica à sua retaguarda na Ásia Menor exigiu sua retirada como, do mesmo modo, com um movimento semelhante, Cipião obrigaria, posteriormente, Aníbal a voltar para a África.

Na batalha de Ipso, na Frígia, a estratégia de Cassandro foi completada com uma vitória tática de seu aliado, que terminou com a morte de Antígono e a fuga de Demétrio. Nesta batalha os elefantes de guerra, convém observar, foram o instrumento decisivo da vitória e a tática utilizada pelos vencedores foi essencialmente indireta. Demétrio, atraído pela cavalaria dos aliados, lançou-se em sua perseguição cerrada até fora do campo de batalha, quando teve seu retorno impedido pelas unidades de elefantes que, assim, não permitiram que participasse das ações que se realizavam. Nessa ocasião Lisímaco, ao invés de atacar a infantaria de Antígono, desmoralizou-a com uma barragem cerrada de flechas incendiárias até que ela, começando a desintegrar-se, permitiu a Seleuco atacar a região em que se encontrava o próprio Antígono.

Quando a campanha foi iniciada a balança pendia francamente para Antígono e raramente o destino ocasiona uma modificação tão dramática em seu resultado final. Parece evidente que o equilíbrio de Antígono foi perturbado pela ação indireta planejada por Cassandro, que deslocou o equilíbrio mental de Antígono, o equilíbrio moral de suas tropas e de seus súditos e o equilíbrio físico de seu dispositivo militar.

CAPÍTULO III

GUERRAS ROMANAS — ANÍBAL, CIPIÃO E CÉSAR

O conflito subseqüente, decisivo em suas conseqüências e resultados para a história européia, foi a luta entre Roma e Cartago, na qual a Segunda Guerra Anibalina ou Púnica foi o período determinante. Ela compreende uma série de fases e campanhas, cada uma delas decisiva no sentido de levar para novo curso a torrente da guerra.

A primeira fase inicia-se com o avanço de Aníbal, da Espanha para os Alpes e a Itália em 218 A.C. e termina com a aniquiladora vitória de Trasimenes, na primavera seguinte, que deixou Roma desprotegida, salvo por suas muralhas e guarnição, para enfrentar um ataque imediato de Aníbal, se este tivesse decidido realizá-lo.

A explicação que comumente se dá, por ter Aníbal escolhido um itinerário terrestre bastante árduo em lugar da travessia marítima direta, é o suposto "domínio do mar" da parte de Roma. Todavia, é absurdo aplicar-se a interpretação moderna dessa expressão a uma época em que os navios eram tão primitivos e sua capacidade para interceptar um inimigo no mar tão incerta. Além disso, afora tais limitações, a superioridade naval dos romanos naquela época é posta em dúvida por uma passagem de Políbio (III, 97) quando, referindo-se à situação existente nessa ocasião, fala da ansiedade do Senado romano diante da possibilidade de os cartagineses "obterem uma superioridade mais acentuada no mar." Mesmo na fase final da guerra, depois de terem obtido repetidas vitórias navais, de terem privado a esquadra cartaginesa de todas as suas bases espanholas e tomado pé na África, foram os romanos impotentes para impedir que a força expedicionária de Mago desembarcasse na Riviera genovesa ou que Aníbal navegasse tranqüilamente em seu regresso à África. Parece mais provável que o itinerário de invasão, terrestre e indireto, tenha sido escolhido por Aníbal com o intuito de arregimentar os celtas do norte da Itália contra Roma.

Devemos observar, desde logo, a natureza indireta até mesmo dessa marcha terrestre e as vantagens com ela obtidas. Os romanos haviam enviado o cônsul Públio Cipião (pai do Africano) a Marselha com o objetivo de deter o avanço de Aníbal no Ródano. Entretanto Aníbal não só atravessou esse temível obstáculo em um ponto mais acima do que seria de esperar como se voltou ainda mais para o norte tomando a rota do vale do Isère, sinuosa e difícil, ao invés de outra mais direta, embora mais fácil de defender, nas vizinhanças da Riviera. Políbio explica que quando Cipião chegou ao local da travessia, três dias mais tarde, ficou "espantado por verificar que o inimigo já se fora, pois estava convencido de que ele jamais se atreveria a seguir essa rota (do norte) para penetrar na Itália (Políbio). Graças à pronta decisão e ao rápido deslocamento, deixando parte de seu exército para trás, Cipião voltou à Itália, por mar, ainda em tempo de enfrentar Aníbal nas planícies da Lombardia. Lá, porém, Aníbal tinha a vantagem do terreno adequado à sua cavalaria e as vitórias de Ticínio e Trebia nada mais foram do que o resultado disso. O efeito moral desses sucessos possibilitou a Aníbal a obtenção, fácil e "em grande abundância", de recrutas e suprimentos.

Senhor do norte da Itália, aí passou Aníbal o inverno. Na primavera seguinte, antecipando-se ao prosseguimento da ofensiva de Aníbal, os novos cônsules levaram um dos seus exércitos para Ariminum (Rimini) no Adriático e outro para Arretium (Arezzo) na Etrúria, dominando assim, respectivamente, as direções oriental e ocidental pelas quais Aníbal poderia avançar sobre Roma. Este decidiu atuar pela Etrúria mas, ao invés de deslocar-se pelas estradas conhecidas, após cuidadosos reconhecimentos, "verificou que existia uma estrada através dos pântanos, mal conhecida pelo inimigo, bem mais curta que as demais e que lhe permitia cair de surpresa sobre Flamínio. Isso era o que mais convinha ao seu gênio todo especial e foi por ela que decidiu movimentar-se. Entretanto, quando se espalhou pelo seu exército a informação de que seu comandante iria conduzi-lo através dos pântanos, houve um alarma geral..." (Políbio).

Os soldados normais preferem sempre o conhecido ao desconhecido. Aníbal não era normal e, conseqüentemente, como outros grandes capitães, preferiu enfrentar *condições* mais perigosas no deslocamento, desde que não fosse encontrar seus adversários já instalados em posição previamente escolhida.

Durante quatro dias e três noites o exército de Aníbal marchou "por uma estrada coberta pelas águas", cansando-se terrìvelmente e sem possibilidades de dormir, perdendo grande número de homens e cavalos. Contudo, quando desembocaram em Arretium encontraram o exército romano passivamente acampado. Aníbal não tentou um ataque direto. Ao invés disso, como nos conta Políbio, "imaginou que, se desbordasse o acampamento e investisse sobre o distrito existente logo adiante, Flamínio, em parte pelo temor de censura popular e de outra parte por uma irritação pessoal, seria incapaz de ficar observando passivamente a devastação da região e seguiria em seu encalço espontâneamente, dando-lhe a oportunidade que desejava para o ataque".

Isso era uma aplicação mental da manobra contra a retaguarda do inimigo, baseada em observações penetrantes sobre o caráter de seu adversário. Foi completada com a execução física. Ao longo da estrada que se dirigia para Roma, Aníbal preparou e executou a maior emboscada da História. Na nublada madrugada do dia seguinte o exército romano, perseguindo animadamente Aníbal ao longo das margens montanhosas do lago de Trasimenes, foi apanhado de surpresa, envolvido pela frente e pela retaguarda numa armadilha e aniquilado. Os leitores de História que se recordam da vitória geralmente se esquecem da concepção que a tornou possível. Políbio, porém, expõe essa lição básica na seguinte reflexão: "Assim como um navio, privado de seu timoneiro, cai com toda tripulação nas mãos do inimigo, um exército em guerra, se seu general for vencido pela astúcia ou pela manobra, cairá, todo ele, nas mãos adversárias."

Porque, depois de Trasimenes, Aníbal não marchou sobre Roma é um mistério da História e todas as explicações dadas não passam de hipóteses.

A falta de adequado equipamento para o sítio é uma razão evidente mas, talvez, não seja uma justificativa completa. Tudo quanto sabemos, com certeza, é que Aníbal passou os anos subseqüentes tentando destruir o domínio de Roma sobre seus aliados italianos e arregimentá-los numa coligação contra ela. As vitórias foram apenas um impulso moral em direção a esse objetivo. A vantagem tática seria garantida se Aníbal pudesse provocar uma batalha em condições favoráveis ao emprego de sua excelente cavalaria.

A segunda fase iniciou-se, por parte dos romanos, com uma ação indireta que estava mais de acôrdo com o caráter grego do que com o romano — uma forma imitada posteriormente, geralmente com eficiência, a que a História atribuiu o título genérico de "estratégia fabiana". A estratégia de Fábio consistia não numa fuga à batalha para ganhar tempo, mas numa ação premeditada para obter efeitos morais sobre o inimigo e, mais particularmente, sobre seus aliados potenciais. Era, assim, primordialmente uma política de guerra ou uma "grande estratégia". Fábio reconhecia muito bem a superioridade militar de Aníbal para arriscar-se a uma decisão pelas armas. Ao mesmo tempo que procurava evitar uma batalha decisiva, tentava, por meio de pequenas incursões, desgastar a resistência dos invasores e, simultâneamente, impedir que recrutassem forças nas cidades italianas e em sua base cartaginesa. A condição básica para que essa ação de grande estratégia pudesse ser realizada era manter o exército romano concentrado nas montanhas, imune, dêsse modo, à decisiva superioridade da cavalaria de Aníbal. Essa fase tornou-se, assim, verdadeiro duelo entre as formas de ação indireta utilizadas por Aníbal e Fábio.

Permanecendo nas proximidades do inimigo, capturando seus soldados extraviados e os grupos lançados em busca de suprimentos, impedindo a conquista de qualquer base fixa, Fábio tornou-se uma sombra fugidia no horizonte, ofuscando o encanto da ofensiva fulminante de Aníbal. Desse modo pôde

Fábio, imune à derrota, anular o efeito das vitórias anteriores de Aníbal no espírito dos aliados italianos de Roma evitando, assim, que aderissem ao inimigo. Esta campanha, conduzida sob a forma de guerrilha, levantou, também, o moral das tropas romanas, ao mesmo tempo que deprimia o dos cartagineses, os quais, aventurando-se ao afastamento da pátria, eram os maiores interessados na obtenção de uma decisão rápida.

Contudo, o desgaste é uma arma de dois gumes que, mesmo quando manejada com habilidade, acarreta uma tensão em em quem a emprega. Cria principalmente uma ansiedade na massa do povo, esperançado em uma solução rápida e sempre inclinado a acreditar que isso só é possível com a liquidação do inimigo. Quanto mais se recuperava do choque provocado pelas vitórias de Aníbal, tanto mais o povo romano começava a duvidar da sabedoria do tratamento fabiano, apesar das melhoras que já tinha começado a sentir. Suas dúvidas silenciosas foram avivadas por agitadores ambiciosos pertencentes ao próprio exército, que criticavam Fábio por seu "espírito covarde e vacilante". Isso acarretou um fato sem precedente: a nomeação de Minucio, um dos principais auxiliares de Fábio e também seu maior crítico, para co-ditador. Pouco demorou para que Aníbal aproveitasse a oportunidade para atrair Minucio a uma cilada da qual só foi salvo pela rápida intervenção de Fábio.

O acontecimento acalmou, durante algum tempo, as críticas contra Fábio. Todavia, após seis meses de mandato, nem ele nem sua ação política obtiveram suficiente popularidade para assegurar uma prorrogação. Nas eleições consulares um dos dois escolhidos foi o impetuoso e ignorante Varro, a quem se devia a nomeação anterior de Minucio. Além disso o Senado aprovou uma resolução para que fosse dado combate a Aníbal. Havia como motivo para essa decisão a devastação que estava sofrendo a Itália sob o jugo do inimigo e ela foi concretizada com a arregimentação para a campanha de 216 A.C. do maior exército que Roma até então colocara em campo, oito legiões. No entanto os romanos iriam pagar caro pela eleição de um líder cujo temperamento agressivo não era equilibrado pelo bom-senso.

O outro cônsul, Paulo, era favorável a que se aguardasse oportunidade favorável para a batalha decisiva e que se manobrasse com esse objetivo, o que não se coadunava, em absoluto, com as idéias de Varro: "Muita coisa já se disse sobre homens que entram em campo, não para distribuir sentinelas, porém para usar suas espadas". A idéia de manobra de Varro, que coincidia com sua promessa pública, era a de atacar o inimigo onde e quando o encontrasse. Aproveitou, pois, a primeira oportunidade para oferecer combate a Aníbal na planície de Canas. Quando Paulo argumentou que deviam tentar atrair Aníbal para uma região mais adequada à ação de infantaria, Varro, aproveitando-se do dia em que estava no comando, avançou para perto do inimigo. Quando Paulo, no dia seguinte, conservou suas tropas na posição fortificada que ocupavam, calculando que a escassez de suprimentos logo forçaria Aníbal a afastar-se, Varro "tornou-se mais inflamado do que nunca em sua ânsia de combater", conforme relata Políbio. Esse, também, era o sentimento da maioria da tropa, que se irritava com a demora. "Pois nada existe mais intolerável para a humanidade do que a expectativa; quando uma coisa é decidida os homens podem suportar todos os males que seja de seu infortúnio padecer."

Na manhã seguinte Varro levou o exército romano para fora do acampamento a fim de oferecer combate, e a espécie de combate que Aníbal desejava. Como era costumeiro, a infantaria de ambos os lados foi colocada no centro, com a cavalaria nos flancos, porém, o dispositivo de Aníbal não era exatamente o convencional. Lançou êle à frente os gálios e espanhóis que formavam o centro da linha de infantaria, ao mesmo tempo que mantinha recuados seus infantes africanos, colocados em ambas as extremidades da linha. Desse modo os gálios e espanhóis formavam um ímã natural para a infantaria romana e foram, como era previsto, obrigados a recuar, de modo que o saliente se transformou numa bolsa reentrante. Os legionários romanos, entusiasmados com seu êxito aparente, afluíram para a abertura da bolsa em tal quantidade que mal podiam empregar suas armas.

Quando imaginavam estar rompendo a frente cartaginesa estavam, na realidade, enchendo a bolsa criada pelos mesmos. Puderam os veteranos africanos de Aníbal desencadear um contra-ataque partido de ambos os flancos nas condições ideais.

Esta manobra criou uma situação de verdadeira armadilha, bem semelhante à vivida na batalha marítima de Salamina. Poderia assemelhar-se a um golpe coletivo de jiu-jitsu que é, essencialmente, baseado no ataque indireto.

Entrementes, a cavalaria pesada de Aníbal da ala esquerda irrompera através da cavalaria inimiga naquele flanco e, desbordando os romanos pela retaguarda, dispersou sua cavalaria no outro flanco que já tinha sido contido pela esquiva cavalaria númida. Deixando a perseguição por conta dos númidas, a cavalaria pesada desfechou o golpe final, caindo sobre a retaguarda da infantaria romana, já cercada por três lados e por demais aglomerada para oferecer resistência eficiente. Daí por diante a batalha transformou-se num massacre. De acordo com Políbio, dos 76.000 homens do exército romano 70.000 tombaram no campo de batalha. Entre eles estava Paulo, ao passo que Varro — até parece ironia — conseguiu escapar à derrota que tinha provocado.

O desastre de Canas desfez a confederação italiana por algum tempo, mas não abateu Roma, onde Fábio ajudou a arregimentar o povo para continuar a resistência. A recuperação de Roma foi devida, em grande parte, à sóbria determinação e persistência demonstradas na execução da estratégia de evasão, sem medir sacrifícios, mas foi ajudada pela falta de equipamento de sítio nas forças de Aníbal e pela impossibilidade de aproveitamento dos recursos locais em uma região primitivamente organizada (Quando, mais tarde, Cipião lançou sua contra-ofensiva na África já encontrou, na estrutura econômica mais altamente desenvolvida de Cartago, um apoio mais valioso para o cumprimento de sua missão.)

A segunda fase da guerra terminou em 207 A.C. com outra ação estratégica de caráter indireto, quando Nero, o cônsul, se retirou sorrateiramente de sua posição frente a Aníbal e investiu, deslocando-se em marchas forçadas, contra seu irmão que acabara de chegar com seu exército ao norte da Itália. Depois de destruir esse exército em Metauro e, com isso, a esperança que tinha Aníbal de receber reforços suficientes à vitória, Nero voltou para sua posição diante de

Aníbal antes que êste percebesse que anteriormente estivera vazia.

Depois disso veio a terceira fase, que foi um período de estagnação. Durante cinco anos Aníbal permaneceu acuado no sul da Itália, enquanto uma série de generais romanos recuava, lambendo seus ferimentos, toda vez que tentavam atacar diretamente a toca do leão.

Entrementes, Públio Cipião, o Moço, era enviado para a Espanha, no ano 210 A.C., para, numa tentativa desesperada, reparar as conseqüências do desastre que flagelara os exércitos comandados pelo pai e o tio, vingar suas mortes e, se possível, manter uma posição de cobertura no canto nordeste da Espanha contra as fôrças cartaginesas muito superiores que se encontravam naquele país. Pela rapidez de seus deslocamentos, emprego tático superior e atuação diplomática de grande habilidade, transformou esta missão defensiva em outra ofensiva, embora indireta, contra Cartago e Aníbal, porque a Espanha era, na realidade, a verdadeira base estratégica de Aníbal; lá ele não só instruía seus exércitos como obtinha o potencial de que necessitava. Com uma combinação magistral de ação de surprêsa e oportunidade, Cipião inicialmente privou os exércitos cartagineses de Cartagena, que era sua base principal na Espanha para, em seguida, isolá-los de seus aliados e destruí-los.

Eleito cônsul após sua volta à Itália, em 205 A.C., já estava em condições de desencadear sua segunda e decisiva ação indireta, havia muito combinada, contra a retaguarda estratégica de Aníbal. Afirma-se que Fábio, velho e experimentado, esposou a opinião ortodoxa de que o dever de Cipião era atacar Aníbal na Itália. "Por que não vos empenhais nisto e não levais a guerra diretamente ao local onde se encontra Aníbal, ao invés de tomardes um caminho sinuoso com a esperança de que, quando tiverdes penetrado na África, Aníbal vos tenha seguido até lá?"

Cipião obteve do Senado permissão somente para invadir a África, sendo-lhe negada autorização para recrutar tropas. Em conseqüência, partiu em sua expedição, na primavera do ano 204 A.C., com apenas 7.000 voluntários e duas legiões, designadas para integrar a guarnição da Sicília, por terem sido derrotadas em Canas. Desembarcou na África, onde foi enfrentado por uma força de cavalaria, a única de que Cartago dispunha no momento.

Com uma retirada habilmente executada atraiu essa força para uma cilada e destroçou-a. Com isso ganhou o tempo de que necessitava para consolidar sua posição, criou um ambiente favorável ao apoio mais generoso de seus superiores e abalou a autoridade de Cartago sobre seus aliados africanos, com exceção do poderoso Sifax.

Cipião procurou, a seguir, apossar-se do porto de Utica, que pretendia utilizar como base, porém não foi tão bem sucedido como quando da conquista de Cartagena. Foi obrigado a abandonar o cerco seis semanas depois de iniciado, devido ao aparecimento de Sifax com um exército de 60.000 homens destinado a reforçar as novas forças cartaginesas que Asdrubal Gisco estava recrutando. Com a aproximação do exército inimigo, superior ao seu, não só em efetivo como talvez em qualidade, Cipião recuou para uma pequena península que fortificou para servir como um protótipo da "Linha das Torres Vedras" de Wellington. Ali, inicialmente, iludiu os comandantes das forças atacantes quanto à segurança de suas instalações, depois distraiu sua atenção com os preparativos ostensivos de um suposto desembarque em Utica para, finalmente, realizar uma investida noturna contra os dois acampamentos inimigos.

O efeito desmoralizante e desorganizador da surpresa foi aumentado com a idéia sutil de Cipião de atacar, primeiramente, o acampamento de Sifax, mais desordenado, onde o aglomerado de barracas construídas com palhas e esteiras facilmente inflamáveis se expandia para fora da área fortificada. Na confusão causada pelo incêndio ateado a essas barracas, os romanos puderam penetrar no interior do acampamento, enquanto o fogo obrigava os cartagineses de Asdrúbal a abrirem seus próprios portões em busca de socorro, na suposição que o incêndio havia sido acidental, pois, ao cair da noite, tudo estava silencioso e normal no acampamento romano, situado a sete milhas de distância. Vendo os portões abertos, Cipião lançou o seu segundo ataque, que conseguiu penetração sem que, para isso, tivesse que enfrentar o custo de abrir uma brecha. Os dois exércitos inimigos foram postos em fuga perdendo, ao que se conta, metade de seu efetivo.

Se, ao descrevermos a batalha, cruzamos aparentemente o limite entre a estratégia e a tática, é porque, na realidade, foi a primeira delas que não só abriu o caminho da vitória como também a determinou. A vitória nada mais foi do que o último ato da ação estratégica, porque um massacre sem resistência não pode ser considerado como batalha.

Por que Cipião depois de seu triunfo, quase sem sangue, não explorou seu êxito avançando imediatamente sobre Cartago? Se a História não dá uma resposta precisa, fornece, entretanto, subsídios para a dedução com mais precisão do que no caso da demora de Aníbal em atacar Roma após Trasimenes e Canas. A menos que haja oportunidade e perspectiva favorável para um rápido assalto de surpresa, o sítio é a mais antieconômica de todas as operações de guerra; quando o inimigo possui ainda forças em condições de intervir em tempo oportuno é também a mais perigosa, pois até obter êxito completo o assaltante está se enfraquecendo progressivamente em desproporção com o enfraquecimento de seu inimigo.

Cipião deveria levar em conta não apenas as muralhas de Cartago, mas o regresso de Aníbal, contingência que era, na realidade, seu objetivo calculado. Se pudesse forçar a capitulação de Cartago antes do regresso de Aníbal, conseguiria grande vantagem. Contudo, isso só poderia ser conseguido com o desequilíbrio moral (e portanto não dispendioso) na resistência da cidade e não com um grande dispêndio físico da força, pois a cidade poderia estar ainda sem brechas em suas muralhas quando Aníbal caísse sobre sua retaguarda.

Ao invés de investir sobre Cartago, Cipião destruiu, sistematicamente, suas áreas de abastecimento e seus aliados. Acima de tudo, a perseguição incessante e final destruição de Sifax foi uma divisão de forças que encontra justificativa satisfatória, porque, restaurando Masinissa, seu aliado, no trono de Numídia, Cipião assegurava a disponibilidade em cavalaria, de que necessitava para enfrentar a melhor arma que possuía Aníbal. Para apoiar essa persuasão moral avançou até Túnis, sob as vistas de Cartago, como "um meio muito eficiente de aterrar e afligir os cartagineses".

Complementando outras medidas indiretas de pressão, essa ação foi decisiva para quebrar a vontade de lutar dos cartagineses, que pediram a paz. Contudo, enquanto os termos da rendição aguardavam ratificação de Roma, o armistício foi rompido quando Cartago recebeu notícias do regresso de Aníbal, com seu desembarque em Léptis (202 A.C.).

Cipião ficou assim colocado numa posição difícil e perigosa. Embora não se tivesse enfraquecido com o assalto a Cartago, deixara Masinissa voltar para Numídia, para consolidar seu reinado, depois de Cartago ter aceito suas condições de paz. Em tais circunstâncias um general ortodoxo teria tomado a ofensiva para impedir que Aníbal chegasse a Cartago, ou permaneceria na defensiva à espera de socorro. Ao invés disso, Cipião deslocou-se por um itinerário que, traçado numa carta, parece fantástico. Se a rota direta a ser seguida por Aníbal entre Léptis e Cartago for representada pelo braço direito um V invertido (Λ), Cipião, deixando um destacamento para manter seu acampamento perto de Cartago, afastou-se da cidade tomando a direção do braço esquerdo. Uma ação bastante indireta! Entretanto esse itinerário, pelo vale de Bagradas, levou-o ao coração da fonte principal de suprimentos de Cartago no interior. Aproximou-o, cada vez mais, dos reforços númidas que Masinissa trazia em atendimento a seu pedido urgente.

O movimento atingiu seu objetivo estratégico. O Senado de Cartago, aterrorizado com as notícias de que aquele território que lhe era vital estava sendo progressivamente devastado, enviou mensageiros a Aníbal concitando-o a intervir imediatamente dando combate a Cipião. Aníbal, embora tivesse respondido que "deixasse com ele tais questões", foi levado pelas circunstâncias criadas por Cipião a mover-se para oeste, em marchas forçadas, ao encontro de seu inimigo, ao invés de dirigir-se para o norte, na direção de Cartago. Cipião pôde, assim, atraí-lo para uma região de sua própria escolha, onde faltavam a Aníbal o esforço material, o pivô estável e, em caso de derrota, o abrigo de que se teria beneficiado caso a batalha fosse travada nas proximidades de Cartago.

Cipião impusera ao inimigo a obrigação de buscar o combate e agora explorava, ao máximo, essa vantagem moral.

Quando Masinissa chegou ao seu encontro, quase ao mesmo tempo que Aníbal, Cipião recuou, em lugar de avançar, atraindo Aníbal para uma região onde não havia água e para um campo de batalha, na planície, onde sua nova força de cavalaria poderia ser vantajosamente aproveitada. Conseguira, assim, obter as primeiras vantagens; no campo de batalha de Zama (ou, mais corretamente, Naragara) estava em condições de superar taticamente o triunfo representado pela cavalaria de Aníbal. E quando a derrota tática, pela primeira vez, atingiu Aníbal, não tardou que surgissem as conseqüências de sua derrota estratégica, pois não dispunha ele de uma fortaleza onde seu exército derrotado pudesse ser reorganizado antes de ser aniquilado pela perseguição. Cartago rendeu-se, a seguir, sem derramamento de sangue.

A campanha de Zama fêz de Roma a potência dominante no mundo mediterrâneo. A ampliação dessa supremacia e sua evolução para suserania foi realizada quase sem oposição ou, pelo menos, de uma ameaça que pudesse ser considerada. Assim o ano 202 A.C. representa o término natural para quem examina os acontecimentos decisivos e suas causas militares na história da antigüidade. No final, a maré da expansão romana iria baixar e todo aquele império cairia aos pedaços, não só pela pressão dos bárbaros como, principalmente, pela decadência interna.

Durante o período da "Decadência e Queda", nos séculos em que a Europa trocava sua antiga epiderme de uma só cor por uma pele de muitas cores, existem grandes ensinamentos a tirar por quem se dedica ao estudo de liderança militar, principalmente com Belisário e os generais que o substituíram no império bizantino. Todavia, em seu conjunto, uma característica decisiva é difícil de definir, pois os acontecimentos importantes são obscuros, a estratégia intencional muito incerta, os subsídios inseguros, para proporcionarem uma base a deduções científicas.

Antes que o poder de Roma atingisse seu zênite houve uma guerra interna que merece ser considerada, não só por ter servido de palco a outro grande capitão, como por ter afetado profundamente o curso da História. Assim como a Segunda Guerra Púnica deu o mundo a Roma, a Guerra

Civil de 50 a 45 A.C. deu o mundo romano a César e ao Cesarismo.

Quando César cruzou o Rubicão, em dezembro do ano 50 A.C., seu poderio estendia-se apenas à Gália e à Ilíria; Pompeu mantinha o controle da Itália e do restante dos domínios de Roma. César tinha nove legiões, mas somente uma estava com ele em Ravena, pois as outras encontravam-se na Gália. Pompeu dispunha de dez legiões na Itália, sete na Espanha e muitos outros destacamentos em todo o império. Contudo, as da Itália dispunham exclusivamente de um núcleo-base com os estandartes, e uma legião em operação valia mais do que duas imobilizadas. César foi criticado pela precipitação de seu avanço para o sul com uma fração tão pequena de seu exército. O tempo e a surpresa são, todavia, dois fatores do sucesso na guerra, e independente da compreensão disso a estratégia de César estava fundamentada no conhecimento que possuía da mentalidade de Pompeu.

De Ravena para Roma havia duas rotas; César tomou a mais longa e menos direta, a que segue o litoral do Adriático, mas não perdeu tempo em iniciar sua marcha. Durante o percurso recebeu a adesão dos recrutas que estavam sendo arregimentados para Pompeu, a exemplo do que se passaria com Napoleão em 1815. Moralmente abalado, o partido de Pompeu abandonou Roma e fugiu para Cápua enquanto César, interpondo-se entre o escalão avançado do inimigo, em Corfínio, e seu grosso, sob o comando direto de Pompeu, em torno de Lucéria, conseguia engrossar suas fileiras com outro contingente, sem derramamento de sangue. Prosseguiu então em sua marcha para o sul continuando, igualmente, o processo da bola de neve. Seu avanço, já agora direto, forçou o inimigo a uma retirada desorganizada até o porto fortificado de Brundisium (Brindisi), no calcanhar da Itália, e o vigor com que foi realizada a perseguição levou Pompeu a fugir para a Grécia atravessando o Adriático. Assim, uma pressão exercida diretamente com todo o vigor e um erro de concepção na segunda fase, privaram César da oportunidade de terminar a guerra numa única campanha e condenaram-no a mais quatro anos de guerra obstinada na bacia do Mediterrâneo.

Iniciada a segunda campanha, César, ao invés de buscar Pompeu na Grécia voltou-se contra seus partidários na Espanha. Foi muito criticado por ter enfrentado a parte mais fraca do adversário, porém sua previsão sobre a inatividade de Pompeu foi justificada pelos acontecimentos. Desta vez César iniciou vigorosamente seu deslocamento com a ação direta contra as forças principais do inimigo em Ilerda (a atual Lérida), logo depois dos Pirineus, o que permitiu que elas fugissem ao combate. Malogrado o assalto, só a intervenção pessoal de César evitou o desastre. O moral de seus homens já começava a declinar perigosamente quando, no momento oportuno, ele modificou sua maneira de agir.

Em lugar de intensificar o cerco, César dedicou suas energias à construção de um canal artificial que lhe permitiu o domínio de ambas as margens do rio Sícoris, ao longo do qual se erguia Ilerda. Essa ameaça de corte em suas fontes de suprimentos determinou a retirada dos comandados de Pompeu enquanto havia tempo. César deixou-os escapar sem manter o contacto, mas determinou à sua cavalaria gálica que, na retaguarda do adversário, retardasse seu retraimento. Em seguida, deixando de assaltar a ponte guarnecida pela retaguarda inimiga, desbordou-a, levando suas legiões a atravessarem o canal que construíra, considerado como dando vau somente à cavalaria, para após uma noite de marcha cortar a retirada do inimigo. Ainda assim não buscou a batalha mas contentou-se em quebrar todas as tentativas do inimigo em tomar uma estrada fácil para sua retirada, empregando sua cavalaria para hostilizá-lo e retardá-lo, enquanto suas legiões se deslocavam em largura. Contendo firmemente a ansiedade de seus comandados em lutar, César encorajou a confraternização com seus adversários, cada vez mais cansados, famintos e deprimidos. Finalmente, quando os forçou a voltar para Ilerda, ocupando uma posição sem abastecimento d'água, obteve a capitulação.

Foi uma vitória estratégica tão incruenta para o derrotado como para o vencedor e quanto menos mortos havia no outro lado tanto mais adeptos reforçavam suas forças. Apesar de ter manobrado ao invés de combater, a campanha não durou mais de seis semanas.

Esta estratégia foi alterada na campanha seguinte, realizada no ano 48 A.C., quando para que obtivesse uma vitória, que não foi completa, necessitou de oito meses. Em lugar de dirigir-se à Grécia por via terrestre, passando por Ilíria, César fez um deslocamento marítimo. Com isso ganhou inicialmente tempo, que perdeu no final. Pompeu dispunha originariamente de uma grande esquadra e César de nenhuma. Embora tivesse ordenado a construção ou obtenção de navios em grande escala, apenas uma parte estava disponível. Não desejando esperar, César partiu de Brindisi levando apenas menos de metade das forças que reunira. Ao desembarcar em Palaeste deslocou-se pelo litoral para o porto marítimo de Dyrrachio (Durazzo) mas Pompeu lá havia chegado em primeiro lugar. Felizmente para César, Pompeu foi tão vagaroso como sempre e perdeu a oportunidade de dar combate a Antônio com superioridade de forças, antes que ele, com metade do exército de César, se esquivasse da esquadra inimiga e se reunisse ao seu chefe. Mesmo quando Antônio desembarcou no outro lado de Dyrrachio, Pompeu, embora colocado bem no centro, deixou de impedir que fosse efetuada a junção de César com Antônio em Tirana. Pompeu então recuou, seguido de perto pelo seu oponente que, em vão, lhe oferecia combate. Em determinado momento os dois exércitos viram-se frente a frente na margem sul do rio Gênuso, ao sul de Dyrrachio.

O impasse foi quebrado por uma ação indireta realizada com uma marcha desbordante longa e penosa, de cerca de quarenta e cinco milhas, através de montes. César conseguiu colocar-se entre Dyrrachio e Pompeu antes que este último, que tinha apenas um percurso de 25 milhas para fazer, percebesse o perigo e corresse de volta para salvar sua base. César, porém, não se apressou em aproveitar essa vantagem. Como Pompeu tinha o mar para lhe garantir o recebimento de suprimentos, nada justificava, ao seu temperamento, que tomasse a iniciativa do ataque. César começou a construir extensas trincheiras em tôrno do exército inimigo, providência singularmente inútil pelo fato de ser este bem mais forte que o seu e poder abastecer-se com facilidade ou retirar-se, quando desejasse, por mar.

Nem mesmo Pompeu, o passivo, poderia deixar escapar a oportunidade de atacar os pontos fracos dessa linha tão tênue com que era cercado e seu êxito levou César a tentar compensar seu erro inicial com a realização de um contra-ataque concentrado que falhou desastrosamente. Somente a inércia de Pompeu salvou de desagregação as tropas desmoralizadas de César.

Seus homens clamavam por combate, porém César havia aprendido a lição e depois de recompor sua retirada voltou a empregar uma estratégia de ação indireta. Pompeu tinha a melhor das oportunidades para empregá-la nessa conjuntura, tornando a atravessar o Adriático e reconquistando o poder na Itália, com sua ação facilitada pela impressão ocasionada pela derrota de César. Este, porém, parece ter percebido as conseqüências de uma marcha para oeste, pressionando Pompeu e preferiu deslocar-se para leste, contra Cipião Nasica, lugar-tenente de Pompeu, que se encontrava na Macedônia. Pompeu, dominado mentalmente, foi levado a seguir César e tomando um itinerário diferente partiu em socorro de Cipião. César chegou primeiro e, em lugar de atacar as fortificações, esperou que Pompeu aparecesse. Esta aparente perda de oportunidade por parte de César talvez possa ser justificada pela sua impressão de que, depois de Dyrrachio, seria necessário um incentivo muito forte para que Pompeu aceitasse a batalha em campo aberto. Se as coisas foram essas, sua concepção era correta, pois, embora Pompeu tivesse superioridade numérica de dois para um, somente aceitou o combate por persuasão de seus lugares-tenentes. Mal César tinha acabado de preparar uma série de manobras para criar a oportunidade que tanto desejava, Pompeu avançou e a deu. No interesse de César a batalha era sem dúvida prematura e o pequeno resultado que obteve foi uma conseqüência disto. A ação indireta de César fora realizada para restabelecer o equilíbrio estratégico e outra era necessária para perturbar o equilíbrio de Pompeu.

Depois da vitória de Farsália, César perseguiu Pompeu através dos Dardanelos, pela Ásia Menor e, daí, através do Mediterrâneo, até Alexandria, onde Ptolomeu o assassinou, poupando assim maiores aborrecimentos a César. Este, porém, deixou de aproveitar-se da oportunidade ao intervir na disputa entre Ptolomeu e sua irmã Cleópatra em torno da sucessão egípcia, desperdiçando, com isso, oito meses numa desnecessária divisão de esforços. Parece que a falha mais repetida e profunda de César foi sua insistência em conquistar um objetivo imediato esquecendo os mais amplos. Estrategicamente ele foi alternadamente Jekyll e Hyde. (*)

O intervalo permitiu que as forças pompeanas se reorganizassem e obtivessem novas oportunidades na África e na Espanha. Na África as dificuldades de César foram aumentadas pelas ações diretas já adotadas por Cúrio, seu lugar-tenente. Depois de desembarcar e obter uma vitória inicial, Cúrio deixou-se atrair a uma cilada preparada pelo Rei Juba, aliado do partido pompeano, e lá foi exterminado. César iniciou pessoalmente sua campanha africana (46 A. C.) com caráter direto, impetuosidade e insuficiência de forças semelhantes aos de sua campanha na Grécia; enfiou a cabeça num laço e dele se livrou graças a sua sorte e habilidade tática. Depois dessa experiência instalou-se num campo fortificado perto de Rufina e lá aguardou a chegada de outras legiões, resistindo a tôdas as tentativas feitas para forçá-lo ao combate.

O Jekyll das manobras que visavam poupar vidas tornou-se dominante em César, que durante vários meses, mesmo depois da chegada dos seus reforços, executou uma estratégia de ação extremamente indireta, porém muito limitada, manobrando seguidamente para infligir ao inimigo uma série de alfinetadas cujo efeito desgastador e deprimente sobre o moral do inimigo foi demonstrado com a onda crescente de deserções. Finalmente uma ação de caráter indireto sobre a base inimiga de Tapso criou a oportunidade favorável para o combate que desejava e suas tropas, tomando o freio nos dentes, lançaram-se ao ataque e venceram.

A campanha espanhola de 45 A. C. que se seguiu encerrou a guerra. César desde o início esforçou-se para evitar perdas de vidas e manobrou incessantemente, embora sem grande envergadura, para levar seus adversários a

---

(*) Personagem do livro de R. Louis Stevenson "The Strange Case of Dr. Jekyll and Mr. Hyde" (1886) terrificante estudo sobre a dupla personalidade. Traduzido para o português sob o título "O Médico e o Monstro" (N. do T.)

uma posição na qual pudesse realizar um lance com os dados marcados a seu favor. Conseguiu tal vantagem em Munda e conquistou a vitória, mas a luta corpo a corpo que se processou com o pesado custo em vidas dele decorrente mostra a distinção que deve ser feita entre "economia de força e mera poupança de força".

O caráter indireto das operações de César parece limitado e ausente do fator surpresa. Em todas suas campanhas ele pressionou o moral do inimigo, sem contudo deslocá-lo. A razão parece ter sido pelo fato de ele preocupar-se mais com a mente das tropas do que com a mente de seu comando. Se suas campanhas servem para salientar a distinção com que exercia suas ações indiretas — sobre as forças e sobre seu comando — acentuam também, com mais força, a diferença entre uma ação direta e outra indireta. Realmente César encontrou a derrota toda vez que confiou na ação direta e reparou-a toda vez que recorreu à indireta.

CAPÍTULO IV

GUERRAS BIZANTINAS — BELISÁRIO E NARSES

Depois da vitória decisiva de César em Munda, no ano 45 A. C., foi-lhe conferida a "ditadura perpétua" de Roma e do mundo romano. Essa medida drástica, contraditória em seus próprios termos, importava na anulação da Constituição. Por isso, abriu caminho para a transformação da República em Império que, em seu organismo, já continha os germes da decadência. Visto de longe, o processo com que esta se realizou foi lento, embora progressivo, pois quinhentos anos decorreram entre o triunfo de César e o colapso final de Roma e, mesmo assim, o "Império Romano" ainda continuou a existir em local diferente.

Deve-se tal sobrevivência não só à mudança da capital de Roma para Bizâncio (Constantinopla) no ano 330, realizada por Constantino, o Grande, como à divisão do mundo romano, definida em 364, em um Império oriental e outro ocidental.

O primeiro resistiu mais que o segundo, que foi derrubado, progressivamente, pelos ataques e incursões dos bárbaros até os fins do século V D.C., quando a fundação de um reinado independente na Itália — seguida da criação de reinados semelhantes na Gália, Espanha e África — foi complementada pela deposição do imperador nominal do Ocidente.

Na metade do século VI houve, porém, um período em que o domínio romano foi revivido no Ocidente, pela ação do Oriente. Durante o reinado de Justiniano, em Constannopla, seus generais conquistaram a África, a Itália e o sul da Espanha e essa conquista, ligada principalmente ao nome de Belisário, destaca-se pelos recursos extraordinariamente escassos de que se dispôs para uma campanha tão vasta e pelo emprego de uma "tática defensiva". Não existe na História paralelo para essa série de vitórias, obtidas sem a iniciativa da ação ofensiva.

Não se pode acusar Belisário de falta de audácia, em virtude de sua tática de deixar ou de tentar o adversário a tomar a iniciativa do desencadeamento do ataque. Sua atuação explica-se pela inferioridade numérica em que sempre se encontrou, pelo instrumento de ação que empregava — um exército altamente móvel dispondo principalmente de cavalaria — e pelo cuidadoso exame da situação a que procedia e em que levava em conta não só os fatores táticos, como os psicológicos.

A organização das suas forças pouco se assemelhava ao padrão clássico do exército legionário; era mais parecida, embora com maiores aperfeiçoamentos, com a existente nos tempos medievais. Para um militar do tempo de César, seria irreconhecível como a de um exército romano, mas o militar que tivesse servido com Catão compreenderia melhor a evolução sofrida.

Entre Cipião e César, enquanto a própria Roma se transformava de Estado-cidade em Império, o exército evoluiu de uma força de cidadãos, que eram obrigados a prestar serviço durante um pequeno tempo, para uma tropa de profissionais. Todavia a organização militar não concretizava a tendência de predominância de cavalaria resultante da experiência de Zama. A infantaria continuava a ser o esteio do Exército Romano Imperial e a cavalaria (embora a criação de cavalos já estivesse bastante desenvolvida), apenas elemento subsidiário, como já havia sido nas primeiras fases da guerra contra Aníbal. À medida que se tornou mais evidente a necessidade de maior mobilidade das tropas incumbidas da defesa das fronteiras, o efetivo da cavalaria foi gradualmente aumentado, mas somente após o esmagamento das legiões em Adrianópolis, em 378, pela

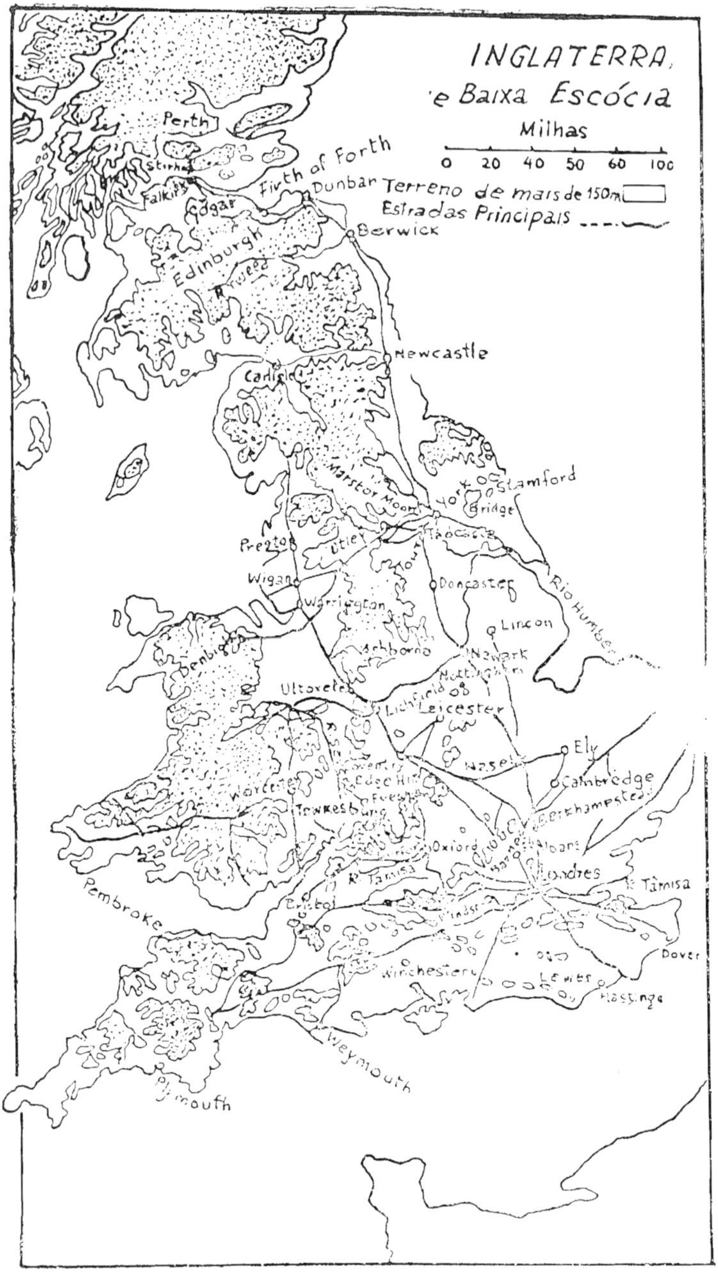
INGLATERRA,
e Baixa Escócia
Milhas
0 20 40 50 60 100
Terreno de mais de 150m
Estradas Principais
Perth
Firth of Forth
Dunbar
Berwick
Edinburgh
Newcastle
Carlisle
Marston Moor
York
Stamford Bridge
Preston
Wigan
Warrington
Doncaster
Rio Humber
Lincon
Newark
Ultoxeter
Leicester
Ely
Cambredge
Worcester
Tewkesbury
Oxford
Londres
R. Tâmisa
Tâmisa
Bristol
Pembroke
Winchester
Lewes
Dover
Hastings
Weymouth
Plymouth

cavalaria dos godos, é que os exércitos romanos passaram a ser reorganizados com base nessa lição. Nas gerações que se seguiram o pêndulo oscilou para o outro extremo. Com Teodósio, a mobilidade da tropa foi apressada com o alistamento de grande número de cavaleiros bárbaros. Posteriormente, corrigiu-se o sistema de recrutamento, enquanto se procurava sistematizar o novo tipo de organização. Na época de Justiniano e Belisário a arma fundamental do exército era a cavalaria pesada, equipada com arco e lança e protegida por uma armadura; procurava-se combinar a potência dos arremessos com a potência de choque, num só instrumento móvel; reunir o que era representado pelo arqueiro a cavalo huno ou persa e pelo lanceiro godo, num único combate disciplinado.

Essa cavalaria pesada era suplementada por arqueiros montados, dispondo de equipamento leve, combinação que, tanto na forma, como no emprego, fazia prever a utilização moderna dos carros de combate leves e pesados (ou médios). A infantaria era, também, constituída de formações leves e pesadas, servindo estas últimas, com suas lanças e dispositivo cerrado, como pivô estável em redor do qual a cavalaria podia manobrar.

No início do século VI o Império Romano Oriental estava em situação precária, pois suas fôrças haviam sofrido diversas derrotas humilhantes na fronteira persa e todas as posições conquistadas na Ásia Menor estavam em perigo. Durante algum tempo a pressão foi aliviada por uma invasão da Pérsia pelos hunos vindos do norte, mas a guerra voltou a irromper na fronteira por volta do ano 525, embora de maneira mais irregular. Foi aí que Belisário se distinguiu pela primeira vez, comandando incursões de cavalaria na Armênia persa e, posteriormente, num ativo contra-ataque desencadeado contra os persas que haviam capturado um castelo na fronteira. O contraste de sua atuação brilhante com a dos comandantes anteriores levou Justiniano a nomeá-lo comandante-geral das fôrças no Oriente, embora tivesse menos de 30 anos de idade.

Em 530, um exército persa de cêrca de 40.000 homens investiu sobre a fortaleza de Daras. Para enfrentá-lo Belisário dispunha de uma fôrça cujo efetivo não alcançava metade do inimigo e que era composta, principalmente, de recrutas inexperientes e recém-incorporados.

Em lugar de defender-se como sitiado, ele preferiu arriscar-se à batalha numa posição previamente escolhida e onde realizaria sua manobra defensiva. Contava com o pouco caso que os persas faziam dos bizantinos e com a superioridade numérica que aqueles possuíam, como fatores positivos para levá-los a tomar a iniciativa do ataque(*). Um

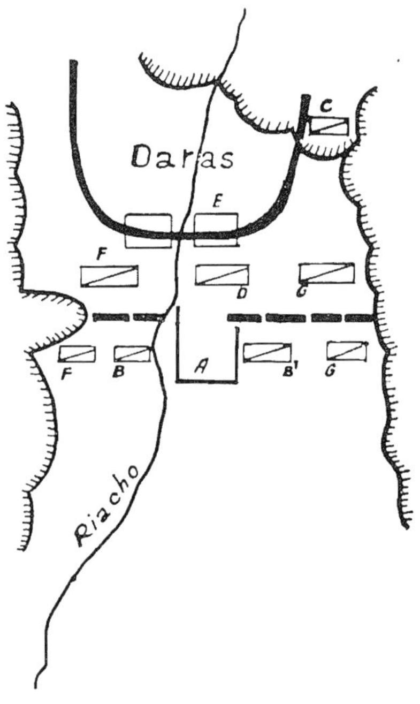

Dispositivo de Belisário:
A — Trincheira e bastião central
B e B' — Esquadrões flanqueadores
C — Pharas
D — Reserva
E — Muros de Daras
F e G — Cavalaria

(*) Daras era uma cidade dominada por colinas em três de suas faces. Belisário fez cavar um fosso que atravessava todo o vale e se apoiava nas alturas que o formavam, onde o terreno era impróprio ao emprego da cavalaria, deixando livres algumas passagens que permitiriam o desencadeamento de contra-ataques. No centro, com forma retangular, fez construir um campo entrincheirado que, sendo avançado em relação ao fosso, poderia permitir ações de flanqueamento sobre os que dele se aproximassem e, na batalha que preparava, seria para proteger a frente e os flancos de dois destacamentos da cavalaria leve dos hunos, que colocara em ambos os lados deste bastião.

O emprego do fosso permitiu obter a segurança da parte mais fraca do dispositivo de Belisário e sua localização assegurou a proteção da frente, dos fosso largo e profundo foi escavado diante de Daras, suficientemente próximo das muralhas para permitir aos seus defensores o apoio de fogo do alto dos parapeitos. Ali, Belisário colocou a parte de sua infantaria em que menos confiava. Partindo das extremidades do fosso foram escavadas trincheiras normais e das extremidades destas outras avançavam, em linha reta, até as colinas que fechavam o vale em que Daras se situava. Ao largo dessas últimas trincheiras, interrompidas por largas passagens, unidades de cavalaria foram colocadas numa base de partida para contra-ataques. A cavalaria ligeira huna foi disposta nos dois cantos internos para realizar uma surtida contra a retaguarda dos atacantes e, assim, aliviar a pressão inimiga, na eventualidade de recuo da cavalaria pesada das alas.

Os persas, ao tomarem contacto com a posição, ficaram desorientados e perderam o primeiro dia realizando patrulhas de exploração. Na manhã seguinte Belisário mandou uma carta ao comandante persa sugerindo que as questões em disputa fossem resolvidas em discussão mútua e não pelas armas. Segundo Procópio, dizia Belisário nessa carta: "A paz é o anseio de todos os homens que possuem qualquer parcela de discernimento... O melhor general é aquele que consegue obter a paz da guerra."

Essas palavras são realmente notáveis para um soldado tão jovem, na véspera de obter sua primeira grande vitória! O comandante persa respondeu-lhe dizendo que as promessas de romanos jamais poderiam merecer fé e tomou a mensagem de Belisário e a sua atitude defensiva como uma demonstração de temor e, por isso, desencadeou o ataque. Os persas tiveram o cuidado de evitar a armadilha que lhes tinha sido preparada ao centro, mas era isso, justamente, o que Belisário desejava, não só porque o esforço do ataque ficou dividido, como também porque a luta envolveu somente o emprego da cavalaria, em que a inferioridade dos bizantinos era menos flagrante. A infantaria ficava em condições excelentes de utilizar seus barcos, que proporcionavam

---

flancos e da retaguarda. Com ele foi possível a economia de forças decorrente da utilização das muralhas e da população da cidade para cobertura da retirada, maior liberdade de ação para a cavalaria e a possibilidade de execução dos contra-ataques. (N. do R.)

maior alcance que os dos persas. Suas flechas penetravam melhor nas armaduras inimigas, enquanto as armaduras próprias eram à prova das flechas persas.

Contra a ala esquerda, a cavalaria persa fez, a princípio, progresso, porém, logo a seguir, um destacamento de cavalaria que ficara oculto por trás de uma colina no flanco esquerdo carregou sobre a retaguarda persa e esse golpe inesperado, combinado com o aparecimento da cavalaria huna no outro flanco, determinou a retirada dos persas. No outro flanco a cavalaria persa avançou ainda mais profundamente, chegando a alcançar as muralhas da cidade e abrir uma brecha entre a ala avançada e o centro do dispositivo. Nesta brecha Belisário lançou um contra-ataque, empregando toda a sua cavalaria disponível, que não só expulsou a cavalaria persa do campo de batalha como forçou o flanco exposto da infantaria persa desdobrada ao centro. A batalha de Daras terminou com a derrota completa dos persas, a primeira que sofriam por parte dos bizantinos, durante várias gerações.

Após outros reveses, o rei começou a discutir os termos de paz com o enviado de Justiniano. As negociações ainda se processavam quando o rei dos sarracenos, aliado dos persas, sugeriu um plano para uma ação indireta contra o poderio bizantino que consistia em, ao invés de atacar a fronteira bizantina, bem guarnecida e fortificada, que fosse organizada uma força altamente móvel, em condições de se deslocar do Eufrates para oeste através do deserto — e inesperadamente cair sobre Antioquia, a mais rica cidade do Império Romano Oriental. Esse plano foi adotado e executado, servindo para provar que a travessia do deserto era possível, desde que se dispusesse de forças com constituição apropriada. Belisário tinha tornado suas forças tão móveis e construíra um sistema de estradas tão eficiente, ao longo da fronteira, que conseguiu descer apressadamente do norte em tempo de antecipar-se à chegada do inimigo. Tendo, desse modo, frustrado a ameaça, contentou-se em forçar os invasores a tomar o caminho de volta para sua terra. Essa moderação não agradou às suas tropas; sabedor desse descontentamento Belisário procurou demonstrar aos seus comandados que a verdadeira vitória consiste em se obrigar o adversário a abandonar o cumprimento de sua missão, com o mínimo de perdas. Se tal resultado for obtido, não existe necessidade real de vencer batalhas. "Qual a razão, em conseqüência, para se querer derrotar um fugitivo?" A tentativa iria criar um risco desnecessário, e um fracasso poderia deixar o império aberto a uma invasão mais perigosa. Não deixar a um exército em retirada um meio de fuga é a maneira mais segura de forçar sua coragem pelo desespero.

Esses argumentos eram por demais sensatos para satisfazer a instintiva sede de sangue da soldadesca. Por isso, e para conservar seu domínio sobre as tropas, Belisário deu-lhes a oportunidade que desejavam e, como resultado, sofreu sua única derrota que serviu, pelo menos, para provar a verdade de sua advertência. Todavia, a vitória dos persas sobre seus perseguidores foi obtida por preço tão elevado que eles se viram obrigados a continuar a retirada.

Depois de sua ação defensiva, vitoriosa no Oriente, Belisário foi incumbido de uma missão ofensiva no Ocidente. No século anterior os vândalos, povo germânico, completaram sua imigração para o sul, ocupando a África romana e estabeleceram sua capital em Cartago. Dali partiam para suas atividades de pirataria, exercidas em larga escala, e incursionavam para saquear as cidades do litoral do Mediterrâneo. Em 455, pilharam a própria Roma, e, posteriormente, infligiram esmagadora derrota a uma forte expedição punitiva partida de Constantinopla. Após algumas gerações, porém, o luxo e o sol africano não só abrandaram suas maneiras como, também, começaram a minar seu vigor. Foi quando, em 531, o rei vândalo Hilderico, que prestigiara Justiniano em sua mocidade, foi deposto e aprisionado por um seu belicoso sobrinho chamado Gelimer. Quando Justiniano teve seu pedido de libertação do tio de Gelimer rejeitado, decidiu, em 533, enviar uma força expedicionária à África, sob o comando de Belisário. Colocou à sua disposição 5.000 cavaleiros e 10.000 infantes que, embora de tropas escolhidas, estavam em nítida desvantagem em relação ao efetivo de que dispunha o inimigo, estimado em quase 100.000 homens.

Quando a expedição chegou à Sícilia, Belisário teve informes encorajadores, pois corria que algumas das melhores forças dos vândalos tinham sido mandadas para a Sardenha a fim de reprimir uma revolta que estourara na ilha, então sob o domínio dos vândalos, e que o próprio Gelimer se tinha ausentado de Cartago. Belisário émbarcou para a África, sem perda de tempo, e aí efetuou um desembarque bem sucedido numa região que distava cerca de nove dias de marcha de Cartago, para evitar a interceptação pela esquadra vândala, superior à sua. Ao receber esta informação Gelimer apressadamente ordenou que vários contingentes de seu exército se deslocassem para um desfiladeiro existente nas proximidades de Ad Decimum, o décimo marco na estrada principal de Cartago, onde esperava concentrar suas forças e cercar os invasores. Contudo, esse plano foi modificado, porque o avanço rápido de Belisário e uma ameaça feita por parte de sua esquadra a Cartago surpreenderam as tropas vândalas, perturbando sua concentração e determinando que, na série confusa de combates que se seguiu, a desordem fosse tal entre suas forças que estas não somente perderam a excelente oportunidade de esmagar Belisário, como se dispersaram em todas as direções, abrindo caminho para a progressão desembaraçada de Belisário até Cartago. Quando Gelimer conseguiu reorganizar suas tropas e fez retornar a tropa expedicionária que havia enviado à Sardenha, estando assim pronto para retomar a iniciativa das operações, Belisário já havia restaurado as fortificações de Cartago que os vândalos haviam abandonado.

Depois de aguardar, durante vários meses, a esperada tentativa dos vândalos para expulsá-lo da cidade, Belisário observou que, com sua inatividade, estava abatendo o moral de sua tropa e, como já tinha assegurado uma posição que podia abrigá-lo em caso de derrota, decidiu aventurar-se a uma ação ofensiva. Com sua cavalaria como vanguarda, caiu sobre os vândalos acampados em Tricameron, ao abrigo de um curso d'água e deu início a uma batalha, sem esperar pela sua infantaria. Sua idéia de manobra parece ter sido tentar os vândalos a atacá-lo em virtude de sua flagrante inferioridade numérica para, a seguir, contra-atacá-los, quando estivessem atravessando o curso d'água. Contudo, seu ataque "provocador" e sua retirada simulada não conseguiram fazer que o inimigo ultrapassasse o córrego, em sua perseguição. Belisário, então, aproveitando-se da maneira cautelosa como estava agindo o adversário, atravessou o curso d'água com força bem maior, sem ser perturbado e, em seguida, desencadeou um ataque ao centro do dispositivo inimigo, seguido de uma ação em toda a frente.

A resistência dos vândalos entrou logo em colapso e eles procuraram refúgio em seu campo fortificado. Aproveitando-se da noite, Gelimer fugiu, no que foi acompanhado pelo seu exército. Essa vitória, seguida pela perseguição e pela captura de Gelimer, determinou o término da guerra. Embora a reconquista da África romana parecesse inicialmente uma grande aventura foi, na realidade, operação extremamente simples.

Esse triunfo fácil encorajou Justiniano a tentar, em 535, a reconquista da Itália e da Sicília das mãos dos ostrogodos, com o menor gasto possível. Deslocou um pequeno exército ao longo do litoral dálmata e convenceu os francos, sob promessa de dinheiro, a atacarem os godos no norte. Acobertado por essas ações diversionárias, fez Belisário marchar para a Sicília com uma força expedicionária não superior a 12.000 homens, com a recomendação, toda especial, de fazer público, logo que lá aportasse, que estava a caminho de Cartago. A ilha deveria ser ocupada, se pudesse ser conquistada com facilidade; caso contrário, ele deveria reembarcar, normalmente, sem mostrar seu propósito. Na realização desse plano Belisário não teve nenhuma dificuldade pois, embora as cidades sicilianas tivessem sido bem tratadas por seus conquistadores, receberam-no como libertador e protetor. As pequenas guarnições godas lá estacionadas não ofereceram nenhuma resistência, a não ser em Palermo, que Belisário ocupou lançando mão de um estratagema. Em contraste com o êxito obtido anteriormente, a tentativa de invasão da Dalmácia terminou em desastre. Logo que essa operação diversionária foi terminada, com o emprego de novos reforços, Belisário atravessou o estreito de Messina para iniciar a invasão da Itália.

As dissensões entre godos e a negligência do seu rei facilitaram o avanço pelo sul da Itália até Nápoles, que estava poderosamente fortificada e defendida por uma guarnição de efetivo igual ao da força atacante. Detido durante algum tempo, Belisário encontrou finalmente uma via de penetração com a utilização de um aqueduto já fora de uso. Fazendo um destacamento de homens escolhidos infiltrar-se por este estreito túnel, combinou esta ação, executada contra a retaguarda do adversário, com uma escalada frontal realizada durante a noite e, desse modo, conquistou a cidade.

A notícia da queda de Nápoles causou tal clamor entre os godos que provocou um levante contra seu próprio rei, que foi substituído no trono por um vigoroso general chamado Vitiges. Este, em lugar de concentrar desde logo todas as suas forças contra o novo invasor, achou preferível seguir a opinião de seus camaradas militares de que deveria terminar, inicialmente, a guerra já iniciada contra os francos. Dentro dessa idéia deixou em Roma o que considerou uma guarnição adequada à sua defesa e marchou para o norte, para enfrentar os francos. Como a população de Roma não partilhasse dessa sua opinião e como a guarnição goda lá deixada não fosse suficientemente forte, com facilidade Belisário ocupou a cidade abandonada pela tropa que a deveria defender, quando dela se aproximava.

Tarde demais Vitiges arrependeu-se de sua decisão e, depois de comprar a inatividade dos francos à custa de francos ouro e de terras, reuniu um exército de 150.000 homens para a reconquista de Roma. Para defender a cidade Belisário dispunha apenas de 10.000 homens; contudo, nos três meses do prazo que lhe tinha sido concedido pelo inimigo, antes do início do sítio, conseguiu remodelar as defesas da cidade e armazenar grande quantidade de alimentos. Além disso, foi extremamente dinâmico em sua defensiva, empregando constantemente surtidas bem planejadas, onde explorou com êxito as características de sua cavalaria, armada com arcos e flechas, que podia fustigar a cavalaria adversa, conservando-se fora de seu alcance e tentar os lanceiros godos a lançarem-se em cargas desesperadas que sempre caíam no vazio. Embora fosse enervante a tensão dos sitiados, a força dos sitiantes ia diminuindo de modo sensível, principalmente devido às doenças. Para acelerar o resultado final, Belisário arriscou-se, ousadamente, a enviar dois destacamentos de sua pequena força para que conquistassem as cidades de Tívoli e Terracina, que dominavam as estradas por onde os sitiantes recebiam seus suprimentos. E quando, finalmente, recebeu reforços da pátria, estendeu suas incursões através da costa adriática e pelo litoral, na direção da Ravena, que era a base principal dos godos. Finalmente, depois de um ano de sítio, os godos abandonaram a tentativa de retomar Roma e retiraram-se para o norte, tendo essa sua partida sido apressada pela notícia de que uma força incursora bizantina havia conquistado Rimini, cidade localizada ao longo de sua linha de comunicações e perigosamente próxima de Ravena. Quando se aglomerava durante a travessia da ponte Mulviana, já em plena retirada, a retaguarda do exército godo sofreu pesado ataque, despedida da ação ativa de Belisário, que lhe acarretou pesadas perdas.

Enquanto Vitiges se retirava para nordeste, na direção de Ravena, Belisário mandou parte de sua forças, apoiada pela esquadra, subir a costa ocidental e conquistar Pávia e Milão. Ele próprio, com apenas 3.000 homens, atravessou até à costa oriental, onde fez junção com um reforço de 7.000 homens que acabava de desembarcar sob o comando de Narses, o eunuco, camarista da corte. De lá partiu para Rimini em socorro das tropas lá destacadas, que se achavam ameaçadas de envolvimento por Vitiges, flanqueando a fortaleza de Osimo, onde os godos haviam deixado uma força de 25.000 homens e avançando, em duas colunas, por terra e com uma terceira parte por mar. Essa progressão em três direções tinha como objetivo dar aos godos uma impressão exagerada do valor de suas forças. Para fortalecer, ainda mais, essa impressão, fez acender durante a noite uma extensa cadeia de fogueiras ao longo do seu acampamento. O estratagema deu resultado pois, auxiliado pelo temor que o nome de Belisário já despertava, o exército godo, bem superior em efetivo, fugiu em pânico com sua aproximação.

Belisário, ao mesmo tempo que mantinha vigilância sobre Vitiges em Ravena, planejou limpar suas comunicações com Roma, apossando-se de diversas fortalezas que havia desbordado durante seu avanço rápido. Com o pequeno efetivo que possuía isso não era problema fácil de ser solucionado; daí ter resolvido isolar determinadas fortalezas, concentrando esforços em sua conquista, enquanto empregava numerosos destacamentos móveis com a missão de fixar todas as forças inimigas que pudessem interferir na ação que realizava. A tarefa exigiu muito tempo para ser terminada, mesmo porque alguns dos seus generais, que tinham na corte força suficiente para cobrir atitudes de desobediência, sempre se sentiam inclinados para a conquista de objetivos mais fáceis e mais compensadores. Entrementes, Vitiges foi convencido a mandar embaixadores aos francos e aos persas convidando-os a participar de uma ação conjunta contra as forças bizantinas, no momento distendidas em uma frente muito grande, sob a alegação de ser esta uma oportunidade magnífica para quebrar o fluxo da expansão bizantina. A resposta do rei dos francos foi a travessia dos Alpes à frente de poderoso exército.

Os primeiros a sofrer as conseqüências dessa resolução foram seus próprios aliados, pois, após a travessia do Pó, perto de Pávia, os francos atacaram indistintamente os godos e os bizantinos que encontraram em sua frente. Em seguida, passaram a devorar tudo que encontravam pelos campos. Como seu exército era constituído quase exclusivamente de infantes, a possibilidade que possuíam para procurar alimentos era muito limitada. Em conseqüência, em pouco tempo, os francos pereceram aos milhares, dizimados pela fome e pelas doenças, pois, incapacitados pela própria estupidez e imprevidência, não ousavam investir contra um adversário móvel e, sem maiores dificuldades, foram induzidos por Belisário a voltar para suas terras. Era a oportunidade de que Belisário precisava para intensificar sua pressão sobre Ravena e procurar a rendição de Vitiges.

A essa altura, já em 540, foi chamado de volta por Justiniano para enfrentar uma propalada ameaça persa que, na realidade, já se esboçava. Parece, porém, que foi o ciúme o motivo mais evidente dessa decisão, pois chegara aos ouvidos de Justiniano que os godos haviam feito propostas de paz baseadas na aceitação de Belisário como Imperador do Ocidente, como reconhecimento a tudo que tinha realizado.

Enquanto estava Belisário a caminho de sua pátria, Chosroes, novo rei da Pérsia, repetiu a marcha pelo deserto já frustrada anteriormente, e conseguiu conquistar Antioquia.

Tendo despojado de suas riquezas essa e outras cidades sírias, aceitou a oferta de Justiniano de pagamento anual de grande quantia em troca de um novo tratado de paz. Justiniano economizou seu dinheiro, rasgando o tratado tão logo Chosroes regressou à Pérsia e Belisário a Constantinopla. Assim, somente seus súditos saíram perdendo, como é normal no desenrolar das guerras.

Na campanha seguinte o Rei Chosroes invadiu Colchis, no litoral do mar Negro, e conquistou a fortaleza bizantina de Petra. Ao mesmo tempo Belisário chegava à fronteira oriental e tendo conhecimento de que Chosroes partira para uma expedição distante, embora ainda não se soubesse exatamente onde, aproveitou-se imediatamente da oportunidade para uma invasão, de surpresa, ao território persa. Para aumentar o efeito dessa ação enviou seus aliados árabes a uma incursão, ao longo do Tigre, até a Assíria. Essa oportuna investida foi uma demonstração evidente do valor da ação indireta, visto que ameaçou a base do exército persa que invadira Colchis e, em conseqüência, obrigou Chosroes a retornar às pressas a fim de evitar o corte de suas comunicações.

Pouco tempo depois Belisário foi chamado de volta a Constantinopla e, desta vez, devido a perturbações internas. Durante sua ausência do Oriente o rei persa realizara uma invasão da Palestina com o objetivo de conquistar Jerusalém, a mais rica cidade do Oriente, depois que Antioquia tinha sido destruída. Logo que esta informação foi conhecida Belisário foi enviado em socorro da Palestina. Desta vez Chosroes dispunha de um exército muito poderoso, calculado em 200.000 homens, que não lhe permitia utilizar a rota do deserto; foi obrigado, em conseqüência, a subir pelo Eufrates até o interior da Síria, antes de voltar-se contra a Palestina. Seguro do percurso que Chosroes deveria realizar, Belisário concentrou as tropas de que dispunha, poucas mas bastante móveis, em Carshemish, no alto Eufrates, de onde poderia ameaçar o flanco da linha de penetração do invasor em seu ponto mais vulnerável, a inflexão para o sul. Quando sua presença foi comunicada a Chosroes, este mandou um mensageiro a Belisário com o propósito ostensivo de discutir as condições para a paz, mas, na realidade, para avaliar o efetivo e o estado de espírito da força bizantina que possuía, em verdade, um décimo, ou melhor um vigésimo do efetivo do exército invasor.

Adivinhando a finalidade dessa missão, Belisário encenou uma "representação". Escolheu seus melhores homens, aí incluindo os contingentes de godos, vândalos e mouros que havia alistado a seu serviço depois de terem sido feitos prisioneiros e avançou na direção em que chegaria o enviado persa, a fim de que esse supusesse que estava sendo recebido em um posto avançado de um grande exército. Os soldados receberam instruções para que se espalhassem pela planície e se mantivessem em constante movimento de modo a aparentar maior número. Essa impressão foi intensificada pelo ar de descuidada confiança de Belisário e pelo despreocupado comportamento das tropas que assim demonstravam nada temer de um possível ataque. O relatório de seu enviado convenceu Chosroes de que era muito arriscado prosseguir em sua invasão sob a ameaça de uma força tão formidável desdobrada no flanco de suas comunicações. Em seguida, manobrando sua cavalaria confusamente ao longo do Eufrates, Belisário iludiu os persas levando-os a executar uma retirada às pressas através do rio, de retorno à sua terra. Jamais uma invasão, potencialmente irresistível, foi mais econômicamente derrotada. E esse resultado milagroso foi conseguido por ação indireta que, embora aproveitando-se de uma posição de flanco, de caráter geográfico, era puramente psicológica.

Belisário foi, mais uma vez, chamado de volta a Constantinopla em conseqüência da mesma suspeita ciumenta que sua crescente fama despertava em Justiniano. Não demorou muito para que a má administração dos negócios bizantinos na Itália, criando uma ameaça à posição lá mantida, obrigasse Justiniano a convocar, novamente, Belisário para restabelecer a situação. A parcimônia nos gastos e o ciúme fizeram que o imperador só concedesse ao seu general limitadíssimos recursos, insuficientes para uma tarefa que assumira proporções assustadoras, como verificou Belisário ao chegar a Ravena. Com efeito, os godos, sob um novo rei, Totila, haviam gradualmente reconstruído suas forças, reconquistado todo o noroeste da Itália e já iniciavam uma invasão do sul. Nápoles caíra em suas mãos e Roma estava ameaçada. Belisário executou uma ousada, porém malograda tentativa de salvar Roma, navegando ao redor da costa e desembarcando com um destacamento no curso superior do Tibre. Totila arrasou as fortificações, deixou uma força de 15.000 homens para deter, no litoral, os 7.000 homens de Belisário e marchou para o norte com o objetivo de conquistar Ravena, aproveitando-se da ausência do comandante bizantino. Entrementes Belisário conseguiu, pela manobra, superar as forças que deviam detê-lo e penetrar em Roma. Ficou deste modo com uma isca na mão que nenhum godo, de fibra, poderia recusar-se a engolir. Durante três semanas, antes que Totila regressasse com seu exército, Belisário reparou tão perfeitamente as fortificações, salvo quanto à recolocação dos portões, que conseguiu repelir dois fortes ataques consecutivos, onde os godos tiveram perdas tão pesadas que sua confiança na vitória se desvaneceu. Quando fizeram uma terceira tentativa, Belisário desfechou o contra-ataque que os obrigou a um recuo em confusão, ao abandono do sítio e a uma retirada para Tívoli.

Todavia, apesar de repetidos apelos, Justiniano só mandava reforços em quantidades insignificantes e, conseqüentemente, Belisário, em vez de tentar a reconquista de todo o território perdido, limitou-se a gastar vários anos em uma campanha de "ataque e fuga", de fortaleza para fortaleza e de porto para porto. Finalmente, verificando ser inútil esperar que Justiniano lhe confiasse um exército com poderio adequado ao cumprimento da missão, obteve em 549 permissão para abandonar a tarefa e regressar a Constantinopla.

Quatro anos após, arrependido de sua decisão de abandonar a Itália, Justiniano decidiu empreender nova expedição. Não desejando, entretanto, confiar em Belisário, pelo antigo receio de estar criando um soberano rival, entregou o comando a Narses, que era, desde muito tempo, um sagaz estudioso teórico da guerra e, na fase culminante da primeira campanha de Belisário, tivera oportunidade de provar sua capacidade prática.

Narses aproveitou integralmente a oportunidade que agora lhe era oferecida. Para aceitar o oferecimento estabeleceu como condição básica que lhe fosse fornecida uma tropa realmente poderosa e bem equipada. Com ela deslocou-se para o norte, acompanhando o litoral adriático e nessa marcha beneficiou-se do fato de os godos terem a crença de que a invasão necessariamente seria feita pelo mar, por acreditarem que difìcilmente tentaria utilizar a acidentada rota costeira onde eram encontradas numerosas embocaduras de rios. Entretanto, tendo se equipado com grande número de barcos, Narses utilizou-os como pontes flutuantes, realizando, desse modo, as travessias dos cursos d'água que se apresentaram. Progredindo muito rapidamente atingiu Ravena sem oposição e, sem perder tempo, dirigiu-se para o sul, desbordando várias fortalezas que lhe obstruíam o caminho, com o objetivo de forçar Totila a empenhar-se em combate antes que suas forças tivessem terminado a concentração. Totila ocupou o passo principal que atravessa os Apeninos, mas Narses utilizou, sem ser notado, um passo secundário e surpreendeu-o em Tagines.

Naquela situação Narses possuía superioridade de forças sobre os godos, ao contrário do que normalmente acontecera com Belisário. Apesar disso, podendo ter tirado partido de sua ofensiva estratégica, preferiu uma defensiva tática ao defrontar-se com Totila. Contando com a instintiva agressividade dos godos, para forçá-los a tomar a iniciativa do ataque, preparou-lhes uma cilada nos moldes que lembram um pouco a tática inglesa utilizada oitocentos anos mais tarde, em Crecy, contra a cavalaria francesa. Sua idéia de manobra baseava-se na presunção de um justificado desprezo dos godos pelo poder de resistência da infantaria bizantina, face a uma carga de cavalaria. No centro de seu dispositivo Narses colocou forte corpo de cavalaria desmontado para que, usando suas lanças a pé, desse a impressão de que se tratava de uma massa de lanceiros de infantaria. Em cada flanco dispôs seus arqueiros a pé, bem avançados, de modo que pudessem flanquear qualquer assalto realizado ao centro e logo à retaguarda deles, o grosso de sua cavalaria. No flanco esquerdo, coberto por uma colina, colocou um destacamento escolhido de sua cavalaria, em condições de desfechar um ataque à retaguarda do inimigo tão logo éste estivesse profundamente envolvido no combate.

Essa armadilha, habilmente preparada, cumpriu sua missão. A cavalaria goda foi lançada contra a suposta infantaria do centro do dispositivo. Durante sua carga e até ser contida pelos lanceiros desmontados sofreu pesadas perdas pela barragem de flechas contra ela desencadeada e, a partir desse momento, passou a sentir os efeitos das ações dos arqueiros que passaram a convergir sobre seus flancos. Enquanto isso a infantaria gôda relutava em acorrer em auxílio da sua cavalaria pelo temor de ser atacada pela retaguarda pelos arqueiros a cavalo que Narses dispusera desenfiados atrás da colina. Depois de insistir, durante algum tempo, em sua progressão, a desanimada cavalaria goda começou a recuar, ocasião em que recebeu um contra-ataque decisivo do restante da cavalaria que Narses tinha mantido em reserva. A derrota dos godos foi tão completa que, daí por diante. Narses quase não encontrou resistência na execução da segunda reconquista da Itália.

A subjugação final dos godos foi conseguida exatamente a tempo de liberar Narses para enfrentar uma nova incursão dos francos, realizada em conseqüência dos apelos angustiados dos godos. Desta vez os francos avançaram mais profundamente que anteriormente, chegando a atingir a região da Campania. Tudo indicava que Narses, aproveitando a lição obtida com a primeira das invasões, "desse corda para que eles se enforcassem", evitando o combate, até que a enorme força dos invasores fosse dizimada pelos rigores da marcha e pela ação da disenteria. Todavia, ainda possuíam 80.000 homens, quando Narses lhes ofereceu batalha em Casilino (553). Ali preparou uma cilada que estava bem de acordo com a tática empregada pelos francos. Possuindo um exército a pé, eles atacavam em uma coluna profunda tirando proveito da ação de massa; suas armas eram de pequeno alcance: a lança, a acha de arremesso e a espada.

Em Casilino, Narses organizou o centro do seu dispositivo com os lanceiros e os arqueiros a pé. A carga dos francos obrigou-o a recuar, mas Narses rebateu suas brigadas de cavalaria contra os flancos do inimigo, o que o forçou a mudar de frente para poder enfrentar a carga. Narses, entretanto, não carregou com sua cavalaria, por conhecer a solidez do dispositivo que teria de romper pelo choque; ao contrário, imobilizou sua cavalaria fora do alcance das achas arremessadas pelos francos e fazendo pleno uso dos arcos fez cair uma chuva de flechas sobre uma massa que não podia revidar, sob pena de ver desmanchada sua própria formação cerrada. Quando finalmente os francos procuraram alívio, rompendo suas fileiras, Narses aproveitou convenientemente a oportunidade para desencadear a carga. Esse golpe oportuno destroçou-os, sendo poucos os que escaparam vivos.

À primeira vista o interesse das campanhas de Belisário e Narses parece ser mais tático do que estratégico, pois foram muitos os deslocamentos que levaram diretamente à batalha e poucos os exemplos de manobras preparadas contra a linha de comunicações do inimigo, caso seja feita uma comparação com as campanhas de outros grandes capitães. Contudo, um exame mais acurado permite que se modifique essa impressão. Belisário aperfeiçoou um instrumento tático, em novo estilo, com o qual conseguiu derrotar forças muito superiores à sua, bastando para isso que o inimigo fosse induzido a atacá-lo nas condições convenientes à sua manobra. Aí sua inferioridade numérica, desde que não fosse muito acentuada, passava a ser uma vantagem, especialmente quando combinada com uma ação ofensiva estratégica direta e enérgica. Sua estratégia era, assim, mais psicológica do que logística. Sabia como provocar os exércitos bárbaros do Ocidente a entregarem-se ao seu instinto natural, pela ação direta; já com os persas, mais sutis e hábeis, conseguiu, a princípio, tirar proveito do sentimento de superioridade que julgavam possuir em relação aos bizantinos e, posteriormente, quando a realidade os obrigou a respeitá-los, soube explorar o excesso de cautela que demonstravam, como meio de superá-los psicologicamente. Era um mestre na arte de transformar sua fraqueza em força e a força do adversário em fraqueza. Sua tática se fundamentava na exploração da característica mais importante da ação indireta: fazer que o dispositivo do adversário se desequilibrasse para que uma de suas partes ficasse exposta e pudesse, assim, ser deslocada.

Durante sua primeira campanha da Itália, quando amigos lhe perguntavam, em caráter particular, quais as razões de sua confiança ao enfrentar forças tão superiores, respondeu que no primeiro encontro com os godos havia procurado, com atenção, descobrir suas fraquezas e observara que: eram incapazes de lançar todos seus efetivos em combate de maneira coordenada, isto porque, além da confusão que decorria do emassamento de grandes efetivos, os godos, ao contrário dos bizantinos, não eram bons cavaleiros; eram treinados somente para o uso da lança e da espada; os arqueiros a pé estavam acostumados a movimentar-se sob a proteção da cavalaria e, desse modo, a cavalaria goda só tinha eficiência no combate corpo a corpo e era alvo fácil para um adversário montado que conseguisse permanecer fora de seu alcance, fustigando-a com uma chuva de flechas; seus arqueiros a pé jamais podiam arriscar-se a enfrentar uma carga de cavalaria em campo aberto. Em conseqüência, a cavalaria goda estava sempre procurando a luta corpo a corpo e podia facilmente ser induzida a uma carga inoportuna, enquanto a infantaria tendia a permanecer para trás quando sua cavalaria protetora avançava em demasia e, assim, a combinação do dispositivo se rompia, abrindo-se brecha que possibilitava os contra-ataques de flanco.

O sistema tático e a estratégia defenso-ofensiva que Belisário aperfeiçoou tornaram-se o fundamento sobre o qual o Império Bizantino estabeleceu sua doutrina militar, que lhe possibilitou manter com êxito sua posição e a tradição romana nos séculos que se seguiram, enquanto, do outro lado, a Europa Ocidental atravessava a Idade do Obscurantismo. O aperfeiçoamento subseqüente dessa doutrina e a base de organização das forças armadas dela decorrente podem ser verificados com a leitura dos dois grandes manuais militares bizantinos: o "Strategicon", do Imperador Maurício, e o "Tactica", de Leo. A estrutura militar estabelecida mostrou-se suficientemente forte para resistir à pressão multilateral dos bárbaros e mesmo à maré crescente da conquista maometana que submergiu o Império Persa. Embora os territórios periféricos fossem perdidos, os bastões principais do Império Bizantino foram mantidos intactos e, a partir do reinado de Basílio I, no século IX, o terreno perdido foi progressivamente reconquistado. Com Basílio II, no começo do século XI, o Império atingiu o ponto mais alto do seu poderio, desde Justiniano, quinhentos anos antes, e conservou-se mais firme do que no seu tempo.

Cinqüenta anos mais tarde essa segurança desapareceu e as perspectivas otimistas desvaneceram-se em curto lapso de tempo. A prolongada imunidade ao perigo induzira a crescentes cortes no orçamento militar e causara a decadência e a redução do exército. Quando o poder crescente dos turcos seljuk, sob Alp Arslan, de 1063 em diante, provocou um despertar tardio para a necessidade de rearmamento e quando em 1068 o General Romano Diógenes foi feito imperador como medida para enfrentar o perigo, já era tarde demais. Em lugar de, inicialmente, procurar preparar seus exércitos até que alcançassem a eficiência de combate desejada, Romano Diógenes empenhou-se, prematuramente, numa campanha ofensiva. Encorajado pelo êxito inicial que obteve no Eufrates, fez que suas forças se aprofundassem na Armênia para defrontar-se, nas proximidades de Manzikert, com o exército principal seljuk. Impressionado pelo efetivo do exército bizantino, Alp Arslan prontificou-se a iniciar negociações para uma solução pacífica, mas Romano insistiu em que, antes de qualquer discussão, os turcos deveriam evacuar seu acampamento e marchar em retirada, o que representava uma afronta que dificilmente o sultão poderia aceitar. Em face da imposição feita, Romano desencadeou um ataque e, fugindo à tradição militar bizantina, deixou-se arrastar cada vez mais num vão esforço para chegar a uma luta corpo a corpo contra um inimigo fugidio e ligeiro, cujas nuvens de arqueiros fustigavam continuamente seus avanços. Ao anoitecer suas tropas estavam exaustas e suas formações começaram a se desfazer, o que levou Romano a decidir por uma retirada. Os turcos rebateram-se sobre seus flancos e, sob essa pressão, seu exército desmantelou-se.

A derrota foi tão completa que os turcos logo se encontraram em condições de invadir a maior parte da Ásia Menor. Desse modo, pela loucura de um único general precipitado, cujo espírito ofensivo não era contrabalançado por bom-senso, o Império sofreu um golpe do qual jamais se recuperou, embora continuasse com suficiente capacidade de resistência para sobreviver, de maneira mais modesta, por mais quatrocentos anos.

CAPÍTULO V

GUERRAS MEDIEVAIS

Este capítulo vale, apenas, como um elo de ligação entre os ciclos das histórias antiga e moderna, pois, embora várias das campanhas medievais sejam tentadoras como ilustrações, os subsídios de que se dispõe para um conhecimento mais profundo a seu respeito são exíguos e menos seguros do que os existentes nas épocas anteriores e posteriores. Para se fazer uma dedução científica correta de causas e efeitos o caminho mais indicado consiste em se utilizar, na análise, somente os fatos que sejam perfeitamente conhecidos e passar por cima dos controversos ou obscuros, mesmo que assim se sacrifiquem valiosos exemplos ao abandonar-se aqueles em que se tenha de escolher entre as opiniões diferentes e algumas vezes contraditórias dos narradores e dos críticos. É verdade que a maior parte das divergências gira em torno de pormenores, mais de caráter tático do que estratégico, mas a poeira levantada é capaz de perturbar a caracterização de ambos aos olhos do estudioso militar, tornando-o indeciso nas deduções que deve tirar do período. Contudo, embora sem fazer nesse capítulo uma análise específica, talvez valha a pena apreciar alguns episódios que servirão, pelo menos, para ressaltar um possível interesse ou um proveito potencial que, por acaso, possa dele ser tirado.

No Ocidente, durante a Idade Média, o espírito da cavalaria feudal era contrário à arte militar mas, apesar disso, seu monótono desenvolvimento é, de vez em quando, iluminado por lampejos tão brilhantes como os encontrados em outros períodos da História.

Os normandos oferecem alguns desses primeiros lampejos e seus descendentes continuaram a dar realce aos problemas da guerra durante o período medieval. A preocupação que tinham em não derramar o sangue de seus compatriotas levava-os a gastar o cérebro em lugar dele, o que conseguiram com notável proveito.

A data que todo estudioso conhece, embora tenha esquecido outras, é o ano de 1066, marcado por ações táticas e estratégicas brilhantes, decisivas, não só em seus efeitos imediatos mas por terem, também, alterado o curso da História. A invasão da Inglaterra, realizada por Guilherme, da Normandia, foi beneficiada por uma diversão estratégica e, desse modo, logo em seu início, teve todas as virtudes de uma ação indireta.

A diversão foi realizada com o desembarque do irmão rebelde do Rei Haroldo, Tostig, e do seu aliado Haroldo Hardrada, rei da Noruega, nas costas da Yorkshire.

O desembarque em Yorkshire parecera um perigo menos imediato do que a invasão de Guilherme, porém amadurecera antes, servindo para assegurar, embora prontamente repelida, uma vantagem toda especial aos planos de Guilherme. Dois dias depois do aniquilamento dos invasores nórdicos em Stanford Bridge, Guilherme desembarcou no litoral de Sussex.

Em vez de avançar para o norte, ele iludiu Haroldo, forçando-o a realizar uma marcha precipitada para o sul de encontro a uma pequena fração de sua força empregada em devastar as terras de Kent e Sussex. Quanto mais Haroldo se afastasse para o sul e mais rapidamente se envolvesse em combate, tanto mais ficaria separado de seus reforços em tempo e em distância. Se esse foi o raciocínio de Guilherme, os acontecimentos que se seguiram lhe deram razão, pois à vista das costas do Canal empenhou-se numa batalha com Haroldo e a decidiu, com ação tática indireta, realizando uma retirada simulada de parte de suas forças que obrigou o adversário a deslocar seus dispositivos. Na fase final, o lançamento de flechas pelos seus arqueiros para o alto, fazendo-as cair como chuva sobre o adversário, o que aliás determinou a morte do Rei Haroldo, pode ser considerada, também, como uma ação de fogo indireta.

A estratégia de Guilherme, depois dessa vitória, é igualmente significativa. Em lugar de marchar diretamente sobre Londres ele assegurou, inicialmente, o funcionamento de sua linha de comunicações marítimas com a posse de Dover.

Quando alcançou os subúrbios daquela cidade, evitou qualquer assalto direto, fazendo realizar em tôrno da cidade operações de limpeza e de destruição que, posteriormente, fez prosseguir para oeste e para o norte; ameaçada pela fome, a capital rendeu-se, mas ele atingiu Berkhampstead.

O século seguinte assistiu a outra demonstração do bom-senso normando para a guerra, em uma das mais espantosas campanhas da História: a conquista da maior parte da Irlanda e a derrota infligida a uma forte invasão nórdica, realizadas pelo conde "Strongbow" comandando algumas centenas de cavaleiros oriundos das fronteiras galenses. Essas realizações tornam-se ainda mais notáveis pela escassez de meios com que foram executadas, pelas dificuldades do terreno em que se processaram, repleto de florestas e pântanos, e pela flexibilidade com que os conquistadores remodelaram e adaptaram os processos feudais convencionais até então utilizados na guerra. Demonstraram sua perícia e seu espírito de previsão na maneira com que atraíram repetidamente o inimigo ao combate em campo aberto, onde suas cargas de cavalaria produziam resultados decisivos; no modo com que executaram retiradas simuladas, ações diversionárias, ataques às retaguardas etc., para poder romper as formações do adversário; nas surpresas estratégicas; nos ataques noturnos; no emprego adequado dos arqueiros que realizavam toda vez que não conseguiam atrair o inimigo, afastando-o das organizações que ocupavam.

O século XIII foi, porém, mais pródigo em exemplos de habilidades estratégicas. O primeiro, que pode ser apresentado, foi dado em 1216 pelo Rei João, que conseguiu salvar seu reino depois de tê-lo quase perdido em uma campanha em que a verdadeira estratégia não dependeu dos resultados das batalhas. Suas armas eram a mobilidade de suas tropas, a capacidade de resistência de suas fortalezas e a força psicológica decorrente da aversão dos habitantes das cidades aos barões e ao seu aliado estrangeiro, o Rei Luís, da França. Quando Luís, após ter desembarcado na parte oriental de Kent, ocupou Londres e Winchester, encontrou João demasiado fraco para que lhe pudesse oferecer combate. Embora a maior parte do país estivesse nas mãos dos barões, João mantinha as fortalezas de Windsor, Reading, Wallingford e Oxford, que dominavam a linha do Tâmisa e separavam as forças baroniais do norte e do sul e Dover continuava a resistir, encravada na retaguarda dos franceses. João, inicialmente, recuou para Dorset, mas logo que a situação se tornou mais clara, em junho, marchou para o norte, até Worcester, dominando o curso do Severn e estabelecendo, assim, verdadeira barragem que iria impedir que a maré da rebelião se estendesse mais para oeste e sudoeste. Daí, movimentou-se para leste, ao longo do Tâmisa, já em seu poder, como se fosse socorrer Windsor.

Para incutir essa crença entre os sitiantes determinou que um destacamento de arqueiros galeses atacasse o acampamento inimigo à noite. Nesse ínterim, desviava-se para nordeste e conseguia atingir Cambridge, ficando em condições de estabelecer aí nova barragem nas rotas que se dirigiam para o norte. Tudo isso foi feito enquanto as principais forças francesas continuavam engajadas no sítio de Dover.

O êxito que obteve isolando e diminuindo a área de ação dos seus oponentes ou dos descontentes determinou o malogro dos rebeldes e de seu aliado, apesar de o próprio reinado do Rei João ter terminado com sua morte em outubro. Se ele morreu de uma indigestão de pêssegos ou cerveja nova, pouco nos interessa, o certo é que as esperanças dos rebeldes foram perdidas com uma indigestão de baluartes estratégicos.

A insurreição baronial que se seguiu foi esmagada pela magistral estratégia do Príncipe Eduardo, posteriormente Eduardo I, em 1265. A conseqüência da derrota do Rei Henrique III, em Lewes, fora o estabelecimento da supremacia do partido baronial em quase toda a Inglaterra, exceto nas fronteiras galenses. Para lá se dirigiu Simon de Montfort, atravessando o Severn e prosseguindo em seu avanço triunfante até Newport. O Príncipe Eduardo, que conseguira escapar da ação do exército baronial e juntar-se aos seus adeptos nos condados fronteiriços, desorganizou os planos de

Montfort conquistando as pontes do Severn, logo após terem sido utilizadas pelo adversário, e investindo contra a retaguarda de suas forças.

Eduardo não sòmente o obrigou a atravessar o rio Usk, como também, com uma incursão realizada por três galeras contra navios fundeados em Newport, frustrou seu novo plano de transportar o exército de volta à Inglaterra. De Montfort foi, assim, forçado a empreender marcha longa e extenuante para o norte, através dos áridos distritos de Gales, enquanto Eduardo recuava até Worcester para se estabelecer no Severn à espera do inimigo. Em seguida, quando o filho de De Montfort marchou em socorro do pai com um exército proveniente da parte oriental da Inglaterra, Eduardo aproveitou-se da posição central em que se encontrava para, com marchas e contramarchas, realizadas com surpreendente rapidez, mantê-los separados e iludidos quanto à verdadeira posição em que se encontrava e, assim, esmagá-los sucessivamente, nas ações de surpresa realizadas, respectivamente, em Kenilworth e Evesham.

Como rei, Eduardo ainda prestara contribuição maior à arte militar durante as guerras galesas, não apenas pelo aperfeiçoamento que fez no emprego do arco e pela combinação das cargas de cavalaria com o fogo dos arqueiros como, principalmente, pelo método estratégico utilizado em suas conquistas. O problema que se lhe apresentava era subjugar uma raça montanhesa vigorosa e selvagem, que podia fugir ao combate retirando-se para as montanhas e, logo em seguida, recuperar os vales perdidos, tão logo o invasor interrompesse suas operações devido ao inverno. Embora Eduardo dispusesse de meios limitados, a área do país em que operava era, também, limitada. Construindo castelos em pontos estrategicamente colocados e ligando-os por estradas, podia obrigar o adversário, com sua mobilidade, a manter-se constantemente em movimento, de modo a não ter, em nenhuma oportunidade, tempo para recuperar-se física e psicologicamente, mesmo durante o inverno; desse modo, conseguia desmantelar e esgotar sua capacidade de resistência.

Os dotes estratégicos de Eduardo não foram, porém, transmitidos a seus descendentes, e na Guerra dos Cem Anos nada há que se possa aprender com a estratégia aplicada por seu neto e seu bisneto. Os desfiles, sem finalidade, realizados através da França foram, em sua maior parte, ineficientes e os raros que proporcionaram alguns resultados práticos justificam-se, por mais incrível que pareça, pela maneira sem lógica com que eram empreendidos. Com efeito, nas batalhas de Crécy e Poitiers, Eduardo III e o Príncipe Negro, respectivamente, envolveram-se em situações das mais perigosas que tiveram o mérito, indireto e involuntário, de provocar nos adversários uma reação direta, forçando-os a entrar em combate impetuosamente, nas condições mais adversas, proporcionando aos ingleses a oportunidade que desejavam para se livrarem do apuro em que se tinham metido.

Realmente, numa batalha defensiva, em terreno escolhido pelos ingleses, o emprego de seus arcos contra a ação tática fútil da cavalaria lhes dava uma superioridade garantida.

A severidade dessas derrotas foi, finalmente, vantajosa para os franceses, pois, na fase seguinte da guerra, passaram a obedecer cegamente a doutrina fabiana do condestável Du Guesclin. A estratégia com que ele executou essa doutrina consistia em evitar combates decisivos com o exército inglês, em perturbar todos seus deslocamentos e em reduzir a área em que ele poderia operar. Longe de ser uma fuga passiva ao combate essa estratégia explorava, ao contrário, os princípios da mobilidade e da surpresa em grau poucas vezes antes igualado, com suas ações de interceptação de comboios, de isolamento de destacamentos, de captura de guarnições isoladas etc. Seguindo sempre a direção menos provável esperada pelo inimigo, seus ataques de surpresa contra tais guarnições, realizados geralmente à noite, se beneficiavam dos processos rápidos e aperfeiçoados que empregava e da seleção adequada, sob o ponto de vista psicológico, dos objetivos, escolhidos entre aqueles onde fosse possível encontrar guarnições descontentes ou uma população preparada para uma traição. Aproveitava e avivava, também, qualquer início de agitação local, para desviar a atenção do inimigo e assim facilitar a conquista dos territórios por ele ocupados.

Em menos de cinco anos Du Guesclin reduziu o vasto território que os ingleses dominavam na França a uma estreita faixa entre Bordéus e Bayonne. Tudo isso foi obtido quase sem combates; com efeito, jamais procurou ele atacar, mesmo uma pequena força inglesa, desde que esta tivesse tido tempo bastante para se instalar defensivamente. Alguns generais afirmaram, como os agiotas: "Nenhum adiantamento sem garantia."; Du Guesclin dizia: "Nenhum ataque sem surpresa."

A tentativa dos ingleses que se seguiu, para conquistas no exterior, foi menos inspirada em métodos ou em melhor adaptação dos fins aos meios. A primeira e mais famosa das campanhas de Henrique V foi a mais estúpida de todas elas. Na operação "eduardina" de 1415, que culminou em Agincourt, bastaria que os franceses bloqueassem o caminho a ser percorrido por Henrique para que ela fracassasse, devido à fome. Seus chefes haviam esquecido a lição de Crécy e os ensinamentos de Du Guesclin. Com uma superioridade de quatro para um, acharam que seria vergonhoso utilizar esta superioridade a não ser para uma ação direta e com isso legaram à História uma repetição, ainda mais vergonhosa, do que já havia acontecido em Crécy e Poitiers.

Depois de ter escapado dessa aventura, Henrique V passou a empregar o que poderia ser chamado de estratégia do "sistema do bloco", que consistia em procurar, à medida que era expandida progressivamente a conquista militar do território, uma conciliação com a população dominada. O interesse e o valor das campanhas que se seguiram a Henrique estão mais na execução de uma alta estratégia do que na prática de uma estratégia propriamente dita.

No campo da estratégia a análise agora feita da Idade Média pode perfeitamente ser encerrada com Eduardo IV que, em 1461, conquistou seu trono e, em 1471, soube reconquistá-lo, depois de ter estado no exílio, pela utilização adequada que soube fazer do princípio da mobilidade.

O resultado feliz de sua primeira campanha foi devido, sobretudo, à sua rapidez de decisão e de movimento. Eduardo estava empenhado na luta contra os lancasterianos do País de Gales, quando recebeu informações de que as forças principais deles marchavam, do norte, sobre Londres. Deslocando-se rapidamente, alcançou em 20 de fevereiro Gloucester, onde soube da vitória obtida pelos lancasterianos em St. Albans, no dia 17 de fevereiro, sobre a força yorkista comandada por Warwick. St. Albans distava de Londres cerca de vinte milhas e Gloucester, de Londres, mais de cem milhas. Embora os lancasterianos tivessem três dias de vantagem sobre Warwick, este reuniu-se a Eduardo em Burford, no dia 22, enquanto a Corporação de Londres discutia, com os portões fechados, os termos da rendição. Eduardo deixou Burford no dia seguinte, entrou em Londres no dia 26, fazendo-se proclamar rei, enquanto os desconcertados lancasterianos se retiravam para o norte. Perseguindo-os, Eduardo arriscou-se bastante ao pretender atacar um exército que lhe era bem superior em efetivo e já se encontrava instalado em uma posição em Towton. Contudo, a vantagem em seu favor foi obtida com o auxílio de uma nevada ocasional, explorada convenientemente por seu comandado Fauconberg, que atormentou os defensores, cegos pela neve, com flechadas, até que estes se entregassem ao fatal alívio de uma carga desordenada.

Em 1471 houve mais sutileza e não menos mobilidade na estratégia de Eduardo; havia ele perdido o trono nesse intervalo de tempo, porém, obtendo um empréstimo de 50.000 coroas por intermédio de um seu cunhado, reuniu cerca de 1.200 de seus adeptos e com vagas promessas de futuros auxílios de seus partidários ingleses, partiu para uma aventura. Quando deixou Flushing, as costas da Inglaterra já estavam guarnecidas contra qualquer desembarque que pretendesse realizar, mas, seguindo a linha de ação menos provável, desembarcou em Humber, raciocinando, sagazmente, que, sendo esse distrito simpático aos lancasterianos, certamente não estaria defendido. Movimentando-se rapidamente, antes que a notícia de seu desembarque se espalhasse e seus inimigos se concentrassem contra ele, chegou a York. De lá tomou a estrada que se dirige a Londres, desviando-se habilmente de uma força que barrava sua progressão em Tadcaster. Na dianteira dessa força, que seguia em sua perseguição, ameaçou a força que o aguardava em Newark, induzindo-a a retirar-se para leste. Eduardo voltou-se então para sudoeste, avançando até Leicester, onde reuniu mais adeptos. Encaminhou-se, a seguir, para Coventry, onde Warwick, agora seu principal adversário, estava concentrando suas forças. Tendo, para lá, atraído ambos seus perseguidores e conseguido aumentar ainda mais seus efetivos à custa do inimigo, voltou-se para sudeste e marchou diretamente sobre Londres, que lhe abriu seus portões. Sentindo-se, agora, suficientemente forte para aceitar combate, saiu disposto a enfrentar seus perseguidores, que conseguira enganar durante tanto tempo. Encontrou-os em Barnet e, em uma batalha que o nevoeiro tornou ainda mais confusa, conseguiu vencê-los.

Naquele mesmo dia, a rainha lancasteriana Margareth de Anjou desembarcava em Weymouth com alguns mercenários franceses, e reunindo seus adeptos no oeste, marchava para juntar-se ao exército que o Conde de Pembroke havia organizado na Gales. Novamente, agindo com rapidez, Eduardo alcançou a orla do Cotswolds enquanto o exército de Margareth ainda marchava para o norte, ao longo do vale que se abria logo abaixo, na estrada que liga Bristol a Gloucester. Em seguida, numa corrida que durou um dia, um exército no vale e outro nas encostas acima, Eduardo alcançou o adversário em Tewkesbury, ao anoitecer, impedindo que ele cruzasse o Severn, em Gloucester, devido a ordens que expedira para que o prefeito fechasse os portões da cidade. Quase quarenta milhas tinham sido percorridas desde o nascer do dia, o que permitiu a Eduardo acampar suficientemente próximo dos lancasterianos, para que esses pudessem escapar. A posição deles era defensivamente forte, mas Eduardo empregou suas bombardas, assim como seus arqueiros, para atraí-los a uma carga e, assim, conquistou uma vantagem decisiva para a batalha da manhã seguinte.

A estratégia de Eduardo era excepcional devido à mobilidade, mas típica da época, pela sua falta de sutileza. Isso porque a estratégia medieval tinha, normalmente, a finalidade direta e simples de procurar a batalha. Se o resultado dessa fosse indeciso, o atacado era beneficiado automaticamente, a não ser quando os atacantes conseguiam induzir os defensores a tomarem, taticamente, a iniciativa do assalto.

O melhor exemplo da estratégia na Idade Média é dado, não pelo Ocidente e sim pelo Oriente, porque o século XIII, embora se destacasse sob o ponto de vista estratégico para o Ocidente, teve, com as lições dadas pelos mongóis, aos cavalarianos europeus, um brilho todo especial no Oriente.

Em escala e em qualidade, em surpresa e em mobilidade, na ação indireta estratégica ou tática, suas campanhas superam quaisquer outras que a História assinala. Na conquista da China por Gêngis-Cã pode-se observar a utilização feita de Taitong-Fu para armar ciladas sucessivas como faria Bonaparte, mais tarde, com a fortaleza de Mântua. Com movimentos amplos e combinados realizados por três exércitos, destruiu ele a coesão moral e militar do império de Kin. Quando, em 1220, invadiu o império carismiano, cujo centro de poder ficava no atual Turquestão, com uma força secundária desviou a atenção do inimigo para um ataque proveniente de Kashgar no sul, enquanto com a massa principal surgia do norte; encoberto por essas operações Gêngis-Cã, com seu exército reserva, executou um movimento ainda mais amplo e, após desaparecer no deserto de Kizyl-Kum, surgiu de surpresa em Bokhara, na retaguarda das posições defensivas e dos exércitos inimigos.

Em 1241, seu general, Sabutai, dispôs-se a dar à Europa uma lição de duplo sentido. Enquanto um exército, fazendo a proteção estratégica de seu flanco, marchava através da Galícia, atraindo a atenção das forças polonesas, alemãs e boêmias, além de infligir-lhes sucessivas derrotas, o exército principal, em três colunas, investia através da Hungria até o Danúbio. Nesse avanço, as duas colunas externas formavam um escudo e um disfarce para o movimento que seria, posteriormente, executado pela coluna central. Convergindo sobre o Danúbio, perto de Gran, os mongóis foram detidos pela concentração do exército húngaro na margem oposta, mas com uma retirada habilmente planejada atraíram seus adversários para fora da proteção dada pelo rio e para longe de seus reforços. Em seguida, com rápida manobra noturna, executada de surpresa, sobre o rio Sajo, Sabutai deslocou e aniquilou o exército húngaro, tornando-se senhor absoluto das planícies centrais da Europa, até quando as abandonou, voluntariamente, um ano mais tarde, para espanto e alívio da Europa, que não dispunha de forças para expulsá-lo. (*)

(*) A estratégia e a tática dos mongóis são analisadas mais amplamente no livro do autor "Great Captains Unveiled", que foi escolhido como manual de instrução pela Primeira Força Mecanizada, organizada na Inglaterra, em 1927, a título experimental.

CAPÍTULO VI

O SÉCULO XVII — GUSTAVO, CROMWELL E TURENNE

Chegamos agora à primeira "Grande Guerra" da história moderna, a Guerra dos Trinta Anos (1618-48). Por mais estranho que pareça, nenhum combate, durante todo seu longo curso, pode ser considerado decisivo.

O que mais se aproximou disso foi o duelo final entre Gustavo e Wallenstein que, com a morte do primeiro deles na batalha de Lützen, foi decisivo no sentido de eliminar a possibilidade da formação de uma confederação protestante sob liderança sueca.

Não fossem a intervenção francesa e o assassínio de Wallenstein, esse duelo poderia ter sido um passo decisivo para a unificação da Alemanha, só realizada três séculos após.

Todos esses resultados e as possibilidades com eles criadas foram obtidos indiretamente, pois a única batalha que na realidade se travou na campanha terminou com a derrota dos que mais se beneficiaram com o resultado da guerra. Essa derrota, decorrente, em parte, da inferioridade da máquina combatente de que dispunha Wallenstein em relação à dos suecos, foi devida, também, ao fato de Wallenstein não se ter aproveitado, taticamente, da oportunidade estratégica por ele mesmo criada. Com efeito, antes da batalha ele obtivera vantagem bem nítida e real, executando, sucessivamente e de maneira diversa, três ações indiretas que vieram alterar o aspecto geral da guerra.

Em 1632, convocado para o comando de um exército inexistente, com um convite não muito sincero do soberano que o iludia sobre a situação, conseguiu, com o fascínio de seu nome, reunir em três meses uma força de 40.000 homens, constituída de soldados da fortuna. Apesar de a Baviera estar solicitando urgentemente seu auxílio, por estar sendo invadida pelo irresistível exército de Gustavo, Wallenstein lançou-se contra os saxões, aliados mais fracos de Gustavo e, depois de expulsá-los da Boêmia, marchou sobre a própria Saxônia. Obrigou ainda o relutante Eleitor da Baviera a deslocar suas forças, indo ao seu encontro e deixando esta região, aparentemente, mais indefesa do que nunca. Na realidade a situação, porém, era diferente e as previsões de Wallenstein vieram logo a ser confirmadas, pois a simples ameaça da perda da Saxônia obrigou Gustavo a abandonar a Baviera e correr em socorro de seu aliado mais fraco.

Antes da chegada de Gustavo, Wallenstein conseguiu fazer junção de suas forças com as do Eleitor e, assim, obrigar os suecos a um recuo até Nuremberg. Wallenstein perseguiu-os até lá, mas, encontrando-os fortemente instalados e observando que "já haviam sido travadas batalhas em quantidade suficiente e que já era tempo de tentar outro método", em lugar de lançar seus recrutas contra os suecos, há muito tempo invencíveis, preferiu organizar-se defensivamente numa posição de onde, enquanto seu exército descansava em segurança e adquiria confiança, podia dominar as linhas de abastecimento de Gustavo com o emprego de sua cavalaria ligeira. Manteve firmemente essa atitude e esse objetivo, alheio a todos os desafios para o combate, até que o rei sueco, sob a ameaça da fome tentou, em vão, assaltar a sua posição. O insucesso, militarmente, foi apenas um incidente infeliz; porém, politicamente, repercutiu em toda a Europa. Embora não tivesse conseguido deslocar definitivamente a ascendência moral que Gustavo havia imposto, com suas numerosas vitórias, a todos os Estados alemães que permaneciam sob seu domínio, perturbou-a sensivelmente. Wallenstein tinha adaptado, de maneira muito realística, os meios limitados que possuía ao objetivo estratégico que se propunha atingir.

De Nuremberg, Gustavo, mais uma vez, marchou para a Baviera. Wallenstein, em vez de segui-lo, investiu contra a Saxônia, realizando um golpe de mestre que obrigou Gustavo a reçuar tão rapidamente como já tinha feito anteriormente. Entretanto, executando um deslocamento soberbo, o rei dos suecos antecedeu-se a Wallenstein, impedindo que este pudesse forçar os saxões a uma paz em separado. Na desesperada batalha de Lützen que se seguiu, o exército sueco compensou seu recuo estratégico com um êxito tático obtido por preço bastante alto, pois a morte de seu líder fez malograr o projeto de Gustavo de arregimentar os protestantes numa grande confederação sob a direção sueca.

Durante mais dezesseis anos a guerra arrastou-se, em sua destruidora e cansativa trajetória, transformando a Alemanha num deserto e fazendo que a França passasse a ocupar lugar preponderante na política da Europa.

O contraste característico entre as guerras de 1642-52, na Grã-Bretanha, e as no mesmo século desenroladas no continente europeu, está no espírito da busca de decisão encontrado nas primeiras. Isso está inteligentemente explorado nas "Memórias de um Cavaleiro", de Defoe, que assim se expressava: "Nunca acampamos ou entrincheiramos... ou procuramos cobertura atrás de rios ou desfiladeiros." Havia esta máxima na guerra: "Onde está o inimigo? — Vamos ao seu encontro para combatê-lo."

Apesar desse espírito ofensivo a Primeira Guerra Civil prolongou-se por mais quatro anos sem que uma única batalha, a não ser taticamente, se mostrasse decisiva. Quando, finalmente, em 1646 pareceu que ia terminar, enganou a todos, pois os realistas ainda eram tão numerosos e tão seguros de sua força que bastou que se iniciasse pequena discórdia entre os vitoriosos, para que as brasas voltassem a ser avivadas (dois anos mais tarde) em uma fogueira ainda maior que a anterior.

Examinando-se as razões dessa incongruência, pouco aceitável face ao espírito de decisão tão manifesto na época, verifica-se que as operações militares tomavam, geralmente, a forma de avanços diretos realizados alternadamente pelos partidos em choque, intercalados com fases menos ativas de luta que poderiam, modernamente, ser chamadas de "operações de limpeza", ocasionando efeitos locais e passageiros, porém consumindo grandes energias dos litigantes.

De início, as forças reais tinham suas bases no oeste e nos Midlands, e as parlamentares em Londres. A primeira investida realista sobre Londres terminou vergonhosamente em Turnham Green, muitas vezes mencionado como o Valmy da Guerra Civil, um fim incruento, que parece ter sido a conseqüência moral da sangrenta batalha iniciada de Edgebrill, travada logo no início da campanha.

Daí por diante, Oxford e as cidades vizinhas transformaram-se no baluarte fortificado em torno do qual os realistas passaram a operar.

Nas orlas dessa zona os dois exércitos enfrentaram-se durante muito tempo, sem que chegassem a um resultado, enquanto no oeste se processava uma luta de vai e vem, entre as forças locais e os destacamentos contra elas enviados.

Finalmente, em setembro de 1643, os apelos veementes da cidade de Gloucester, que se encontrava sitiada, obrigaram o principal exército parlamentar, que se encontrava sob o comando de Lorde Essex, a acorrer em seu socorro realizando, para isso, um pequeno desbordamento da região de Oxford. Isso permitiu aos realistas barrarem seu retorno, porém o combate travado em Newbury não produziu resultados decisivos.

O cansaço natural de guerra poderia ter provocado negociações para o seu término, não fosse o erro político de Carlos de fazer uma trégua com os rebeldes irlandeses. Ele esperava com isso atrair os católicos irlandeses para a luta contra a Inglaterra protestante, porém os resultados que obteve foram negativos, por ter provocado contra a causa realista o contrapeso, de maior expressão, da Escócia presbiteriana. Encorajado com o fato de um exército escocês estar avançando para empenhar-se em luta com os realistas do norte, os parlamentaristas concentraram novamente suas forças e realizaram nova investida sobre a região de Oxford, que deu como fruto a ocupação de umas poucas fortalezas periféricas. A situação era tão favorável que o rei pôde destacar Rupert para reunir-se aos realistas do norte, em sua ação contra os escoceses. Infelizmente para ele, a derrota tática que sofreu em Marston Moor anulou, completamente, os efeitos que poderiam ter sido obtidos através dessa oportunidade estratégica. Os vencedores não tiveram, também, maiores proveitos, pois o fracasso do ataque à região de Oxford abateu o ânimo e provocou grande número de deserções e, não fosse a ação inflexível de homens como Cromwell, isso poderia ter forçado a paz. Felizmente para o Parlamento a causa realista estava se desagregando mais pela ação interna do que pelos golpes externos que sofria. Assim, foi a um inimigo inferior moralmente e em efetivos, preservado durante tanto tempo exclusivamente pela estratégia erradamente concebida pelos parlamentares, que Fairfax e Cromwell derrotaram em Naseby, em 1645, com um exército completamente remodelado. Todavia, nem mesmo essa vitória, taticamente decisiva, impediu que a guerra se prolongasse por mais um ano. Encontramos um quadro diferente quando se aprecia a Segunda Guerra Civil, que teve Cromwell como um dos cérebros dirigentes, e John Lambert, de vinte e oito anos de idade, como seu brilhante assistente. Quando se tornou conhecido, em fins de abril de 1648, que os escoceses estavam arregimentando um exército para invadir a Inglaterra, com o auxílio dos realistas, Fairfax preparou-se para enfrentá-los no norte, enquanto Cromwell era mandado para o oeste, a fim de debelar os levantes realistas que estouravam na Gales do Sul. Outras insurreições surgidas em Kent e na Ânglia Oriental retiveram Fairfax nessas regiões e permitiram que a invasão ao norte se processasse quase normalmente, pois somente Lambert foi deixado, com pequena força, para fazer uma ação de retardamento dos invasores o que, aliás, conseguiu com algum sucesso, agindo de modo indireto, ao ameaçar constantemente o flanco do adversário quando este se deslocava pela rota da costa ocidental, e impedindo todas as suas tentativas de travessia dos Apeninos para fazer junção com seus aliados de Yorkshire.

Finalmente, com a queda de Pembroke (em 11 de julho de 1648), Cromwell pôde movimentar-se para o norte. Em vez de marchar diretamente ao encontro dos escoceses, preferiu um percurso mais longo, por Nottingham e Doncaster, onde arrebanhou suprimentos e depois um deslocamento para noroeste, a fim de reunir-se a Lambert em Otley, colocando-se, assim, no flanco do exército escocês que se estendia de Wigan a Preston, com um destacamento de 3.500 homens sob o comando de Langsdale, cobrindo seu flanco esquerdo. Cromwell dispunha de 8.600 homens apenas, aí incluídas a cavalaria de Lambert e a milícia de Yorkshire, para enfrentar um inimigo estimado em 20.000 homens.

Entretanto, seu aparecimento súbito em Preston, na retaguarda das forças escocesas, deslocou o equilíbrio do inimigo, obrigando-o a uma conversão e ao emprego parcelado de suas tropas. Em Preston Moor o destacamento de Langsdale foi derrotado. Intensificando a perseguição, Cromwell obrigou a coluna escocesa a recuar, empurrando-a através de Wigan até Uttoxeter, de encontro à milícia de Midlands. Imprensados entre a cavalaria de Cromwell e os milicianos, os escoceses se renderam no dia 25 de agosto. Esta vitória foi decisiva, pois, não só esmagou os inimigos do Parlamento, como permitiu ao exército fazer uma limpeza entre seus próprios membros, submeter o rei a julgamento e executá-lo.

A invasão da Escócia, que se seguiu, é na realidade uma guerra diferente, travada entre o regime recém-estabelecido e os partidários do filho do rei, o futuro Carlos II, que pretendiam, com o auxílio escocês, a reconquista do trono perdido. Dificilmente pode ser incluída na categoria das campanhas que afetaram decisivamente o curso da História. Serve, entretanto, para mostrar como Cromwell estava profundamente imbuído da estratégia da ação indireta. Por exemplo, quando encontrou durante sua marcha para Edinburgh o exército escocês, sob o comando de Leslie, uma simples tomada de contacto o fez aperceber-se do valor da força que se lhe opunha e, desse modo, embora tivesse escassez de suprimento e o objetivo principal de seus planos estivesse algo à frente, teve suficiente autodomínio para evitar um ataque frontal a ser desencadeado em terreno que lhe era desvantajoso. Apesar do seu temperamento, favorável a uma ação imediata, nunca se aventuraria a uma batalha onde não pudesse arrastar o inimigo para o campo aberto e obter uma oportunidade de atacar um flanco descoberto. Foi por isso que recuou para Musselburgh e daí para Dunbar para, inicialmente, cuidar do abastecimento de suas forças. Uma semana depois retomou seu avanço e tendo, em Musselburgh, distribuído rações para três dias, preparou-se para manobrar através das colinas de Edinburgh e cair sobre a retaguarda do inimigo. Quando Leslie conseguiu movimentar-se para tentar barrar seu avanço em Corstorphine Hill (21 de agosto de 1650) Cromwell, embora afastado de suas bases, ainda procurou manobrar pela esquerda do dispositivo inimigo mas foi, novamente, bloqueado por Leslie, em Gogar. A maioria dos chefes militares teria, nesse caso, arriscado uma batalha frontal, porém assim não pensou Cromwell. Aliviando-se de seus elementos incapacitados, grande parte devido ao cansaço, recuou para Musselburgh e daí para Dunbar, induzindo Leslie a segui-lo. Em Dunbar não embarcou seu exército, como aconselhavam alguns de seus oficiais, preferindo esperar que o inimigo realizasse um movimento em falso, do qual pudesse tirar todo o proveito.

Leslie, porém, era um adversário sagaz e seu lance seguinte aumentou ainda mais o perigo em que se encontrava Cromwell. Abandonando a estrada principal, contornou Dunbar durante a noite de 1.º de setembro e ocupou Doon Hill dominando, assim, a estrada de Berwick. Enviou, ao mesmo tempo, um destacamento para ocupar o passo de Cockburnspath, situado sete milhas ao sul. Desse modo, na manhã seguinte, Cromwell encontrou-se isolado da Inglaterra. Sua situação se complicava, ainda mais, porque seus suprimentos eram escassos e o número de doentes em suas fileiras aumentava dia a dia.

A concepção da manobra de Leslie era aguardar nas elevações a tentativa dos ingleses de abrir caminho, à força, ao longo da entrada de Berwick para, então, atacá-los. Todavia, os ministros da Kirk estavam ansiosos por ver "as garras das armadilhas do Senhor fecharem-se sobre os moabitas" e seu clamor era fortalecido pelos indícios de que o invasor estaria cogitando de fugir por mar. Além disso, no dia 2, o tempo estava tão tempestuoso que era quase impossível a permanência das tropas escocesas no topo nu das colinas de Doon Hill. Cerca das quatro horas da tarde, eles desceram suas encostas e ocuparam nova posição em um terreno mais baixo nas proximidades da estrada de Berwick, onde ficavam melhor abrigados da chuva, ao mesmo tempo que tinham sua frente protegida pelo córrego Brock, que corria através de uma ravina até alcançar o mar.

Cromwell e Lambert observavam esse movimento quando, simultâneamente, tiveram a mesma idéia: "Isso nos dá uma oportunidade vantajosa de desencadear o ataque pois, com a ala esquerda escocesa encurralada entre a colina e o córrego de margens íngremes, será possível realizar uma ação contra a ala direita sem que ela possa intervir no combate em boas condições." Após um conselho de guerra realizado durante a noite Lambert sugeriu um ataque imediato contra a ala direita do adversário, enquanto a esquerda seria fixada com uma barragem de artilharia. Lambert teve sua linha de ação aprovada pelo Conselho e, como reconhecimento a sua iniciativa, Cromwell confiou-lhe o comando das ações iniciais. Durante a noite, tempestuosa e úmida, as tropas ocuparam o dispositivo de ataque tendo como linha de partida a margem norte do córrego. Depois de dirigir a ocupação de posição pela artilharia, Lambert, ao raiar do dia, dirigiu-se para outro flanco, para dirigir pessoalmente a carga de cavalaria. Embora o avanço inicial tivesse sido detido, a intervenção das reservas decidiu o combate na região próxima ao mar e permitiu que Cromwell pudesse encurralar o flanco esquerdo do dispositivo escocês, já imprensado entre o córrego e a colina, não dando às tropas escocesas outra oportunidade senão a retirada. Assim, com uma ação tática indireta, em que Cromwell se beneficiou de um risco calculado assumido pelo adversário, os ingleses puderam derrotar uma força de efetivo duas vezes superior ao seu, terminando uma campanha em que fugira a todas as tentações de combate para, mesmo arriscando-se a uma derrota, não abandonar a estratégia de ação indireta, que anteriormente havia estabelecido.

A vitória de Dunbar deu a Cromwell o controle do sul da Escócia, e eliminou, como fator político a ser considerado nos exames da situação, o exército da Kirk e os Covenanters. Restou, para se opor a Crowmell, unicamente o elemento realista puro oriundo dos Highlands. O processo final de término da guerra foi muito retardado pelos erros com que foi formulado, e isso proporcionou a Leslie tempo para respirar e oportunidade de organizar e treinar um novo exército realista na distante região do Forth.

Nos últimos dias de junho de 1651, quando se sentiu suficientemente forte para reiniciar as operações, Cromwell defrontou-se com um problema bastante difícil. A solução que encontrou para o mesmo revela sua sutileza e espírito de previsão e compara-se, com vantagem, às grandes combinações estratégicas encontradas na história das guerras. Embora, pela primeira vez, dispusesse de superioridade numérica, tinha pela frente um adversário sagaz, instalado em região pantanosa onde era possível encontrar-se excelentes obstáculos para se barrar o acesso a Stirling. A menos que vencesse qualquer resistência encontrada em tempo muito curto, ele estaria condenado a passar outro penoso inverno na Escócia, com todos os sofrimentos dele decorrentes e, mais ainda, a ter aumentadas as dificuldades para seu regresso à Inglaterra. Desalojar o inimigo da posição em que se encontrava não era a melhor solução, pois isso importaria na dispersão das forças inimigas, pelos Highlands, onde continuariam a se constituir em preocupação para ele.

A solução encontrada por Cromwell foi magistral. Inicialmente ameaçou Leslie de frente, assaltando Callander House, perto de Falkirk; em seguida fez todo seu exército atravessar o Firth of Forth e marchar sobre Perth, desbordando, assim, não só a barreira defensiva estabelecida por Leslie, que impedia o acesso a Stirling, como apossando-se da área principal dos suprimentos de Leslie. Com essa manobra deixava, porém, livre o caminho para a Inglaterra e nisso estava a chave do plano de Cromwell: encontrando-se na retaguarda do inimigo, agora ameaçado de fome, deixava-lhe uma porta aberta para a fuga. Sobre isso dizia um dos seus adversários: "Tínhamos de morrer de fome, desertar ou penetrar, com um punhado de homens, na Inglaterra. Este último parecia ser o menor dos males porém era, certamente, uma solução de desespero." Naturalmente foi a escolhida e, em fins de julho, iniciaram os escoceses a marcha para o sul que os conduziria à Inglaterra.

Cromwell, prevendo isso, preparou-lhes devidamente uma recepção, contando com o auxílio das autoridades de Westminster. A milícia foi convocada com urgência, os realistas postos sob vigilância e os estoques de armas, ilegalmente realizados, apreendidos. Mais uma vez os escoceses preferiram a rota da costa ocidental. Cromwell fez Lambert segui-los com um destacamento de cavalaria, enquanto Harrison se movimentava de Newcastle para Warrington e Fleetwood deslocava-se para o norte, comandando a milícia dos Midlands. Lambert conseguiu, sem que o inimigo percebesse, contornar seu flanco e unir-se a Harrison em 13 de agosto. Os dois juntos puderam, em seguida, realizar uma ação retardadora muito eficiente do invasor que se aproximava. Entrementes, Cromwell percorria, fazendo vinte milhas por dia, sob o causticante calor de agosto, a rota da costa oriental e, em seguida, rumava para sudoeste. Assim, quatro forças convergiam sobre o invasor, preparando a armadilha idealizada por Cromwell. A mudança de itinerário executada por Carlos, desviando-se da rota de Londres para a do vale do Severn, apenas retardou, por alguns dias, a execução do golpe final. No dia 3 de setembro, aniversário da batalha de Dunbar, na região de Worcester, Cromwell teve a oportunidade de desencadear seu golpe de misericórdia.

A interminável série de conflitos armados que se processavam desde o término da Guerra dos Trinta Anos até o início da Guerra da Sucessão Espanhola — na qual os exércitos de Luís XIV enfrentaram, em conjunto ou separadamente, a maioria dos exércitos europeus — foi caracterìsticamente cheia de indecisões. Os seus objetivos eram, com freqüência, por demais limitados. As duas causas principais dessas indecisões podem ser àpontadas como tendo sido a preponderância das obras de fortificação permanente sobre as armas ofensivas, que persistiu até o aparecimento da metralhadora, no século XX, e o fato de os exércitos não terem uma organização logística que permitisse seu emprego fracionado, obrigando-os a operar como um todo, sem liberdade de movimentos e capacidade de manobra.

No decorrer das guerras conhecidas como Fronda, Devolução, Holandesa e Grande Aliança, sòmente uma se destaca como decisiva, no que pese seu aspecto todo particular. Foi a campanha de inverno de Turenne, realizada entre 1674 e 1675 e coroada pela vitória de Türkhein.

Foi um período crítico para a França, pois Luís XIV estava sendo abandonado por quase todos os seus aliados, enquanto os espanhóis, holandeses, dinamarqueses, austríacos, com a maioria dos príncipes alemães, se reuniam em uma coligação de grande amplitude. Turenne tinha sido obrigado, anteriormente, a retirar-se atravessando o Reno, após ter devastado o Palatinado. O eleitor de Brandenburg estava se movimentando para reunir-se ao exército imperial, sob o comando de Bournonville, quando Turenne lhe impôs um revés, em Enzhein, em outubro de 1674, antes que a junção tivesse sido realizada. Apesar disso foi obrigado a retirar-se para Dettweiler, enquanto os alemães se espalhavam pelo interior da Alsácia e estabeleciam quartéis do inverno entre as cidades de Strasbourg e Belfort.

A cena estava preparada para o desempenho da obra-prima de Turenne. A surpresa inicial foi obtida com sua decisão de empreender uma campanha em pleno inverno. Para manter o inimigo iludido quanto às suas verdadeiras intenções, colocou de prontidão as fortalezas do centro da Alsácia enquanto retirava discretamente todo o seu exército para Lorena, e daí marchou rapidamente para o sul, encobrindo-se nas elevações dos Vosges e reunindo, nessa marcha, todos os reforços que conseguiu obter. Na fase final de sua aproximação, organizou diferentes colunas para despistar os espiões inimigos. Depois de uma marcha extremamente árdua, realizada em terreno montanhoso e sob verdadeira tempestade de neve, conseguiu reunir seus exércitos em Belfort e, sem perda de tempo, invadiu a Alsácia, que tinha contornado pelo norte, pela sua parte sul.

Bournonville, com as forças de que dispunha, tentou deter Turenne em Mulhausen (29 de dezembro), mas foi levado de roldão. Daí por diante a torrente francesa correu impetuosamente na faixa compreendida entre o Vosges e o Reno, jogando os derrotados imperialistas sobre Strasbourg e isolando todas as forças que ensaiavam uma resistência. Em Colmar, a meio caminho de Strasbourg, o eleitor de Brandenburg, agora no comando das tropas alemãs, estabeleceu uma barragem, utilizando um efetivo idêntico ao de Turenne. Contudo, o ímpeto, tanto físico como moral, estava com os franceses e foi habilmente mantido com a realização de uma ação tática indireta executada no campo de batalha de Türkhein. Ali Turenne buscou, mais do que a destruição do exército adverso, a eliminação da resistência que se estava tornando, dia a dia, mais forte, deixando que as conseqüências naturais dessa ação fossem suficientes para completar a desagregação do inimigo. Conseguiu tal êxito que, alguns dias após, estava em condições de anunciar que na Alsácia não restava mais um só soldado inimigo.

Os franceses restauraram suas energias, em quartéis de inverno instalados em Strasbourg, recolhendo livremente os suprimentos de que necessitavam, não só nas margens do Reno, como até nas vizinhanças de Neckar. O Eleitor, com o que restava de suas forças, retirara-se para Brandenburg, e Montecuculi, o velho rival de Turenne, foi chamado para reassumir, na primavera, o comando dos exércitos principais. Manobrando convenientemente Turenne levou seu atual adversário a ocupar uma posição desvantajosa em Sasbach. Porém, logo no início da ação foi morto por uma granada de artilharia e com isso a balança da guerra voltou a pender para seu adversário.

Por que o caráter decisivo desta campanha de inverno contrasta flagrantemente com o das demais campanhas do século XVII na Europa? Nesse período os generais, por mais limitado que fosse seu horizonte, eram extremamente hábeis nas manobras, porém tão padronizados seus movimentos, que mesmo as ações de flanqueamento, que tanto sucesso proporcionaram em épocas anteriores, eram habilmente anuladas. Um verdadeiro deslocamento do dispositivo só foi obtido por Turenne, famoso por ser o único dos grandes capitães que se aperfeiçoou com a idade, havendo uma significação toda especial na maneira como, depois de ter dirigido maior número de campanhas do que qualquer outro general, apresenta em sua última uma solução para decidir as guerras intermináveis que caracterizavam o século XVII, sem fugir à regra de ouro daquele tempo, de que soldados altamente treinados eram muito caros para serem desperdiçados.

Parece que sua experiência lhe ensinou que, em tais condições, só era possível obter-se um resultado definitivo por meio de uma ação estratégica em que o ataque final fosse radicalmente mais indireto do que qualquer outro até então concebido. Numa época em que tôdas as manobras eram realizadas apoiadas em fortalezas, que se constituíam em depósitos de suprimentos e em apoio de manutenção, ele se afastou desse tipo de base de operações e procurou, numa combinação de surpresa e mobilidade, não apenas a decisão, mas, principalmente, sua própria segurança. Agindo dessa maneira, nunca teve comprometida sua segurança, que era obtida indiretamente pelo desequilíbrio mental e moral que provocava no inimigo e pela maneira inusitada de operar afastado de bases de operações instaladas em organizações fixas.

CAPÍTULO VII

O SÉCULO XVIII — MARLBOROUGH E FREDERICO

A Guerra da Sucessão Espanhola (1701-13) apresenta aspectos curiosos quanto a sua natureza. Politicamente foi, ao mesmo tempo, um conflito armado de objetivo limitado e uma luta decisiva para reduzir ou destruir o poderio predominante da França, sob Luís XIV. Estrategicamente, apresentou uma seqüência sem importância de ações diretas ou deslocamentos indiretos, que difìcilmente podem ser considerados como intencionais e, no meio de tudo isso, diversas ações indiretas brilhantes, ligadas principalmente ao nome ilustre de Marlborough. O interesse todo especial dessas ações está no fato de elas assinalarem os fatos decisivos da guerra.

A coligação que combatia a França era constituída pela Áustria, Grã-Bretanha, diversos Estados alemães, Holanda, Dinamarca e Portugal. Os principais apoios com que Luís XIV contava provinham da Espanha, da Baviera e, inicialmente, da Savóia.

Enquanto os demais exércitos ainda se aprestavam, a guerra irrompeu no norte da Itália. Os austríacos, sob o comando do Príncipe Eugène, concentravam-se no Tirol e realizavam demonstrações ostensivas que faziam presumir ação imediata. Em conseqüência, o exército adversário, sob o comando de Catinat, tomou posição, para barrar sua investida, no desfiladeiro de Rivoli. Eugène, entretanto, tendo feito realizar secretamente reconhecimentos nas montanhas, descobriu uma passagem que, havia muito tempo, não era utilizada por tropas e por ela desceu para a planície, desviando-se amplamente para leste. A seguir, manobrando convenientemente, conseguiu iludir o adversário sobre suas verdadeiras intenções até que pôde forçá-lo a um ataque desastrado na região de Chiàri, o que lhe assegurou inteira liberdade de ação no norte da Itália. O resultado dessa ação indireta e a vantagem inicial dela decorrente não somente ofereceram aos aliados um valioso tônico moral de grande efeito na luta que começavam contra as forças supostamente invencíveis do grande monarca, como, também, representaram um golpe abalador para o prestígio francês e espanhol na Itália. Conseqüência imediata disto foi a atitude do Duque de Savóia, adepto instintivo do lado mais forte, aderindo aos coligados.

Em 1702 teve início a luta principal. O exército mais poderoso dos franceses foi concentrado na Flandres, onde eles haviam fortificado a linha de Brabante, numa extensão de sessenta milhas, entre Antuérpia e Huy, sôbre o Meuse, a fim de garantir a retaguarda da ofensiva que haviam planejado. Face à ameaça da invasão, o instinto natural dos holandeses levava-os a permanecer passivos sob a proteção de suas fortalezas. Marlborough, embora tendo uma concepção de guerra diferente, não utilizou, em lugar dessa defensiva passiva, uma ofensiva direta contra o exército francês que, nesse momento, sob o comando de Boufflers, se deslocava em direção ao Reno. Em lugar disso, desguarnecendo fortalezas de grande valor tático, movimentou-se em direção à linha de Brabante, que era a de retirada dos franceses. Boufflers, sentindo as conseqüências morais dessa pressão, recuou às pressas. Fisicamente cansado e moralmente deslocado, o exército francês teria sido vítima fácil para Marlborough, que já estava em condição de envolvê-lo; todavia, os deputados holandeses, satisfeitos em verem repelida a invasão, opuseram-se à consumação da batalha. Por mais duas vezes, naquele ano, Boufflers foi atraído a ciladas por Marlborough e, em ambas, as hesitações dos holandeses ajudaram-no a escapar.

No ano seguinte Marlborough planejou uma manobra muito sutil para apossar-se de Antuérpia e, assim, poder penetrar no quebra-mar fortificado. Com uma investida direta de Maastricht para oeste, esperava manter o principal exército francês, sob o comando de Villeroi, imobilizado na extremidade sul da linha fortificada. Com uma força holandesa, sob o comando de Cohorn, atacaria Ostende, com o apoio da esquadra, enquanto outra, sob o comando de Spaar, fustigaria Antuérpia pelo noroeste, objetivando obrigar o comandante francês de Antuérpia a retirar forças da extremidade norte da linha para reforçar a defesa de sua retaguarda. Em seguida, quatro dias depois, com uma terceira força holandesa, sob o comando de Opdam, atacaria os franceses pelo nordeste, enquanto Marlborough, rompendo o contacto que mantinha com Villeroi, correria para o norte ainda em tempo de participar do ataque convergente a Antuérpia.

A primeira fase dessa manobra iniciou-se promissoramente; a ameaça de Marlborough realmente atraiu o exército de Villeroi em direção ao Meuse. Quando, porém, Cohorn, abannando sua investida sobre Ostende, se movimentou sobre Antuérpia, em uma manobra muito limitada a ser realizada em ligação com Spaar, prejudicou o efeito diversionário que dele se esperava. Nessa ocasião, não pensando no perigo a que se ia expor, Opdam iniciou seu deslocamento prematuramente.

Além disso, ao iniciar sua marcha para o norte, Marlborough não conseguiu nem desvencilhar-se de Villeroi, nem vencê-lo na corrida iniciada por Boufflers, que com trinta de seus esquadrões de cavalaria, seguidos por 3.000 granadeiros, conseguiu percorrer quarenta milhas em vinte e quatro horas e, no dia 1.º de julho, juntamente com a guarnição de Antuérpia, cair sobre Opdam, castigando duramente essa força antes que ela pudesse retirar-se. O que Marlborough chamava orgulhosamente de "Grande Desígnio" estava completamente frustrado.

Após esse desapontamento, Marlborough propôs a execução de um ataque direto às linhas fortificadas, imediatamente ao sul de Antuérpia. Porém os comandantes holandeses não concordaram com a idéia, pois ela nada mais era do que uma ação contra uma posição fortificada ocupada por forças de efetivo semelhante. Ao lado de certos lances de maestria estratégica, Marlborough demonstrava, às vezes, e especialmente em épocas de descontentamento, traços de jogador temerário. Os historiadores britânicos, deslumbrados com suas proezas e seduzidos pelo seu encanto pessoal, tendem a mostrar-se injustos para com os holandeses, que tinham muito mais coisas para perder do que o próprio Marlborough. O perigo andava bem perto de seu país para que pudessem considerar a guerra como um jogo fascinante ou uma grande aventura. Tinham consciência precisa, como o Almirante Jellicoe dois séculos mais tarde, de que "poderiam perder a guerra numa tarde" se provocassem uma batalha em circunstâncias que envolvessem riscos sérios de uma derrota decisiva. Em face da decisão dos generais holandeses, Marlborough abandonou a idéia do assalto ao setor de Antuérpia e voltou ao Meuse, onde cobriu o sítio de Huy. Não deixou entretanto, enquanto lá estava, de voltar a propor, em fins de agosto, novo ataque contra a linha, sob nova justificativa de que o setor sul era mais favorável. Todavia, ainda desta vez, seus argumentos não convenceram os holandeses.

O desagrado cada vez maior para com os holandeses tornou Marlborough sensível às propostas apresentadas por Wrastislaw, enviado imperial, no sentido de transferir suas forças para o Danúbio. Essas duas pressões, trabalhando conjuntamente, deram margem a que se exteriorizasse a visão estratégica de Marlborough, em 1704, em um dos mais impressionantes exemplos de ação indireta que registra a História. Os principais exércitos franceses estavam desdobrados, o de Villeroi na Flandres e o de Tallard no alto Reno, entre Mannhein e Strasbourg, com forças de pequeno efetivo fazendo sua ligação; um exército, constituído de bávaros e franceses, comandado pelo Eleitor da Baviera e Marsin, encontrava-se perto de Ulm e do Danúbio, já ameaçando Viena perigosamente. Marlborough planejou transferir o contingente inglês de seu exército do Meuse para o Danúbio e, em seguida, atacar decisivamente os bávaros que se constituíam o elemento menos poderoso dos aliados inimigos. Essa manobra de tão amplo alcance, incidindo sobre um ponto tão distante de suas bases e afastado dos interesses diretos que defendia no norte, foi audaciosa sob qualquer prisma em que seja considerada, principalmente levando-se em conta a estratégia cautelosa aplicada na época. Sua segurança residia exclusivamente no efeito da surpresa obtida pela escolha conveniente da direção de marcha que permitisse, em cada etapa, dar idéia de ser dirigida para os mais diferentes objetivos, deixando o inimigo em dúvida sobre qual deles seria o verdadeiro. E assim foi feito.

Quando subiu o Reno na direção sul, parecia que ia tomar a estrada do Moselle que se destina ao interior da França. Em seguida, quando ultrapassou Coblenz, deu a impressão de que estava visando às forças francesas na Alsácia e, ao fazer visíveis preparativos para a travessia do Reno em Philipsburg, reforçou ainda mais à idéia anterior. Todavia, ao alcançar Mannhein, onde tudo indicava que se orientasse para sudoeste, virou para sudeste, penetrando nos montes cobertos de florestas que bordejam o vale do Neckar e daí se moveu, utilizando a base do triângulo Reno-Danúbio, em direção a Ulm. A máscara de ambigüidade estratégica que cobriu sua marcha serviu para compensar o ritmo lento do seu avanço, numa média de dez milhas por dia, durante seis semanas. Depois de reunir-se à Eugène e ao Margrave de Baden em Gross Heppach, Marlborough continuou a marcha, juntamente com este último, enquanto Eugène recebia a missão de deter ou pelo menos retardar os exércitos franceses no Reno, até onde Villeroi havia seguido Marlborough desde a Flandres.(*)

Embora estivesse colocado na retaguarda do exército franco-bávaro, em relação à França, Marlborough ainda estava na sua frente em relação à Baviera. Essa justaposição geográfica combinou-se com outras circunstâncias para dificultar a exploração da vantagem estratégica que conseguira obter. Entre essas circunstâncias uma era geral na época: a rigidez da organização tática dos exércitos tornava muito difícil o completamento de qualquer manobra estratégica. Um general poderia atrair o inimigo até a "água", porém não poderia induzi-lo a bebê-la; não podia obrigá-lo a aceitar combate sem que ele o desejasse. Outra grande desvantagem

---

(*) Até que tivesse deixado o vale do Reno definitivamente, Marlborough manteve sempre a possibilidade de efetuar um rápido retorno, rio abaixo, até a Flandres, utilizando embarcações que lá havia reunido. Assim confundia ainda o serviço de informações dos franceses.

que levava Marlborough era a de partilhar o comando de suas forças com o cauteloso Margrave de Baden.

Os exércitos do Eleitor da Baviera e do Marechal Marsin ocuparam uma posição fortificada sobre o Danúbio em Dillingen, a leste de Ulm e a meio caminho entre essa cidade e Donauwörth. Como o exército do Marechal Tallard podia mover-se do Reno para leste, Ulm era um lugar precário para se procurar penetrar na Baviera. Marlborough decidiu que devia conseguir outro para realizar a travessia e escolheu Donauwörth, término natural de sua linha de comunicações que fora mudada, para maior segurança, para a estrada que, passando por Nuremberg, se dirigia para leste. Com Donauwörth em seu poder teria uma passagem garantida para o interior da Baviera e poderia manobrar com segurança em ambas as margens do Danúbio.

Infelizmente o movimento de flanco, desbordando a posição inimiga em Dillingen, era por demais evidente em seu propósito e foi realizado em ritmo por demais vagaroso, de modo que o Eleitor pôde enviar um destacamento para defender Donauwörth. Embora Marlborough se tivesse apressado, na fase final de sua marcha, o inimigo teve tempo suficiente para organizar defensivamente Schellenberg, elevação que domina Donauwörth. Para não permitir que o inimigo terminasse suas obras de organização do terreno, Marlborough fez desencadear o ataque na noite de 2 de julho, dia em que havia tomado contacto com a posição; seu primeiro assalto foi repelido com grandes perdas, mais de metade da força utilizada e somente quando empenhou o seu grosso, que lhe dava uma superioridade de quatro para um, é que a situação começou a melhorar para seu lado. Mesmo assim a batalha só foi decidida com a realização com êxito de um flanqueamento em um setor do entrincheiramento fracamente defendido. Marlborough, em uma carta, admitiu que a captura de Donauwörth "lhe tinha saído um pouco cara". As críticas feitas à tática que empregou foram bem severas, tanto mais porque a manobra decisiva foi conduzida pelo próprio Margrave.

O grosso das forças inimigas retirou-se para Augsburg. Logo em seguida, como um meio de forçar o Eleitor da Baviera a dar-lhe combate ou entrar em acordo, Marlborough penetrou no interior da Baviera, devastando os campos, incendiando todas as lavouras e centenas de aldeias. Esse brutal modo de proceder, de que ele próprio se envergonhava, não teve nenhum resultado prático em conseqüência das condições de vida da época: sendo a guerra negócio mais dos governantes do que do próprio povo, o Eleitor demorou a ser afetado por infortúnios que não o atingiram diretamente. Assim Tallard teve tempo de chegar a Augsburg no dia 5 de agosto.

Felizmente para Marlborough, o aparecimento de Tallard foi compensado com a chegada de Eugène, que tomara a ousada iniciativa de romper o contacto de Villeroi e vir juntar-se a ele. Foi combinado, prèviamente, que, sob a proteção das forças de Marlborough e Eugène, o Margrave deveria sitiar a fortaleza de Ingolstadt, ocupada pelo inimigo, descendo o Danúbio. Logo a seguir, no dia 9, chegou a notícia de que os exércitos inimigos reunidos se moviam para o norte, na direção do Danúbio, parecendo ser seu objetivo o ataque às comunicações de Marlborough. Apesar disso, Marlborough e Eugène permitiram que o Margrave continuasse sua marcha em direção a Ingolstadt, reduzindo suas forças para um efetivo de 56.000 homens que deviam enfrentar 60.000 do inimigo, o qual tinha ainda possibilidades de ser reforçado. Sua disposição de dispensar o auxílio do Margrave era compreensível, em vista do desagrado que lhe causava sua cautela excessiva, e vinha caracterizar a decisão que havia tomado de buscar o combate na primeira oportunidade.

Demonstrava assim grande confiança na superioridade qualitativa de suas forças e quase excesso de confiança no resultado da batalha que se seguiu.

Felizmente, para eles, também existia uma confiança semelhante do lado inimigo. O Eleitor da Baviera estava ansioso por assumir a ofensiva, embora a maioria de suas forças ainda não tivesse chegado. Quando Tallard argumentou ser mais prudente esperar por elas e, enquanto isso, organizar-se defensivamente, o Eleitor escarneceu de tal cautela. Foi quando Tallard replicou sarcàsticamente: "Se eu não estivesse convencido da integridade de Vossa Alteza, imaginaria que desejais jogar com as forças do rei de França, sem ter presente nenhuma força vossa, para ver, sem risco algum, o que acontecerá." Ficou combinado, como solução de conciliação, que as forças francesas fariam uma ação preliminar, ocupando posição perto de Blenheim, coberta pelo pequeno rio Nebel, no caminho de Donauwörth.

Ali, na manhã seguinte, dia 13 de agosto, foram surpreendidos pelo avanço repentino dos aliados ao longo da margem norte do Danúbio. Marlborough atacou diretamente o flanco direito dos franceses, perto do Danúbio, enquanto Eugène investia contra o flanco esquerdo numa região onde o terreno, comprimido entre o rio e as elevações, oferecia muito pouco espaço para manobrar. A única vantagem dos aliados, além da fibra e do treinamento que possuíam, residia no inesperado da ação ao procurar o combate em tais circunstâncias. A surpresa parcial obtida impediu que os dois exércitos franceses adotassem disposições apropriadas, de modo que a batalha se processou mais com a formação que utilizavam no acampamento do que em ordem de batalha. Isso já era um fator de desequilíbrio, e disto resultou uma deficiência de infantaria no amplo setor central. Todavia, essa desvantagem só se tornou aparente na tarde daquele dia e poderia não ter tido maior importância se não fossem outros deslizes cometidos.

A primeira fase da batalha foi adversa para os aliados. O ataque desencadeado por Marlborough, em Blenhein, malogrou com pesadas perdas e o ataque de sua ala direta em Oberglau também falhou. O ataque que Eugène desencadeou, mais à direita, foi duas vezes repelido. E, quando as tropas de Marlborough, no centro, estavam iniciando a travessia do Nebel, os elementos que haviam estabelecido a cabeça-de-ponte foram golpeados por uma carga de cavalaria francesa, que só com muita dificuldade conseguiram repelir. Devido a um erro de cálculo, que beneficiou os aliados, esse contragolpe foi executado com um efetivo menor do que aquele que Tallard desejava. Outro contra-ataque foi desencadeado a seguir, no flanco exposto, pela cavalaria de Marsin, que só foi contido, na hora exata, devido a uma iniciativa feliz da cavalaria de Eugène, que assim atendia a um apelo de Marlborough.

Embora o desastre tivesse sido evitado, a menos que pudesse avançar, Marlborough encontrava-se em situação bem difícil, com o pantanoso Nebel às suas costas. Todavia Tallard iria pagar caro pela sua falta de previsão ou má execução de seu planejamento, ao permitir que Marlborough atravessasse o rio sem oposição, porque, quando os contra-ataques da cavalaria de Tallard malograram em seu propósito de esmagar a vanguarda de Marlborough, em suas sucessivas ações no centro do dispositivo inimigo, o restante pôde fazer a travessia do rio e ocupar posição na outra margem durante a trégua que se seguiu. Embora Tallard dispusesse ao todo de 50 batalhões de infantaria, contra 48 de Marlborough, no centro do seu dispositivo não tinha mais de 9 contra os 23 do adversário, devido às falhas, já observadas anteriormente, que não foram no devido tempo reajustadas. Quando esses poucos quadrados foram, posteriormente, esmagados pelo peso dos efetivos inimigos e pelo fogo da artilharia desencadeado a pequena distância, Marlborough pôde penetrar facilmente na brecha aberta e isolar a massa da infantaria francesa congestionada nas proximidades do Danúbio, em Blenheim, deixando a descoberto o flanco de Marsin. Este último ainda conseguiu desvencilhar-se de Eugène e retirar-se sem ser fortemente assediado, porém grande parte do exército de Tallard foi imprensada contra o Danúbio e forçada a render-se.

Blenheim deu nome a uma vitória conquistada por alto preço e com riscos ainda maiores. Numa análise desapaixonada, torna-se claro que a vitória foi mais fruto da bravura dos soldados e dos erros de previsão do comando francês, do que da habilidade de Marlborough. Contudo o fato real da vitória bastou para que o mundo esquecesse a batalha, pois a quebra da afamada "invencibilidade" das armas francesas bastou para que se modificasse o quadro político da Europa.

Os exércitos aliados, em perseguição das forças francesas em retirada, chegaram até o Reno e atravessaram-no em Philipsburg. O sacrifício da vitória fez-se sentir, a partir desse momento, pela falta de ânimo para novos esforços, salvo por parte de Marlborough e desse modo a campanha esmoreceu.

Para 1705 Marlborough concebeu um plano de invasão da França com o qual evitaria a embaraçosa rede de fortalezas que os franceses possuíam em Flandres. Enquanto Eugène se empenhasse em luta com os franceses no norte e os holandeses permanecessem na defensiva na Flandres, o principal exército aliado, sob o comando de Marlborough, subiria o Moselle e investiria sobre Thionville e o de Margrave, atravessando o Sarre, a ele se juntaria. Todavia o plano foi frustrado por uma série de complicações. Os suprimentos não foram entregues como havia sido prometido e houve falta de transportes; os reforços aliados foram muito inferiores ao que era esperado e o Margrave muito relutou cooperar, o que, inicialmente, atribuiu-se ao ciúme, mas, posteriormente, constatou-se ser uma conseqüência de ferimento infeccionado que, depois, lhe causou a morte.

Apesar de tudo isso, Marlborough persistiu na execução de seu plano mesmo quando já se tinham desvanecido todas as condições de êxito e, afinal, o transformou em uma mera ação direta. Subiu o Moselle na esperança de que sua fraqueza tentasse os franceses a dar-lhe combate. Todavia o Marechal Villars preferiu aguardar que Marlborough se tornasse ainda mais fraco em conseqüência da falta de alimentos, e Villeroi desencadeou tal ofensiva na Flandres que obrigou os holandeses a fazerem pedido urgente de socorro. Essa pressão dupla forçou Marlborough a desistir da aventura já iniciada, lançando sobre o Margrave toda a amargura de seu desapontamento. Chegou mesmo a enviar uma carta a Villars pedindo desculpas pela sua retirada, culpando o Margrave como o grande responsável pela mesma.

Com a volta de Marlborough para a Flandres, a situação nessa área aliviou-se prontamente. Com sua aproximação, Villeroi suspendeu o sítio de Liège e retirou-se para trás das linhas de Brabante. Marlborough começou, então, a conceber um plano de travessia desse obstáculo. Simulando um ataque a um setor menos fortificado nas proximidades do Meuse, atraiu os franceses para o sul e, em seguida, voltando sobre seus próprios passos, irrompeu através de um setor nas proximidades de Tirlemont, que estava poderosamente fortificado, porém fracamente guarnecido. Entretanto, não aproveitou o êxito avançando imediatamente, através de Dyle, sobre Louvain. Essa falha, segundo tudo indica, parece ter sido devida não só ao fato de ter despistado tanto ao inimigo como aos seus aliados quanto à operação que realizou como, também, ao estado de esgotamento de suas tropas. Apesar disso, as famosas linhas fortificadas não mais poderiam ser consideradas como obstáculo.

Algumas semanas depois traçou novo plano, o que demonstra sua enorme capacidade de trabalho e qualidades de chefia. Embora não fosse coroado de pleno êxito esse plano revelou outras qualidades de Marlborough. Sua manobra na região de Flandres fora baseada numa ação diversionária, e para ser bem sucedida exigia rapidez de execução, o que era difícil de obter face ao equipamento do exército holandês. Desta vez tentou uma ação indireta, atuando numa direção que não permitia que se caracterizasse o objetivo visado, o que acarretava um efeito diversionário sobre o inimigo e atenuava a necessidade de agir com rapidez.

Desbordando a posição de Villeroi pelo sul, perto de Louvain, marchou numa direção que manteve o inimigo em dúvida quanto ao seu verdadeiro objetivo, pois ameaçava qualquer das fortalezas existentes na área: Namur, Charleroi, Mons e Ath. Em seguida, ao atingir Genappe, virou para o norte e atravessou o Waterloo, na direção de Bruxelas. Villeroi, apressadamente, decidiu marchar em socorro da cidade, porém no momento em que ia iniciar seu deslocamento Marlborough, que durante a noite havia feito nova conversão para leste, lhe apareceu em uma frente em que não era esperado.

Nesta nova frente os franceses não estavam, evidentemente, organizados como na primitiva, mas ficavam muito menos vulneráveis do que se apresentassem o flanco de um dispositivo de marcha. Marlborough chegava, assim, antes da hora devida para se beneficiar desta circunstância e os cautelosos generais holandeses encontravam um motivo bem forte para resistir ao seu desejo de desencadear um ataque imediato, argumentando que, por maior que fosse a confusão no meio dos franceses, a posição que na realidade ocupavam, a coberto do Ysche, era bem mais forte do que a de Blenheim.

Nas operações do ano seguinte, Marlborough concebeu uma ação indireta ainda mais ampla, pretendendo atravessar os Alpes para juntar-se a Eugène. Poderia, assim, expulsar os franceses da Itália e, ao mesmo tempo, entrar na França pela retaguarda; combinaria essa ação terrestre com operações de desembarque em Toulon e com as incursões de Peterborough na Espanha. Os holandeses, abandonando sua habitual cautela, concordaram em assumir o risco de deixá-lo partir. Todo o plano foi posto abaixo com a derrota do Margrave de Baden, infligida por Villars, e o avanço de Villeroi sobre a região do Flandres. Este temerário deslocamento dos franceses foi executado devido à crença de Luís XIV de que, assumindo uma ofensiva geral, criaria a impressão de operar com forças bem superiores às que realmente possuía, o que lhe poderia acarretar melhor oportunidade de obter, em condições bem mais favoráveis, a paz de que tanto necessitava e desejava. Tomar a ofensiva na área em que Marlborough operava foi, entretanto, para os franceses, não um meio de obter a paz, porém o caminho para uma derrota, que iria perturbar a consecução dos objetivos pretendidos. E Marlborough soube aproveitar imediatamente essa oportunidade que lhe era oferecida. Era sua opinião que, pela segunda vez, os franceses lhe abriram perspectivas de sucesso, não permanecendo quietos em suas posições defensivas quando tinham tudo a seu favor. O combate efetuou-se em Ramillies, onde os franceses ocupavam uma posição de forma côncava. Marlborough soube explorar a situação em que se achava, colocado na corda do arco, para executar um ataque tático indireto: atacar a ala esquerda dos franceses, atraindo para lá suas reservas e, em seguida, desengajando-se habilmente, transferiu suas tropas para sua ala esquerda, onde a cavalaria dinamarquesa tinha conseguido abrir uma brecha. Ameaçando a retaguarda do inimigo e pressionando sua frente, obteve o colapso do adversário. Marlborough soube, ainda, explorar convenientemente a vitória, com uma perseguição tão eficiente que toda a Flandres e a linha de Brabante caíram em suas mãos.

Naquele mesmo ano, a guerra na Itália havia terminado com outro exemplo de ação estratégica indireta. Inicialmente, Eugène tinha sido forçado a recuar para leste até ao lago Garda e, a seguir, para as montanhas, enquanto seu aliado, o Duque de Savóia, continuava sitiado em Turim. Em vez de tentar abrir caminho para a frente, lutando, Eugène venceu seu adversário pela manobra e esquivando-se, furtivamente, afastou-se de sua base e dirigiu-se para o Piemonte, atravessando a Lombardia para, em Turim, infligir uma derrota decisiva ao seu adversário, superior em efetivo mas, no momento completamente desequilibrado. A maré da guerra já atingira, então, as fronteiras da França tanto ao norte como ao sul. Em 1707, as divergências de propósitos entre os aliados deram aos franceses tempo para que reorganizassem suas forças e, no ano seguinte, as concentrassem para marchar contra Marlborough. Embora preso por uma perna à Flandres e em grande inferioridade numérica, Marlborough fez a balança pender a seu favor repetindo, de maneira inversa, a manobra do Danúbio em que Eugène tinha trazido seu exército do Reno para reunir-se aos ingleses. Contudo os franceses, dessa vez sob o comando do competente Vendôme, avançaram antes que Eugène tivesse podido chegar, obrigando Marlborough, sob essa ameaça direta, a recuar para Louvain. Vendôme venceu a primeira cartada e dela aproveitando-se infletiu para oeste e reconquistou Gant, Bruges e, praticamente, toda a Flandres, a oeste do Scheldt, sem custo algum. Marlborough, entretanto, em lugar de marchar para opor-se diretamente a Vendôme, investiu audaciosamente para sudoeste, a fim de colocar-se entre ele e a fronteira francesa. Em Oudenarde a vantagem inicial obtida com esse deslocamento estratégico foi compensada por um outro tático.

Se Marlborough tivesse conseguido realizar seu desejo de avançar imediatamente sobre Paris, é possível que a guerra tivesse terminado. Mesmo sem a concretização dessa ameaça, Luís foi obrigado a pedir paz naquele inverno, oferecendo condições que atendiam amplamente aos propósitos dos aliados; todavia, essas propostas não foram aceitas com o pressuposto de ser possível impor-se ao adversário uma humilhação completa — erro e loucura no campo da grande estratégia. O próprio Marlborough não ficou cego com o valor da oferta, porém ele era melhor e mais hábil na guerra do que na paz!

Assim, a guerra continuou em 1709. O plano de Marlborough era, agora, uma ação militar indireta contra um objetivo político chave. Sua concepção era esquivar-se ao contacto com as forças inimigas, contornar suas fortalezas e visar Paris. Todavia, isso era por demais ousado mesmo para Eugène. Em conseqüência, êle foi modificado, para uma operação que evitava um ataque direto às linhas fortificadas construídas na fronteira, ligando Douai a Bethune, e destinava-se à conquista das fortalezas de Tournai e Mons como ação preliminar e, a seguir, uma investida pelo interior da França a leste da zona fortificada.

Mais uma vez Marlborough conseguiu iludir seus adversários. Sua ameaça de ataque direto à linha defensiva estabelecida entre Douai e Bethune levou os franceses a retirarem tropas de Tournai para reforçá-las e disso êle aproveitou-se para atacar Tournai. Entretanto, esta praça de guerra resistiu obstinadamente durante dois meses ao assédio.

Uma nova ameaça a La Bassé permitiu, todavia, a Marlborough sitiar Mons sem maiores percalços. Os franceses, porém, souberam deslocar-se com rapidez suficiente para barrar-lhe o caminho mais à frente impedindo, dessa feita, que o plano inimigo tivesse o desenvolvimento estabelecido. Esse malogro fez que Marlborough realizasse um ataque direto, demonstrando pouco espírito de previsão quanto às conseqüências que dele poderiam advir, face às circunstâncias do momento; agiu com menos prudência do que Cromwell, antes de Dunbar. Embora o assalto realizado contra o inimigo, bem abrigado e preparado, que ocupava as estradas de Malplaquet tivesse êxito, a vitória foi obtida por preço tão elevado que Villars, o comandante derrotado, teve razão quando escreveu a Luís XIV: "Se Deus nos der outra derrota como esta, os inimigos de Vossa Majestade serão destruídos." Seu julgamento foi profético, pois essa vitória custou aos aliados suas esperanças de vitória na guerra.

O ano de 1710 apresentou um impasse com Marlborough, enjaulado por trás das barras das linhas "Ne Plus Ultra", que os franceses haviam construído de Valenciennes até ao mar, enquanto seus adversários políticos adquiriam renovado vigor, para minar seu prestígio na Grã-Bretanha. A fortuna também se voltava contra aquêles que tinham desprezado seus favores, pois, em 1711, o exército de Eugène foi retirado do campo da luta por motivos políticos, e Marlborough encontrou-se sozinho para enfrentar um inimigo bem superior. Muito fraco para tentar ou executar qualquer operação decisiva, conseguiu, pelo menos, mostrar sua maestria ao quebrar a gabolice dos franceses, dando às suas linhas fortificadas o nome de "Ne Plus Ultra". Conseguiu isso com o mais fantástico de seus ataques indiretos, iludindo, distraindo, esquivando-se seguidamente, até deslizar através das organizações existentes sem disparar um só tiro. Dois meses mais tarde, foi chamado de volta à pátria para enfrentar a desgraça e, em 1712, uma Inglaterra cansada da guerra deixou seus aliados lutando sozinhos.

Os austríacos e holandeses, agora sob o comando de Eugène, ainda resistiram algum tempo, porém ambos os lados estavam ficando igualmente exaustos. Em 1712, Villars executou uma complexa manobra que, em matéria de simulação, segredo e rapidez, poderia ser digna de Marlborough e, como conseqüência, obteve uma vitória fácil e decisiva sobre os aliados, em Denain. Isso completou a desintegração da coligação e Luís pôde obter uma paz muito diferente daquela que lhe estaria destinada antes de Malplaquet. Um ataque direto, por seu custo inútil, muito contribuíra para destruir as vantagens acumuladas, que somente ações indiretas haviam proporcionado. E não é menos significativo o fato de a questão ter sido finalmente decidida, em sentido contrário, com outro exemplo de ação indireta.

Embora os aliados tivessem falhado em seu objetivo principal de impedir a união da França com a Espanha, sob Luís XIV, a Inglaterra saiu da guerra com grande lucro territorial. Deveu isso, em grande parte, ao fato de a visão de Marlborough estender-se muito além dos limites estreitos de seu próprio teatro de operações. Como ação diversionária militar ou visando efeitos políticos, Marlborough, ao mesmo tempo que operava na Flandres, executava ações de longo alcance no Mediterrâneo. Suas expedições realizadas em 1702 e 1703 ajudaram a retirar Portugal e Savóia da órbita inimiga e abriram caminho para a operação realizada contra seu principal aliado, a Espanha. A seguinte, em 1704, conquistou Gibraltar. Peterborough, na Espanha, desempenhou habilmente seu papel diversionário. Em 1708, outra expedição conquistou as Minorcas. Embora as operações subseqüentes fossem mal dirigidas e menos felizes em seus resultados, a Inglaterra saiu da guerra com a posse de Gibraltar e Minorcas, duas posições-chave para o domínio do Mediterrâneo, e a da Nova Escócia e Terra Nova, no Atlântico Norte.

As Guerras de Frederico

Os resultados indecisos da sucessão austríaca (1740-8) não poderiam ser melhor apreciados do que o foram pela França, a nação que melhor se situava militarmente, pelo uso da expressão surgida na ocasião — "Você é estúpido como a Paz" — empregada depreciativamente e em conseqüência da análise dos fatos nela vividos. Frederico, o Grande, foi o único governante que se beneficiou ou se aproveitou da guerra. Apossou-se de saída da Silésia e retirou-se da competição. Voltando mais tarde, arriscou muito para ganhar pouco, a não ser o direito de ornamentar seus estandartes com algumas vitórias significativas. A guerra, porém, firmou o prestígio da Prússia como grande potência.

Os acontecimentos que levaram a cessão da Silésia à Prússia, pela paz prematura de Breslau, em 1742, merecem menção especial. No início daquele ano, o ambiente já se mostrava intranqüilo. Preparava-se um avanço conjunto de franceses e prussianos contra o exército principal austríaco, mas os franceses foram, de saída, contidos. Frederico, em lugar de continuar para oeste a fim de unir-se ao seu aliado, voltou-se repentinamente para o sul, em busca de Viena. Já com suas tropas diante da capital inimiga, Frederico fê-las recuar rapidamente, pois o adversário começava a ameaçar isolá-lo de sua base de operações. Esse avanço de Frederico tem sido por muitos considerado como uma demonstração temerária.

Face aos acontecimentos posteriores, essa interpretação talvez não seja muito correta porque sua retirada rápida, um aparente "salve-se quem puder", serviu como isca para atrair os austríacos a uma perseguição até o interior da Silésia, que lhes valeu uma severa derrota em Chotusitz. Três semanas mais tarde, a Áustria fez uma paz em separado com Frederico, pela qual lhe foi cedida a Silésia. Talvez seja imprudência querer tirar conclusões importantes desse acontecimento, mas é deveras significativo que essa repentina decisão de fazer uma paz de sacrifício tenha decorrido da única ação militar indireta, realizada nesse teatro, que se traduziu por uma ameaça rápida a Viena, uma retirada preparada e uma pequena vitória tática, arrancada aparentemente de uma derrota, toda ela muito menos espetacular do que muitas outras numerosas vitórias de Frederico.

Se a guerra da sucessão austríaca foi indecisa nos resultados obtidos no campo da política européia, a que se seguiu nos meados do século XVIII não lhe ficou atrás. O único país que obteve resultados capazes de afetar decisivamente o curso da História foi a Inglaterra, que só indiretamente participou da Guerra dos Sete Anos (1756-63), porém dela tirou grandes lucros. Enquanto os exércitos da Europa se esgotavam inteiramente e aos seus Estados, empenhando-se em ações diretas ontínuas, pequenos destacamentos ingleses aproveitaram-se dessa fraqueza geral para aumentar o Império Britânico. O fato de a Prússia, já na iminência de um esgotamento, ter obtido uma paz indecisa que em absoluto não a humilhou, foi conseqüência do desequilíbrio do poderio ofensivo francês decorrente de sucessivos desastres em suas colônias e do abandono do "golpe de graça" que, com a morte da czarina, a Rússia deixou de impor à França. O destino foi misericordioso com Frederico, o Grande, pois em 1762 sua longa série de brilhantes vitórias deixava-o inteiramente desprovido de recursos e incapaz de continuar qualquer resistência.

Nessa longa lista de campanhas entre forças européias, só uma pode ser considerada como decisiva, pelos resultados militares e políticos obtidos: a que terminou com a conquista de Quebec pelos ingleses. Não só foi a de menor duração, como também a que se processou em um teatro secundário. Assim como a conquista de Quebec e a eliminação do domínio francês no Canadá se tornaram possíveis pela capacidade do poder naval inglês em realizar ações indiretas de grande estratégia, também a operação em curso foi decidida com um ataque indireto de âmbito estratégico. O resultado obtido é ainda mais sugestivo pelo fato de ter sido esse deslocamento, aparentemente arriscado, realizado depois que um ataque direto à linha de Montmorency fracassou com grande perda de vidas e do moral da tropa. Para fazer justiça a Wolfe, deve-se acentuar que ele só se decidiu por esse ataque direto depois que todas as iscas que lançou — bombardeio de Quebec, ações isoladas em Point Levis e nas cataratas de Montmorency — falharam em seu intento de fazer que os franceses abandonassem a forte posição que ocupavam.

Contudo, do malogro dessa operação, quando é feita uma comparação com o êxito do arriscado desembarque realizado na retaguarda dos franceses, acima de Quebec, pôde-se tirar uma lição: atrair o inimigo para fora da posição não era suficiente; o essencial era arrastá-lo para fora dela. Existe, também, um ensinamento do fracasso das ações diversionárias com as quais Wolfe tentou preparar seu ataque direto: iludir o inimigo não era o bastante; era preciso distraí-lo, termo que implica na idéia de perturbar a mente do inimigo, de modo a impossibilitá-lo de desencadear contra-ataques e de obrigá-lo a distender suas forças.

Em sua última cartada de jogador, como superficialmente aparentava ser o movimento final de Wolfe, todas essas condições foram atendidas e o resultado final foi a vitória. Ainda assim, para aqueles que estudam a história puramente em termos de força armada, o grau de desequilíbrio causado nas forças francesas não parece justificar seu colapso. Numerosas teses foram escritas com o propósito de provar que os franceses poderiam perfeitamente ter recomposto a situação. Todavia, a batalha de Quebec é mais um exemplo sugestivo da afirmação de que uma decisão é decorrente mais do deslocamento mental e moral do comando, do que do desequilíbrio físico provocado em suas forças. E esses efeitos transcendem às conclusões de caráter geográfico ou estatístico que enchem nove décimos dos livros comuns existentes sobre a história militar.

Se, como mostra a História, o principal canal europeu da Guerra dos Sete Anos é tão indeterminado em seu curso, apesar de tantas vitórias táticas obtidas, vale a pena investigar a razão disso. Se o grande número dos inimigos de Frederico é a explicação habitualmente encontrada, as vantagens de que êle dispunha constituem um contrapeso tão forte que essa razão não convence. A análise precisa ser levada mais a fundo.

Como Alexandre e Napoleão, e ao contrário de Marlborough, Frederico estava livre das responsabilidades e limitações que normalmente são impostas a um estrategista, no sentido realista da palavra. Ele orientava, pessoalmente, como chefe de Estado que era, a estratégia e a grande estratégia. Como rei e comandante do seu exército, não sofria restrições quanto ao preparo de desenvolvimento de seus instrumentos de ação, tendo em vista os fins colimados. A relativa escassez de fortalezas em seus teatros de operações era outra vantagem com que contava.

Embora enfrentando uma coligação de que faziam parte a Áustria, a Rússia, a França, a Suécia e a Saxônia, tendo inicialmente a Inglaterra como aliado, Frederico contou, desde sua campanha inicial até quase metade da segunda, com uma superioridade de meios; sempre dispôs de um instrumento militar tático superior ao dos seus inimigos e de uma posição central. Isso lhe permitia praticar o que comumente é chamado de "estratégia de linhas interiores"; investindo de um centro sobre qualquer ponto situado na circunferência, tirava proveito da menor distância em que sempre se encontrava para concentrar-se sobre uma das forças inimigas antes que esta pudesse ser apoiada pelas demais.

Aparentemente poderia parecer que, quanto mais separadas essas forças se encontrassem, tanto mais fácil lhes seria obter um êxito decisivo. Em termos de tempo, espaço e número isso é, sem dúvida, verdadeiro. Contudo, mais uma vez, o elemento moral volta a interferir decisivamente. Quando as forças inimigas estão separadas amplamente, cada uma delas tem que ser auto-suficiente e tende a consolidar-se quando pressionada. Quando estão bem próximas, tendem a fundir-se e "tornarem-se uma parte da outra", mutuamente dependentes nos seus aspectos moral, mental e material. As decisões de seus comandantes têm efeitos recíprocos, as impressões morais transmitem-se rapidamente e, mesmo, os movimentos de uma força prejudicam ou desorganizam os da outra. Assim, embora o antagonista disponha de menor tempo e espaço para a manobra, qualquer ação deslocadora que provoque ocasiona efeitos mais rápidos e eles são obtidos mais facilmente. Ademais, quando as forças estão bem juntas, qualquer alteração na direção do ataque inimigo a uma delas pode tornar-se, de repente, um ataque indireto a outra. Ao contrário, quando as forças estão bem separadas há mais tempo para se esperar ou evitar o segundo golpe da força que ocupa a posição central.

O emprego das "linhas interiores", executado por Marlborough em sua marcha até o Danúbio. é uma forma de ação indireta. Todavia, embora indireta em relação às forças inimigas como um todo, ela não o é quanto à força que está sendo investida no momento, a menos que esta seja apanhada desprevenida. Se assim não acontecer, o movimento precisa ser completado por outro ataque indireto, dirigido contra o objetivo visado.

Frederico sempre se utilizou de sua posição central para concentrar-se sobre uma parte de seus inimigos e usualmente empregou uma tática de ataque indireto. Como resultado disso, conquistou muitas vitórias. Todavia, seus ataques táticos indiretos eram sempre geométricos e não buscavam efeitos psicológicos (mesmo nas suas formas mais sutis de surpresa, tão do agrado de Cipião) e apesar de ser um excelente chefe as manobras que executava eram sempre muito limitadas. Se o adversário não resistia ao golpe que se seguia, isso era devido mais ao seu espírito de luta e às suas formações inflexíveis, do que ao inesperado de sua execução.

A guerra iniciou-se em fins de agôsto de 1756, com a invasão da Saxônia por Frederico, que desejava antecipar-se aos planos da Coligação. Aproveitando-se da surpresa inicial, Fredreico entrou em Dresden quase sem oposição. Quando um exército austríaco acorreu, tardiamente, em socorro da cidade, Frederico subiu o Elba para enfrentá-lo e ao vencê-lo em Lobositz, perto de Leitmeritz, assegurou a ocupação da Saxônia. Em abril de 1757, atravessou as montanhas, penetrou na Boêmia e marchou sobre Praga. Lá chegando, encontrou o exército austríaco ocupando forte posição nas elevações do outro lado do rio. Em vista disso, deixou um forte destacamento incumbido de disfarçar seus movimentos posteriores e de vigiar os vales, subiu o rio durante a noite, atravessou-o e investiu contra o flanco direito do inimigo. Embora seu ataque se tivesse iniciado de maneira indireta, tornou-se direto antes que a batalha terminasse, pois o exército austríaco teve tempo de modificar sua frente de modo que a infantaria prussiana ao tomar pé na outra margem do rio se viu empenhada num ataque frontal contra uma elevação castigada pelo fogo inimigo. Os prussianos tombavam aos milhares e somente após a inesperada chegada da cavalaria de Zeiten, empregada num desbordamento, é que a situação da batalha de Praga se inverteu, e os austríacos se retiraram.

O sítio de Praga, que se seguiu, foi interrompido com a aproximação de um exército austríaco, descansado, sob o comando de Daun. Ao ter conhecimento desse movimento Frederico retirou das tropas sitiantes o máximo que podia e marchou ao seu encontro. Ao tomar contacto com ele em Kolin, no dia 18 de junho, verificou que estava fortemente entrincheirado e dispunha de um efetivo quase duas vezes superior ao seu. Mesmo assim tentou uma manobra pelo flanco direito, mas foi tão sem amplitude que suas colunas foram fustigadas pelo fogo das tropas ligeiras do inimigo e obrigadas a afastar-se da direção prevista, desembocando em um ataque frontal desordenado, que terminou em uma derrota desastrosa. Frederico foi obrigado a levantar o sítio de Praga e, em seguida, evacuar a Boêmia.

Entrementes, os russos haviam invadido a Prússia Oriental, um exército francês penetrava no Hanover e outro, sob o comando de Hildburghausen, ameaçava marchar sobre Berlim. Para impedir a junção desses dois exércitos, Frederico realizou uma marcha acelerada de retorno, atravessando Leipzig e assim conseguiu evitar a ameaça.

Sendo chamado para combater outro perigo que já se mostrava na Silésia, deu oportunidade a que uma força austríaca, incursionando em Berlim, saqueasse a cidade. Mal essa força tinha sido repelida, Hildburghausen começou novamente a avançar, obrigando Frederico a correr para enfrentá-lo.

Na batalha de Rossbach, que se seguiu, o exército aliado, duas vezes mais forte que o de Frederico, tentou realizar a manobra característica do rei da Prússia e surpreendê-lo. Não somente a maneira tímida como ela foi conduzida, dando a Frederico idéia de como tinha sido concebida, mas a conclusão apressada dos aliados de que ele se estava retirando, levando-os a desviar tropas para serem empregadas no aproveitamento do êxito, permitiram que o contra-ataque de Frederico, destinado ao flanco inimigo, os surpreendesse e os desequilibrasse inteiramente. Assim, graças ao erro de seu adversário, e não apenas devido à sua mobilidade, Frederico conseguiu um verdadeiro ataque indireto de surpresa. Rossbach foi, por grande diferença, a mais econômica de todas as suas vitórias, pois tendo tido apenas 500 baixas, infligiu ao inimigo perdas da ordem de 7.700 homens e fez dispersar um exército de 64.000 homens.

Infelizmente Frederico esgotara demais suas forças nas batalhas anteriores e não pôde colher todos os proveitos que lhe eram acessíveis. Ainda tinha pela frente o exército austríaco, que não conseguira destruir em Praga e Kolin. Embora o conseguisse em Leuthen, a vitória ali conquistada por seu famoso avanço oblíquo, um ataque indireto brilhantemente executado, custou-lhe mais do que poderia gastar.

Assim a guerra continuou em 1758, com uma perspectiva ainda mais sombria. Frederico a iniciou com um ataque realmente indireto, realizado contra os austríacos, ao marchar ao seu encontro e desdobrando-os, a seguir, em Olmütz, já vinte milhas no interior do território inimigo. Mesmo quando perdeu seu comboio de suprimentos, não recuou, continuando sua marcha pela Boêmia, até que penetrou, pela retaguarda, na posição que os austríacos haviam preparado em Königrätz. Teve então de pagar, mais uma vez, pelas oportunidades perdidas em Praga e Kolin, pois o "rolo compressor" russo adquirira, finalmente, impulso e avançava em Posen, em plena estrada para Berlim. Frederico decidiu que devia desistir da conclusão da campanha na Boêmia e marchar para o norte, a fim de enfrentar os russos. Conseguiu-o, na verdade, mas a batalha de Zorndorf foi a repetição da de Praga. Mais uma vez, Frederico contornou a forte posição russa para atacá-la pela retaguarda e, mais uma vez, o defensor conseguiu modificar sua frente, transformando o ataque indireto de Frederico num assalto frontal. Isso o colocou em sérias dificuldades, até quando seu hábil e brilhante comandante de cavalaria, Seydlitz, desencadeou um ataque contra o flanco inimigo considerado como intransponível, dando, assim, à manobra o caráter inesperado que a transformava numa ação indireta. As perdas de Frederico, embora inferiores às dos russos, estavam acima de seus recursos.

Com seu capital humano ainda mais reduzido, teve que deixar os russos se recuperarem, para poder voltar-se contra os austríacos e sofrer, em Höchkirch, não apenas outro desfalque em suas forças, porém uma derrota, como verdadeira punição ao fato de julgar que seu velho adversário Daun não seria capaz de tomar a iniciativa das ações. Assim, Frederico foi surpreendido duplamente. Cercado durante a noite, só conseguiu evitar sua destruição fazendo com que a cavalaria de Zeiten mantivesse aberta uma passagem para sua retirada. A guerra continuou em 1759 com as forças de Frederico enfraquecendo-se dia a dia. Em Kunersdorf sofreu a pior derrota de sua carreira infligida pelos russos; e, em Maxen, foi novamente batido por Daun, em conseqüência, mais uma vez, do seu excesso de confiança. Daí por diante, nada mais pôde fazer do que bloquear o inimigo passivamente.

Entretanto, enquanto a fortuna da Prússia entrava em crepúsculo, a dos ingleses brilhava no Canadá. Os sucessos de Wolfe haviam encorajado a Inglaterra a mandar mais tropas para a Alemanha e uma vitória obtida sobre os franceses em Minden compensou de certo modo os desastres de Frederico.

Desse modo, em 1760, quando a fraqueza de Frederico era mais acentuada do que nunca, ele obteve uma diminuição da pressão que sofria a leste fazendo, num estratagema, que os russos capturassem uma mensagem que dizia: "Austríacos totalmente derrotados hoje, agora contra os russos. Faça o que combinamos." No entanto, embora os russos tivessem agido prontamente, acreditando na insinuação e retirando-se, a drástica derrota que se seguiu, em Torgau, foi uma "vitória de Pirro" para Frederico. Imobilizado pelas perdas sofridas, tendo ao todo 60.000 homens, não podia arriscar-se a outra batalha e, dêsse modo, ficou encurralado na Silésia, isolado da Prússia. Felizmente para ele, a estratégia dos austríacos não tinha o vigor necessário e os serviços de retaguarda dos russos falhavam com a constância de sempre. E, nessa prolongada crise, a Czarina morreu. Seu sucessor não apenas fez a paz, como chegou mesmo a pensar em ajudar Frederico. Durante alguns meses, a França e a Áustria continuaram com essa guerra desconexa, mas o poderio da primeira foi minado com seus insucessos coloniais, e a Áustria, não somente inerte, como também exausta, concertou de imediato uma paz. Todos os países litigantes, com exceção da Inglaterra, saíram dessa guerra, que durou sete anos e provocou exuberante derramamento de sangue, inteiramente esgotados.

Embora muitos ensinamentos possam ser tirados das campanhas de Frederico, o principal parece ter sido aquele de que seus ataques indiretos foram muito diretos. Expressando isso em outros termos, pode-se dizer que ele considerou o ataque indireto como uma questão de pura manobra, baseada na mobilidade, em lugar de uma combinação de manobra com mobilidade e surpresa. Assim, apesar de todo o brilhantismo de suas operações, o emprego que fez do princípio de economia de forças foi falho.

CAPÍTULO VIII

A REVOLUÇÃO FRANCESA E NAPOLEÃO BONAPARTE

São passados trinta anos, e a cortina ergue-se agora para apresentar a "Grande Guerra" que tem como artista principal um gênio — Napoleão Bonaparte. Como já acontecera um século antes, a França continuava a ser a ameaça contra a qual se uniam as potências da Europa. Desta vez, porém, a luta apresentou um curso diferente. A França revolucionária tinha numerosos simpatizantes, mas eles não eram os governos das nações, nem aqueles que controlavam suas forças armadas. Iniciando a guerra sozinha, isolada como se estivesse contaminada pela peste, a França não só repeliu o esforço conjunto que procurava sufocá-la como, mudando de natureza, passou a ser uma ameaça militar de espírito conquistador e, afinal, a dominadora de grande parte da Europa. A justificativa para a caracterização de tal transformação se esteia nas condições favoráveis e nos fatores de impulsão encontrados.

O espírito revolucionário que inspirava os cidadãos-soldados da França criou, simultâneamente, tais condições e impulsos. Como uma compensação à disciplina severa de combate que ele tornou impossível de subsistir, esse espírito revolucionário estimulou a iniciativa individual e deu maior liberdade ao emprego tático. A modificação vital introduzida foi decorrente de os franceses passarem a marchar e combater na cadência de 120 passos por minuto, enquanto seus adversários permaneciam nos ortodoxos 70 passos. Essa diferença elementar, nos dias em que a ciência mecânica ainda não havia dotado os exércitos de meios para que se movimentassem mais rapidamente do que seria possível com suas próprias pernas, contribuiu para que se tornassem realizáveis as rocagens e reuniões de tropas, com as quais os franceses puderam, na frase empregada por Napoleão, "multiplicar massa por velocidade", tanto no campo tático como no estratégico.

Outra condição favorável foi a decorrente da organização do exército em divisões, partes autônomas que, embora operando separadamente, podiam ser conjugadas sobre um objetivo comum. Essa modificação orgânica fora iniciada, teoricamente, por Bourcet e, de certo modo, aplicada na prática em 1740. Foi oficialmente, aceita pelo Marechal de Broglie, quando comandante-chefe, em 1759. Foi melhor desenvolvida por Guibert, outro grande pensador da nova mentalidade e por ele incorporada às reformas sofridas pelo exército em 1887, nas vésperas da revolução.

Uma terceira condição, ligada à anterior, foi a de ter havido um retorno à antiga prática de "viver da região", em conseqüência do caótico sistema de suprimentos e da natureza indisciplinada dos exércitos revolucionários. A organização do exército em divisões fez que essa prática não prejudicasse tanto sua eficiência como nos velhos tempos. Antes, as unidades tinham de ser reunidas antes de serem empenhadas em operações; agora, podiam servir a um propósito militar ao mesmo tempo que se alimentavam.

Além disso, a diminuição da carga a transportar contribuía para dar mobilidade às divisões e permitir-lhes que se deslocassem facilmente em terreno montanhoso ou encoberto de florestas. Por outro lado, o fato de não disporem de trens de suprimentos e depósitos para seu abastecimento dava às tropas famintas e esfarrapadas o ímpeto de cair na retaguarda do inimigo, que dispunha e dependia dessa forma direta de suprimento.

Independentemente dessas condições houve outra de característica pessoal, de enorme importância: a presença do líder, de Napoleão Bonaparte, cuja capacidade militar era estimulada por um estudo cuidadoso de história militar e, ainda mais, pelas idéias focalizadas por Bourcet e Guibert, os dois mais extraordinários e originais escritores militares do século XVIII.

De Bourcet, Napoleão aprendeu o princípio da dispersão planejada, como um meio de obrigar o adversário a dispersar, também, a sua concentração e facilitar-lhe, assim, a obtenção da superioridade de que necessitava em determinado local. Aprendeu, por outro lado, o valor de um "plano com alternativas" e a necessidade de operar em uma direção em que pudesse ameaçar diversos objetivos ao mesmo tempo. O próprio plano executado por Napoleão em sua primeira campanha baseava-se no que Bourcet havia concebido meio século antes.

De Guibert adquiriu a noção da importância que passou a dar à mobilidade, à dispersão das forças e ao valor operacional de suas novas divisões. Guibert descreveu o método napoleônico quando, uma geração antes, assim se referia: "A arte está em estender as forças, sem expô-las; em envolver o inimigo, sem dispersar; em coordenar os movimentos ou os ataques para apanhar o flanco inimigo, sem expor o seu." E a recomendação de Guibert para a execução do ataque pela retaguarda do inimigo, como meio de perturbar seu equilíbrio, tornou-se a normal para Napoleão. A essa fonte pode-se atribuir o método napoleônico de concentrar sua artilharia de campanha para, com ela, abrir a brecha desejada. Em resumo, foram as reformas realizadas por Guibert no exército francês, pouco antes da revolução, que proporcionaram a Napoleão o instrumento de ação eficiente que tão bem soube manejar. Foi também a visão de Guibert, de uma próxima revolução na arte militar, provocada por um homem surgido da revolução, que inflamou a imaginação e a ambição do jovem Napoleão.

Embora Napoleão pouco tivesse acrescentado às idéias que absorveu, ele lhes deu concretização. Sem que fosse aplicada dinâmicamente, a noção de mobilidade poderia ter permanecido na teoria. Como sua educação coincidia com seus sentimentos e como estes, por sua vez, encontravam campo propício nas circunstâncias, Napoleão pôde explorar ao máximo as possibilidades do nôvo sistema divisionário. Aplicando, em alta escala, as mais diversas combinações estratégicas, Napoleão prestou relevante contribuição à estratégia.

O espanto causado com o insucesso de Valmy e Jemappes, em sua primeira ofensiva em 1792, obscureceu o fato de a França e de a Revolução terem estado, posteriormente, em situações bem mais críticas. Com efeito, somente depois da execução de Luís XVI é que se formou a primeira coligação contra a França constituída pela Inglaterra, Holanda, Áustria, Prússia, Espanha e Sardenha e que foram postos na liça recursos em homens e materiais, bem como determinação de luta. Embora os invasores não tivessem uma orientação segura e hábil, a situação dos franceses foi bastante precária até que a sorte pendeu para seu lado, em 1794, e a maré da invasão começou a refluir. Dali por diante, a França de atacada passou a atacante. O que causou, na realidade, essa mudança? Não foi, certamente, nenhuma manobra estratégica magistral. Embora o objetivo visado fosse vago e limitado, a significação do acontecimento reside no fato de a decisão ter sido possível com a execução de um ataque estratégico nitidamente indireto.

Enquanto as forças principais se empenhavam em luta nas proximidades de Lille, com muito derramamento de sangue, mas sem decisão, o exército do Moselle, comandado por Jourdan, recebeu ordem para preparar um destacamento que deveria operar na direção de Liège e Namur, depois de ter atravessado as Ardennes. Atingindo Namur, após uma marcha de fome, durante a qual as tropas se sustentavam com os recursos locais, Jourdan tomou conhecimento, por mensagens e pelo canhoneio distante, de que a ala direita do exército principal francês lutava, sem êxito, diante de Charleroi. Imediatamente, em lugar de sitiar Namur, movimentou-se para sudoeste em busca da retaguarda inimiga. Sua aproximação intimidou o inimigo, que se rendeu.

Jourdan parece não ter tido realmente esse objetivo, mas é verdade que o efeito psicológico obtido com seu deslocamento lhe deu o que Napoleão e outros grandes capitães procuravam com insistência. Coburg, o comandante inimigo, recuou apressadamente para leste, reunindo todas as forças que conseguia arrebanhar e lançou-as no ataque contra Jourdan, que tinha ocupado uma posição que permitia proteger Charleroi. O combate, que se tornou famoso com o nome de Fleurus, foi renhido e os franceses obtiveram grandes vantagens ao desequilibrarem o inimigo, obrigando-o a empregar, no ataque, apenas uma fração de sua força. Com a derrota desse elemento, houve uma retirada geral dos aliados.

Quando os franceses retomaram a ofensiva, apesar da superioridade numérica, não conseguiram um resultado decisivo na campanha do Reno.

No final, ela foi inútil e ruinosa em decorrência de um ataque indireto. Em julho de 1796, o Arquiduque Carlos, defrontando-se com os exércitos reunidos de Jourdan e Moreau, decidiu "retirar seu exército e o de Wartensleben, sem empenhar-se em combate, até que pudesse, aproveitando uma oportunidade, reuni-los e, com superioridade ou igualdade de forças, lançar-se contra um dos dois exércitos inimigos. Todavia, a pressão exercida pelo inimigo não lhe deu ocasião de aplicar essa estratégia de linhas interiores, direta quanto ao seu objetivo, salvo quanto à idéia de ceder terreno para aguardar oportunidade para um golpe mais audacioso, que lhe foi proporcionado no momento em que os franceses executaram uma mudança de direção. Durante um reconhecimento, executado pelo brigadeiro de cavalaria Nauendorff, constatou-se que os franceses se estavam desviando da frente do arquiduque e convergindo sobre a de Wartensleben. Nauendorff enviou a seguinte mensagem: "Se Vossa Alteza Real quiser ou puder avançar 12.000 homens contra a retaguarda de Jourdan, ele estará perdido." Embora a execução da operação pelo arquiduque não fosse tão ousada como lhe tinha sido sugerido, foi suficiente para provocar o colapso da ofensiva francesa. A desordenada retirada das tropas de Jourdan pelo Reno obrigou Moreau a abandonar sua vitoriosa progressão na Baviera e, em seguida, a recuar.

Embora o esfôrço principal exercido no Reno tivesse falhado e voltasse a falhar, a decisão final foi possível graças ao sucesso obtido em um teatro secundário; Bonaparte tinha conseguido, na Itália, passar de uma situação defensiva precária a uma ofensiva vitoriosa. Seu plano tinha sido concebido dois anos antes, quando servia nessa área como oficial de Estado-Maior e quando começava a se tornar famoso em Paris. Era uma reprodução de 1745, um pouco melhorada pela aplicação dos novos ensinamentos obtidos naquela campanha. As idéias-mestras de Bonaparte estavam modeladas pelas lições daqueles que orientaram seus estudos militares nos anos mais impressionáveis de sua existência. Esse período foi curto, pois Bonaparte tinha apenas vinte e quatro anos quando lhe deram o comando da artilharia no sítio de Toulon, e vinte e sete, quando foi feito comandante do "exército da Itália". Embora amontoando muita leitura e meditação durante poucos anos, teve pouco tempo para maiores reflexões. Mais dinâmico do que pensador, não chegou a formular nenhuma filosofia de guerra. E sua teoria de guerra, pelo que se pode deduzir de seus escritos, é mais uma colcha de retalhos a que se juntam as interpretações errôneas da geração de militares que se apegaram ao significado literal de suas palavras.

Essa tendência, assim como o efeito natural de sua primeira aplicação prática, é ilustrada por uma de suas frases mais significativas: "Os princípios da guerra são os mesmos de um sítio. O fogo deve ser concentrado em um único ponto e tão logo seja aberta a brecha o equilíbrio está rompido e o resto nada representa." As teorias militares que se seguiram deram ênfase à primeira cláusula em lugar da última, em particular sobre as expressões "um ponto" em vez da de "equilíbrio". A primeira nada mais é do que uma metáfora física, enquanto a última expressa o verdadeiro resultado psicológico que assegura que "o resto nada representa". A ênfase que deu a essa afirmação pode ser traçada perfeitamente durante o curso estratégico de suas campanhas.

Até mesmo a palavra "ponto" tem sido motivo para muita confusão e controvérsia. Uma escola argumenta que Napoleão queria dizer que o golpe devia ser orientado contra a parte mais forte do inimigo, sob o fundamento de que só isso asseguraria resultados decisivos. Porque, se o esforço principal da resistência for rompido, isso acarretará a queda dos demais. Esse argumento ignora, entretanto, o fator custo e o fato de o vencedor poder ficar por demais esgotado para exploração posterior do êxito — ou o adversário, mais fraco, adquirir uma capacidade de resistência maior do que a de que seria capaz inicialmente. A outra escola, mais imbuída pela idéia de economia de força, embora levando em conta somente os gastos iniciais, sustentava que a ofensiva deve ser lançada contra o ponto mais fraco do inimigo. No entanto, quando um ponto é evidentemente fraco, isso ocorre ou por estar ele afastado de qualquer artéria vital ou centro nevrálgico ou por ter sido deixado deliberadamente fraco, para atrair o inimigo a uma cilada.

O esclarecimento que agora é dado decorre daqueles que estudaram as campanhas em que Bonaparte pôs essa máxima em execução. Parece que quando Napoleão se referia a "ponto" ele queria significar "junção". Nessa fase de sua carreira Bonaparte estava tão imbuído da idéia de economia de força que não iria desperdiçar seu limitado poderio para martelar um ponto forte do inimigo! Uma junção, sim, pois ela é, ao mesmo tempo, vital e vulnerável.

Foi nessa época, também, que Bonaparte empregou outra frase para justificar suas imprudentes concentrações de esforços contra as forças armadas principais do inimigo. "A Áustria é o nosso inimigo mais decidido... Vencida a Áustria, a Espanha e a Itália cairão sozinhas. Não devemos dispersar meios, porém concentrá-los." Entretanto, o texto completo do memorando que continha essa frase mostra que Bonaparte argumentava não em favor de um ataque direto, porém em defesa do emprego do exército na fronteira do Piemonte para um ataque indireto à Áustria. Em sua concepção o norte da Itália seria o corredor para se chegar à Áustria. E neste teatro secundário seu objetivo, conforme lhe ensinara Bourcet, era abater o inimigo mais fraco, o Piemonte, antes de enfrentar o mais forte. Na tática essa ação tornou-se, ainda, mais indireta e adquiriu forma mais sutil, porque o contacto com a realidade desvaneceu a previsão que, após seu êxito inicial, havia transmitido ao seu governo: "Em menos de um mês espero estar nas montanhas do Tirol, lá encontrar o exército do Reno e com ele levar a guerra ao interior da Baviera." Foi o malogro desse plano que criou a verdadeira oportunidade de que necessitava. Atraindo as forças austríacas da Itália a realizarem sucessivas investidas e derrotando-as sucessivamente obteve, doze meses mais tarde, a estrada aberta para penetrar na Áustria.

Quando Bonaparte assumiu o comando do "Exército da Itália", em março de 1796, suas tropas estavam distendidas ao longo da Riviera genovesa, enquanto as forças aliadas austríacas e piemontesas ocupavam os passos montanhosos que permitiam o acesso às planícies.

O plano de Bonaparte estabelecia o desencadeamento de duas ações convergentes, através das montanhas, contra a fortaleza do Ceva e, em seguida, com o acesso ao Piemonte assegurado, intimidar seu governo e obrigá-lo a uma paz em separado, pela ameaça de uma investida sôbre Turim. Contava que as forças austríacas ainda estivessem em seus quartéis de inverno embora tivesse planejado, caso elas se movimentassem para se reunirem aos seus aliados, a realização de uma ação diversionária sobre Acqui, para obrigá-las a uma retirada para nordeste.

Foi mais por sorte do que por outra coisa que Bonaparte obteve a vantagem inicial de separar os dois exércitos. A oportunidade foi criada por uma iniciativa dos austríacos, que deram um salto à frente para ameaçar o flanco direito de Bonaparte e antecipar-se a qualquer avanço francês sobre Gênova. Bonaparte respondeu a essa ameaça executando um golpe curto sobre o ponto de "junção" do dispositivo ofensivo austríaco, embora dois outros mais fossem necessários para que o inimigo aceitasse o revés e recuasse na direção de Acqui.

Entrementes o grosso do exéreito francês avançava sobre Ceva. A temerária tentativa de Bonaparte, em 16 de abril, de tomar essa cidade com um ataque direto, resultou em fracasso. Planejou ele, então, uma manobra envolvente para ser realizada no dia 18, ao mesmo tempo que mudava sua linha de comunicações para uma direção que estivesse a coberto da interferência austríaca. Os piemonteses, porém, abandonaram a fortaleza antes que o novo ataque fosse desencadeado. Perseguindo-os, Bonaparte sofreu novo e dispendioso revés ao tentar outro assalto direto contra uma das posições de retardamento organizadas pelo inimigo. Entretanto, em seu lance seguinte, investiu contra ambos os flancos da posição inimiga, obrigando os piemonteses a procurarem as planícies.

Aos olhos do governo piemontês a ameaça a Turim era tão evidente que não comportava mais que se contasse com o auxílio dos austríacos, que tinham prometido acorrer em seu auxílio utilizando, entretanto, um itinerário bem mais longo do que o de que dispunham os franceses. O "equilíbrio estava rompido" e seus efeitos psicológicos dispensaram a necessidade de qualquer outra ação física, forçando-os ao armistício e, em conseqüência, retirando-os do campo de luta.

Nenhuma campanha poderia impressionar mais um comandante quanto a importância do fator tempo do que essa, pois, se os piemonteses tivessem resistido mais alguns dias, Bonaparte, talvez, fosse obrigado a retirar-se para a Riviera por falta de suprimentos. Seja ou não verdadeiro ter ele admitido isso, a impressão nele deixada é facilmente notada por uma observação que fez na época: "É possível que no futuro eu perca uma batalha, mas jamais perderei um minuto".

Embora, caso tivesse que investir sobre os austríacos isolados, contasse com uma superioridade de 35.000 para 25.000 homens, precisava não marchar diretamente contra eles. No dia seguinte ao do armistício com o Piemonte, Bonaparte já havia escolhido Milão como seu próximo objetivo e a rota de Tortona a Piacenza como a melhor para atingir sua retaguarda. Depois de induzir os austríacos a uma concentração em Valenza, de onde poderiam opor-se ao seu esperado avanço para o nordeste, marchou para leste, ao longo da margem sul do Pó e, assim, ao chegar a Piacenza, havia contornado todas as posições nas quais os austríacos lhe poderiam oferecer resistência.

Para obter essa vantagem não teve escrúpulos de violar a neutralidade do ducado de Parma, em cujo território ficava Piacenza, calculando que lá poderia encontrar barcos e um sistema de transporte fluvial organizado que lhe permitisse compensar sua falta de equipamento adequado para a travessia de cursos d'água. Contudo, esse desrespeito pelo direito dos neutros foi vantajosamente imitado pelo inimigo, pois, quando Bonaparte, infletindo para o norte, cortou a retaguarda dos austríacos, estes decidiram retirar-se sem perda de tempo, através do território veneziano e assim escapar à destruição, seguindo o exemplo que tiveram de desrespeito às leis da guerra. Antes que pudessem utilizar o Adda, como obstáculo para evitar a retirada dos austríacos, êsses já estavam fora de seu alcance sob a proteção de Mântua e do seu famoso quadrilátero de fortalezas.

Diante dessas duras realidades o sonho de Napoleão, de invadir a Áustria em um mês, desvaneceu-se. Principalmente porque o Diretório, cada vez mais preocupado com os riscos da manobra e com os limitados recursos que possuía, lhe ordenou que marchasse para Livorno e "evacuasse", em seu retorno, os quatro Estados neutros que encontraria em seu caminho, expressão essa que, na época, significava saque. Com esse processo a Itália foi despojada em tal escala que jamais recuperou seu estado anterior de prosperidade.

Esta determinação para que adiasse a tentativa de concretizar seu sonho de longa data permitiu-lhe, contando com a ajuda do inimigo, ajustar os meios de que dispunha aos fins a que se propunha e no momento em que o equilíbrio de fôrças de que necessitava se tornasse realidade, passar à ação com novas possibilidades de êxito. É interessante, a esse respeito, citar o julgamento de Ferrero, o grande historiador italiano: "Durante um século a primeira campanha da Itália foi descrita, sinto-me levado a dizer cantada, como uma triunfante epopéia de movimentos ofensivos com os quais Bonaparte conquistou a Itália facilmente, porque desfechou ataque após ataque com uma ousadia somente igual à sua sorte. Todavia, quando a história da campanha é estudada imparcialmente, torna-se claro que os dois inimigos atacaram ou foram atacados alternadamente e que na maioria dos casos o atacante falhou.

Mais pela força das circunstâncias do que pela vontade de Bonaparte, Mântua tornou-se a isca que atraiu sucessivamente forças de socorro austríacas para longe de suas bases e para as garras do comandante francês. É significativo, porém, o fato de Napoleão nunca ter procurado se instalar defensivamente, conforme costume do general tradicional, mas haver conservado sempre suas forças articuladas em agrupamentos independentes móveis, em condições de serem concentrados com rapidez sobre qualquer objetivo.

Na primeira tentativa austríaca de socorro, o método empregado por Bonaparte foi ameaçado em sua eficiência pela sua relutância em abandonar o cerco de Mântua e só quando de desprendeu dessa âncora é que pôde utilizar toda a mobilidade de que era capaz para derrotar os austríacos em Castiglione.

Quando Bonaparte recebeu ordens do Diretório para avançar pelo Tirol e cooperar com o exército principal do Reno, os austríacos aproveitaram-se desse movimento de natureza direta para deslocarem o grosso de suas forças para leste, através do Val Sugana, descendo a planície veneziana e, em seguida, para oeste com o propósito de socorrer Mântua. Entretanto, em lugar de prosseguir para o norte ou de recuar em defesa de Mântua, Bonaparte iniciou cerrada perseguição aos austríacos, pelas montanhas, respondendo, assim, a sua ação indireta com outra direta, que tinha um objetivo mais definido e imediato que o do adversário. Em Bassano apanhou a retaguarda inimiga e esmagou metade do exército austríaco. E, ao descer para a planície, em perseguição da outra metade, procurou evitar que se deslocassem para Trieste e cortar suas comunicações com a Áustria, não se incomodando que se dirigissem para Mântua. Assim as forças austríacas aumentavam, ainda mais, seu cofre-forte em Mântua, e a imobilização de tão grande parte de seu capital militar obrigava a Áustria a novas despesas.

Ainda desta vez, e não foi a última, o caráter direto da tática de Bonaparte voltara a pôr em perigo o bem sucedido caráter indireto de sua estratégia. Quando os exércitos de Alvintzi e Davidovich convergiam sobre Verona, ponto-chave para a proteção de Mântua, Bonaparte lançou-se contra o primeiro, que era o mais forte, sofrendo um severo rechaço em Caldiero. Entretanto, em lugar de retirar-se, preferiu executar, ousadamente, ampla manobra de desbordamento do flanco sul e da retaguarda do exército de Alvintzi.

Sua preocupação durante a realização dessa operação pode ser sentida em uma carta escrita ao Diretório: "A fraqueza e o esgotamento do exército levam-me a esperar o pior. Estamos talvez nas vésperas de perder a Itália." Os retardamentos provocados pelos pântanos e pelos cursos d'água aumentaram o risco da manobra mas, também, perturbaram o plano inimigo de concentrar-se sobre seu exército, que se supunha estar em Verona. Enquanto Alvintzi girava sobre si próprio para enfrentá-lo, Davidovich permanecia inativo. Mesmo assim Bonaparte ainda encontrou grandes dificuldades para vencer a superioridade numérica de Alvintzi. Quando a sorte da batalha em Arcola ainda estava indecisa, Bonaparte recorreu a um ardil tático, coisa que não era comum ao seu temperamento, fazendo enviar alguns corneteiros à retaguarda do inimigo com ordem de tocar "carga". Poucos minutos depois as tropas austríacas estavam em fuga.

Dois meses depois, em janeiro de 1797, os austríacos fizeram uma quarta e última tentativa para salvar Mântua, que foi anulada em Rivoli, onde a formação aberta de Bonaparte funcionou quase com perfeição. Como uma rede estendida, com seus cantos presos por pedras, quando uma das colunas inimigas nela se introduzia a rede se fechava em torno do ponto de pressão e as pedras batiam juntas contra o invasor.

Essa formação autoprotetora que, ao receber um impacto, se transformava em formação ofensiva concentrada, foi o aperfeiçoamento que Bonaparte deu ao nôvo sistema divisionário, pelo qual o exército ficava permanentemente dividido em frações móveis independentes, em lugar de, como anteriormente, constituir um corpo único, do qual eram tirados ocasionalmente pequenos destacamentos. As formações grupadas das campanhas de Bonaparte na Itália transformaram-se, nas suas últimas guerras, nos "bataillons carrés", mais aperfeiçoados, com os corpos de exército substituindo as divisões.

Embora em Rívoli esta rede assim preparada tivesse servido para esmagar a ala de manobra austríaca, deve-se notar que foi a ousadia de Bonaparte, ao enviar um único regimento de 2.000 homens, que atravessou o lago Garda em barcos, para colocar-se à retaguarda do exército inimigo, que determinou o colapso do adversário. Mântua rendeu-se a seguir e os austríacos, que tinham já perdido diversos exércitos na tentativa de defender este portão externo de acesso ao seu país, viram-se obrigados a contemplar, impotentes, Bonaparte aproximar-se rapidamente da indefesa porta interna. Essa ameaça forçou a Áustria a pedir a paz logo que os principais exércitos franceses foram assinalados a algumas milhas além do Reno.

No outono de 1798 uma Segunda Coligação foi formada, pela Rússia, Áustria, Inglaterra, Turquia, Portugal, Nápoles e o Papado, para romper os grilhões daquele tratado de paz. Bonaparte estava no Egito e, quando voltou, o destino da França estava ameaçado. Os exércitos em campanha estavam grandemente desfalcados, o tesouro vazio e o recrutamento era cada dia mais difícil.

Bonaparte, que já havia derrubado o Diretório e se tornado Primeiro Cônsul, ordenou a formação em Dijon de um Exército de Reserva, composto exclusivamente por tropas territoriais. Contudo, não o utilizou para reforçar seu teatro principal, ou seu exército principal do Reno. Em lugar disso planejou a mais ousada de todas suas ações indiretas: uma investida ao longo de um imenso arco que se prolongava até à retaguarda do exército austríaco na Itália. Este já havia forçado o pequeno "Exército francês da Itália" a recuar até quase a fronteira da França e já o encurralava no canto noroeste da Itália. Bonaparte planejava movimentar-se através da Suíça, até Lucerna ou Zurique, e, em seguida, descer para o interior da Itália até ao passo de Saint Gothard ou mesmo o Tirol. A notícia de que o "Exército da Itália" estava sofrendo forte pressão, todavia, levou-o a tomar o caminho mais curto pelo passo de Saint Bernard. Quando emergiu dos Alpes em Ivres, na última semana de maio de 1800, ainda se encontrava à frente do exército austríaco. Em vez de avançar para sudeste, diretamente em socorro de Masséna, que estava encurralado em Gênova, Bonaparte enviou sua vanguarda para o sul, até Cherasco, e protegido por essa ação divisionária dirigiu-se com o grosso de suas tropas para Milão.

Assim, em lugar de avançar para enfrentar o inimigo desdobrado no que ele chamava de "posição natural", deslocou-se na direção oeste de Alexandria e colocou-se em uma "posição natural" na retaguarda dos austríacos, obtendo aquêle apoio estratégico ou barragem, que ele considerava como o objetivo inicial das manobras mortais que executava contra a retaguarda inimiga. Tal posição, oferecendo obstáculos naturais, proporcionava-lhe um apoio seguro de onde podia preparar uma armadilha para o inimigo, cuja tendência instintiva, quando isolado de sua linha de retirada e de suprimento, era recuar, lentamente, à sua procura. Essa concepção de barragem estratégica foi a principal contribuição de Bonaparte para a estratégia da ação indireta.

Em Milão fechara uma das duas rotas de retirada dos austríacos e agora, estendendo sua barragem, do sul do Pó até o desfiladeiro de Stradella, bloqueava, também, a outra. Aqui, porém, sua concepção superava a possibilidade dos meios de que dispunha, cerca de 340.000 homens, pois, devido à relutância de Moreau, o corpo de 15.000 homens que mandara vir do Exército do Reno pelo passo de Saint Gothard estava atrasado. A preocupação pela fraqueza de sua barragem já começava a afligi-lo quando nessa conjuntura Gênova capitulou eliminando, assim, seu agente "fixador".

A incerteza quanto à rota que os austríacos seguiriam e o temor de que pudessem retirar-se para Gênova onde a marinha britânica poderia abastecê-los, levou-o a abandonar grande parte da vantagem até então obtida. Com efeito, atribuindo aos seus adversários muito mais iniciativa do que realmente seriam capazes, abandonou sua "posição natural" no Stradella e avançou para oeste a fim de observá-los, ao mesmo tempo que destacava Desaix para que, com uma divisão, cortasse a estrada que liga Alessandria a Gênova. Assim foi apanhado em situação desvantajosa, dispondo somente de parte de sua força, quando os austríacos repentinamente irromperam de Alessandria para enfrentá-lo nas planícies de Marengo a 14 de junho de 1800. A batalha durante muito tempo permaneceu duvidosa e mesmo a participação de Desaix só obrigou aos austríacos a fazerem um pequeno recuo. Contudo, a posição estratégica que Napoleão ocupava tornou-

-se a alavanca que lhe permitiu arrancar do desmoralizado comandante austríaco um acordo pelo qual ele evacuaria a Lombardia e se retiraria para trás do Míncio.

Embora a guerra se reiniciasse de maneira intermitente, além do Mincio, a repercussão moral de Marengo manifestou-se no armistício que encerrou a guerra da Segunda Coligação, seis meses mais tarde.

Depois de vários anos de paz inquieta a cortina que se fechara sobre as Guerras Revolucionárias Francesas abriu-se novamente com um novo ato: as Guerras Napoleônicas. Em 1805 o exército de 200.000 homens de Napoleão estava concentrado em Boulogne, pronto para um desembarque no litoral inglês quando, repentinamente, foi deslocado, em marchas forçadas, para o Reno. Não se tem certeza se Napoleão planejava, seriamente, uma invasão da Inglaterra ou se sua ameaça era apenas o primeiro movimento de seu ataque indireto à Áustria. Provavelmente estava agindo de acordo com os ensinamentos de Bourcet em um "plano com alternativas". Quando decidiu tomar a linha de ação de leste calculou que os austríacos, como de costume, enviariam um exército para a Baviera a fim de bloquear as saídas da Floresta Negra. Com base nisso concebeu ampla manobra em torno do flanco norte dos austríacos, através do Danúbio e em seguida até o Lech, que passaria a constituir a barragem estratégica que utilizaria na retaguarda inimiga. Era uma repetição, em maior escala, da manobra de Stradella e foi o próprio Napoleão quem acentuou essa semelhança falando às suas tropas. Sua superioridade de forças permitia-lhe, uma vez estabelecida a barragem, dispor de outra móvel e foi esta que, lançada sobre a retaguarda do exército austríaco, o forçou à rendição em Ulm, quase sem derramamento de sangue.

Eliminado o parceiro mais fraco Napoleão precisava, agora, enfrentar o exército russo, sob o comando de Kutosov, que, após atravessar a Áustria e arrebanhar os contingentes austríacos menores que lá se encontravam, acabava de chegar ao Inn, pois ameaça menos imediata era a constituída pelo regresso dos demais exércitos austríacos da Itália e do Tirol. O efetivo das forças de que dispunha era, pela primeira vez, um obstáculo para Napoleão. Com um exército tão poderoso o espaço entre o Danúbio e as montanhas a sudoeste era muito limitado para que pudesse pensar em qualquer ataque indireto ao inimigo e não havia mais tempo para se realizar uma manobra semelhante à de Ulm. Enquanto permanecessem à margem do Inn os russos estavam ocupando uma "posição natural" que servia não apenas como escudo para o território austríaco mas também como proteção para os demais exércitos austríacos que, a coberto, poderiam ser trazidos do sul, através da Carintia, para reforçá-los e após reunidos oferecer a Napoleão uma sólida muralha de resistência.

Devido a esses problemas Napoleão foi obrigado a utilizar uma série de variações em seu ataque indireto básico. Inicialmente procurou empurrar os russos para leste o mais possível, separando-os, assim, dos exércitos austríacos que regressavam da Itália. Para isso, enquanto marchava diretamente contra Kutosov em Viena, destacou o corpo de Mortier para a margem norte do Danúbio e esta ameaça às comunicações de Kutosov com a Rússia foi o bastante para induzi-lo a recuar para Krems, no Danúbio. Em seguida deu a Murat a missão de atacar a nova frente de Kutosov, tendo Viena como primeiro objetivo e Hollabrunn como segundo. Assim, depois de ter ameaçado o flanco direito russo Napoleão voltava-se agora contra seu flanco esquerdo.

Em virtude de Murat ter concordado, errôneamente, com uma trégua temporária pedida pelo inimigo, seu movimento não chegou a isolar os russos mas, pelo menos, forçou-os a uma retirada apressada, ainda mais para nordeste, até Olmutz, próximo de sua própria fronteira. Embora separados dos reforços austríacos os russos encontravam-se agora mais próximos dos seus e, realmente, em Olmutz receberam um grande contingente. Forçá-los a recuar era consolidar ainda mais o poderio de que dispunham e além disso havia premência de tempo, pois a entrada da Prússia na guerra era iminente.

Por isso Napoleão recorreu a uma ação psicológica indireta, tentando os russos a assumir a ofensiva, com uma demonstração aparente de sua fraqueza. Para enfrentar os 80.000 homens de que dispunha o inimigo concentrou apenas

50.000, em Brünn, e dali enviou pequenos destacamentos isolados para Olmutz. Essa impressão de fraqueza foi acentuada com o envio de parlamentares ao czar e ao imperador austríaco, à busca da paz. Quando o inimigo engoliu a isca Napoleão retrocedeu até uma posição em Austerlitz, apropriada pela sua natureza a servir para a cilada que preparava. Na batalha que se seguiu executou um ataque tático indireto, que constituiu um dos poucos exemplos que deixou, nesse sentido, para compensar a rara inferioridade numérica em que se achava nessa batalha. Induzindo o inimigo a estender sua esquerda com um ataque à sua linha de retirada. Napoleão girou em torno de seu centro e investiu contra a "junta" enfraquecida do adversário, obtendo vitória tão decisiva que, antes de decorridas vinte e quatro horas, o imperador da Áustria pedia a paz.

Quando alguns meses depois Napoleão se voltou contra a Prússia tinha uma superioridade, a seu favor, de quase dois para um; um exército poderoso em qualidade contra um outro, deficiente em treinamento a obsoleto em sua organização. O efeito dessa superioridade sobre a estratégia de Napoleão foi decisivo e ela exerceu acentuada influência em suas campanhas posteriores. Em 1806 ainda procurou obter, e conseguiu, a vantagem da surpresa inicial. Para esse fim acantonou suas tropas perto do Danúbio e dali deslocou-se rapidamente para o norte, coberto pela cortina natural formada pela floresta turingiana. Em seguida, irrompendo subitamente em campo aberto, avançou diretamente para o coração do território inimigo. Assim Napoleão se encontrou, mais do que se colocou, na retaguarda das forças prussianas. Girando para esmagá-las em Iena parece ter confiado mais no efetivo de que dispunha do que no efeito moral da posição que ocupava.

Também na campanha contra os russos, que se seguiu na Polônia e na Prússia Oriental, Napoleão parece ter-se preocupado unicamente com o propósito de atrair o inimigo para a batalha, confiante em que, se isso acontecesse, sua máquina o subrepujaria. Ainda empregava sua manobra característica contra a retaguarda inimiga porém, agora, somente com a finalidade de segurá-lo firmemente dentro de suas mandíbulas e não mais como um meio de liqüefazer seu moral tornando mais fácil a mastigação. Esse ataque indireto que realizava visava mais a um efetivo diversionário, para provocar uma "tração" física, do que ao deslocamento moral do adversário.

Na manobra de Pultusk, Napoleão procurou forçar os russos para oeste, de modo que quando avançasse para o norte da Polônia pudesse isolá-los da Rússia, porém não conseguiu seu intento. Em janeiro de 1807 os russos deslocaram-se para oeste, voluntariamente, a fim de se reunirem aos remanescentes de seus aliados prussianos em Danzig e Napoleão tentou aproveitar-se dessa oportunidade para cortar suas comunicações com a Prússia. Entretanto as instruções que deu nesse sentido caíram nas mãos dos cossacos e o exército russo pôde recuar ainda em tempo. Napoleão seguiu-os de perto e encontrando-os em Eylau, dispostos a enfrentá-lo, fez executar uma manobra de caráter tático contra sua retaguarda que, devido às tempestades de neve que desabaram na ocasião, não permitiu um efeito decisivo apesar das perdas que ocasionou.

Quatro meses após ambos os lados já se encontrarem recuperados e como os russos se tivessem deslocado rapidamente sobre Heilsburg, Napoleão movimentou seu famoso "bataillon carré" para leste a fim de isolá-los de Königsberg, sua base avançada. Desta vez estava, aparentemente, tão obcecado pela idéia de combate que quando sua cavalaria, num reconhecimento de flanco, localizou os russos instalados em forte posição na região de Friedland, não titubeou em encaminhar suas forças diretamente sobre eles. Uma vitória tática foi obtida não em conseqüência de surpresa ou mobilidade, mas simplesmente pelo peso de seu poderio militar, aqui caracterizado pelo novo emprego que fazia de sua artilharia, que passou a executar concentrações maciças contra objetivos selecionados. Isso facilitava ainda mais o movimento do eixo propulsor de seu mecanismo tático. Embora em Friedland tenha sido vitorioso, como iria acontecer mais diversas vezes posteriormente, pouca importância deu às medidas destinadas a salvar vidas humanas.

É curioso como a posse de um cheque em branco contra um banco de potencial humano tenha tido efeitos tão semelhantes em 1807-14 e em 1914-18. É curioso, também, que em ambos os casos isso estêve associado ao método de emprego da artilharia em condições maciças. A explicação talvez possa ser buscada no fato de que o dispêndio perdulário tende a criar a extravagância, a antítese mental da economia de fôrça, cujos meios são a surprêsa e a mobilidade. Esta hipótese é reforçada pela semelhança que se observa nos resultados da política de Napoleão.

Bonaparte já estava em condições de explorar a repercussão de sua vitória em Friedland para reforçar o valor de sua personalidade e induzir o czar a separar-se de seus aliados da Quarta Coligação. Arriscou, contudo, a vantagem obtida e finalmente seu império, por querer explorá-la em excesso. A severidade das condições impostas à Prússia minou a segurança da paz, sua política em relação à Inglaterra nada mais visando do que sua ruína e as medidas agressivas tomadas só serviram para fazer da Espanha e de Portugal seus novos inimigos. Esses podem ser considerados erros graves no campo da grande estratégia.

Aqui convém notar que foi um ataque indireto — a breve investida de Sir John Moore contra Burgos e as comunicações das fôrças francesas na Espanha — que alterou os planos de Napoleão em relação à Espanha e deu à insurreição espanhola o tempo e o espaço de que necessitava para adquirir fôrças e fazer com que a península ibérica se tornasse daí por diante uma ferida supurada para Napoleão. Acima de tudo a influência moral dêsse primeiro revés, na irresistível caminhada de Napoleão, dá-lhe uma significação preponderante.

Napoleão não teve mais oportunidade para recuperar-se pois, logo a seguir, foi chamado de volta à pátria, para enfrentar o levante da Prússia, que já se tornava ameaçador e a nova ação desencadeada pela Áustria. A última ameaça amadureceu e na campanha de 1809 Napoleão mais uma vez tentou, em Landshut e Viena, manobrar contra a retaguarda do inimigo. Entretanto, toda vez que surgiam obstáculos para a execução dessa manobra sua impaciência levava-o a arriscar-se a ataques diretos e a uma batalha decisiva. Em conseqüência dessa precipitação sofreu em Aspern-Essling sua primeira grande derrota. Embora tenha conseguido recuperar-se desse insucesso, com a vitória de Wagram, obtida no mesmo local seis semanas mais tarde, o preço que pagou foi bastante alto e a paz que obteve foi, conseqüentemente, muito instável.

A Guerra Peninsular

Napoleão teve dois anos de folga para operar e curar a "úlcera" espanhola. Assim como a intervenção de Moore havia anulado sua tentativa de controlar a condição inflamatória em sua fase inicial, Wellington, nos anos que se seguiram, prejudicou inteiramente todas as medidas curativas e permitiu que a ferida se inflamasse e o veneno se espalhasse por todo o sistema napoleônico. Os franceses haviam derrotado e continuavam a derrotar todas as forças regulares espanholas, e foi o caráter sistemático dessas derrotas que acarretou um grande benefício para os derrotados, pois fez que eles passassem a exercer seu esforço principal nas atividades de guerrilhas. Uma teia intangível de bandos de guerrilheiros substituiu o dispositivo militar convencional organizado e vulnerável, enquanto seus chefes, empreendedores e cheios de iniciativa, dirigiam as operações.

O que de pior poderia acontecer à Espanha e, conseqüentemente, à Inglaterra, foi o êxito temporário das tentativas realizadas para que se voltasse a organizar forças regulares. Felizmente esta iniciativa foi, logo a seguir, ultrapassada e a dispersão que se seguiu significou também a dispersão da boa fortuna dos franceses. O veneno espalhava-se em lugar de aflorar à superfície.

Nessa curiosa guerra a maior influência da Inglaterra consistiu na sua contribuição para o agravamento da situação e no encorajamento que deu às suas fontes de subversão. Dificilmente os ingleses voltarão a obter tanto efeito diversionário com tão diminuto esforço militar. Os obtidos na Espanha apresentaram um contraste frisante em relação aos resultados pouco felizes colhidos quer nas tentativas de cooperação direta com os aliados continentais, quer nas expedições enviadas além-mar, a lugares distantes, geográfica ou psicologicamente, com a finalidade de afetar o adversário. Politicamente ou econômicamente esse segundo tipo de expedição se justificou com a incorporação da Colônia de Cabo, Mauritius, Ceilão, Guiana Britânica e de várias ilhas das Índias Ocidentais ao Império Britânico.

O efeito real dessas ações indiretas, no campo de grande estratégia, ficou obscurecido pela tradicional tendência dos historiadores em se preocuparem exclusivamente com os sucessos militares. Com efeito, considerando-se a Guerra Peninsular como uma crônica de batalhas e sítios de Wellington, ela perde toda sua importância. Sir John Fortescue muito contribuiu para corrigir essa tendência e apreciação errônea, embora estivesse interessado primordialmente na "História do Exército Britânico". É muito significativo que, à medida que aprofundava suas pesquisas, atribuísse maior importância à predominante influência das guerrilhas no resultado das lutas espanholas.

Embora a existência de uma Força Expedicionária Britânica fosse a base essencial para essa influência, as batalhas de Wellington foram, materialmente, a parte menos eficaz de suas operações. Com efeito, elas ocasionaram aos franceses, durante os cinco anos em que permaneceram na Espanha, perdas no valor de 45.000 homens, enquanto os guerrilheiros, no dizer de Marbot, foram os responsáveis pela perda, em média, de 100 franceses diariamente. É evidente, assim, que a maioria esmagadora das perdas que exauriram as forças francesas foi ocasionada pelos guerrilheiros, mas não se pode desprezar a ação dos ingleses, contribuindo para que o país fosse transformado num deserto, onde os franceses passaram a morrer de fome, com sensíveis prejuízos para seu moral.

Não é menos significativo o fato de ter Wellington travado tão diminuto número de batalhas durante tempo tão longo. Teria isso sido devido àquele "bom-senso", essencialmente prático, que os biógrafos afirmam ser o ponto predominante do caráter do general inglês e de seu modo de encarar as coisas? Ainda recentemente um biógrafo assim se expressou: "O realismo direto e estreito era a essência do

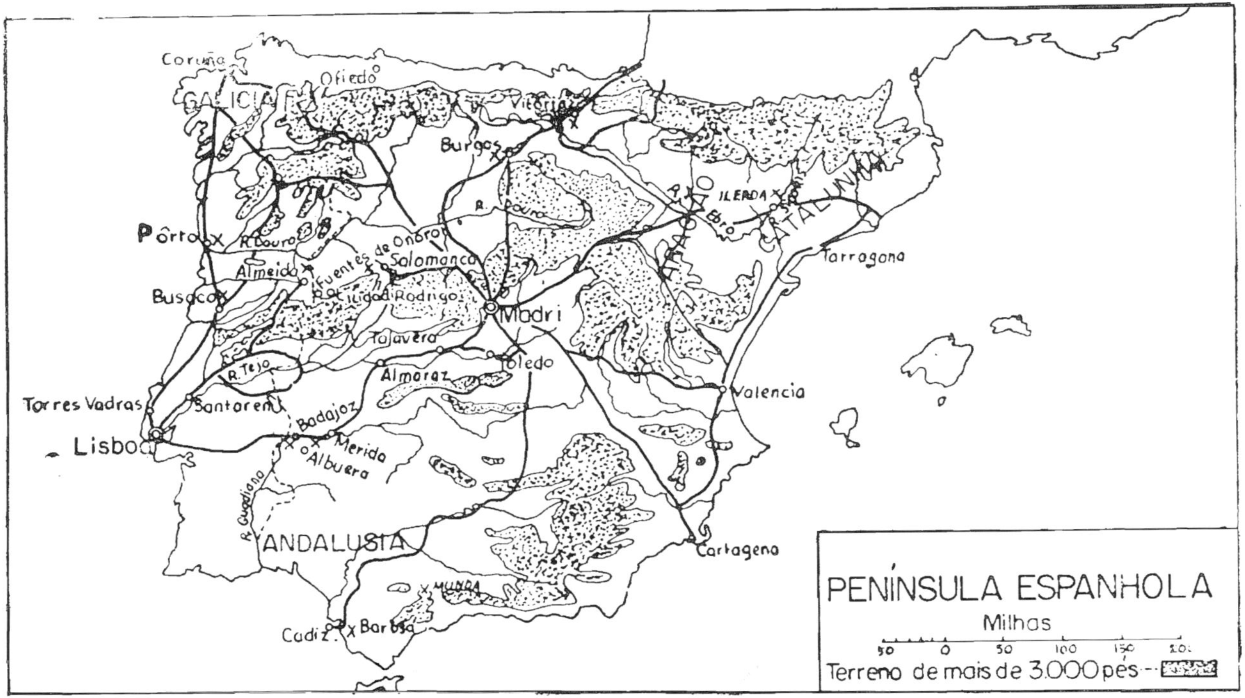
PENÍNSULA ESPANHOLA
Milhas
50 0 50 100 150 200
Terreno de mais de 3.000 pés
Coruña
Ofiedo
GALICIA
Vitoria
Burgos
Pôrto
R. Douro
Almeida
Fuentes de Onoro
Salamanca
Ciudad Rodrigo
Busaco
Madri
Talavera
Toledo
Almaraz
R. Tejo
Torres Vedras
Santarem
Lisboa
Badajoz
Merida
Albuera
R. Guadiana
ANDALUSIA
Munda
Cadiz
Barrosa
Cartagena
Valencia
Tarragona
ILERDA
Ebro
CATALUNHA

caráter de Wellington. Foi ele o responsável por suas limitações e defeitos, mas, no âmbito de sua carreira pública, chegou à genialidade." Este diagnóstico é corroborado pela estratégia de Wellington na península.

A expedição, que teve conseqüências tão momentosas, foi em si própria uma sangria na força principal que realizou o abortado esforço no Scheldt e só foi empreendida porque o governo britânico tinha a esperança de salvar Portugal, não parecendo ter havido qualquer iniciativa no campo da grande estratégia para que fosse agravada a "úlcera espanhola". A defesa intransigente de Castlereagh foi ajudada pela opinião de Sir Arthur Wellesley (o futuro Duque de Wellington) de que, se o exército e a milícia portugueses fossem reforçados com 20.000 soldados britânicos, os franceses precisariam de 100.000 homens para conquistar Portugal, quantidade essa de que não poderiam dispor, caso os espanhóis continuassem a resistir. Em outras palavras, isso significava que com 20.000 britânicos seria possível atrair 100.000 franceses, grande parte dos quais seria retirada do teatro principal de operações na Áustria.

Como ajuda à Áustria a expedição não teve nenhuma utilidade e como proteção a Portugal foi inteiramente falha, pelo menos do ponto de vista dos portugueses. Como elemento de pressão sobre Napoleão e como vantagem para a Inglaterra deu frutos dez vezes superiores aos desejados.

Wellesley recebeu 26.000 homens e, em abril de 1809, chegou a Lisboa. Em conseqüência da insurreição espanhola, e da investida de Moore em Burgos e de sua retirada posterior para Corunha, os franceses estavam desdobrados por toda a península ibérica. Ney tentava, inutilmente, subjugar a Galícia no extremo noroeste. Ao sul deste, mas ainda ao norte de Portugal, Soult permanecia no Porto, com seu exército organizado em destacamentos. Victor encontrava-se em torno de Mérida, já orientado na direção de Portugal.

Aproveitando-se de sua posição central, do seu aparecimento inesperado e da dispersão do inimigo, Wellesley marchou contra Soult. Embora não conseguindo isolar seus destacamentos que operavam mais ao sul, conforme planejara, surpreendeu o próprio Soult antes que este conseguisse concentrar suas forças, perturbou seu dispositivo ao atravessar o rio Douro e conseguiu cortar sua linha natural de retirada. Como Turenne, em 1675, Wellesley eliminou a resistência antes mesmo que ela tivesse uma oportunidade de se solidificar. Ao terminar a retirada forçada que empreendera através de montanhas desoladas, em direção à Galícia, o exército francês havia sofrido perdas e um esgotamento absolutamente desproporcionais ao combate travado.

A segunda operação realizada por Wellesley não foi nem tão proveitosa nem tão bem concebida como a primeira no que se refere ao ajustamento do fim que se destinava aos meios disponíveis. Victor, que permanecera passivamente em Mérida, foi chamado, depois do fracasso de Soult, para Talavera, de onde poderia guardar os acessos a Madri. Um mês mais tarde Wellesley decidiu marchar por esse itinerário, para Madri, penetrando assim no coração da Espanha e se oferecendo às mandíbulas do leão, pois todos os exércitos franceses estavam em condições de, rapidamente, ser concentrados sobre essa cidade. Convergindo sobre um ponto diminuiam gradativamente as dificuldades de comunicações recíprocas o que, até o presente momento, constituía uma das fraquezas dos franceses em terra espanhola.

Wellesley avançou apenas com 23.000 homens, apoiado por número equivalente de tropas espanholas sob o comando do medíocre Cuesta, enquanto Victor, recuando, se colocara em condições de ser socorrido pelas outras duas forças francesas desdobradas em torno de Madri. A concentração inimiga, provavelmente, iria totalizar mais de 100.000 homens, uma vez que "mais por acidente do que por planejamento", como observa Fortescue, as forças de Ney, Soult e Mortier se haviam encaminhado do norte para Madri. Prejudicado pela indecisão de Cuesta e pelos seus próprios suprimentos, Wellesley não conseguiu entrar em contacto com Victor antes que este já tivesse sido reforçado por José Bonaparte, vindo de Madri. Forçado a recuar, Wellesley conseguiu safar-se, em boas condições, de uma batalha defensiva travada em Talavera e teria avançado novamente não fosse a oposição formal de Cuesta. E isso foi uma sorte para Wellesley, pois Soult já estava prestes a cair sobre sua retaguarda. Isolado do Itinerário que escolhera inicialmente, Wellesley escapou, esquivando-se ao sul do rio Tejo. Contudo, somente depois de uma onerosa, desmoralizante e extenuante retirada conseguiu chegar ao abrigo da fronteira portuguesa. A falta de alimentos prejudicou a perseguição francesa. Isso encerrou a campanha de 1809 e ensinou a Wellesley que as fôrças espanholas de nada valiam, lição que Moore já havia aprendido anteriormente. Como recompensa aos esforços que realizou, Wellesley recebeu o título de Visconde de Wellington e muito fez, posteriormente, para merecê-lo.

Em 1810, tendo forçado a Áustria a pedir a paz, Napoleão estava livre para concentrar toda sua atenção na Espanha e em Portugal, o que fez até 1812. Esses dois anos assinalaram o período mais crítico da Guerra Peninsular. A incapacidade dos franceses em concretizar seus propósitos tem muito mais significação para a História do que as derrotas subseqüentes que sofreram, pelas mãos de Wellington, em 1812 e 1813. A razão principal do êxito britânico pode ser encontrada na consideração dada por Wellington ao fator econômico-militar, ao levar em conta os meios limitados de subsistência de que dispunham os franceses e na construção das Linhas das Torres Vedras. A estratégia que empregou foi a da ação indireta sempre realizada contra um objeto e um objetivo de natureza econômico-militar.

Antes de ser iniciada a campanha principal Wellington foi ajudado pelas fôrças regulares espanholas, à sua maneira habitual. Elas se empenharam numa campanha de inverno na qual foram derrotadas e dispersadas tão completamente que os franceses foram levados, sem qualquer objetivo, a penetrar ainda mais amplamente na Espanha, invadindo a rica província de Andaluzia.

Foi nessa ocasião que Napoleão assumiu pessoalmente o controle das operações, à distância, e já em fins de fevereiro de 1810 havia concentrado quase 300.000 homens na Espanha e contava ainda com novos contingentes que deveriam chegar dentro em pouco. Desse total 65.000 foram destinados a Masséna, que recebeu a missão de expulsar os ingleses de Portugal. Embora esse fôsse na realidade um grande efetivo, sua relação com o total disponível no teatro da luta caracterizava a influência das operações de guerrilhas que se desenvolviam na península. Wellington, com o reforço de tropas portuguesas treinadas pelos britânicos, teve o efetivo de suas forças elevado para 50.000 homens.

A penetração de Masséna processou-se pelo norte, nas proximidades de Ciudad Rodrigo, o que veio dar a Wellington o tempo e o espaço de que necessitava para executar sua concepção estratégica. Sua precaução ao despojar a região das provisões de que dispunha serviu como um "freio de transmissão" sobre o avanço de Masséna; a resistência que ofereceu a sua progressão, em Bussaco, atuou como um "freio de pé", ainda mais reforçado com a loucura de Masséna ao arriscar suas tropas em um desnecessário ataque direto. Logo a seguir Wellington recuou para as Linhas das Torres Vedras que havia feito construir, através da península montanhosa formada pelo Tejo e pelo mar, para proteger Lisboa, onde aguardou a chegada do inimigo. Em 14 de outubro, quatro meses após sua partida, e a apenas duzentas milhas do ponto de onde partira, Masséna avistou as Linhas, visão que, pela surprêsa, lhe ocasionou verdadeiro choque. Incapaz de forçá-las, investiu-as durante um mês, até ser obrigado, pela fome, a retirar-se para Santarém, situada às margens do Tejo, umas trinta milhas para trás. Wellington, sagazmente, não tentou exercer nenhuma pressão sobre essa retirada ou mesmo provocar uma batalha, porém procurou confinar Masséna numa área tão pequena que ele tivesse dificuldades cada vez maiores em alimentar seus homens. Os franceses mais tarde haviam de arrepender-se amargamente por sua fé nas ilusões otimistas acentuadas pela resposta impetuosa de Napoleão, dada a cautelosos estrategistas: "Suprimentos?... Não me falem neles. Vinte mil homens podem viver num deserto."

Wellington manteve resolutamente a estratégia que tinha estabelecido, apesar dos riscos decorrentes da mudança de orientação política na Inglaterra e da marcha de Soult para o sul, através de Badajoz, realizada como ação diversionária para aliviar os apuros de Masséna. Wellington resistiu a todos os esforços de Masséna no sentido de induzi-lo a um ataque. Foi ao mesmo tempo justificado e recompensado, pois em março, finalmente, Masséna precisou partir e quando os famintos destroços de seu exército voltaram a cruzar a fronteira ele já havia perdido cerca de 25.000 homens, dos quais apenas 2.000 em combate.

Entrementes as guerrilhas espanholas se estavam tornando ainda mais ativas e numerosas. Só no Aragão e na Catalunha dois corpos franceses, com um total de quase 60.000 homens, em lugar de irem ajudar o exército de Masséna, foram mantidos praticamente paralisados durante vários meses por alguns milhares de guerrilheiros e tropas empregadas em guerrilhas. No sul, também, onde os franceses sitiavam Cádis, o fato de os aliados não terem explorado sua vitória em Barrosa e levantado o sítio mostrava a vantagem de se obrigar forças importantes a ficar empenhadas em uma tarefa inútil. Outra ameaça de caráter diversionário sempre constante, possibilitada pelo poderio marítimo dos ingleses, era a realização de desembarques em qualquer ponto do litoral.

Daí por diante a ação de Wellington passou a se processar mais por fintas do que por combates, porque sempre que ameaçava um objetivo os franceses eram obrigados a deslocar tropas abrindo assim maiores oportunidades às ações de guerrilhas em outras regiões.

Wellington, porém, não se contentou somente com essas ameaças. Após a retirada de Masséna para Salamanca empregou seu exército para cobrir o bloqueio da fortaleza de Almeida, situada na fronteira ao norte, enquanto mandava Beresford cercar Badajoz, ao sul. Anulou, desse modo, sua mobilidade e dividiu suas forças em duas partes praticamente iguais. Foi, entretanto, favorecido pela sorte, pois Masséna, tendo reforçado e reconstituído seu exército, com ele marchou sobre Almeida, surpreendendo Wellington em Fuentes de Onoro, em condições desfavoráveis, porém o general inglês conseguiu repelir o ataque, embora admitindo: "Se Boney estivesse lá, teríamos sido derrotados." Encontrando--se perto de Badajoz, Beresford deslocou-se para enfrentar a força de socorro de Soult e, apesar de ter orientado mal suas tropas e mesmo ter admitido a derrota em Albuera, conseguiu, mais devido aos seus subordinados e à sua tropa, salvar a situação, embora com um custo exorbitante.

Wellington concentrou seus esforços no cerco de Badajoz, mas, não possuindo equipamento adequado, foi obrigado a suspendê-lo, quando informado do deslocamento de Marmont, que substituíra Masséna, para o sul, onde deveria reunir-se a Soult. Os dois últimos tinham planejado uma ação em conjunto contra Wellington, porém os atritos ocasionados com essa reunião determinaram a não realização da operação. Soult, alarmado com o novo surto de atividades de guerrilhas na Andaluzia, para lá voltou com parte de seu exército, deixando Marmont no comando do restante da tropa reunida. Graças ao temperamento extremamente cauteloso de Marmont a campanha de 1811 terminou serenamente.

Com suas batalhas Wellington arriscara muito e seria duvidoso afirmar que tivesse obtido vantagens compensadoras, além das prometidas e obtidas em sua campanha anterior. O pequeno efetivo empregado por ele não se constituiu um investimento proveitoso, pois embora as perdas sofridas pelos ingleses fossem em valor absoluto inferiores às dos franceses elas foram, proporcionalmente, bem maiores. Porém Wellington tinha conseguido, em boas condições, superar o período mais crítico da campanha e Napoleão contribuiu para isso, sem o saber, como conseqüência dos preparativos que já realizava para a invasão da Rússia, para onde tinha orientado toda sua atenção e poder. Essa mudança de orientação na conduta da guerra e a situação difícil que já se esboçava em conseqüência das guerrilhas determinaram uma mudança de seus planos em relação à Espanha, pois o esforço passou a ser realizado tendo em vista subjugar Valência e Andaluzia em vez de se pensar na conquista de Portugal.

Em comparação com 1810 as tropas francesas estavam reduzidas a 70.000 homens, pois os 90.000 que restavam no teatro da batalha estavam empregados desde Tarragona, nas costas do Mediterrâneo, até Oviedo, no litoral do Atlântico, para proteger as comunicações com a França das atividades dos guerrilheiros.

Tendo campo de ação livre e com o inimigo enfraquecido, Wellington resolveu atacar rapidamente Ciudad Rodrigo e conseguiu tomá-la de assalto, protegido por um destacamento, sob o comando de Hill, que fazia a cobertura de seu flanco e de sua retaguarda. Marmont não pôde intervir, retomando a fortaleza, porque todo seu equipamento de sítio lá fora capturado nem pôde perseguir Wellington porque a região que os separava fora inteiramente desprovida de alimentos.

Protegido por essa cortina de fome Wellington dirigiu-se furtivamente para o sul e tomou de assalto Badajoz, embora com maiores perdas e gasto maior de tempo. Aí apossou-se de todo o equipamento de pontões de que dispunham os franceses. Destruindo, a seguir, uma ponte de embarcações lançada em Almaraz, no Tejo, separou, estrategicamente, os exércitos de Marmont e Soult, cuja ligação só se tornaria possível com a utilização da ponte de Toledo, situada a trezentas milhas da embocadura do Tejo.

Estando Soult preso à Andaluzia pela falta de suprimentos e pela intensificação das atividades de guerrilha, Wellington, agindo sem interferências, pôde concentrar dois terços da sua força para realizar uma ação contra Marmont em Salamanca. Todavia, o caráter direto desse ataque deu margem a que Marmont, dele se apercebendo, recuasse, ainda em tempo, para onde pudesse ser reforçado.

Estabelecido o equilíbrio numérico de que necessitava, Marmont manobrou contra as comunicações de Wellington com a grande vantagem de não ter que preocupar-se com as suas. Em várias ocasiões os dois exércitos marcharam em colunas paralelas separadas, algumas vezes, somente por algumas centenas de jardas e procurando cada um deles uma oportunidade favorável para atacar. Os franceses, devido à sua capacidade de superar os britânicos na marcha, tendiam a vencê-los nas manobras. Contudo, no dia 22 de julho, o excesso de confiança levou Marmont a cometer um deslize que desequilibrou momentâneamente suas forças, pois permitiu que sua ala esquerda se separasse em demasia da ala direita. Wellington explorou imediatamente a oportunidade atacando a ala exposta antes que a outra pudesse ser empregada e, desse modo, infligiu uma derrota ao exército francês.

Não conseguiu ele, nessa batalha de Salamanca, desorganizar inteiramente os franceses e, na península, seus efetivos ainda eram inferiores aos do inimigo. Foi muito criticado por não ter aproveitado o êxito contra as tropas francesas em retirada, na ocasião sob o comando de Clausel. Todavia, não tendo conseguido dispersá-las na batalha, nova oportunidade só lhe iria aparecer quando os franceses já estivessem sob a proteção de Burgos e, nessa ocasião, ele estaria exposto ao risco de ver o Rei José, de Madri, cair sobre sua retaguarda e cortar suas comunicações.

Wellington preferiu, pois, atacar Madri para se beneficiar dos efeitos morais e políticos dessa ação. Sua entrada na capital foi um símbolo e um tônico para os espanhóis e uma perda enorme para os franceses, que viam seu Rei José retirar-se como um fugitivo. A inconveniência desse golpe estava no fato de Wellington só poder permanecer na cidade enquanto os franceses não conseguissem reunir suas tropas e a perda de Madri era um convite para isso. Wellington pouco demorou na capital espanhola e, sem ter sofrido pressão, marchou sobre Burgos. O "sistema de viver da região", praticado pelos franceses, privou os ingleses de um maior proveito do corte que fizeram de suas comunicações com a França. Qualquer conseqüência que essa operação poderia ter acarretado foi prejudicada pela ineficiência dos métodos e dos meios que Wellington empregava, o qual perdeu nessa operação um tempo que lhe era precioso. Com efeito, não só dos êxitos obtidos anteriormente, como agora com o resultado da batalha de Salamanca, os franceses foram levados a abandonar todas as missões que executavam em territórios que ocupavam na Espanha para se concentrarem contra ele. Wellington encontrava-se com seus exércitos, nesse momento, em pior situação do que Moore estivera anteriormente, porém soube, no devido tempo, retirar-se convenientemente. Quando Hill veio juntar-se a ele, sentiu-se suficientemente forte para, mais uma vez, oferecer combate aos franceses já reunidos em Salamanca. Possuindo ligeira vantagem numérica, 90.000 para 68.000, os franceses não se decidiram a aceitar o combate oferecido por Wellington em uma região por este escolhida. Wellington pôde, assim, continuar sua retirada para Ciudad Rodrigo e aí chegando encerrar as atividades da campanha de 1812.

Embora estivesse mais uma vez de volta à fronteira portuguesa, desta feita mais superficialmente do que antes, o resultado da Guerra Peninsular poderia ser considerado como decidido porque os franceses, ao abandonar parte da Espanha para poder concentrar-se contra Wellington, a estavam abandonando às guerrilhas espanholas e perdendo, assim, a oportunidade de eliminá-las. Nessa ocasião chegava a notícia da retirada de Moscou das tropas de Napoleão, o que motivou o abandono imediato das terras espanholas por parte das tropas francesas. Quando a campanha seguinte foi iniciada a situação já estava completamente mudada.

Wellington, agora reforçado, e já podendo dispor de 100.000 homens, menos de metade dos quais era constituída de britânicos, tornou-se o agressor e o mais forte enquanto os franceses, desmoralizados mais pelas atividades dos guerrilheiros do que pelas derrotas militares, foram, quase a seguir, obrigados a recuar para trás do Ebro, reduzidos à condição de tentar manter pelo menos a posse da orla norte da Espanha. Mesmo assim a situação não lhes era favorável devido à pressão dos guerrilheiros exercida contra sua retaguarda, particularmente nas regiões de Biscaia e nos distritos dos Pirineus, o que os obrigava a desviarem quatro divisões, de suas forças já reduzidas, para enfrentá-los. A progressão sistemática de Wellington, na direção dos Pirineus e da própria França, salvo alguns insucessos prontamente reparados, nada mais foi do que o epílogo estratégico para a história da Guerra Peninsular.

Essa feliz conclusão dificilmente poderia ter ocorrido sem o apoio moral e físico decorrente da presença de Wellington na península e de suas atividades, pois ao desviar a atenção dos franceses para ele estava facilitando seguidamente a disseminação das atividades dos guerrilheiros.

Resta saber, e essa é uma especulação bem interessante, se suas vitórias de 1812, incentivando os franceses a diminuírem suas perdas e reduzirem a área em que operavam não contribuíram para tornar mais árdua a progressão do próprio Wellington realizada em 1813, pois, quanto mais ampla e mais profunda a área de desdobramento dos franceses na Espanha, mais seguro e mais completo seria seu colapso final. A Guerra Peninsular foi um extraordinário exemplo que a História apresenta de um tipo de estratégia, fruto mais do bom-senso do que de intenções, que um século mais tarde Lawrence aproveitou para sobre ela desenvolver uma teoria racional que chegou a aplicar, embora sem uma concretização definitiva.

Após examinar a "úlcera espanhola" temos que voltar atrás para examinar outro tipo de tumor estratégico que estava afetando insidiosamente o próprio espírito de Napoleão.

Napoleão de Vilna a Waterloo.

A campanha russa de 1812 foi o clímax natural para as tendências que já podiam ser vislumbradas na estratégia de Napoleão — confiar mais na massa do que na mobilidade; mais no dispositivo estratégico do que na surpresa. As condições geográficas encontradas serviram, apenas, para acentuar suas fraquezas.

O próprio efetivo das forças de Napoleão, cerca de 450.000, induzia-o a adotar um dispositivo quase linear que permitia, com muita facilidade, que se fizesse uma previsão sobre sua direção de esforço. É verdade que, como os alemães em 1812, ele sempre reforçava um dos seus flancos — o esquerdo — e procurava com ele, como em Vilna, executar um amplo envolvimento. Contudo, mesmo levando em conta a inércia de seu irmão Jerônimo, em seu papel de fixar o inimigo, essa manobra era muito desajeitada e muito direta para que pudesse servir eficientemente como ação diversionária e para desequilibrar o adversário, a menos que este fosse de uma estupidez anormal. No caso, as limitações dessa manobra foram reveladas pelos russos com a adoção de uma estratégia de evasão.

Quando Napoleão avançou para o interior da Rússia após seus golpes iniciais dados no vazio, foi obrigado a contrair sua frente e com seu costumeiro "bataillon carré" procurou lançar-se, taticamente, sobre a retaguarda do inimigo. Todavia, quando os russos, alterando sua doutrina de combate, empurraram tolamente suas cabeças dentro das mandíbulas abertas de Napoleão, estas se fecharam de maneira tão evidente, em Smolensk, que eles tiveram tempo de escapulir e, em Borodina, essas mandíbulas quebraram seus próprios dentes. Nenhum exemplo seria mais evidente para comprovar as desvantagens de uma ação convergente face a outra verdadeiramente indireta. Os resultados desastrosos da retirada de Moscou foram menos devido ao tempo inclemente, pois o frio se prolongou por mais tempo do que o normal naquele ano, do que pela desmoralização imposta ao exército francês. E essa resultou do malogro da estratégia da procura direta do combate face à estratégia de evasão empregada pelos russos que foi, por sua vez, o método estratégico utilizado para executar o que pode ser classificado como política de guerra ou grande estratégia de ação indireta.

Além disso o mal causado à fortuna de Napoleão por sua derrota na Rússia foi imensamente aumentado pelos efeitos materiais e morais decorrentes dos reveses sofridos por seus exércitos na Espanha. Ao avaliar o efeito mortal da ação dos ingleses na Espanha, nessa campanha, é significativo observar que a Inglaterra estava seguindo sua tradicional política de guerra de "cortar as raízes".

Quando, em 1813, com novas forças, mais maciças e menos móveis que as anteriores, Napoleão se defrontou com o levante da Prússia e com os exércitos invasores da Rússia, procurou esmagá-los à sua maneira, já então tão habitual, de convergir sobre eles o peso de seu "bataillon carré". Contudo nem a batalha de Lutzen, nem a de Bautzen, foram decisivas e daí por diante os aliados, afastando-se cada vez mais, frustraram novas tentativas de Napoleão para atraí-los ao combate. O vazio que sempre encontrava obrigou Napoleão a pedir uma suspensão das hostilidades por seis semanas; quando terminou a trégua a Áustria se havia bandeado para o lado de seus inimigos.

A campanha de outono, que se seguiu, lança curiosa luz sobre a mudança de mentalidade de Napoleão. Ele possuía 400.000 homens, efetivo quase semelhante ao dos adversários. Empregou 100.000 numa investida contra Berlim mas, com essa pressão direta, apenas consolidou a resistência das forças de Bernadotte naquela área e os franceses foram rechaçados. Entrementes o próprio Napoleão, com seu exército principal, ocupara uma posição central que permitia dominar

Dresden, na Saxônia. Vencido pela impaciência resolveu, de repente, avançar diretamente para leste sobre os 95.000 homens de Blücher. Este recuou a fim de atraí-lo para a Silésia, enquanto Schwarzenberg, com 185.000 homens, começava a movimentar-se da Boêmia para o norte, descendo o Elba e atravessando as montanhas boêmias em direção ao interior da Saxônia, para colocar-se à retaguarda de Napoleão, em Dresden.

Deixando para trás um destacamento, Napoleão recuou às pressas, pretendendo enfrentar esse ataque indireto com outro ainda mais mortal. Seu plano consistia em deslocar-se para sudoeste, atravessando as montanhas boêmias para cortar a linha de retirada de Schwarzenberg ao longo das montanhas. A posição que pretendia ocupar era a ideal para uma barragem estratégica. Contudo, a notícia da aproximação do inimigo fez com que ele perdesse a calma, e, no último momento, decidisse realizar um ataque direto a Dresden e a Schwarzenberg. Com isso ganhou na realidade mais uma batalha que só taticamente foi decisiva, pois Schwarzenberg se retirou com segurança para o sul, atravessando as montanhas.

Um mês depois os três exércitos aliados começaram a fechar-se sobre Napoleão que, enfraquecido por suas batalhas, havia recuado de Dresden para Düben, perto de Leipzig. Schwarzenberg colocou-se ao sul, Blücher ao norte e, sem que Napoleão soubesse, Bernadotte aproximava-se sorrateiramente pela retaguarda de seu flanco norte. Napoleão decidiu executar um ataque direto, seguido por outro indireto; o primeiro era destinado a esmagar Blücher e o segundo visava cortar as comunicações de Schwarzenberg com a Boêmia. À luz da experiência da História, tal como foi exposta nas páginas anteriores, parece que essa seqüência não era correta. O movimento direto de Napoleão contra Blücher não conseguiu levá-lo à batalha, porém teve um resultado curioso, ainda mais significativo, por não haver sido premeditado. O movimento direto contra Blücher foi, sem que Napoleão percebesse, um movimento indireto contra a retaguarda de Bernadotte. Ameaçando-o, Napoleão obrigou-o a retirar-se apressadamente para o norte eliminando, assim, o perigo de ver cortada sua linha de retirada. Assim seu "golpe no ar" contra Blücher salvou Napoleão de um desastre completo, pois poucos dias mais tarde, quando Blücher e Schwarzenberg convergiram sôbre ele em Leipzig, o desafio foi aceito e embora derrotado Napoleão encontrou aberto o caminho pelo qual pôde retirar-se em segurança para a França.

Em 1814 os aliados, agora amplamente superiores em número, desencadearam a invasão da França. Napoleão, em dificuldades com o efetivo de suas tropas, que havia sacrificado em virtude de sua fé imperial no poder da massa, foi levado a voltar a afiar suas velhas armas: a surpresa e a mobilidade. No entanto, por mais brilhantemente que as tenha manejado, estava muito impaciente e obcecado pela idéia de procurar a batalha, para poder usá-las com a artística sutileza de um Aníbal ou de um Cipião, de um Cromwell ou de um Marlborough.

Com seu emprêgo, porém, adiou por muito tempo sua derrota final. Soube fazer um hábil ajustamento entre o fim que visava e os meios de que dispunha. Percebendo que estes eram muito reduzidos para proporcionar-lhe uma decisão militar, procurou desequilibrar a cooperação que existia entre os exércitos aliados e explorou sua mobilidade com essa finalidade de maneira espantosa e como nunca tinha feito anteriormente. Ainda assim, por mais notável que tivesse sido seu êxito, no sentido de retardar o avanço do inimigo, este poderia ter sido mais eficaz e duradouro se ele tivesse refreado sua tendência de consumar todo êxito estratégico com um êxito tático. Por meio de deslocamentos rápidos, cinco dos quais, pelo menos, possibilitaram-lhe atingir seu objetivo de chegar à retaguarda de destacamentos inimigos, conseguiu infligir-lhes uma série de derrotas. Somente quando, imprudentemente, resolveu lançar um ataque direto contra Blücher em Laon é que sofreu uma derrota que não estava em condições de suportar.

Restando-lhe apenas 30.000 homens Napoleão decidiu, num último golpe, mover-se para leste até Saint Dizier, arregimentando todas as guarnições que encontrou e levantando os habitantes do campo contra o invasor. Com esse movimento ficaria a cavaleiro das comunicações de Schwarzenberg, porém precisava, não apenas colocar-se na retaguarda do inimigo, mas levantar um exército para poder agir contra ele. O problema era bastante complicado, não apenas pela falta de tempo e de meios, como pela sensibilidade moral da base que era obrigado a desproteger. Realmente, Paris não podia ser considerada como sendo apenas um depósito de suprimentos. Por um desses azares do destino suas ordens caíram nas mãos do inimigo e os fatores surpresa e tempo com que contava ficaram prejudicados. Ainda assim era tão poderoso o "puxão" estratégico de sua manobra que somente depois de acalorado debate é que os aliados concordaram em entrar em Paris em lugar de recuar, para enfrentá-lo. O movimento dos aliados foi um nocaute moral para a causa de Napoleão. Segundo se disse o fator que mais influenciou a decisão dos aliados de entrar em Paris foi o temor de que Wellington, subindo a fronteira espanhola, lá chegasse em primeiro lugar. Se isso é verdade, representa um irônico triunfo da estratégia de ação indireta e do seu "puxão" decisivo.

Em 1815, depois de seu regresso de Elba, o vulto das forças com que contava parece ter feito o sangue subir novamente à cabeça de Napoleão. Apesar disso, à sua própria moda, continuou a utilizar-se dos efeitos tanto da surpresa como da mobilidade e em conseqüência chegou quase a alcançar um resultado decisivo. Embora seu ataque aos exércitos de Blücher e Wellington fosse geograficamente direto, a escolha do momento em que o executou foi uma surpresa e sua direção deslocou a articulação do inimigo. Todavia Ney não conseguiu, em Ligny, executar o papel de manobra que lhe fora atribuído — um ataque indireto — de modo que os prussianos escaparam a uma derrota decisiva. E quando Napoleão se voltou contra Wellington em Waterloo, seu ataque foi puramente direto, envolvendo assim uma perda de tempo e de homens que acentuou a dificuldade maior que a seguir teve pela incapacidade de Grouchy em conservar Blücher "distraído" bem longe do campo de batalha. Assim, o aparecimento de Blücher foi, pelo seu caráter inesperado, um ataque psicológico indireto e, como tal, decisivo.

CAPÍTULO IX

1854-1914

Quando a grande "Exposição de Paz" de 1851 evoluiu para uma era de belicosidade, a primeira guerra da nova série foi tão indecisa em seu curso militar como em seu final político. Da miséria e da estupidez da Guerra da Criméia podemos, unicamente, tirar ensinamentos negativos. O mais importante deles é o da ineficiência da ação direta. Quando os generais usavam antolhos podia-se considerar natural que um ajudante-de-campo lançasse uma Brigada Ligeira diretamente contra os canhões russos. No exército britânico o espírito da ação direta que dominava todos os campos de ação era extremamente preciso e rigidamente formal e assim foi compreendido pelo general francês Canrobert, quando alguns anos depois, assistindo a um baile na corte, assim se expressou: "Os britânicos combatem como Vitória dança." Os russos não estavam menos imbuídos dessas idéias, tanto que, em determinada manobra, certo regimento depois de ter marchado o dia inteiro, encontrou-se diante de Sebastopol como já estivera ao amanhecer!

Ao examinar o deprimente exemplo da Criméia não podemos esquecer, embora não devamos exagerar, que quarenta anos após Waterloo os exércitos da Europa se tinham tornado inteiramente profissionais. Essa apreciação não deve ser utilizada como argumento contra os exércitos profissionais, mas como um alerta contra os perigos latentes que podem ser gerados em um ambiente exclusivamente profissional. Esses perigos são inevitavelmente acentuados nos altos escalões, mais experientes e rotineiros e só podem ser evitados pelo contacto estreito com outros ambientes de atividades e de pensamento. Por outro lado, as primeiras fases da Guerra Civil Americana bastariam para provar as fraquezas de um exército *não*-profissional. O treinamento é essencial no sentido de se forjar um instrumento eficiente para ser manejado por um general. Uma guerra de longa duração ou uma paz curta proporcionam as condições mais favoráveis para o preparo de tal instrumento. Todavia, haverá sempre uma falha no sistema se o instrumento for de qualidade superior ao artista que o emprega.

Neste, como em outros aspectos, a Guerra Civil Americana de 1861-5 oferece contrastes bastante esclarecedores. Os chefes militares, e especialmente os do sul, foram selecionados principalmente entre aqueles que haviam escolhido a profissão das armas, mas o desempenho dessa profissão era, em muitos casos, acumulado com o exercício de cargos civis ou intermeados com ócios para estudos individuais. Os campos de manobra não eram utilizados para o aperfeiçoamento ou a consolidação de suas idéias estratégicas. Não obstante, apesar de serem bastante esclarecidos e disporem de recursos suficientes para elaborar uma estratégia própria, foram os ensinamentos convencionais que orientaram, inicialmente, a maior parte de suas operações.

Essa tendência foi aumentada com o surgimento das ferrovias que vieram proporcionar à estratégia um meio de deslocamento veloz que não lhe trazia, entretanto, a flexibilidade que lhe era necessária para ser considerado como um fator positivo de mobilidade. A Guerra Civil Americana foi o primeiro conflito bélico no qual o transporte ferroviário desempenhou papel importante. A rigidez de suas estradas fez, naturalmente, que sua estratégia seguisse linhas retas e diretas.

Além disso, nessa e nas guerras que se seguiram, os exércitos passaram a depender da ferrovia para sua manutenção, sem perceber até que ponto dela se tinham tornado dependentes. Essa maior facilidade nos abastecimentos encorajou os comandantes a aumentarem seus efetivos, em torno das terminais ferroviárias, sem que perguntassem a si próprios quais as conseqüências desses acréscimos sobre sua capacidade de ação. O resultado da utilização desse novo meio de transporte foi paradoxal: reduziu a mobilidade em lugar de aumentá-la. A estrada de ferro permitia aumentar o efetivo dos exércitos na frente de combate e assegurar seu abastecimento. Satisfazia as necessidades de vida das forças, porém elas passaram a ficar amarradas à ponta dos trilhos. Ao mesmo tempo que seu sustento "pendia de um fio" a grande extensão da ferrovia, à sua retaguarda, se tornava muito vulnerável.

Esses efeitos foram observados logo no início da Guerra Civil Americana e se tornaram mais acentuados em 1864. Os exércitos da União, acostumados a uma alimentação mais substancial, foram os mais suscetíveis à ação paralisante provocada pelos seus adversários. No teatro ocidental, especialmente, os perigos de se ter uma massa de homens alimentada exclusivamente por intermédio de ferrovias foram demonstrados pelas incursões executadas por brilhantes oficiais de cavalaria confederada, como Forrest e Morgan. Mais tarde esse isolamento passaria a ser executado por aviões e carros de combate. Os nortistas encontraram em Sherman um estrategista que diagnosticou as origens dessas dificuldades com maior clareza do que qualquer outro, não só em sua época como posteriormente, até que surgisse a nova escola de pensamento, fruto da experiência da Primeira Guerra Mundial, que se tornou a pioneira da guerra móvel mecanizada. O inimigo atacara Sherman através das ferrovias e Sherman procedeu da mesma maneira, mas não antes de se ter imunizado contra essas ações. Para readquirir sua capacidade de manobra estratégica e exercê-la sem se expor a um golpe paralisante, Sherman percebeu que devia libertar-se da linha fixa de suprimentos ou, em outras palavras, devia movimentar-se sendo auto-suficiente, o que importava em reduzir, ao mínimo indispensável, suas necessidades de suprimentos. Em outras palavras, para não ser apanhado pela cauda, tornava-se necessário que a enrolasse e a conduzisse embaixo do braço sempre que tivesse de dar um salto longo. Assim, tendo reduzido ao mínimo a bagagem que transportava, pôde afastar-se das comunicações ferroviárias e marchar pela "porta dos fundos da Confederação" para cortar as artérias

OS ESTADOS UNIDOS
em 1861
Mostrando as principais
Ferrovias
Milhas
0 100 200 300 400 500
CANADÁ
SUPERIOR
L. MICHIGAN
L. HURON
L. ONTARIO
L. ERIE
NOVA YORK
PENSILVÂNIA
NOVA JERSEY
Nova York
Gettysburg
Baltimore
MARY-
DELAWARE
Washington
OHIO
INDIANA
ILLINOIS
ESTADOS UNIDOS
MISSISSIPI
Missouri
St. Louis
Louisville
VIRGÍNIA OCIDENTAL
VIRGÍNIA
James
Yorktown
Chesapeake B
Baía de Chesapeake
Roanoke
KENTUCKY
Cairo
TENESSEE
Tenessee
CHATTANOOGA
CAROLINA do Norte
Goldsboro
CAROLINA do SUL
Memphis
M.T. KENESAW
Atlanta
GEÓRGIA
Savannah
Augusta
C. fear
Santee
Charleston
Savannah
ALABAMA
MISSISSIPI
Vicksburg
Jackson
LOUISIANA
Mississipi
Port Hudson
Mobile
Nova Orleans
FLÓRIDA
OCEANO ATLÂNTICO
Ilhas Baamas
GÔLFO do MÉXICO
CUBA
Longitude O de Greenwich
90
85
80
75
70
50
45
40
35
30
25

que alimentavam os principais exércitos inimigos e destruir, na fonte, seu sistema de suprimentos. O efeito que com isso obteve foi dramaticamente decisivo.

A Guerra Civil Americana

No início da campanha os exércitos que se defrontavam procuraram se destruir mutuamente com ataques diretos. O resultado desses choques foi indeciso tanto na Virgínia como em Missouri. Logo a seguir McClellan, nomeado comandante-chefe do Norte, em 1862, procurou utilizar-se dos meios navais que possuía para transportar seu exército para o flanco inimigo. Isso abria perspectivas bem mais promissoras do que as que poderiam ser esperadas com um ataque direto. Parece que essa concepção teve mais em mira a execução de um ataque direto, mais curto, a Richmond, capital inimiga, do que se beneficiar dos efeitos de uma ação indireta. Suas perspectivas favoráveis foram anuladas com a relutância do Presidente Lincoln em aceitar um risco calculado, que poderia decorrer do afastamento do corpo de McDowell de sua missão de proteção direta de Washington. Isso privou McClellan, não apenas de parte da força que poderia contar como do elemento diversionário principal indispensável ao bom êxito de seu plano.

Em conseqüência, logo ao desembarcar, McClellan perdeu um mês diante de Yorktown e seu plano precisou ser reajustado, dando margem a que fosse realizado um ataque convergente ou semidireto, juntamente com McDowell (que só tinha autorização para avançar, por terra, até Richmond). As operações indiretas de "Stonewall" Jackson, no vale do Shenandoah, exerceram tanta influência sobre o governo de Washington que este foi levado a mandar suspender a participação de McDowell na manobra prevista, quando as vanguardas já se encontravam a quatro milhas de Richmond, prontas para o assalto final, sem que Lee dispusesse de forças bastantes para enfrentá-las. E, mesmo recuando taticamente, McClellan tinha, na Batalha dos Sete Dias, uma vantagem estratégica como até então não tivera, pois a interrupção do envolvimento que pretendia realizar não o impedira de transferir sua base de operação para o rio James, com o que assegurava suas próprias comunicações e, pela posição que ocupava, ameaçava perigosamente as comunicações inimigas que de Richmond se dirigiam para o sul.

Toda a vantagem até então obtida foi perdida com uma decisão estratégica de Halleck, designado por injunções políticas para general-chefe, com autoridade sobre McClellan, ordenando que o exército deste último reembarcasse e se retirasse para o norte a fim de unir-se ao de Pope, numa ação direta que realizava. Como tem acontecido freqüentemente na História, essa duplicação direta de força não representou, na prática, duplicação de efeitos mas, ao contrário, redução dos mesmos, em conseqüência de ter tornado mais simples para o inimigo a dedução da linha de ação mais provável. A estratégia de Halleck atendia a evidente interpretação do princípio da concentração e nos permite, aqui, assinalar os perigos decorrentes da aplicação incorreta de princípios convencionais.

A ineficiência da estratégia de ação direta, que dominou toda a metade de 1862, foi convenientemente comprovada pela sangrenta derrota no combate de Fredericksburg, em 13 de dezembro. E o prosseguimento dessa estratégia em 1863 conduziu, não a maior aproximação de Richmond, mas, ao contrário, à invasão do território nortista pelos confederados logo após o fracasso da ofensiva do exército da União. Inicialmente essa invasão teve caráter indireto, física e psicologicamente, mas perdeu esse sentido quando Lee se deixou arrastar a um assalto à posição de Meade, em Gettysburg, assalto em que persistiu durante três dias, até ter perdido quase metade de seu efetivo. A aproximação do fim do ano viu ambos os exércitos de volta às suas posições originais, bastante esgotados para qualquer outra coisa do que mostrar os dentes um ao outro através do Rapidan e do Rappahannock.

É interessante notar que nessa campanha, de ações diretas recíprocas, as vantagens tinham ficado com aquele que se manteve na defensiva, contentando-se em evitar a progressão do outro, pois em tais condições estratégicas a defensiva, evitando esforços inúteis, é a forma menos direta das duas estratégias diretas.

A derrota de Lee em Gettysburg tem sido considerada como o ponto decisivo da guerra, mas essa afirmação só se justifica num sentido dramático. O veredito sóbrio da opinião da História tem acentuado, cada vez mais, que os resultados decisivos provieram do oeste.

O primeiro deles ocorreu, já em abril de 1862, quando o esquadrão de Farragut contornou os fortes que protegiam a embocadura do Mississipi e, assim, conseguiu, sem derramamento de sangue, a rendição de Nova Orleãs. Foi como a ponta fina de uma cunha estratégica dividindo a Confederação pela linha vital desse grande rio.

O segundo efeito decisivo foi obtido, mais acima, no próprio Mississipi, no mesmo dia (4 de julho) em que Lee iniciou sua retirada do campo de batalha de Gettysburg. Foi a conquista de Vicksburg por Grant, o que deu à União o controle completo daquela artéria vital. Em conseqüência disso a Confederação ficou privada permanentemente dos reforços e suprimentos procedentes dos Estados situados além do Mississipi. Todavia, o grande efeito estratégico dessa operação realizada contra o inimigo mais recente não deve fazer esquecer os meios estratégicos com os quais ele foi obtido. O primeiro avanço sobre Vicksburg, em dezembro de 1862, foi realizado em conjunto, por ferrovia e pelo Mississipi, e este último por uma expedição comandada por Sherman. Quando o avanço de Grant foi contido pelas incursões da cavalaria confederada, que ameaçavam suas comunicações, e as forças da Confederação ficaram em condições de ser orientadas contra Sherman, ele se transformou num movimento essencialmente direto e, desse modo, foi repelido sem dificuldade logo que Sherman tentou um desembarque nas proximidades de Vicksburg.

Em fevereiro e março de 1863 foram realizadas mais quatro tentativas, mal sucedidas, para se atingir aquele objetivo com manobras de desbordamento muito limitadas. Finalmente, em abril, Grant recorreu a uma ação verdadeiramente indireta que teve muita semelhança, não somente devido à audácia com que foi realizada, com a investida de Wolfe sobre Quebec. Parte da frota e dos transportes da União desceu para o sul à noite, contornando as baterias de Vicksburg, até uma posição situada trinta milhas abaixo da fortaleza, onde o grosso do exército que se tinha movimentado para lá por terra, acompanhando a margem oeste do Mississipi, protegido pelas ações diversionárias realizadas por Sherman ao nordeste de Vicksburg, atravessou o rio sem grande oposição. Quando Sherman se juntou a ele, Grant aceitou o risco calculado de isolar-se de sua nova base e marchar para nordeste, penetrando em território inimigo, para colocar-se na retaguarda de Vicksburg e cortar suas comunicações com os principais Estados orientais da Confederação. Nessa manobra executou um círculo quase completo, parecendo a princípio ir colocar-se entre os maxilares superior e inferior do inimigo, que tinha forças concentradas, respectivamente, em Vicksburg e Jackson, quarenta milhas mais a leste (Jackson era um entroncamento ferroviário dos troncos norte-sul e leste-oeste). Na realidade, porém, deslocou a ação desses maxilares.

Vale a pena notar que, ao chegar a essa ferrovia, Grant julgou aconselhável movimentar, inicialmente, todo seu exército para leste a fim de obrigar o inimigo a evacuar Jackson. Isso ilustra uma mudança de condições estratégicas ocasionada pela ampliação das ferrovias. Enquanto Napoleão se utilizava do curso de um rio ou das encostas de uma cordilheira como barragem estratégica, a de Grant era constituída com o domínio de um único ponto: um entroncamento ferroviário. Conquistado este, ele avançou sobre Vicksburg, que então estava isolada e assim permaneceu durante o tempo necessário à realização de operações que terminaram com sua capitulação sete semanas mais tarde. A conseqüência estratégica dessa conquista foi a abertura da porta de Chattanooga para a Geórgia, celeiro da Confederação, e daí para os Estados orientais.

A derrota da Confederação difìcilmente poderia ser, a partir disso, evitada. No entanto a União quase perdeu a vitória, pràticamente assegurada, porque em 1864, com o Norte cada vez mais cansado, o fator moral se tornou preponderante. O grupo pacifista via suas fileiras crescerem diariamente com a adesão dos elementos cansados da guerra, a eleição presidencial estava marcada para novembro e, para que Lincoln não fosse derrotado por um candidato comprometido com promessas de paz, era necessário que surgisse uma garantia sólida de vitória rápida. Com essa finalidade Grant foi chamado do oeste para assumir o comando supremo. Como procurou ele obter essa rápida vitória de que tanto precisava? Utilizando uma estratégia, que os bons soldados ortodoxos sempre adotaram, de empregar sua força duplamente superior para esmagar o exército adversário ou, pelo menos, desgastá-lo com sucessivos "martelamentos". Vimos que, na campanha de Vicksburg, Grant só adotara a verdadeira ação indireta depois de terem falhado seus repetidos ataques diretos. Executara-a com magistral habilidade mas o ensinamento básico não se fixara suficientemente em seu espírito.

Agora, no comando supremo, era fiel a sua natureza. Decidiu-se pelo rotineiro ataque terrestre direto, partindo de Rappahannock na direção de Richmond. Todavia, agora com um objetivo diferente, pois seu verdadeiro intento era o exército inimigo e não a capital inimiga. Ordenou ao seu comandado Meade: "Onde Lee for, você vai também." Para fazer justiça a Grant deve-se notar, igualmente, que seu ataque era direto num amplo sentido e não de mera investida frontal. Com efeito ele tentou contìnuamente desbordar os flancos do inimigo com manobras, embora essas fossem de amplitude muito limitada. Além disso obedecia a todos os preceitos militares no sentido de conservar seu exército reunido e de manter seu objetivo, sem se deixar abalar por problemas surgidos em outras áreas. Nem mesmo Foch poderia ter superado sua "vontade de vencer". E aqueles que aplicavam processo semelhante em 1914-18 deveriam ter sentido inveja de Grant pelo generoso apoio que lhe foi dado e pela inabalável confiança que sempre lhe foi depositada por seu chefe político. Seria difícil encontrar melhores condições para a execução de uma estratégia ortodoxa de ação direta.

Contudo, no fim do verão de 1864, o fruto maduro da vitória parecia ter murchado em suas mãos. As forças da União haviam atingido quase o fim de sua capacidade de resistência e Lincoln desesperava-se com sua reeleição, triste pagamento de um cheque em branco que tinha dado ao seu executante militar. Constitui uma observação irônica verificar que a determinação com que Grant empregou forças de efetivos superiores, agora encolhidas após as ferozes batalhas de Wilderness e Cold Harbor, falhou completamente em seu propósito de esmagar o exército inimigo, enquanto o objetivo principal visado, isto é, uma posição à retaguarda de Richmond, foi obtido com manobras onde quase não houve derramamento de sangue. Teve ele, assim, a satisfação de voltar à posição anteriormente ocupada por McClellan em 1862, desta vez, porém, com severas perdas.

Entretanto, quando o céu parecia mais escuro, repentinamente clareou. Nas eleições de novembro Lincoln foi reconduzido ao poder. Qual o fator que veio em seu auxílio, evitando a possibilidade de McClellan, o candidato do partido democrata, desejoso de paz, ser eleito? Não foi a campanha de Grant, que praticamente não apresentou nenhum progresso entre julho e dezembro e que terminara definitivamente com um duplo revés em meados de outubro. De acordo com a opinião dos historiadores a captura de Atlanta por Sherman, em setembro, foi o instrumento de salvação.

Quando Grant foi chamado ao comando supremo, Sherman, que desempenhava papel importante no êxito de Vicksburg, sucedeu-o no comando em chefe das tropas do oeste. Enquanto Grant considerava o exército adversário como seu objetivo primordial, o método utilizado por Sherman consistia em ameaçar pontos estratégicos como um meio de fazer o exército adversário desproteger-se, ao tentar protegê-los, ou abandoná-los, a fim de manter seu próprio equilíbrio. Assim tinha sempre um objetivo alternado, embora no final tenha sido sempre o segundo o que ele atingiu e quase sempre com efeito de muito maior alcance. Atlanta, base do exército inimigo, não era apenas o entroncamento de quatro importantes ferrovias, mas fonte vital de suprimentos. Como acentuava Sherman, estava cheia de "fundições, arsenais e oficinas mecânicas", além de ser um símbolo moral. Sherman argumentava que "sua conquista seria o dobre de finados da Confederação".

Seja qual for a divergência de opiniões que possa existir quanto aos méritos dos objetivos de Grant e de Sherman, é óbvio que os do último são mais apropriados à psicologia de uma democracia. Talvez só um governante absoluto, firmemente instalado no poder, possa esperar manter inabalavelmente como seu objetivo principal as "forças armadas" inimigas o que, na realidade, é a solução ideal para os militares, mas mesmo assim seria prudente que ele se ajustasse à realidade da situação e ao peso das possibilidades de seu coroamento. Todavia o estrategista que é servo de um governo democrático tem muito menos liberdade. Dependente do apoio e da confiança de seus superiores, precisa trabalhar com margem mais limitada de tempo e custo do que o estrategista "absoluto" e sempre sofre pressões mais fortes para apresentar lucros rápidos. Sejam quais forem as perspectivas finais não pode retardar por muito tempo a distribuição dos dividendos. Daí ser necessário, para ele, desviar-se temporariamente de seu objetivo verdadeiro ou, pelo menos, dar-lhe nova aparência, alterando desse modo sua linha de ação. Diante desses tropeços inevitáveis é justo que se pergunte por que a teoria militar não se ajusta à realidade de que todo o esforço militar se baseia num alicerce popular, de que o suprimento de homens e munições, ou a simples oportunidade de continuar a luta, depende do consentimento do "homem da rua". Quem paga a orquestra escolhe a música e os estrategistas talvez fossem melhor recompensados se afinassem sua estratégia, até onde fosse corretamente possível, pelo ouvido popular.

A economia de força realizada por Sherman pela manobra é ainda mais notável porque, em comparação com Grant na Virgínia, ele estava praticamente preso a uma única linha ferroviária para a obtenção de seus suprimentos. Ainda assim, de preferência a empenhar suas tropas em uma ação direta, afastou-se temporariamente até mesmo dessa linha de suprimentos. Só uma vez, em todas essas semanas de manobras, tentou um ataque frontal na montanha de Kennesaw. Isso mesmo porque desejava poupar suas tropas a outra marcha de flanco por estradas inundadas pela chuva, mas logo que sofreu o primeiro insucesso suspendeu imediatamente o ataque. Essa foi, também, a única ocasião em que Sherman empenhou suas tropas numa ação ofensiva durante toda a marcha de 130 milhas que realizou através de uma região montanhosa e cortada de cursos d'água. Nas outras ocasiões manobrou com tal habilidade que conseguiu atrair os confederados, vezes após vezes, a ataques inúteis sempre frustrados pela maneira com que combinava seus movimentos ofensivos com uma técnica altamente desenvolvida de organização de terreno. De cada tentativa inimiga de perfurar seu escudo móvel ele tirava uma vantagem estratégica. Forçar o inimigo a tal sucessão de ofensivas táticas dispendiosas, agindo numa defensiva estratégica, constituiu um exemplo de arte estratégica raramente observado na História, tornado ainda mais notável porque Sherman estava preso a uma única linha de comunicações. Encarada exclusivamente dentro de um ponto de vista estritamente militar, sem se levar em conta os efeitos morais e econômicos que provocou, a campanha de Sherman foi um grande feito, porque ele infligiu, num sentido absoluto, muito mais baixas do que sofreu, em chocante contraste com o que acontecia com Grant na Virgínia.

Depois de se apoderar de Atlanta, Sherman aceitou um risco ainda maior e por isso tem sido severamente criticado pelos comentadores militares. Estava convencido de que se pudesse chegar à Georgia, celeiro do sul, e arruinar seu sistema ferroviário e em seguida marchar pelas Carolinas, coração do sul, o efeito moral dessa ação e a interrupção do fluxo de suprimentos destinados a Richmond e ao exército de Lee causariam o colapso da resistência da Confederação.

Por isso, ignorando o exército de Hood, a quem havia obrigado a evacuar Atlanta, iniciou sua famosa "marcha para o mar" através da Geórgia, vivendo com o que encontrava na região e destruindo as ferrovias. Em 15 de novembro de 1864 deixou Atlanta; em 10 de dezembro alcançou os subúrbios de Savannah, onde restabeleceu suas comunicações interrompidas e, desta vez, pelo mar. Para citar a opinião do general confederado e historiador, Alexander: "Não há dúvida que o efeito moral dessa marcha sobre o país em geral... foi maior do que teria sido o da mais decidida vitória." Sherman moveu-se então para o norte, através das Carolinas, em procura da retaguarda de Lee, privando o Sul do restante dos portos com que contava.

Os métodos operacionais de Sherman merecem exame mais pormenorizado. Para a marcha através da Geórgia ele não só se afastou de suas comunicações, como também reduziu drasticamente suas exigências de equipamentos, transformando seu exército em enorme "coluna volante" de tropas ligeiras com um efetivo de sessenta mil homens. Cada um de seus quatro corpos era auto-suficiente e os grupos forrageadores atuavam numa ampla cortina na frente e nos flancos das colunas em marcha.

Além disso, nessa marcha Sherman aplicou nova prática estratégica. Na campanha de Atlanta fora prejudicado, como percebeu, por ter um único objetivo geográfico, o que simplificava a tarefa do adversário em suas tentativas de conter suas investidas. Sherman procurou eliminar essa limitação colocando o adversário seguidamente "nas alternativas de um dilema", frase que gostava de empregar para expressar sua idéia. Escolheu uma direção de marcha que deixou os confederados em dúvida, primeiro, se seu objetivo era Macon ou Augusta e, depois, se era Augusta ou Savannah. E, embora tivesse suas preferências, Sherman estava sempre pronto para conquistar o objetivo secundário se a situação favorecesse essa modificação. No caso não houve essa necessidade, devido à incerteza ocasionada ao inimigo pela direção duvidosa que tinha tomado.

Já tendo provado, na marcha através da Geórgia, como um exército podia deslocar-se rapidamente, Sherman agora mostrava que era ainda possível acelerar esse movimento ainda mais. Antes de partir para o norte, através das Carolinas, procurou transformar seu exército "numa máquina móvel disposta e capaz de funcionar quase instantâneamente e subsistir com um mínimo de alimentação". Embora fosse inverno, até mesmo os oficiais passaram a acampar aos pares embaixo dos pedaços de lonas estendidos sobre varas ou galhos de árvores. Todas as barracas e material de acampamento foram abandonados.

Mais uma vez Sherman seguiu uma direção dúbia quanto aos objetivos que pretendia conquistar, de modo que seus adversários, não podendo decidir se deviam proteger Augusta ou Charleston, foram obrigados a dividir suas forças.

A seguir, abandonando os objetivos anteriormente estabelecidos, dirigiu-se para Colúmbia, capital da Carolina do Sul e centro da mais importante fonte de suprimentos de Lee, deixando, mais uma vez, os confederados em dúvida se seu real objetivo era Charlotte ou Fayeteville. E quando, posteriormente, se deslocou partindo de Fayeteville o inimigo não podia afirmar se seu destino era Raleigh ou Goldsborough. O próprio Sherman não tinha certeza se seria Goldsborough ou Wilmington!

Nos efeitos físico e moral, provocados com a utilização dessa direção duvidosa, encontra-se a única explicação razoável para o avanço desenfreado de 425 milhas realizado em um território cheio de obstáculos, rios, riachos e pântanos, e face a um inimigo que dispunha de força mais do que suficiente para oferecer eficiente resistência. A flexibilidade do dispositivo de Sherman contribuiu para esse avanço tanto quanto os itinerários que tomava. Movimentava-se em uma frente ampla e irregular com quatro, cinco ou mesmo seis colunas em linha, cada uma delas coberta por uma nuvem de forrageadores, de modo que quando uma delas era detida as outras estavam avançando. Tanto em relação aos efeitos que provocava, como quanto aos métodos empregados, essas colunas foram os verdadeiros precursores das forças "panzer" que irromperam na França em 1940. As tropas adversárias ficavam tão assustadas que repetidamente cediam a essa pressão moral e recuavam antes mesmo de sentir qualquer pressão física mais séria, com suas mentes tão saturadas pela impressão provocada com a capacidade de manobra de Sherman que, quando ocupavam uma posição de resistência, já estavam pensando no itinerário de retirada. Ficou, mesmo, registrado que o brado "Somos os incursores de Bill Sherman... Será melhor vocês fugirem" era, em certas ocasiões, uma insinuação suficiente. Se a confiança é metade da batalha, minar a confiança do adversário é mais de metade, porque permite a conquista dos frutos sem luta. Sherman poderia afirmar, com tanta convicção como Napoleão na Áustria: "Eu destruí o inimigo apenas com marchas."

Em 22 de março Sherman chegou a Goldsborough, onde encontrou suprimentos e a força de Schofield. Recompletou-

-se como um preparativo para a fase final de sua investida contra Lee, que continuava aferrado a Richmond.

Não foi senão em princípios de abril que Grant reiniciou seu avanço obtendo com ele um dramático êxito, pois à rendição de Richmond seguiu-se, uma semana depois, a do exército de Lee. Superficialmente examinado esse evento pode parecer uma justificativa favorável à estratégia direta e ao objetivo de "batalha" de Grant. Contudo, para um julgamento mais aprofundado, o fator tempo é absolutamente necessário. O colapso da resistência confederada resultou da ação de seu estomago vazio sobre seu moral e das "notícias de casa". Antes mesmo de Sherman ter chegado a Goldsborough, Grant já podia escrever: "O exército de Lee está agora desmoralizado e desertando muito rapidamente."

O homem tem o dever de ser leal: com sua pátria e com sua família. Na maioria dos homens, o segundo, sendo mais pessoal, é mais forte. Enquanto suas famílias estiverem em segurança defenderão sua pátria, acreditando que com seu sacrifício eles as estão protegendo. Entretanto, mesmo os laços do patriotismo, disciplina e camaradagem podem ser desfeitos quando a família é ameaçada. Foi o caráter sumamente mortífero do ataque desencadeado por Sherman, contra a retaguarda de um povo e não apenas de um exército, que fez colocar os dois deveres de lealdade em oposição e assim impor uma tensão destruidora sobre a vontade do combatente.

O ataque indireto, à retaguarda econômica e moral do inimigo, mostrou-se decisivo na última fase, como já o tinha sido nos sucessivos passos com os quais a decisão foi preparada no oeste. Esta é a verdade que se apresenta a quem quer que empreenda um cuidadoso e compreensivo estudo militar sobre o assunto. Foi apreciada há mais de trinta anos pelo futuro historiador e oficial britânico da Primeira Guerra Mundial, General Edmonds, que em sua história da Guerra Civil Americana chegou a esta conclusão:

"O gênio militar dos grandes líderes confederados, Lee e Jackson, a inigualável capacidade de luta do Exército da Virgínia do Norte e a grande proximidade das capitais rivais fizeram que uma atenção desproporcional fosse concentrada no teatro de guerra de leste. Foi no oeste, entretanto, que se desfecharam os golpes decisivos. A conquista de

Vicksburg e Port Hudson, em julho de 1863, foi o verdadeiro ponto decisivo da guerra e foram as operações do Grande Exército do Oeste de Sherman que causaram, realmente, o colapso da Confederação no Palácio da Justiça de Appomattox, local em que se deu a rendição de Lee no leste."

Essa atenção desproporcional pode ser atribuída, parte ao encanto da batalha que hipnotiza a maioria dos estudiosos da história militar e parte à fascinação despertada pela épica biografia de "Stonewall" Jackson escrita por Henderson, que é mais uma epopéia do que um livro de história. O valor militar característico desse livro dificilmente poderia ser reduzido e é mesmo enriquecido por tratar mais da concepção da guerra como a viu Henderson do que das operações executadas por Jackson. Todavia, pelo interesse que criou em torno da Guerra Civil Americana, focalizou a atenção dos estudantes militares britânicos para as campanhas da Virgínia, deixando esquecidos os teatros do oeste, onde ocorreram as ações decisivas. Um historiador moderno poderia prestar um serviço às gerações futuras analisando o efeito dessa "atenção desproporcional" não apenas unilateral mas também ilusória, sobre o pensamento militar britânico, antes de 1914 e sobre a estratégia britânica em 1914-18.

As Campanhas de Moltke

Quando o analista se transfere da Guerra Civil Americana para as que, paralelamente, se processaram na Europa, provavelmente fica impressionado, acima de tudo, pela imensidade de seus contrastes.

Na Europa, em 1866 e 1870, ambos os partidos estavam, pelo menos nominalmente, preparados para o conflito; os antagonistas empregavam exércitos profissionais; e os comandos cometeram mais erros e enganos que qualquer dos seus equivalentes na Guerra Civil Americana; à estratégia empregada pelos alemães faltou arte e sutileza, mas apesar de todas essas deficiências o conflito teve um desfecho rápido.

A estratégia de Moltke foi, em seu propósito, a de ações diretas realizadas com pouca astúcia e baseadas quase exclusivamente na esmagadora superioridade das forças que

EUROPA CENTRAL
Milhas
0 20 40 60 80 100
200
Lubeck
Hamburg
Bremer
Berlim
Zorndorf
Kunersdorf
Posen
Escalda
Roterdão
Antuérpia
Brugers
Ghent
Brussels
Oudenarde
Louvain
Maastricht
Tournai
Waterloo
Ramillies
Liegen
Agincourt
Douai
Mons
Namur
Huy
Crecy
Coblenz
Amiens
Ruão
Laon
Sedan
Thionville
Reims
Gravelotte
Paris
St. Dizier
R. SENA
Metz
Mannheim
Philippsburg
Weissenburg
Dettweiler
Sasbach
Strassburg
Turk
Colman
Mulhauseim
Belfort
R. Loire
Tours
Zurique
Lucerna
St. Gotthao
TIROL
Ulm
Blenheim
Augsburg
Nauworth
Ingolstadt
Rio Danúbio
Krems
Viena
Budapeste
Nuremberg
BAVIERA
Jena
FLORESTA TURINGIANA
Düben
SAXÔNIA
Torgau
Bautzen
Lützen
Leipzig
Dresden
Maxen
Leuthen
SILESIA
Leitmeritz
Praga
Kolin
BOEMIA
Olmutz
Brunn
Austerlitz
Limoges
Lião
R. Rodano
S. BERNARDO
Ivrea
Turim
Rivoli
Valenza
Alessandria
PIEMONTE
Cherasco
Marengo
Tortona
Genova
GOLFO de GENOVA
Milão
Chiari
Castiglio
Lombárdia
Trento
Bassano
Arcola
Verona
Mantua
Trieste
MAR ADRIÁTICO
Nimes

possuía. Deve-se concluir que essa guerra foi a exceção que serve para confirmar uma regra? Sem dúvida ela não foi um exemplo clássico, mas dificilmente pode representar uma exceção à regra, estabelecida após a apreciação da longa lista de casos até agora examinados, porque nela a inferioridade numérica e a cegueira de espírito se combinaram tão acentuadamente do lado derrotado que o prejudicaram sensivelmente desde o início da campanha.

Em 1866 a inferioridade militar da Áustria era, principalmente, conseqüente do armamento inferior utilizado em seu exército. Realmente, foi a superioridade do fuzil de carregar pela culatra, sobre o de carregar pela boca dos austríacos, que deu aos prussianos essa grande vantagem, amplamente comprovada no campo de batalha, embora o pensamento militar acadêmico da geração que se seguiu tenha tendido a desprezar esse fato. Em 1870 a inferioridade dos franceses decorria de seu menor efetivo, e, tal como os austríacos em 1866, do seu treinamento deficiente.

Essas condições são mais que suficientes para explicar o caráter decisivo das derrotas austríacas em 1866 e, ainda mais, da derrota francesa em 1870.

Ao mesmo tempo é interessante que se caracterize que a estratégia alemã, em ambos os casos, embora menos direta na execução do que na concepção, era dotada de notável flexibilidade.

Em 1866 a necessidade de economizar tempo forçou o aproveitamento de todas as ferrovias disponíveis e obrigou Moltke a desembarcar as forças prussianas numa frente de aproximadamente 250 milhas. Sua intenção era, com um rápido avanço, convergir para o interior e após atravessar o cinturão montanhoso da fronteira reunir seus exércitos ao norte da Boêmia. A perda de tempo resultante da relutância do rei da Prússia em apresentar-se como agressor frustrou esse objetivo e, em conseqüência, armou a estratégia de Moltke de um efeito de ação indireta que não tinha sido por ele preparado. Como o exército austríaco se concentrou e avançou nesse intervalo de tempo, privando Moltke da desejada área de concentração, o príncipe herdeiro da Prússia, acreditando estar a parte saliente da Silésia ameaçada, arrancou de Moltke uma relutante aprovação para que marchasse com seu exército para sudeste a fim de protegê-la. Desse modo, afastando-se ainda mais dos outros exércitos, colocou-se em condições de ameaçar o flanco e a retaguarda da massa austríaca. Formalistas gastaram muita tinta para condenar Moltke por ter aprovado aquele deslocamento mas, na realidade, foi com ele que foram espalhadas as sementes de sua vitória final.

O dispositivo alemão perturbou de tal modo o equilíbrio mental do comando austríaco que os prussianos, apesar de uma enormidade de erros cometidos, conseguiram, em primeiro lugar, atravessar as montanhas, em toda a frente, ficando em condições de colher os frutos dessa iniciativa em Königgratz, onde outros erros contribuíram para que seu ataque se tornasse indireto e, em conseqüência, decisivo. O comandante austríaco já estava derrotado antes mesmo de a batalha ter-se iniciado pois, nessa ocasião, telegrafou ao seu imperador sugerindo uma paz imediata.

Vale a pena notar que as forças de Moltke, dispostas numa extensa frente, mostraram ser dotadas de mais flexibilidade que as austríacas, concentradas numa de 40 milhas, o que lhes dava uma aparência de poderem operar em "linhas interiores". Deve-se mencionar, também, que embora fosse intenção de Moltke concentrar suas forças antes de encontrar-se com o inimigo, não visava ele, com isso, desfechar um ataque direto. Seu plano original tinha duas variantes: se o reconhecimento mostrasse ser fraca a suposta posição dos austríacos por trás do Elba, em Josefstadt, o exército do príncipe herdeiro deveria desdobrá-la por leste e atacá-la, pelo flanco, enquanto os outros dois exércitos a investiriam pela frente; se fosse impraticável um ataque, todos os três exércitos deveriam dirigir-se para oeste, atravessar o Elba em Pardubitz e, em seguida, infletir para leste para ameaçar as comunicações do inimigo com o sul. No caso, porém, os austríacos encontravam-se nas margens do Elba concentrados mais à frente do que Moltke esperava, de modo que a direção do avanço do príncipe coroado contornou automaticamente seu flanco e determinou seu envolvimento.

Em 1870 Moltke pretendera provocar uma batalha decisiva no Sarre, para onde todos os seus três exércitos convergiriam sobre as tropas francesas para as pulverizar. Esse plano foi prejudicado, não pela ação do inimigo, mas pela paralisia do instrumento encarregado de executá-lo. Essa paralisia foi causada pela simples notícia de que o Terceiro Exército Alemão, no flanco esquerdo, já havia atravessado a fronteira, obtido um pequeno êxito tático em Weissenburg sobre um destacamento francês e, a seguir, investindo firmemente, ter derrotado, numa confusa batalha nas proximidades de Woerth, o corpo que fazia a cobertura dos flancos franceses, antes que o grosso das tropas pudesse intervir. Para o resultado final o efeito indireto desse encontro parcial e isolado foi mais decisivo do que teria sido, provavelmente, a tão planejada grande batalha. Em lugar de ser lançado para o interior do dispositivo, aumentando a massa principal, o Terceiro Exército pôde continuar seu avanço ao longo de um caminho existente, bem afastado da zona em que se encontravam os principais exércitos adversários. Assim não participou das complicadas batalhas de Vionville e Gravelotte, mesmo porque os franceses ocupavam uma posição em que ele, dificilmente, poderia ter tido uma participação mais eficiente, mesmo que se encontrassem mais perto. Este fato foi vital para a fase seguinte, pois quando o principal exército francês, estimulado e não deprimido com o resultado da batalha de Gravelotte, recuou para Metz, poderia ter facilmente escapado à perseguição movida pelos exaustos Primeiro e Segundo exércitos alemães, não fosse a possibilidade de sofrer uma interceptação pelo Terceiro Exército, o que induziu Bazaine a permanecer, em segurança, em Metz. Assim os alemães tiveram tempo para se reconstituir e os franceses, com sua inatividade em Metz, abriram mão dessa feliz oportunidade de escapar. Em conseqüência disso MacMahon foi incitado, ou melhor, induzido politicamente a realizar seu mal avisado e deplorável movimento de socorro a Metz.

Assim, involuntária e imprevistamente foi criada a oportunidade para que o Terceiro Exército Alemão, ainda marchando sem obstáculos na direção de Paris, desencadeasse uma ação indireta contra o exército de MacMahon. Mudando completamente de direção, de oeste para norte, desbordou a retaguarda e o flanco de MacMahon, para apanhá-lo numa armadilha e obrigá-lo a render-se em Sedan.

Houve nessa fase decisiva um caráter mais indireto nas operações realizadas do que o sugerido por simples exame superficial. Os teoristas militares, que se seguiram a 1870, não meditaram muito profundamente sobre essa campanha e os ensinamentos que deixaram tiveram influência decisiva no desenrolar da guerra, que se seguiu, em 1904-5, entre a Rússia e o Japão.

A Guerra Russo-Japonêsa

A estratégia dos japoneses, coerente com as lições de seus mentores alemães, foi nitidamente de ação direta. Não houve nenhuma tentativa de ser aproveitada a condição, extraordinariamente vantajosa, de o esforço de guerra russo depender inteiramente de uma única linha férrea, a Transiberiana. Nunca, em toda a História, um exército respirou através de uma traquéia tão longa e estreita e o próprio tamanho do corpo tornava ainda mais difícil essa respiração. No entanto, tudo quanto os estrategistas do Japão planejavam nada mais era do que um golpe direto sobre o exército russo e para isso mantiveram suas forças ainda mais agrupadas do que as de Moltke em 1870. É verdade que chegaram a tentar um ataque convergente em Liao-Yang e, posteriormente, ao ser retomado o contacto, procuraram flanquear repetidamente seu adversário. Contudo, esses movimentos de flanco, que na carta aparecem como sendo relativamente amplos, foram extremamente limitados face aos efetivos empregados. Embora não possuindo um exército "livre" como o de Moltke, nenhuma isca como Metz e nenhum MacMahon para engoli-la, e depois de terem engolido sua isca em Port Arthur, os japoneses ainda esperavam por uma Sedan. Em lugar disso tiveram uma carnificina que não lhes trouxe nenhum resultado definitivo, porém os deixou tão esgotados que depois da batalha indecisa de Mukden se sentiram satisfeitos e felizes em fazer a paz com o inimigo, que não tinha nenhuma disposição para a luta e que não empregava ainda nem o décimo das forças de que dispunha.

Esse estudo e análise da História interessa-se mais pelos fatos do que pelas conjeturas, mais pelo que foi realizado e as conseqüências decorrentes do que pelo que poderia ter sido feito. A teoria da ação indireta que dele decorre se fundamenta na evidência concreta de experiências reais, com as quais se tentou provar que a ação direta conduz sempre a resultados indecisos. Não é ele afetado pelos argumentos favoráveis ou contrários às dificuldades existentes na execução de uma ação indireta em determinadas circunstâncias. Coerente com sua tese básica ele não se interessa porque um general não seguiu uma linha de ação diferente obtendo com ela melhores resultados.

Para benefício geral do conhecimento militar a especulação é sempre interessante e de grande valor. Por isso é que agora nos afastamos do caminho direto até então seguido para comparar as situações estratégicas de Port Arthur e Mântua e o proveito que delas souberam tirar japoneses e franceses. Embora em situação desvantajosa quanto às escassas comunicações de que dispunham e o terreno difícil que tinham de palmilhar na Coréia e na Manchúria, os japoneses dispunham de um instrumento de ação superior ao dos franceses. Entretanto, na primeira fase da guerra não se viu a estratégia japonesa tirar nenhum proveito da isca de Port Arthur, como Bonaparte tinha feito em relação a Mântua e, na última fase, não se observou o emprego de uma parcela sequer de suas forças, contra a delgada traquéia russa que se estendia de Harbin para Mukden.

CAPÍTULO X

CONCLUSÕES DE VINTE E CINCO SÉCULOS

O levantamento até agora realizado cobriu as doze guerras que afetaram decisivamente o curso da história européia nos tempos antigos e as dezoito guerras principais da história moderna até 1914, contando-se como uma só a luta desencadeada contra Napoleão porque ela, arrefecendo temporariamente em um lugar, irrompia novamente em outro, sem que houvesse verdadeira interrupção. Esses trinta conflitos englobam mais de duzentas e oitenta campanhas.

Somente em seis delas, que culminaram respectivamente em Issus, Gaugamela, Friedland, Wagram, Sadowa e Sedan, é que um resultado decisivo foi obtido com ações estratégicas realizadas diretamente contra as forças principais do inimigo.

Nas duas primeiras, a ofensiva de Alexandre foi precedida por uma grande estratégia de ação indireta que abalou seriamente o império persa e a confiança de seus adeptos. Além disso, seu sucesso no campo de batalha estava praticamente garantido pela posse de um instrumento tático de qualidade muito superior e aplicado com a técnica da ação tática indireta.

Nas duas seguintes, bem que Napoleão procurou iniciar suas operações com ações indiretas e sòmente sua impaciência ou a confiança que tinha na superioridade de suas forças armadas é que o levou ao recurso das ações diretas. Particularmente, em Friedland e Wagram, o emprego que fez de sua artilharia, em concentrações maciças executadas contra pontos-chave, é que determinou essa superioridade, que lhe garantiu a decisão final favorável. Contudo, o preço pago por essas vitórias e as conseqüências que elas tiveram sobre seu destino não encorajam a que se recorra a ações semelhantes mesmo quando se dispõe de uma superioridade tática evidente.

Quanto a 1866 e 1870, vimos anteriormente que, embora elas tivessem sido concebidas como ações diretas, adquiriram involuntariamente caráter indireto, reforçado, em ambos os casos, pela superioridade tática dos alemães, assegurada pela utilização do fuzil de carregar pela culatra em 1866 e pela qualidade da sua artilharia em 1870.

Essas seis campanhas, melhor analisadas, não oferecem maiores justificativas para a adoção de métodos de ação direta em estratégia. Apesar disso, nos registros da história militar a ação direta sempre foi a solução normalmente utilizada e a ação indireta uma exceção. É interessante observar-se, também, como os generais com freqüência utilizaram a ação indireta, não em seus planejamentos iniciais, mas como solução de recurso, durante a conduta do combate. Os êxitos obtidos, em condições desvantajosas, quando outro tipo de ação já tinha fracassado, caracterizam, com maior ênfase, o valor da ação indireta.

O estudo revelou grande número de campanhas nas quais o caráter indireto da ação é tão manifesto quanto o aspecto decisivo do resultado com ele obtido, e entre elas podem ser destacadas: a de Lisandro, no Egeu, em 405 A.C.; a de Epaminondas, no Peloponeso, em 362 A.C.; a de Felipe, na Beócia, em 338 A.C.; a de Alexandre, no Hidaspo; a de Cassandro e Lisímaco, no Oriente Próximo, em 302 A.C.; a de Aníbal, em Trasimenes, na Etrúria; a de Cipão, em Utica e Zama, na África; a de César em Ilerda, na Espanha; a de Cromwell em Preston, Dunbar e Worcester; a de Turenne, na Alsácia, em 1674-5; a de Eugène em 1701; a de Marlborough, na Flandres, em 1708; a de Villars em 1712; a de Wolfe, em Quebec; a de Jourdan, no Moselle-Meuse, em 1794; a do Arquiduque Carlos, no Reno-Danúbio, em 1796; a de Bonaparte, na Itália, em 1796, 1797 e 1800; a de Napoleão, em Ulm e Austerlitz, em 1805; a de Grant em Vicksburg e a de Sherman, em Atlanta. Além disso esse estudo apresentou outros numerosos exemplos nos quais o caráter indireto ou as conseqüências do mesmo não estavam tão evidentemente fixados.

O grande número das campanhas em que a ação indireta determinou resultados decisivos, em relação aos poucos obtidos com a ação direta, leva à conclusão de que a primeira delas é a forma mais promissora e econômica de ação a ser utilizada na estratégia.

Outros ensinamentos mais específicos ainda podem ser tirados da História. Com exceção de Alexandre todos os comandantes que com constância saíram vitoriosos em suas batalhas poucas vezes enfrentaram uma posição natural ou fortemente ocupada pelo inimigo, com ações diretas e, nas vezes em que assim procederam, sofreram esmagadoras derrotas.

A História também mostra que, em lugar de arriscar-se a ações diretas, os grandes capitães preferiam assumir o risco calculado de ações indiretas, mesmo que isso importasse em travessia de montanhas, desertos, pântanos ou mesmo em empregar na ação parte de suas forças ou isolar-se de suas comunicações. Preferiam, assim, enfrentar condições desfavoráveis a aceitar o risco imediato de malogro decorrente da ação direta.

Os riscos naturais, por mais formidáveis que sejam, são inerentemente menos perigosos e menos incertos do que os riscos da luta. Porque os obstáculos a vencer, sendo mais previsíveis, são mais facilmente superados, o que não acontece com os decorrentes da resistência humana. Com uma preparação eficiente e um planejamento bem feito os primeiros podem ser superados quase dentro de um horário. Enquanto Napoleão foi capaz de atravessar os Alpes em 1800, "de acordo com seus planos", o pequeno forte de Bard interferiu tão seriamente em seu movimento que quase "seu plano" foi anulado.

Invertendo a seqüência de exame que até agora vem sendo feito mas continuando-se a analisar as batalhas decisivas da História, verifica-se que, em quase todas elas, o vencedor tinha uma vantagem psicológica sobre seu adversário antes mesmo de ocorrer o choque armado. Isso aconteceu em Maratona, Salamina, Aegospotamoi, Mantinéia, Queronéia, Gaugamela (através da grande estratégia), Hidaspo, Ipso, Trasimenes, Canas, Metaurus, Zama, Tricameron, Tagines, Hastings, Preston, Dunbar, Worcester, Blenheim, Oudenarde, Denain, Quebec, Fleurus, Rivoli, Austerlitz, Iena, Vicksburg, Königgrätz e Sedan.

Combinando-se a apreciação tática com a estratégia verifica-se que a maioria dos exemplos citados está compreendida em uma das duas seguintes categorias: ou eles foram o resultado de uma estratégia de defesa elástica (retraimento calculado) a que se seguia uma ofensiva tática ou o foram de uma estratégia de ofensiva, destinada à obtenção de uma posição "perturbadora" para o oponente, seguida de uma defensiva tática, com uma ferroada na cauda. Ambas nada mais são do que formas com que se apresenta a ação indireta, e a base psicológica em que elas se fundamentam pode ser expressa pelas palavras "isca" e "armadilha".

Poder-se-ia mesmo dizer, num sentido mais amplo e profundo do que o sugerido por Clausewitz, que a defensiva é a forma mais poderosa e econômica de estratégia, porque a estratégia ofensiva, embora superficialmente e logisticamente seja movimento ofensivo, tem como objetivo principal atrair o adversário para uma investida "desequilibrada". A ação indireta mais eficiente é aquela que atrai ou induz o adversário a um movimento falso de modo que, como no jiu-jitsu, seu próprio esforço seja transformado na alavanca que determinará sua queda.

Na estratégia ofensiva a ação indireta exige, normalmente, uma operação de caráter logístico-militar dirigida contra um objetivo econômico, como por exemplo uma fonte de suprimento civil, ou do exército inimigo. Muitas vezes, porém, essa operação tem somente um caráter psicológico, como aconteceu nas campanhas de Belisário. Seja qual for a "forma" ou o "efeito" procurado, é o deslocamento mental e do dispositivo do adversário que se procura, sendo este o verdadeiro objetivo da ação indireta.

Outra conclusão desse estudo, senão dedutiva, pelo menos sugestiva, é de que numa operação realizada contra coligações é muito mais proveitoso agir inicialmente contra o adversário mais fraco do que tentar derrotar o mais forte, na crença de que sua derrota importará no colapso dos demais.

Nas duas maiores lutas do mundo antigo, a derrota da Pérsia, por Alexandre, e a de Cartago, por Cipião, foram abreviadas pelo "corte prévio das raízes". Foi essa grande estratégia de ação indireta que permitiu a criação não apenas dos impérios macedônio e romano, como, também, do maior de todos seus sucessores, o império britânico. Sobre ela se levantaram a estrela e o poder de Napoleão Bonaparte e, finalmente, sobre seus alicerces erigiu-se a grande e sólida estrutura dos Estados Unidos.

A arte da ação indireta só pode ser bem compreendida, apreciada e dominada, por quem se dedique ao estudo da história da guerra e reflita sobre seus ensinamentos. Podemos tentar sintetizar as lições que aprendemos com duas máximas muito simples, uma negativa e outra afirmativa:

1 — Nenhum general encontra justificativas para lançar suas tropas numa ação direta contra o inimigo que ocupa uma posição organizada.

2 — Em lugar de querer perturbar o equilíbrio do inimigo, com um ataque, deve-se procurar perturbá-lo antes que isso aconteça para que a ação desencadeada tenha possibilidades de êxito.

Lenine teve uma visão da verdade fundamental quando assim se expressou: "A estratégia mais conveniente a estabelecer na guerra é aquela em que se procura retardar as operações até que a desintegração moral do inimigo torne o desencadeamento do golpe final possível e fácil." Isso nem sempre é praticável, como os métodos de propaganda de Lenine nem sempre são produtivos. Contudo permite uma ligeira adaptação: "A estratégia mais eficiente a ser estabelecida para qualquer campanha é aquela em que se procura retardar a batalha e a mais proveitosa das táticas aquela em que se retarda o ataque, até que o desequilíbrio moral do inimigo torne praticável o lançamento do golpe decisivo."

PARTE II

Estratégia da Primeira Guerra Mundial

CAPÍTULO XI

PLANOS MILITARES DE GUERRA E SUA EXECUÇÃO NO TEATRO OCIDENTAL — 1914

O ponto de partida para quem deseje fazer um estudo das operações da frente ocidental, na Primeira Guerra Mundial, deve ser o exame dos planos militares estabelecidos antes da guerra. A fronteira franco-alemã era muito pequena, apenas cerca de 150 milhas de extensão, para a manobra dos grandes efetivos que o sistema de recrutamento existente na época tinha permitido levantar. Começava na Suíça, a sudeste, corria ao longo de um terreno plano numa pequena extensão, na região de Belfort, para em seguida se encaminhar ao longo das montanhas dos Vosges, num percurso de setenta milhas. Daí a linha da fronteira era demarcada por uma cadeia quase contínua de fortalezas que se apoiavam em Epinal, Toul e Verdun. A partir desta última começava a fronteira com o Luxemburgo e a Bélgica. No período de reconstrução nacional, que se seguiu ao desastre de 1870, o plano militar de defesa francês estabelecia uma defensiva inicial, apoiada nas fortalezas da fronteira, seguida de uma decisiva contra-ofensiva. Com esse fim é que foi construído o grande sistema de fortalezas ao longo da fronteira da Alsácia-Lorena e deixaram-se as brechas, como a de Trouée de Charmes, entre Epinal e Toul, destinadas a canalizar a esperada invasão alemã e a permitir maior segurança e eficiência do contra-ataque.

Esse plano, apesar do pouco espaço disponível para a manobra, não se considerando, como é natural, a violação da fronteira neutra, tinha certas características de ação indireta.

Na década que antecedeu a 1914 surgiu, porém, nova escola de pensamento, com o Coronel Grandmaison como seu profeta, que passou a considerar o plano existente como contrário ao espírito francês e como "quase uma completa atrofia da idéia de ofensiva". Seus defensores encontraram em Joffre, nomeado chefe do Estado-Maior em 1912, uma alavanca para seus propósitos. Aproveitando-se disso, passaram a controlar a máquina militar francesa e, jogando fora o velho plano, formularam o hoje notório Plano XVII, cuja ação principal consistia, primordialmente, num golpe direto, realizado sob a forma de ofensiva frontal a ser desencadeada contra o centro do dispositivo alemão "com todas as forças reunidas". No entanto, para sua execução, dispunham os franceses de um efetivo relativamente igual ao inimigo, que podia beneficiar-se do apoio das fortificações de que dispunha na fronteira, enquanto os primeiros estavam abrindo mão dessa enorme vantagem. O único ensinamento que o plano incorporava da experiência histórica, o que aliás era também uma medida de bom-senso, é que não previa o assalto à fortaleza de Metz, durante a progressão para o Luxemburgo belga e, sim, sua fixação de frente e seu desdobramento pelo norte e pelo sul. Por um paradoxo histórico o plano francês buscava inspiração em Clausewitz, um alemão, enquanto o alemão muito se aproximava, em sua fase inicial, das idéias de Napoleão, ou melhor, ainda mais das de Aníbal.

A participação do contingente britânico no plano francês tinha sido estabelecida mais em conseqüência da "europeização" da organização e do pensamento militar da Grã-Bretanha na década precedente, do que por coerente exame da situação. Essa influência das idéias continentais levou os ingleses a uma tácita aceitação do papel de apêndice da ala esquerda francesa e afastou-os da idéia do aproveitamento histórico da mobilidade que lhes era proporcionada pelo poderio marítimo de que dispunham. No primeiro conselho de guerra em que tomou parte, Sir John French, que ia comandar a Força Expedicionária Britânica, expressou suas dúvidas quanto ao bom êxito do "plano elaborado" e como alternativa sugeriu que sua força fosse enviada para

Antuérpia, onde poderia enrijecer a resistência belga e, pela situação ocupada, ameaçar a retaguarda dos exércitos alemães, tão logo eles avançassem, através da Bélgica, para o interior da França. Contudo o Major-General Henry Wilson, quando chefe da seção de Operações Militares, havia virtualmente se comprometido para que o Estado-Maior geral agisse de acordo com os franceses. As negociações informais para o funcionamento de um Estado-Maior interaliado haviam preparado o caminho para uma alteração na política de guerra inglesa estabelecida desde muitos séculos passados.

Esse "fato consumado" anulou não somente a concepção estratégica francesa, como o desejo de Haig de esperar, para entrar em ação, que a situação se tornasse mais clara e o exército pudesse ter seu efetivo aumentado, e as objeções de Kitchener contra a concentração da força expedicionária, tão próxima da fronteira.

O plano, finalmente aprovado pelos franceses, continha tudo que era necessário para tornar o plano original alemão, estabelecido pelo Conde von Schlieffen em 1905, uma verdadeira ação indireta. Diante de uma fronteira fortificada a única linha de ação lógica para os alemães era seu desbordamento pela Bélgica, e Schlieffen tomou essa decisão procurando executá-la com um envolvimento que deveria ser o mais amplo possível. Estranhamente, mesmo quando começou a invasão da Bélgica, o comando francês supôs que os alemães fossem avançar em uma frente mais estreita, a leste do Meuse.

O plano de Schlieffen, tendo em vista o gigantesco movimento que pretendia realizar, previa o esforço na ala direita, que deveria investir através da Bélgica e do norte da França para, depois, executando amplo arco, avançar gradualmente para leste ou para a esquerda. Com sua extremidade direita passando ao sul de Paris e atravessando o Sena perto de Rouen faria pressão sobre os franceses, para que se voltassem na direção do Moselle, onde seriam martelados pela retaguarda de encontro à bigorna formada pelas fortalezas de Lorena e pela fronteira suíça.

A verdadeira sutileza do plano e seu caráter indireto residiam não nesse rodeio geográfico, porém na distribuição das forças e na missão por elas recebida. Uma surpresa se-

A FRENTE OCIDENTAL
Milhas
20 10 0 20 40 60 80
Máximo avanço alemão, Setembro de 1914
Linha aliada de fins de 1914 a 1º de julho de 1916 (antes das batalhas do Somme)
" " em 21 de março de 1918 (Avanços aliados de 1916-17)
INGLATERRA
Dover
MAR DO NORTE
CANAL DA MANCHA
Est. de Dover
HOLANDA
BÉLGICA
Flandres
FRANÇA
ALEMANHA
ALSÁCIA
LORENA
LUXEMBURGO
SUÍÇA
Ardennes
Zeebrugge
Ostend
Nieuport
Ounquerque
Bruges
Ghent
Antuérpia
Maastricht
Louvain
Tirlemont
Liège
BRUXELAS
Ramilles
Huy
Namur
Calais
Ypres
Messines
Armentières
Boulogne
Neuve Chapelle
Lille
Tournai
Jemappes
Mons
Lens
Deuai
Valenciennes
Béthune
Vimy
Arras
Cambrai
Denain
Malplaquet
Maubeuge
Charleroi
Givet
Landrecies
Le Cateau
Abbeville
Albert
Péronne
Guise
St Quentin
Sedan
Amiens
Dieppe
Roye
La Fère
Laon
Mezieres
Rethel
Compiegne
Soissons
Rouen
Reims
Verdun
Gravelotte
Metz
Vionville
Valmy
Chateau Thierry
Chalons
St Mihiel
Nancy
St Dizier
Toul
PARIS
Petit Morin
Gd Morin
Trouée de Charmes
Epinal
Montes Vosges
Turkheim
Belfort
Strasburg
Weissenburg
Colônia
Coblenz
Mainz
R. Reno
R. Mosella
R. Sarre
R. Meuse
R. Marne
R. Sena
R. Oise
R. Ourcq
R. Aisne
R. Somme
R. Lys
R. Schelde
R. Geete
Sambre

ria obtida com o reforço inicial dos corpos da ativa que executavam a ação principal, com corpos da reserva mobilizados nessa ocasião. Das 72 divisões que seriam, assim, postas em ação, 53 seriam atribuídas à ala direita, 10 destinadas à fixação de Verdun e apenas 9 constituiriam a ala esquerda, desdobrada ao longo da fronteira francesa. A redução da ala esquerda a esse efetivo mínimo era astuciosamente calculada para que, com sua debilidade, servisse para aumentar o efeito a ser obtido com a massa giratória; isso porque, se os franceses atacassem a Lorena e forçassem essa ala esquerda a recuar até o Reno, seria muito difícil que pudessem deter o ataque alemão desencadeado através da Bélgica. Quanto mais eles avançassem tanto mais isso se tornaria difícil. Como no caso de uma porta giratória, se os franceses fizessem muita pressão, de um lado, o outro giraria e os atingiria pelas costas e, quanto maior a pressão, tanto mais severo seria o golpe recebido.

Geograficamente o movimento de Schlieffen através da Bélgica era um ataque estratégico de caráter indireto muito limitado por causa da densidade de força em relação ao espaço existente. Psicologicamente, devido não só ao propósito por ele atribuído à ala esquerda como à repartição que fez de suas forças, era um ataque definidamente indireto. E o plano francês tornou-o, ainda, mais perfeito. Se um fantasma pudesse rir, como deveria ter rido o falecido Schlieffen, quando viu que os franceses não precisariam nem sequer ser atraídos para cair em sua armadilha! Entretanto, seu riso deve ter sido seguido de uma careta de contrariedade porque seu sucessor, Moltke, "o mais jovem na ordem cronológica da família, porém o mais velho pela cautela", abandonou o plano de Schlieffen durante sua execução, depois de já tê-lo modificado e desfigurado nos preparativos feitos antes da guerra.

Entre 1905 e 1914, à medida que ia dispondo de mais tropas, Moltke foi aumentando o poderio da ala esquerda, com prejuízo da direita. Tornando essa ala mais segura tornou, entretanto, o plano mais inseguro e iniciou a obra de sabotagem de seus alicerces que determinou, finalmente, o seu desmoronamento.

Quando a ofensiva francesa foi iniciada em 1914 Moltke foi tentado a aceitar o desafio agindo de maneira direta, procurando uma decisão na Lorena e adiando a investida da sua ala direita. O impulso foi apenas momentâneo, mas este curto espaço de tempo foi o bastante para que fossem para a Lorena as seis recém-formadas divisões "ersatz" que deveriam aumentar o poderio da ala direita. Esse novo aumento de força, com que não contavam, tornou os comandantes alemães da Lorena menos inclinados a cumprir a missão de fixação que lhes tinha sido atribuída. O Príncipe Rupprecht, da Baviera, em lugar de continuar a recuar e a atrair os franceses, deteve seu exército, pronto para aceitar combate e, achando que o ataque francês estava demorando, combinou com seu vizinho antecipar-se a ele. Esses dois exércitos alemães tinham juntos 25 divisões, contra as 19 de que dispunha o inimigo, mas faltava-lhes a posição estratégica necessária para tornar esse contra-ataque decisivo. O único resultado que obtiveram foi obrigar os franceses a recuarem para trás de sua barreira fortificada, aumentando, com isso, sua capacidade de resistência e lhes permitindo rocar para oeste tropas que tiveram enorme influência na batalha de Marne.

A ação alemã na Lorena minou o plano de Schlieffen mais seriamente, embora de maneira menos evidente, do que a redução progressiva do efetivo e a modificação da missão da ala direita, embora nela é que tenha ocorrido o colapso depois que foi sangrada continuadamente.

Além de desviar das divisões de reforço de que dispunha seis para a Lorena, sete para ocupar ou guardar Antuérpia, Givet e Maubeuge, Moltke ainda deslocou quatro delas para reforçar a frente da Prússia Oriental. Quando o exército de Kluck, na extremidade direita, avançou prematuramente, a pedido de seu vizinho e com a aprovação de Moltke, ofereceu à guarnição de Paris uma oportunidade para apanhá-lo de flanco, pois nele os alemães dispunham de apenas 13 divisões contra as 27 franco-britânicas. Enquanto a inferioridade alemã resultava da diminuição de efetivo na ala direita, a superioridade francesa decorria da mal orientada ação da ala esquerda alemã.

A transferência de divisões francesas da esquerda para a direita não teria sido possível se a ala esquerda francesa tivesse podido aprofundar-se na Lorena. Todavia, é duvidoso afirmar que o poderio da ala direita alemã pudesse ter sido mantido, mesmo sem essas reduções em seu efetivo. A destruição das pontes sobre o Meuse, pelos belgas, fez parar os trens alemães na área de Liège até 24 de agosto e depois desta data a redução no tráfego continuou sensível devido à utilização de um desvio improvisado que não resolvia o problema a contento. Esse incidente tornou-lhes impossível o reforço da sua ala direita, como tinha sido originariamente planejado. Além disso, os suprimentos para todos os três exércitos que compunham sua ala direita tinham que ser carreados por essa artéria semi-estrangulada. As demolições efetuadas pelos franceses e britânicos, em sua retirada, também prejudicaram a manutenção do nível desses suprimentos. Quando chegaram ao Marne os alemães tinham a aparência de tropas vencidas, em conseqüência dessa árdua marcha realizada com o estômago vazio. Se Moltke não tivesse realizado as tão condenadas reduções de efetivos que fez e distribuído a sua ala direita maior número de tropas a situação delas seria ainda pior. A lição da Guerra Civil Americana, durante tanto tempo esquecida, repetiu-se aqui: "A existência das ferrovias e a dependência dos exércitos dessas comunicações fixas e frágeis incentivam, em lugar de condicionarem, o deslocamento de maiores efetivos que os necessários, apesar do risco de seu colapso."

Embora já tendo atravessado, com a batalha do Marne, a nebulosa linha fronteiriça entre a estratégia e a tática, ela, que inverteu a maré da guerra, oferece tantos ensinamentos marginais que merece ser reexaminada com mais cuidado. Porém, para que esses ensinamentos se projetem normalmente, torna-se necessário um conhecimento mais aprofundado dos fatos que a antecederam.

O rechaço da ala direita de Joffre, na Lorena, fora seguido de um recuo do centro do seu dispositivo, após um choque frontal nas Ardennes, e por pouco sua ala escapou do envolvimento que sofreu entre o Sambre e o Meuse. Com o Plano XVII já aos pedaços Joffre teve que reunir o que sobrava, para elaborar novo plano. Decidiu recuar sua esquerda e seu centro, tendo Verdun como eixo, ao mesmo tempo que organizava o 6.º Exército em sua esquerda, com tropas retiradas da ala direita, agora estabilizada.

Do lado alemão os primeiros informes, altamente otimistas, dos comandantes de exércitos, durante a batalha da fronteira, haviam dado ao Comando Supremo Alemão a impressão de estar caminhando para uma vitória líquida. Entretanto, o número relativamente diminuto dos prisioneiros fez surgir no espírito de Moltke as primeiras dúvidas que o levaram a uma apreciação mais correta da situação. Esse estado de espírito de Moltke combinou-se com o renovado otimismo de seus comandantes de exércitos para ocasionar outra mudança do plano em execução que trazia consigo as sementes do desastre final.

Quando, em 26 de agosto, a ala esquerda britânica recuou de Le Cateau para o sul, bastante maltratada, o 1.º Exército Alemão, sob o comando de Kluck, infletiu para sudoeste. A direção tomada pode ter sido conseqüência de uma apreciação incorreta sobre o destino verdadeiro dos britânicos, em retirada, mas estava coerente com o papel que Kluck desempenhava no amplo envolvimento em que tomava parte. Ameaçando a área de Amiens-Péronne, onde os primeiros elementos do recém-formado Exército Francês estavam sendo desembarcados após terem sido transferidos da Lorena, obrigou-os a uma retirada apressada e anulou assim o propósito de Joffre de retomar rapidamente a ofensiva.

Todavia, mal Kluck tinha infletido para o lado de fora foi induzido a virar para dentro. Isso porque, para aliviar a pressão sobre os britânicos, Joffre ordenara ao exército vizinho (Lanzerac) que detivesse e enfrentasse o 2.º Exército Alemão (Bülow) que o perseguia, e este, amedrontado, pediu auxílio a Kluck. O ataque de Lanzerac, previsto para 29 de agosto, foi suspenso antes que fosse desencadeado, mas Bülow mesmo assim continuou a insistir para que Kluck se deslocasse desta vez para cortar a retirada de Lanzerac. Antes de atender à solicitação Kluck pediu a Moltke a necessária autorização e isso numa ocasião em que ele estava perturbado pela maneira com que os franceses escapavam ao seu abraço, particularmente por uma brecha existente entre seus 2.º e 3.º Exércitos. Talvez foi devido a isso que Moltke concedeu a autorização para mudança de direção, o que representava, na realidade, o abandono da execução do amplo envolvimento de Paris. Agora o movimento se processaria como um desbordamento da capital, quase defrontando suas defesas. Contraindo sua frente e dando um caráter mais direto ao seu ataque, Moltke obteve mais segurança, porém sacrificou as perspectivas otimistas que lhe estariam abertas caso continuasse a obedecer o plano de Schlieffen. Como ficou provado, em lugar de reduzir o risco, provocou, ao contrário, uma contra-ofensiva, que lhe foi fatal.

A decisão de abandonar o plano original foi definitivamente tomada no dia 4 de setembro e Moltke, como vimos, substituiu-o por outro, que importava em um desbordamento, mais limitado, do centro e da direita dos franceses. Seu próprio centro, constituído pelos 4.º e 5.º Exércitos, investindo na direção sudoeste, procuraria irromper através da barreira fortificada entre Toul e Epinal, com suas mandíbulas procurando fechar-se sobre Verdun. Entrementes sua direita, constituída pelos 1.º e 2.º Exércitos, devia orientar-se para fora e, na direção oeste, conter qualquer ação francesa partida das vizinhanças de Paris.

O movimento francês foi iniciado, entretanto, antes que esse novo plano alemão fosse posto em execução.

A grande oportunidade foi percebida por Joffre, que dera ordem para a continuação da retirada, mas Galliéni, governador militar de Paris, já a tinha vislumbrado. Com efeito, no dia 3 de setembro Galliéni compreendeu a significação do movimento de Kluck e deu ordem para que seu 6.º Exército, sob o comando de Maunoury, ficasse em condições de atacar o flanco direito descoberto dos alemães. Somente no dia seguinte é que se travou demorada discussão, no quartel-general de Joffre, sobre a conveniência dessa contra-ofensiva, tendo o Major Gamelin, secretário particular de Joffre, como seu defensor e o General Berthelot, a voz mais poderosa do Estado-Maior geral, como seu antagonista. A questão só foi resolvida quando Galliéni, já à noite, telefonou para Joffre. Uma vez convencido, o generalíssimo aprovou a linha de ação e passou a agir com toda decisão. Toda a ala recebeu ordem para mudar de direção e retomar uma ofensiva geral que devia ser iniciada no dia 6 de setembro.

Maunoury agiu rapidamente e no dia 5 obrigou Kluck a retirar, primeiro uma parte e logo a seguir o restante do seu exército, como proteção do seu flanco ameaçado. Esse movimento provocou abertura de uma brecha, com cerca de trinta milhas, entre o 1.º e o 2.º Exércitos, guarnecida, apenas, com uma cortina de cavalaria. Kluck foi encorajado a aceitar esse risco em virtude da rápida retirada dos britânicos que se encontravam em frente desse setor aberto. No mesmo dia 5, os britânicos tinham continuado sua marcha para o sul e nisso reside a causa indireta e involuntária da vitória. Com efeito, quando os britânicos deram meia-volta, a simples notícia de que suas colunas estavam avançando para o interior da brecha levou Bülow a ordenar a retirada do seu exército, no dia 9 de setembro. A vantagem temporária que o 1.º Exército, agora isolado, havia conquistado sobre Maunoury, foi assim anulada e ele recuou no mesmo dia.

No dia 11, independentemente ou por ordem de Moltke, a retirada estendera-se a todos os exércitos alemães. A tentativa de um desbordamento, tendo Verdun como eixo, já malograra, pois a mandíbula constituída pelos 6.º e 7.º Exércitos apenas quebrara seus próprios dentes, contra as defesas da fronteira oriental da França. É difícil compreender como o comando alemão poderia razoavelmente esperar um sucesso com um ataque frontal pois, no exame da situação feito, antes do início das operações, este parecera tão sem esperança que se decidiu violar a neutralidade da Bélgica, como única alternativa exeqüível.

Assim, no final, a batalha de Marne foi decidida por um golpe e uma brecha. O golpe foi aplicado com o ataque de Maunoury no flanco direito alemão e ocasionou a brecha numa junta fraca da linha alemã e foi esse rompimento físico, por sua vez, que produziu a rachadura moral do comando alemão.

Diante desses antecedentes pode-se verificar que o movimento indireto de Kluck, com sua mudança de direção para fora de Le Cateau, foi de grande valor no sentido de transtornar o segundo plano de Joffre, que importava em retomar rapidamente a ofensiva e para acelerar a retirada franco-britânica, da mesma maneira que sua mudança de direção para o interior, no sentido do adversário, foi fatal ao plano alemão. Podemos notar, também, que a ação estratégica de Moltke se tornou cada vez mais direta e que o assalto frontal da ala esquerda alemã não só malogrou espetacularmente, como não acarretou nenhuma vantagem estratégica que compensasse seu custo.

Seria exagerado caracterizar a retirada de Joffre como ação indireta, pois no Marne a oportunidade por ele aproveitada apresentou-se; ela não foi criada e nem mesmo procurada. A investida de Galliéni foi realizada no momento preciso, antes que o 1.º e o 2.º Exércitos Alemães tivessem podido ocupar suas novas posições na cobertura dos flancos. Contudo, foi muito direta para produzir resultados decisivos e teria sido ainda mais direta se tivesse sido efetuada ao sul do Marne, conforme Joffre determinara inicialmente. Finalmente pode-se observar que a verdadeira decisão, o movimento que obrigou os alemães a se retirarem, foi decorrente de uma ação indireta tão involuntária que chegou a ser um ato de comédia, como o foi o desaparecimento da Força Expedicionária Britânica e seu reaparecimento súbito, afortunadamente tardio, diante da tensa e enfraquecida junta da ala direita alemã. Críticos franceses censuraram os britânicos por sua lentidão, não percebendo o valor da contribuição, embora diferente, que prestaram à fábula da lebre e da tartaruga. Se a Força Expedicionária Britânica tivesse dado meia-volta mais cedo, dificilmente encontraria a junta alemã tão enfraquecida. O ataque de Maunoury não poderia ter provocado uma decisão, pois já estava detido quando os dois corpos alemães, que foram tirados da junta, ainda estavam em marcha e, assim, em nada contribuiu para o resultado final.

Analisando o motivo da retirada alemã devemos levar em conta um fator geralmente ignorado. Trata-se da preocupação do Comando Supremo Alemão com as notícias de desembarques realizados na costa belga, o que constituia séria ameaça à retaguarda e às comunicações de suas forças. Isso levou-o a cogitar de uma retirada, antes mesmo que a batalha do Marne se tivesse iniciado. No dia 3 de setembro, o Tenente-Coronel Hentsch, representante do Comando Supremo, chegou ao 1.º Exército com a ordem acauteladora e informou que "As notícias são más: o 6.º e 7.º Exércitos estão detidos diante de Nancy-Epinal; o 4.º e 5.º estão encontrando grande resistência à sua progressão; os franceses estão transportando forças da sua direita na direção de Paris; os ingleses estão desembarcando seguidamente tropas no litoral belga; há rumores de que uma força expedicionária russa se está aproximando; a situação está exigindo uma retirada."

O temor do comando alemão transformara os três batalhões de fuzileiros desembarcados em Ostende, durante quarenta e oito horas, em um corpo de 40.000 homens. Dizem que a notícia sobre os russos saiu da cabeça de um cabineiro de trem inglês e, por isso, em Whitehall deveria existir um monumento ao "Cabineiro Desconhecido"!... Os historiadores poderiam concluir, acertadamente, que esse grupo de visitantes temporários a Ostende, juntamente com o boato sobre os russos, foram a causa principal da vitória no Marne.

Quando o efeito moral da presença dessas forças-fantasmas é comparado com a imobilização material das forças alemãs na Bélgica, pelo temor de uma surtida partida de Antuérpia, que na realidade aconteceu no dia 9 de setembro, a balança do julgamento parece pender definitivamente em favor da estratégia sugerida por Sir John French logo no início das operações. Se ela fosse seguida, a Força Expedicionária Britânica poderia ter tido influência positiva e não negativa no resultado final da guerra.

A ameaça potencial do litoral belga, na retaguarda alemã, foi percebida por Falkenhayn, que então substituía a Moltke. Seu primeiro passo foi empreender a conquista de Antuérpia e daí nasceu o germe de uma manobra, que teve o sabor de uma ação indireta. Sua execução, entretano, não correspondeu à sua concepção e ela tornou-se mais direta do que estava planejando mas, mesmo assim, levou novamente os aliados à beira do desastre.

A perseguição frontal aliada já fora definitivamente contida no Aisne, quando Joffre, no dia 17 de setembro, vendo que eram ineficazes as tentativas de Maunoury para sobrepor-se ao flanco alemão, decidiu organizar um novo exército, sob o comando de Castelnau, para um desbordamento de flanco. A essa altura os alemães haviam recuperado sua coesão e o comando alemão já estava em condições de enfrentar essa manobra tão limitada, a mais provável de ser realizada.

O mês seguinte foi ocupado com uma série extremamente evidente de tentativas, sempre fracassadas, de ambos os lados, para dominar o flanco do adversário, fase popularmente, mas incorretamente, conhecida como a "corrida para o mar". Falkenhayn cansou-se do jogo mais depressa do que Joffre e, no dia 14 de outubro, planejou uma cilada estratégica para ser desencadeada por ocasião da próxima tentativa aliada. Seu exército recém-formado, desdobrado no flanco, devia deter a tentativa de desbordamento aliada, enquanto outro, organizado com as forças liberadas após a queda de Antuérpia e por quatro corpos recém-recrutados, desceria pela costa belga, esmagaria o flanco dos atacantes e cairia sobre sua retaguarda. Falkenhayn chegou mesmo a deter, momentâneamente, as tropas que perseguiam o exército belga saído de Antuérpia, para não alarmar prematuramente o comando aliado.

Felizmente para esses últimos o Rei Alberto, ou por precaução ou por realismo, rejeitou o convite de Foch para tomar parte na operação de flanqueamento e não concordou em abandonar o distrito costeiro. Assim, o exército belga ficou em posição de resistir e, posteriormente, com a inundação da baixa faixa costeira, frustrar a investida alemã partida do norte. Isso obrigou Falkenhayn a lançar um ataque mais direto ao flanco aliado, que acabava de ser estendido, até Ypres, com a chegada dos corpos de Haig, procedentes do Aisne.

Embora os alemães já tivessem contido a tentativa de avanço dos corpos britânicos da direita e do centro, que haviam chegado em primeiro lugar, Sir John French ordenou à sua ala esquerda, sob o comando de Haig, que tentasse concretizar o sonho de flanqueamento de Joffre. Felizmente, ainda, a tentativa coincidiu com o desencadeamento do prematuro ataque alemão e assim já nasceu morta, embora durante um ou dois dias os franceses, sob influência de Foch, persistissem em acreditar que o ataque britânico estava prosseguindo em boas condições, quando, na realidade, as tropas de Haig lutavam arduamente, até mesmo, para manter o terreno em que se encontravam. A ilusão dos chefes franceses e britânicos, quanto à realidade da situação, foi em parte responsável pelo fato de Ypres, como Inkerman, ter sido essencialmente "uma batalha de soldados". Falkenhayn também, uma vez desvanecidas suas esperanças de investir costa abaixo, persistiu ainda durante um mês, tentando forçar uma decisão por meio de ataque direto. Quando a defesa direta, apesar do menor efetivo disponível, triunfou, como seria normal, sobre o ataque direto, uma barreira de trincheiras foi construída desde a fronteira suíça até ao mar e o impasse continuou.

O Teatro Ocidental, 1915-17

A história militar da aliança franco-britânica, durante os quatro anos seguintes, é um relato das tentativas realizadas para se acabar com esse impasse, seja por ações diretas exercidas contra a barreira existente, seja, excepcionalmente, com operações que visavam contorná-la.

Na frente ocidental, em conseqüência das intermináveis linhas paralelas de trincheiras, a estratégia tornou-se serva da tática, enquanto esta se transformou num verdadeiro aleijão. O aspecto estratégico dos anos de 1915-17 não merece maior exame. Do lado aliado a estratégia foi puramente a de ação direta e com ela não conseguiu vencer o impasse existente. Em que pese nossa opinião, sobre os méritos desse desgaste e de que todo o período deve ser considerado como uma batalha contínua, o método que nele se empregou, exigindo quatro anos para produzir uma decisão, não deve ser considerado como modelo digno de ser seguido.

Em Neuve Chapelle, na primeira tentativa de ofensiva em 1915, o método aplicado foi o da ação direta, mas, pelo menos, nela procurou-se uma surpresa tática. Daí por diante, com a adoção dos prolongados bombardeios de "advertência", todas as tentativas transformavam-se em ostensivos ataques frontais. Dessa natureza foram a ofensiva francesa desencadeada, nas proximidades de Arras, em maio de 1915; as ofensivas franco-britânicas de setembro de 1915, em

Champagne e norte de Arras e de julho a novembro de 1916, no Somme; a de abril de 1917 no Aisne e em Arras, nos pantanais de Passchendaele e, finalmente, a ofensiva britânica em Ypres de julho a outubro de 1917 que, como o Rei Carlos II, levou muito tempo para morrer! Em 20 de novembro de 1917, em Cambrai, a surpresa tática foi revivida com o emprego das massas de tanques lançadas subitamente e que veio substituir os bombardeios preliminares. Estrategicamente, porém, essa investida de pequena escala, tão feliz no seu desencadeamento e tão infeliz no seu término, não poderia ser considerada como ataque indireto.

Do lado alemão, a estratégia utilizada foi estritamente defensiva, exceto em relação à ofensiva de Verdun, em 1916. Esta pode ser considerada, também, uma ação direta, a menos que a idéia de sangrar o inimigo, até à morte, por meio de uma quantidade ilimitada de sanguessugas, possa ser considerada indireta. Todavia, as despesas ocasionadas com as sanguessugas motivaram a falência da operação.

Mais próxima do tipo da ação indireta, embora puramente defensiva em seu objetivo, foi a retirada habilmente concebida e executada de Ludendorff, com parte das forças alemãs, para a linha Hindenburg, na primavera de 1917. Antecipando-se ao reinício da ofensiva franco-britânica no Somme, uma nova linha de fortificações, de grande poderio artificial, foi construída pelos alemães ao longo da corda do arco Lens-Noyon-Reims. Em seguida, depois de devastar toda a área no interior do arco, os alemães retiraram-se, por escalões sucessivos, para essa nova linha, mais curta. Essa manobra, que se distinguiu pela coragem moral de ceder terreno, deslocou todo o plano da ofensiva da primavera dos aliados. Como resultado, ajudou os alemães a se realiviarem, durante um ano, do sério perigo decorrente de uma ofensiva combinada dos aliados, dando tempo a que se tornasse completa a desintegração da Rússia e permitindo a Lundendorff realizar a última tentativa de conquistar a vitória, com superioridade de forças, em 1918.

CAPÍTULO XII

O TEATRO NORDESTE

Na frente oriental os planos de campanha eram mais fluidos por terem sido sido elaborados e formulados com menos meticulosidade, embora fossem, em suas previsões, tão caleidoscópicos quanto os do teatro ocidental. O fator previsível era o geográfico; o imprevisível o ritmo de concentração dos russos.

A Polônia russa era uma vasta língua de terra, projetada da Rússia propriamente dita e flanqueada, em três lados, por territórios alemão ou austríaco. Em seu flanco norte ficava a Prússia Oriental e mais à frente o mar Báltico. Em seu flanco sul estava a província austríaca da Galícia, com as montanhas Carpáticas guardando, mais à frente, os acessos à planície da Hungria. A oeste encontrava-se a Silésia.

As províncias germânicas fronteiriças dispunham de uma rede estratégica de ferrovias, enquanto a Polônia e a própria Rússia contavam apenas com um sistema escasso de comunicações. A aliança germânica tinha todas as vantagens, no que se refere a concentração, para enfrentar um avanço russo. Todavia, se seus exércitos assumissem a ofensiva, quanto mais progredissem para o interior da Polônia ou da Rússia, propriamente dita, tanto mais perderiam essa vantagem. Por isso a experiência histórica sugeria que a melhor estratégia seria aquela que importasse em atrair os russos para uma posição que favorecesse um contra-ataque e não aquela que exigisse a iniciativa de uma ofensiva. O único inconveniente que dela podia resultar residia no fato de que essa estratégia "púnica" dava aos russos o tempo de que necessitavam para se concentrarem e movimentarem sua pesada e enferrujada máquina de guerra.

Daí surgiu o primeiro choque de opiniões entre os alemães e os austríacos. Ambos concordavam em que o problema essencial era manter os russos imobilizados durante as seis semanas de que os alemães precisavam, conforme acreditavam, para esmagar a França e ficar em condições de transferir forças para leste, para se juntarem aos austríacos no golpe decisivo a ser desencadeado contra os russos. A divergência estava na maneira de executar isso. Os alemães, preocupados em obter uma decisão contra a França, desejavam deixar um efetivo, o menor possível, a leste. Somente a aversão, que os dominava, de entregar território nacional ao inimigo é que impediu que evacuassem a Prússia Oriental e se estabelecessem na linha do Vístula. Todavia os austríacos, sob a influência de Conrad von Hötzendorf, chefe do Estado-Maior geral, estavam ansiosos para colocar a máquina russa fora de ação, com uma ofensiva imediata, alegando que, com isso, seria possível conservar os russos completamente ocupados enquanto se estivesse decidindo a batalha da França. Moltke concordou com essa concepção, aprovando o plano de Conrad que visava a uma ofensiva na direção nordeste, no interior da Polônia, com dois exércitos, sob a proteção de outros dois colocados à sua direita e mais a leste.

Do lado inimigo os desejos de um dos aliados afetaram vitalmente a estratégia do outro. O comando russo, tanto por motivos militares como raciais, desejava inicialmente lançar-se contra a Áustria, enquanto ela estivesse lutando sozinha e deixar a Alemanha em paz até quando tivesse terminado completamente a concentração de suas forças. Contudo os franceses, ansiosos por aliviar a pressão alemã exercida contra eles, insistiram para que os russos desfechassem um ataque imediato contra a Alemanha. Como resultado das discussões os russos concordaram em realizar uma ofensiva preliminar, para a qual não estavam preparados nem organizados, lançando, na frente sudoeste, dois pares de exércitos sobre as forças alemãs da Prússia. A Rússia, cuja proverbial lentidão e tosca organização ditavam uma estratégia cautelosa, ia romper com a tradição e lançar-se num duplo e apressado ataque direto.

O comandante-chefe russo, Grão-Duque Nicolau, procurou acelerar a invasão da Prússia Oriental para aliviar a pressão alemã sobre seus aliados franceses. Em 17 de agosto o exército de Rennenkampf atravessou a fronteira leste da Prússia Oriental e na noite de 19 para 20 de agosto encontrou e obrigou a recuar o grosso de 8.º Exército Alemão, comandado por Prittwitz, em Gumbinnen. Em 21 de agosto Prittwitz teve conhecimento de que o exército de Samsonov com dez divisões havia atravessado a fronteira sul da Prússia Oriental em sua retaguarda, protegida apenas por três divisões. Em pânico Prittwitz pensou momentâneamente em recuar para trás do Vístula e, imediatamente, foi substituído, de ordem de Moltke, por Hindenburg, um general reformado, e nomeou-se Ludendorff como seu chefe de Estado-Maior.

Dando execução ao plano existente, elaborado pelo Coronel Hoffmann, do Estado-Maior do 8.º Exército, Ludendorff lançou cerca de seis divisões contra a ala esquerda de Samsonov. Essa força, com efetivo inferior ao dos russos, não poderia obter um resultado decisivo, mas Ludendorff, descobrindo que Rennenkampf ainda estava nas proximidades de Gumbinnen, aceitou o risco calculado de retirar daí o resto das tropas de que dispunha, exceto uma ligeira cortina de cavalaria, lançando-o, sem perda de tempo, contra a ala direita de Samsonov. Esse ousado movimento foi muito ajudado pela falta de comunicações que existia entre os dois comandantes russos e pela facilidade com que os alemães decifraram as ordens russas transmitidas pelo rádio. Sob esses golpes convergentes os flancos de Samsonov foram esmagados, seu centro cercado e seu exército praticamente destruído. Embora a oportunidade se tivesse apresentado sem que tivesse sido criada, esta breve campanha de Tannenberg constituiu exemplo quase perfeito da utilização de "linhas interiores" na ação indireta.

Recebendo dois novos corpos de exércitos, tirados da frente francesa, o comandante alemão empregou-os contra Rennenkampf — que avançava lentamente e cuja falta de energia se justificava pelas perdas sofridas em Gumbinnen e pela ausência de informações — a fim de expulsá-lo da Prússia Oriental. Nessas batalhas a Rússia perdeu um quarto de milhão de homens e, do que menos podia abrir mão, uma grande quantidade de material de guerra. A invasão da Prússia Oriental, porém, ajudou de certo modo os franceses no Marne, motivando a transferência de dois corpos que lutavam contra eles.

O efeito obtido com Tannenberg foi reduzido porque, na frente galícia, a balança havia pendido em favor das Potências Centrais. A ofensiva desencadeada pelos 1.º e 4.º Exércitos austríacos, na Polônia, a princípio teve êxito, logo anulado com a investida dos 3.º e 8.º Exércitos russos contra os 2.º e 3.º Exércitos, mais fracos, que protegiam o flanco direto dos austríacos. Esses exércitos foram severamente castigados (de 26 a 30 de agosto) e obrigados a recuar para Lemberg. O avanço da ala esquerda russa ameaçou assim a retaguarda da vitoriosa ala esquerda austríaca. Conrad ainda tentou lançar parte de sua ala esquerda contra o flanco russo, mas esse golpe foi aparado. Apanhado assim com suas forças desorganizadas e face ao renovado ataque da ala direita russa, Conrad foi obrigado a fugir ao contacto e recuar até as vizinhanças de Cracóvia, nos últimos dias de setembro.

A crítica situação das forças austríacas obrigou os alemães a virem em seu auxílio. O grosso da força alemã da Prússia Oriental foi reunido com o recém-criado 9.º Exército e enviado para o sul até ao canto sudoeste da Polônia, de onde marchou sobre Varsóvia, em combinação com a nova ofensiva desencadeada pelos austríacos. No entanto, os russos estavam chegando ao ápice de sua concentração e desse modo, reagrupando suas forças e contra-atacando, puderam repelir o avanço inimigo e, mais ainda, dar início à invasão da Silésia.

O Grão-Duque Nicolau dispunha de sete exércitos, três dos quais foram postos em primeiro escalão, enquanto os dois outros restantes foram utilizados na cobertura de seus flancos. Outro exército, o 10.º, havia invadido o canto leste da Prússia Oriental e já estava entrando em luta com as fracas forças alemãs lá existentes.

Para enfrentar o perigo, a frente oriental alemã foi colocada sob as ordens do trio Hindenburg-Ludendorff-Hoffmann, que prepararam outro golpe de mestre, apoiado no sistema de ferrovias laterais existente dentro da fronteira alemã. O 9.º Exército, recuando diante do avanço russo, retardou-o pela destruição sistemática das escassas comunicações existentes na Polônia. Chegando à fronteira silesiana, sem sofrer pressão, foi inicialmente encaminhado para o norte até à área Posen-Thorn e depois lançado para sudeste, em 11 de novembro, até à margem ocidental do Vístula, para atacar a junção dos dois exércitos que protegiam o flanco direito russo. A cunha, como que impulsionada por um malho, abriu os dois exércitos, forçando o 1.º a voltar para Varsóvia e quase repetiu Tannenberg em relação ao 2.º que quase foi cercado em Lodz, só escapando porque o 5.º Exército chegou a tempo de socorrê-lo. Embora os alemães ficassem privados desse êxito tático decisivo essa manobra foi um exemplo de como uma força relativamente pequena, empregando sua mobilidade num ataque indireto, a um ponto vital, pode paralisar o avanço do inimigo muitas vezes mais forte. O "rolo compressor" russo foi desarranjado e nunca mais voltou a ameaçar o solo alemão.

Uma semana depois quatro novos corpos de exércitos alemães chegaram da frente ocidental, após o fracasso do ataque de Ypres. Embora atrasados, para tomarem parte na vitória decisiva, Ludendorff ainda conseguiu tirar deles bastante proveito, empregando-os na missão de forçar os russos a voltarem para a linha do rio Bzura-Ravka, defronte de Varsóvia. A exemplo do que acontecia no oeste, ali também foi estabelecido o impasse das trincheiras. Contudo, sua crosta era menos firme e os russos já haviam esgotado seus estoques de munição numa escala que não poderia ser remediada por seu país ainda pobremente industrializado.

A verdadeira história de 1915, na frente oriental, é a do choque de vontades entre Ludendorff, que desejava obter decisão com uma estratégia que era, pelo menos geograficamente, indireta, e Falkenhayn, que acreditava poder, a um só tempo, poupar suas forças e destruir o poderio inimigo, com uma estratégia de ação direta. Sendo hierarquicamente superior, Falkenhayn conseguiu impor sua vontade mas, com sua estratégia, não foi coroado de êxito em nenhum dos objetivos que visava.

Ludendorff percebeu que o avanço russo do outono, na direção da Silésia e Cracóvia, emaranhara profundamente suas forças no saliente polonês. No canto sudoeste eles estavam com a cabeça enfiada através das malhas, em sua marcha na direção do território austríaco, quando o golpe de Ludendorff em Lodz foi desencadeado e os paralisou. Quando os russos se recuperaram, as malhas da rede já haviam sido novamente unidas e reforçadas. De janeiro a abril as forças russas se contorceram furiosamente, mas inutilmente, do lado dos Carpatos. Seus esforços só serviam para prender, cada vez mais, sua pesada massa na rede que os envolvia.

Ludendorff desejava aproveitar a oportunidade para amplo ataque indireto, que desbordando o flanco norte dos russos nas proximidades do Báltico, e penetrando por Vilna, fosse cair em sua retaguarda e cortar as escassas comunicações ferroviárias que os ligavam com o saliente polonês. Falkenhayn, porém, não aprovou a idéia, não só por considerá-la extremamente ousada como pelo que exigia das suas reservas, embora, logo a seguir, fosse gastar muito mais à sua maneira. Tendo sido convencido, após muita relutância, a desistir da tentativa de tomar de assalto a linha de trincheiras no oeste e forçado a reforçar seus aliados austríacos, decidiu empregar o restante de suas reservas numa operação estrategicamente limitada, embora taticamente de grande amplitude, para estropiar a Rússia e assim poder retomar a ofensiva de oeste, sem maiores preocupações.

O plano, para a execução dessa operação, sugerido por Conrad e adotado por Falkenhayn, e que consistia em investir o centro russo no setor de Dunajec, entre os Carpatos e o Vístula, foi desencadeado no dia 2 de maio. A surpresa que obteve foi completa e com rápida exploração do êxito que se seguiu, no dia 14, toda a linha ao longo dos Carpatos foi forçada numa extensão de oitenta milhas até o San.

Aqui podemos destacar um exemplo característico da diferença entre um ataque indireto e o que comumente é chamado de surpresa. A surpresa, neste caso, que se refere ao tempo, local e força, foi conseguida; mas os russos foram unicamente obrigados a rolar para trás, à maneira de uma bola de neve. Embora sofrendo pesadas perdas estavam, entretanto, se aproximando de suas reservas, de seus suprimentos e de suas ferrovias. Os alemães permitiram que os pedaços desprendidos dessa bola de neve fossem repostos e ela fosse consolidada. Além disso, embora a pressão do ataque direto criasse uma perigosa tensão no comando russo, o choque ocasionado não teve o efeito de desequilibrá-lo.

Falkenhayn percebeu que tinha penetrado em demasia na Galícia para poder pensar em recuar. Sua ofensiva parcial não lhe conquistara um ponto de parada seguro e somente trazendo mais tropas da França é que lhe seria possível concretizar seu objetivo de aliviar os efetivos empregados nesta área. Todavia, mais uma vez, decidiu prosseguir executando outra ação quase direta. Mudou a direção da sua ofensiva de leste para nordeste e ordenou a Ludendorff, que durante todo esse tempo se agitava impacientemente na Prússia Oriental, que investisse por sudeste. Ludendorff procurou argumentar que, embora convergente, essa operação era ainda muito frontal e, embora as duas forças pudessem espremer os russos, não fariam mais do que isso, voltando a insistir em favor da manobra de Vilna. Falkenhayn não levou em consideração suas ponderações nem suas propostas.

O resultado final mostrou que Ludendorff estava com a razão. Os braços da pinça de Falkenhayn, ao fecharem-se, apenas empurraram os russos para trás e para fora do espaço estreito existente entre eles. Nos fins de setembro os russos estavam de volta, ocupando uma linha mais longa e reta entre Riga, no Báltico, e Czernowitz, na fronteira romena. Se nunca mais voltaram a ser uma ameaça direta à Alemanha, impuseram-lhe, entretanto, tensão irremediável, forçaram a imobilização de grandes efetivos alemães e mantiveram a Áustria, moral e fìsicamente, perturbada.

Ao suspender as operações, em grande escala, que realizava, Falkenhayn deu a Ludendorff uma tardia e fraca aprovação para que tentasse a manobra de Vilna com seus próprios e magros recursos. A operação executada, embora fraca e isolada, permitiu que fôsse cortada a ferrovia Vilna-Dvinsk e quase alcançou a de Minsk, tronco principal das comunicações russas, apesar de eles estarem livres para se concentrar, com todas suas reservas, sobre ela. Esses resultados são a prova mais evidente do êxito que seria obtido com a execução do plano de Ludendorff na ocasião em que foi sugerido, com forças mais poderosas e enquanto os russos estavam firmemente envolvidos na rede polonesa.

Terminada sua ofensiva no leste e com sua defensiva no oeste sem alteração, as Potências Centrais aproveitaram o outono para realizar uma campanha na Sérvia. Esta campanha, do ponto de vista da guerra em geral, foi uma ação indireta com objetivo limitado, mas em seu aspecto particular foi decisiva quanto ao objetivo visado. Seus resultados, em que pesem as condições favoráveis dos fatores geográficos e políticos, confirmam a eficiência do método empregado. O plano baseava-se na intervenção da Bulgária a favor das Potências Centrais. A invasão austro-germânica já estava sendo contida quando os búlgaros penetraram na Sérvia. Ajudados pelo terreno montanhoso os sérvios resistiram firmemente até quando a ala esquerda búlgara, desbordando sua retaguarda, os isolou dos reforços franco-britânicos que estavam sendo enviados de Salônica. Depois disso o colapso sérvio foi rápido e apenas um bando esfrangalhado sobreviveu à retirada para oeste, durante o inverno, através da Albânia, até o litoral do Adriático. Essa operação rápida, contra um "parceiro menor", livrou a Áustria do perigo que podia advir desse lado, ao mesmo tempo que proporcionou à Alemanha comunicação livre através da Europa Central e o controle da região.

As operações de 1916 e 1917, na frente russa, reclamam poucos comentários, porque foram essencialmente defensivas por parte dos austro-alemães e essencialmente diretas, do lado russo. A importância que podem ter as operações russas está não apenas na esterilidade da estratégia que utilizaram, baseada na aplicação de peso em ataques diretos, como no efeito moral de "boomerang" que dela decorre. Quando a revolução fez prever a derrocada do esfôrço militar russo, em 1917, suas forças estavam, na realidade, armadas e mais bem equipadas do que em qualquer ocasião anterior. Todavia as perdas imensas que sofreram haviam minado a vontade de lutar das tropas mais pacientemente abnegadas, da Europa. Efeito semelhante foi observado nos motins ocorridos no exército francês, depois da ofensiva da primavera de 1917, quando as tropas, cansadas da carnificina, receberam ordem para voltar às trincheiras.

A única operação russa que teve certo caráter de ação indireta foi a ofensiva de Brusilov, perto de Luck, em junho de 1916 e somente apresentou essa característica porque não era de grande importância. Concebida como ação diversionária, foi lançada prematuramente para atender aos apelos dos italianos. Não exigiu nenhum preparativo, nenhuma concentração; entretanto o inesperado de sua realização quase provocou um colapso total na sonolenta defesa austríaca, permitindo que, em três dias, fossem feitos cerca de 200.000 prisioneiros.

Raramente uma ação de surpresa foi tão pródiga quanto aos resultados estratégicos obtidos. Ela impediu o ataque austríaco à Itália; obrigou Falkenhayn a retirar tropas da frente oriental e a abandonar, assim, a campanha de desgaste que tinha começado em torno de Verdun; instigou a Romênia a entrar na guerra contra as potências centrais e, finalmente, determinou a queda de Falkenhayn e sua substituição por Hindenburg e Ludendorff. (Hoffmann, para prejuízo do "trio", foi deixado no leste.) Embora a entrada da Romênia na guerra tenha sido o pretexto para a substituição de Falkenhayn, a verdadeira razão é que sua estratégia direta em 1915, por demais limitada em seus propósitos e orientação, tornara possível o soerguimento do poderio russo que, por sua vez, foi o responsável pela ruína da estratégia de 1916.

Contudo, o caráter indireto e o bom resultado obtido com a ofensiva de Brusilov tiveram pouca duração. Levaram o comando russo, muito tardiamente, a lançar o peso de suas forças nessa direção. E, de acordo com as leis naturais da guerra, a continuidade do esforço realizado ao longo dessa linha de resistência crescente consumiu suas reservas, sem uma retribuição compensadora. As perdas consideráveis sofridas por Brusilov, num total de 1.000.000 de homens, poderiam ter sido evitadas e quando essa apreciação foi revelada aos sobreviventes, caracterizando a fraqueza intelectual do comando russo, provou a falência moral do seu poderio militar.

A obcecada concentração de esforços realizada pelos russos, nessa operação, permitiu a Hindenburg e a Ludendorff executarem outra ação indireta muito semelhante à realizada na Sérvia em 1915. Devido às circunstâncias do momento ela se transformou, em parte, numa ação estratégica ainda mais indireta. A Romênia era o alvo. Inicialmente dispunha de 23 divisões, equipadas de maneira heterogênea, contra as sete que o adversário, no momento, poderia empregar contra ela e esperava que a pressão de Brusilov, a dos britânicos no Somme e a da força aliada que então operava em Salônica, iriam impedir que elas pudessem ser reforçadas. Contudo, essas pressões eram todas diretas e assim não podiam evitar a retirada de tropas suficientes para que a Romênia fosse esmagada.

O território da Romênia, comprimido entre a Transilvânia e a Bulgária, possuía fortes baluartes naturais em ambos os lados dos Carpatos e do Danúbio, porém sua localização se prestava a uma estratégia de ação indireta e Dobruja, seu "quintal" no mar Negro, oferecia uma isca que um adversário sagaz poderia prender em seu anzol.

O desejo e a decisão da Romênia de assumir a ofensiva, na direção oeste, pelo interior da Transilvânia, tornaram a operação de seus adversários mais sutilmente indireta do que eles próprios pretendiam.

O avanço romeno iniciou-se no dia 27 de agosto de 1916. Três colunas principais, cada uma delas com cerca de quatro divisões, movimentaram-se para nordeste através dos passos carpáticos, num ataque direto à planície húngara. Para proteger o Danúbio foram deixadas três divisões e três outras ficaram no Dobruja, para onde os russos haviam prometido enviar reforços. Todavia, o lento e cauteloso avanço das colunas romenas na Transilvânia, muito prejudicado pela destruição das pontes realizada pelo inimigo, embora sem encontrar resistência alguma, não ameaçou seriamente as cinco fracas divisões austríacas que guardavam a fronteira, antes que estivessem reforçadas com mais cinco divisões alemãs e duas austríacas. Na execução da outra parte do plano adotado por Falkenhayn, antes de sua queda, quatro divisões búlgaras, com um reforço alemão e equipamento austríaco para travessia de cursos d'água, foram colocadas sob o comando de Mackensen, para a investida contra Dobruja.

Enquanto as colunas romenas estavam arrastando-se para oeste pela Transilvânia, Mackensen tomou de assalto a cabeça-de-ponte de Turtucaia, no dia 5 de setembro, destruindo as três divisões romenas que a guardavam, face ao Danúbio. Em seguida, com seu flanco apoiado no Danúbio, movimentou-se para leste, aprofundando-se no Dobruja e afastando-se de Bucareste, que deveria ser o obetivo moral de sua manobra. Foi uma astuciosa investida, de grande efeito moral, pois a conseqüência estratégica imediata que provocou foi desviar reservas romenas destinadas ao apoio da ofensiva da Transilvânia que, assim, perdeu o pouco ímpeto que já tinha.

Falkenhayn, a quem foi dado na ocasião o comando naquela zona, lançou uma contra-ofensiva, talvez muito direta e ardorosa. Embora tivesse, habilmente, concentrado suas forças contra as colunas do sul e do centro, por partes, utilizando efetivos diminutos, senão mínimos, para conter as demais forças, que na realidade não necessitavam ser contidas, obrigou os romenos a recuarem e não conseguiu afastá-los das montanhas. Esse contratempo ameaçou todo o plano alemão, pois, com os trunfos na mão, os romenos puderam repelir vigorosamente todos os esforços alemães em persegui-los de perto. A primeira tentativa de Falkenhayn, para avançar mais para oeste, foi frustrada, contudo, novo esforço lhe permitiu atingir seu objetivo antes que as neves do inverno começassem a cair. Entretanto, infletindo para oeste, entrara na Romênia pela porta da frente e seu ataque direto conseqüente tinha de cruzar uma série de linhas fluviais. Felizmente para Falkenhayn, ao ser contido diante do Alt, recebeu a ajuda da Mackensen.

Mackensen havia feito o grosso de sua força abandonar Dobruja, contornar o Turtucaia e chegar a Sistovo, onde, a 23 de novembro, forçou a travessia do Danúbio. É uma questão em aberto saber exatamente se esse abandono de uma posição na retaguarda romena em troca de uma investida sôbre Bucareste, com seu exército principal, tenha sido a solução estratégica mais proveitosa. Se de um lado ela permitiu que Falkenhayn atravessasse o Alt, de outro possibilitou aos romenos, utilizando sua "limitada" posição central, desencadear perigoso contra-ataque em seu flanco, que quase o envolveu. Uma vez evitado esse último perigo, a pressão combinada de Falkenhayn e Mackensen obrigou o exército romeno a recuar para Bucareste, de onde se retirou para a linha Sereth-Mar Negro.

Os alemães haviam conquistado a maioria da Romênia com seu trigo e seu petróleo, mas não haviam isolado ou destruído o exército romeno, cuja força moral e mental se consolidara com a resistência oferecida durante a última fase do avanço inimigo. No verão seguinte sua vigorosa resistência frustrou a tentativa alemã de empurrá-lo para Prut e, desse modo, completar a ocupação da Romênia. Somente em dezembro de 1917, quando a Rússia bolchevista assinou o armistício com a Alemanha, é que a Romênia, isolada, se viu obrigada a seguir este caminho.

CAPÍTULO XIII

O TEATRO SUDESTE OU MEDITERRÂNEO

O Teatro Italiano

Em 1917 a Itália foi palco e objeto de um espetáculo de outono apresentado pelo comando alemão. Ali, também, a configuração da fronteira deu margem aos alemães de realizarem uma ação indireta, geográfica ou física, que era negada aos seus adversários. E estes últimos não mostraram nenhum desejo de tentar, em contrapartida, uma ação indireta psicológica.

A província italiana de Veneza formava, na fronteira, um saliente que apontava para a Áustria e era flanqueado, ao norte pelo Tirol Austríaco e Trentino e ao sul pelo Adriático. O terreno que bordejava este último, na frente de Isonzo, era relativamente baixo. A fronteira, entretanto, a seguir, subia ao longo dos Alpes Juliano e Cárnico, dando ampla volta para noroeste e continuando em arco para sudoeste, até o lago Garda. A grande massa das montanhas alpinas ao norte e a ausência de qualquer objetivo que lhe fosse vital, não animavam a Itália a assumir a ofensiva naquela direção. Para tomar essa iniciativa teria que ficar limitada a uma ação direta, para leste, na direção da Áustria. Inevitavelmente sofria, assim, a ameaça potencial e permanente de uma ação por parte dos austríacos que, partindo de Trentino, podiam ameaçar sua retaguarda. Embora essa linha de ação fosse limitada e desvantajosa, foi a escolhida.

Durante dois anos e meio os italianos perseveraram nesse ataque direto. Nessa altura dos acontecimentos a "undécima batalha" de Isonzo havia sido travada sem que os exércitos italianos tivessem podido progredir muito além de sua base de partida, sofrendo baixas que já totalizavam 1.100.000 homens, enquanto os austríacos só tinham perdido cerca de 650.000. Durante todo esse período, só por uma única vez os austríacos tomaram a ofensiva e isso ocorreu em 1916. Conrad procurou obter o apoio de Falkenhayn para realizar uma tentativa de derrotar a Itália, por meio de investida a ser executada de Trentino, na direção sul, contra a retaguarda dos exércitos italianos que operavam em Isonzo, mas ele, receoso quanto ao bom êxito do plano, como de qualquer outro golpe "decisivo", e absorto em seu processo de desgaste de Verdum recusou até mesmo ceder as nove divisões que Conrad lhe solicitara para com elas substituir as divisões austríacas que combatiam na frente oriental. Embora sem auxílio e sabendo não dispor de força adequada para levar a cabo, em boas condições, seu plano em relação à Itália, Conrad decidiu realizar a tarefa sozinho; para isso retirou algumas das saus melhores divisões do leste, deixando a frente oriental exposta aos perigos do avanço subseqüente realizado por Brusilov.

O ataque, por ele desencadeado, quase chegou a ter êxito. Embora pudesse ser previsto pelo inimigo teve, entretanto, um caráter inesperado, pois o comando italiano não acreditava que Conrad dispusesse da força ou dos equipamentos necessários para um ataque em tão grande escala. Esse foi, realmente, um ataque em grande escala, mas não a suficiente para obter êxito decisivo. Logo que lançado obteve rápido sucesso, embora Cadorna, com habilidade e rapidez, tivesse retirado em tempo as reservas que contava no setor de Isonzo e preparado a evacuação das provisões e da artilharia pesada que se encontravam nessa área. O ataque austríaco esteve na iminência de irromper pela planície, mas perdeu seu impulso inicial, não só pela falta de reservas como, também, devido ao avanço de Brusilov na frente oriental.

Quando Ludendorff, dezessete meses mais tarde, teve a idéia de realizar um golpe semelhante na Itália, a situação difícil que atravessava a Áustria tornava as perspectivas de sucesso bem menos favoráveis. Ele podia dispor, na ocasião, apenas de sua magra reserva geral composta de seis divisões, se bem que, por outro lado, seu adversário já estivesse dando mostras de exaustão moral e material. Devido à deficiência de meios o plano elaborado limitava-se a prever um ataque limitado e direto ao canto nordeste do setor de Isonzo, na região em que ele infletia na direção da massa alpina. A escolha dessa frente baseava-se num princípio ainda não empregado nessa frente: o de procurar a linha de menor resistência tática.

Inicialmente o plano previa, pois, apenas uma investida em Caporetto, enquanto a frente de Isonzo era fixada. Posteriormente teve objetivo mais ambicioso, embora os meios disponíveis ainda fossem os mesmos. Ludendorff, em Caporetto, como os britânicos naquele mesmo outono em Cambrai, legou à posteridade um péssimo exemplo de erro de estratégia, não "cortando o casaco de acordo com o pano". Agiu justamente ao contrário de Falkenhayn, que sempre encomendava muito pouco pano, subestimava as medidas do casaco e depois precisava pedir mais pano para aumentá-lo, transformando-o, finalmente, num insatisfatório conjunto de remendos.

No dia 24 de outubro o ataque foi lançado, após hábil preparação e muito segredo, conseguindo abrir profunda cunha entre os exércitos italianos. Uma semana mais tarde alcançava o Tagliamento. Entretanto, depois que os italianos abandonaram suas forças isoladas, embora com a perda de grande parte delas, o avanço dos alemães tornou-se uma ação puramente direta, na direção do oeste, que forçava o restante a recuar até o rio Piave. Êste era um obstáculo sério a coberto do qual os italianos poderiam obter seguro abrigo. Tarde demais Ludendorff pensou em transferir parte de suas reservas para o Trentino, mas isso não pôde ser realizado devido à precariedade das comunicações ferroviárias. O exército do Trentino ainda tentou avançar com os recursos limitados que possuía, porém esse golpe tardio perdera seu efeito de ação contra a retaguarda do inimigo, porque este já havia recuado sua frente e suas reservas.

Passada a surpresa inicial o ataque austro-germânico, embora convergente, passou a ser puramente direto, provocando o recuo dos italianos na direção de suas reservas, suprimentos, território amigo e reforços aliados. Teve, em conseqüência um resultado negativo. Contudo, o grau de sucesso obtido, com recursos tão limitados, justifica um comentário irônico sobre a recusa de Falkenhayn em ouvir e aprovar o plano de Conrad, em princípios de 1916.

O Teatro Balcânico

Antes de examinarmos o plano de Ludendorff, para 1918, é interessante apreciar a ação realizada ou tentada pelos seus adversários durante os três anos anteriores, fora das frentes francesa e russa.

Enquanto nos quartéis-generais francês e britânico existia confiança inabalável no efeito de uma ação direta, não somente para romper a linha de fortificações existente, como também para obter uma vitória decisiva, fortes dúvidas quanto ao seu resultado eram manifestadas (de outubro de 1914 em diante) nos círculos mais afastados ou ligados à frente estabilizada. Nem todos que mantinham essa última opinião eram líderes políticos; entre eles se incluíram Galliéni, na França, e Kitchener, na Inglaterra. No dia 7 de janeiro de 1915 Kitchener escrevia a Sir John French: "As linhas defensivas alemãs na França podem ser consideradas como uma fortaleza que não é possível tomar de assalto nem investir completamente; em conseqüência elas podem ser imobilizadas por uma força sitiante enquanto as operações prosseguem em outros lugares."

Argumentou-se, como Winston Churchill, que a aliança inimiga deveria ser encarada como um todo e que as novas invenções haviam alterado os conceitos antigos de distância e de mobilidade, fazendo que uma ação realizada em um teatro de operações vizinho pudesse ser considerada como um clássico ataque estratégico ao flanco inimigo. (Nesse sentido o exemplo de Napoleão, tantas vezes citado a favor da manutenção da frente ocidental, parece ter efeito contrário.) Posteriormente concordou-se que tal operação estaria de acordo com a tradicional estratégia anfíbia da Grã-Bretanha e permitir-lhe-ia explorar a vantagem da utilização de seu poder marítimo, até então negligenciado. Em janeiro de 1915,

Lord Kitchener apresentou um plano para cortar a linha principal de comunicações da Turquia com o Leste, mediante um desembarque no golfo de Alexandre. Os depoimentos de Hindenburg e Enver Pasha, depois da guerra, mostraram como isso teria paralisado toda a Turquia, porém, difìcilmente, teria repercussão mais séria ou poderia ser tomada como uma ação indireta contra a Aliança Central.

Lloyd George bateu-se, também, pela transferência do grosso das forças britânicas para os Balcãs, como um meio de chegar à "porta dos fundos" do inimigo. Todavia, os comandos francês e britânico, confiantes em que poderiam obter rápida decisão na França, se opuseram veementemente a qualquer mudança do planejamento já estabelecido, argumentando com as dificuldades de transporte e abastecimentos de suas tropas e com a facilidade que teriam os alemães de transferir tropas para enfrentar essa ameaça. Se havia substância no argumento, o fervor dos defensores dessa causa serviu para consolidá-la. As objeções apresentadas contra o "plano balcânico" de Galliéni eram muito fracas. Esse plano previa um desembarque em Salônica, como ponto de partida para uma investida contra Constantinopla, a ser realizada com um exército suficientemente forte para que pudesse encorajar a Grécia e a Bulgária a tomarem parte na operação; a conquista de Constantinopla seria seguida por um avanço sobre o Danúbio, até o interior da Áustria-Hungria, com a cooperação dos romenos. Ele estava inteiramente coerente com o curso que a guerra de fato tomou nos seus últimos meses. Em setembro de 1918 a opinião militar alemã considerava tal contingência como "decisiva". E, na primeira semana de novembro, a simples ameaça de sua execução, embora não imediata, representou importante fator no apressamento da capitulação da Alemanha.

Em janeiro de 1915, porém, a maioria da opinião militar aliada repeliu todas as propostas de alteração do plano que previa a realização do esforço na frente ocidental. Mas as dúvidas sobre a decisão final não eram silenciadas e, nessa conjuntura, surgiu uma situação que deu novo impulso ao plano do Oriente Próximo, apresentado agora sob nova forma, mais atenuada.

No dia 2 de janeiro de 1915 Kitchener recebeu um apêlo do Grão-Duque Nicolau para que realizasse uma ação diversionária a fim de aliviar a pressão turca sobre as forças russas no Cáucaso. Sentindo-se impossibilitado de atendê-lo, por não dispor de tropas suficientes, sugeriu uma demonstração naval contra os Dardanelos. A imaginação de Churchill percebeu logo as vantagens estratégicas que poderia tirar de um empreendimento dessa natureza e ele sugeriu que, devido à deficiência de meios militares apropriados, a demonstração tomasse o aspecto de uma tentativa para forçar a passagem no estreito. Seus consultores navais, embora não muito entusiasmados, não se opuseram ao projeto e o Almirante Carden, comandante da área, elaborou um plano. Uma força naval, constituída principalmente de navios obsoletos, foi reunida com o auxílio dos franceses e depois de ter realizado um bombardeio preliminar penetrou no estreito no dia 18 de março. Uma barreira recém-lançada de minas ocasionou o afundamento de diversos navios e determinou a suspensão da operação.

É questão para ser discutida se uma retomada imediata de progressão não teria dado resultado satisfatório, pois as munições dos turcos estavam esgotadas e, em tais condições, o problema das minas poderia ter sido superado. Todavia o novo comandante naval, Almirante de Robeck, decidiu suspendê-la, alegando não ter recebido, de imediato, o reforço solicitado. Um mês antes o Conselho de Guerra havia aprovado a realização de uma ação conjunta nessa área e tomado todas as providências para a remessa de uma força expedicionária sob o comando de Sir Ian Hamilton. Contudo, as autoridades subordinadas, vacilantes em aceitar o novo plano, foram ainda mais vagarosas em fornecer as tropas necessárias à sua realização. Mesmo quando essas foram enviadas, com efetivos inadequados, ainda houve várias semanas de retardo em Alexandria, com as providências de redistribuição dos efetivos pelos navios, para se atender a situação tática. Mas o pior de tudo é que essa política vacilante tinha desperdiçado a oportunidade de obtenção da surpresa. Quando ocorreu o bombardeio preliminar, em fevereiro, somente duas divisões turcas estavam no estreito; quando foi realizado o ataque naval esse efetivo estava aumentado para quatro e, finalmente, no dia do desembarque, ele já era de seis divisões. Para enfrentá-las Hamilton dispunha de quatro divisões britânicas e uma francesa, estando assim em situação de absoluta inferioridade em relação ao inimigo, que se beneficiava, não só da sua situação defensiva, como, particularmente, das dificuldades do terreno para a progressão do atacante. Essa inferioridade numérica e a missão que havia recebido, de unicamente forçar a passagem, obrigaram Hamilton a escolher um local de desembarque na península de Gallipoli, em lugar de outra no continente ou no litoral asiático.

No dia 25 de abril foi desencadeada a operação, na extremidade sul da península, simultâneamente sobre a região do cabo Helles e em Gaba Tepe, situada a cerca de 15 milhas do primeiro, no litoral egeu. Os franceses, como ação diversionária, tinham realizado um desembarque temporário em Kum Kale, no litoral asiático. Passado o efeito obtido com a surpresa tática e depois que os turcos conseguiram reunir suas reservas, os invasores não mais puderam expandir suas duas precárias cabeças-de-ponte.

Só em julho, finalmente, o governo britânico resolveu enviar mais cinco divisões para reforçar as sete então existentes na península. Na época em que elas ali chegaram a força turca já tinha sido aumentada para um total de quinze divisões. Mesmo assim, com o reforço recebido, Hamilton decidiu ampliar sua cabeça-de-ponte partindo de Gaba Tepe, ao mesmo tempo que realizava um desembarque na baía de Suvla, algumas milhas ao norte, para isolar a península e conquistar as elevações que dominavam o estreito. Embora essa ação pareça mais direta do que teria sido um desembarque em Bulair ou no litoral asiático, ela se processava numa direção não esperada pelo comando inimigo, que mantinha suas reservas em outras regiões. Com apenas um batalhão e meio os turcos conseguiram deter a penetração durante trinta e seis horas, tempo que lhes era necessário para o deslocamento de suas reservas. Tempo e oportunidade foram perdidos pelos atacantes devido não só à inexperiência da tropa de desembarque como à falta de iniciativa dos seus comandantes. O impasse criado, o desapontamento dos executantes e a reação daqueles que haviam discordado do projeto, determinaram a imediata evacuação da península.

No entanto o veredicto de Falkenhayn, sobre o plano dos Dardanelos, era o seguinte: "Se os estreitos entre o Mediterrâneo e o mar Negro não ficassem permanentemente fechados ao tráfego da Entente, toda a esperança de uma vitória final estaria consideràvelmente diminuída. A Rússia não ficaria isolada... e era esse isolamento que oferecia garantia, mais importante do que as vitórias militares, que mais cedo ou mais tarde se processaria automaticamente o desmantelamento das forças desse Titã."

O erro não foi de concepção e sim de execução. Se os britânicos tivessem empregado desde o princípio uma parte razoável das forças que posteriormente empregaram, aos poucos, é claro — e isso foi confirmado pelos depoimentos dos comandantes adversários — que teriam obtido êxito na operação que realizaram. Embora o movimento dos Dardanelos tenha sido um ataque direto à Turquia, foi uma ação indireta exercida contra os principais exércitos turcos empenhados na luta do Cáucaso e, num escalão mais elevado, uma ação indireta às Potências Centrais em geral. Quando apreciado sobre o fundo sombrio da frente ocidental, onde a densidade da força existente em relação ao espaço disponível não oferecia perspectiva de penetração decisiva, a concepção dos Dardanelos parece ter correspondido ao princípio do ajustamento do fim aos meios tão plenamente quanto, na sua execução, violou esse princípio.

Os Teatros da Palestina e da Mesopotâmia

As expedições ao Oriente Médio dificilmente se incluem no âmbito deste estudo. Estrategicamente estavam muito afastadas para que pudessem ter efeito decisivo e, consideradas como diversionárias, cada uma delas absorveu muito mais tropas britânicas do que as empregadas pelo inimigo.

No campo político, porém, é possível defendê-las. A Grã-Bretanha, no passado, sempre atenuara as perdas de seus aliados no continente europeu conquistando possessões, ao inimigo, no ultramar. No caso de resultado desfavorável ou indeciso da luta principal, essas conquistas representavam um triunfo a ser explorado nas negociações tendo em vista obter uma paz favorável. Representavam, também, um tônico durante a luta.(*)

A estratégia particular da expedição da Palestina merece ser estudada. De início combinou as desvantagens das ações diretas e indiretas e seguiu a linha de ação mais provável que era, também, o caminho mais longo e mais difícil a ser percorrido para se atingir qualquer ponto vital do poderio turco. Depois dos dois primeiros fracassos (em março e abril de 1917) em Gaza, que guardava o acesso litorâneo direto do Egito para a Palestina, o grosso da força disponível foi empregado no outono, numa tentativa menos direta.

O plano, imaginado por Chetwode e adotado por Allenby, ao substituir Murray no comando, era tão geograficamente indireto quanto o permitiam o abastecimento de água e a pequena largura de terra existente entre o mar e o deserto. As defesas turcas estendiam-se de Gaza até umas vinte milhas para o interior, enquanto Beersheba, dez milhas para dentro, formava um posto avançado que guardava o limite oriental da área de possível acesso. Segredo e ardis atraíram a atenção turca para Gaza e deste modo Beersheba, com seu suprimento de água, pôde ser conquistada com uma simples investida lançada ao seu flanco desprotegido. A fase seguinte do plano compreendia um ataque diversionário contra Gaza, seguido de um golpe no flanco da posição principal dos turcos, enquanto a cavalaria partida de Beersheba agiria contra sua retaguarda. Contudo, dificuldades no abastecimento

---

(*) Aqueles que posteriormente se opuseram à devolução de algumas das colônias confiscadas da Alemanha, pelo temor de que elas pudessem tornar-se fonte de discórdias, não levaram em conta o valor indireto de ter a Grã-Bretanha, em caso de guerra, posições de onde poderia obter êxito inicial, a fim de compensar o efeito deprimente dos sucessos obtidos pelo inimigo no teatro europeu e ajudar a contrabalançar a perda de prestígio que isso podia ocasionar. A importância psicológica de tais compensações jamais deve ser ignorada e especialmente por uma potência marítima.

Além disso a posse, por uma potência continental, de territórios ultramarinos que possam ser isolados, tende a conter suas inclinações agressivas. Isso se tornou evidente na prolongada hesitação da Itália em entrar na guerra iniciada em 1939, só concretizada quando a vitória de seus aliados parecia certa. Um emaranhado de bases é uma restrição ou, pelo menos, um fator de restrição.

de água e um contra-ataque turco ao norte de Beersheba prejudicaram essa manobra. Embora a frente turca tivesse sido perfurada não foram obtidos resultados decisivos. As forças turcas, obrigadas a recuar até Jerusalém, não foram comprimidas e isoladas, como se pretendia.

A tentativa para alcançar uma decisão foi adiada para setembro de 1918. Entrementes, no deserto a leste e ao sul, uma curiosa campanha estava não apenas ajudando a enfraquecer o poderio combatente da Turquia, como, também, lançando luz nova sobre a estratégia e, em particular, sobre a ação indireta. Esta campanha foi a revolta árabe, que tinha Lawrence como seu cérebro dirigente. Embora possa ser incluída na categoria de guerrilha, que é por sua natureza sempre indireta, sua estratégia teve uma base científica calculada, que não se pode ignorar, tendo em vista os reflexos que acarreta sobre a arte da guerra convencional. Tendo reconhecidamente uma forma de ação indireta foi econômicamente muito eficiente em relação ao instrumento que utilizou. Os árabes, muito móveis, eram suscetíveis de sofrer menos baixas do que os exércitos ortodoxos. Os turcos eram quase insensíveis à perda de vidas humanas, mas não à perda de material, que possuíam muito escassamente. Eram magníficos para a luta de trincheira, imóveis, disparando contra um objetivo que se aproximasse diretamente, mas não se adaptavam às operações fluidas nem eram de suportar as tensões delas decorrentes. Estavam tentando defender uma enorme área do seu território, sem que dispusessem de um efetivo suficiente para guarnecer todos os setores. Além disso dependiam de uma linha de comunicações longa e frágil.

Dessas premissas saiu uma estratégia que era uma antítese da doutrina ortodoxa. Enquanto os exércitos procuravam manter o contacto, os árabes procuravam evitá-lo. Enquanto os exércitos convencionais procuravam destruir as forças adversárias, os árabes procuravam, apenas, destruir seu material e isso mesmo em regiões que não estivessem guarnecidas. A estratégia de Lawrence ia ainda mais longe, pois, em lugar de afastar o inimigo, cortando seus suprimentos, procurava conservá-lo onde se encontrava, permitindo que recebesse rações diminutas de modo que, com o tempo fosse ficando cada vez mais fraco e deprimido. Golpes violentos poderiam induzi-lo a permanecer reunido e, desse modo, simplificar seus problemas de suprimento e de segurança, mas com alfinetadas era possível mantê-lo espalhado. Entretanto, apesar do seu caráter anticonvencional, essa estratégia obrigava a que fosse seguida a linha de ação de menor resistência. Como disse seu autor: "O exército árabe nunca tentou conservar ou melhorar uma vantagem obtida, mas afastar-se sempre e voltar a atacar em outro lugar. Utilizava o menor efetivo que podia, o mais rapidamente possível, no lugar mais distante que pudesse atingir. Continuar uma ação começada, dando tempo ao inimigo para que pudesse reajustar seu dispositivo, para resistir a ela, seria violar sua regra fundamental que era a de negar-lhe objetivos."

A estratégia aplicada na frente ocidental, em 1918, foi exatamente essa, com a diferença decorrente dos efetivos empregados. Sua aplicação ao problema da guerra convencional é condicionada pelos fatôres tempo, espaço e meios. Embora seja uma forma apressada e ativa de bloqueio, é inerentemente mais vagarosa, para produzir resultados, do que uma estratégia de movimento. Assim sendo, se as condições nacionais tornarem imperativa uma decisão rápida, a última parece preferível. Todavia, a menos que o fim seja buscado por meio de uma ação indireta, o "atalho" será mais lento, mais dispendioso e mais perigoso, do que o procurado com a estratégia de Lawrence. Espaço limitado e grande densidade de força são desvantagens, mas só muito raramente é que não podem ser superadas. Uma conclusão lógica é de que na guerra convencional é aconselhável utilizar uma forma de ação indireta que procure uma decisão rápida, obrigando o adversário a cair numa cilada, caso com isso haja boas perspectivas de êxito. Caso contrário ou depois de ter falhado tal estratégia, deve-se escolher uma forma de ação indireta que objetive uma decisão futura, minando a força e a vontade do adversário. Tudo é aceitável menos a ação direta.

Não houve oportunidade para que se pudesse verificar os resultados finais da estratégia de Lawrence, na revolta árabe, porque em setembro de 1918, quando ela já tinha conseguido reduzir as forças turcas, na ferrovia de Hejaz, a um estado de impotência, as principais forças turcas, que operavam na Palestina, foram derrotadas decisivamente. Neste golpe de Allenby as forças árabes desempenharam papel relevante.

É difícil precisar se essas operações na Palestina devem ser classificadas como uma campanha ou como uma batalha, completada com uma perseguição, porque embora com as forças em contacto ela terminou antes que esse contacto fosse rompido, o que a classificaria como batalha, porém a vitória foi obtida, principalmente, por ações estratégicas e a parte de luta armada foi insignificante.

Isso motivou uma depreciação do seu resultado final, especialmente por parte daqueles cuja escala de valores é governada pelo dogma de Clausewitz, de que o sangue é o preço da vitória. Embora Allenby tivesse uma superioridade numérica de mais de dois para um, talvez três para um, a balança não pendia a seu favor, como aconteceu por ocasião da primeira investida britânica à Palestina, que terminou em fracasso. E, tanto na Guerra Mundial, como em muitas outras, diversas ofensivas, com idêntica superioridade de meios, fracassaram fragorosamente.

Outra depreciação importante que é feita refere-se ao decadente moral dos turcos. Entretanto, levando-se em conta as condições vantajosas em que eles se encontravam em setembro de 1918, as operações merecem ser classificadas entre as obras-primas da história militar, pela visão ampla com que foram concebidas e pela execução que tiveram. Embora o tema não fosse difícil, o quadro não tem semelhantes quanto à concepção perfeita e execução primorosa, pelo menos no que se refere às suas linhas gerais.

O plano corresponde plenamente à definição de estratégia dada por Willisen como "o estudo das comunicações" e também à máxima de Napoleão segundo a qual "todo segrêdo da arte da guerra reside em tornar-se senhor das comunicações". Com efeito: ele objetivou tornar os britânicos senhores de todas as comunicações turcas. Fechar uma via de retirada é paralisar uma organização moral. Cortar as linhas de comunicações de um exército é paralisar sua organização física. Destruir suas linhas de comunicações, por onde passam as ordens e as informações, é paralisar sua organização sensorial, a ligação entre o corpo e o cérebro. Esse terceiro efeito foi aqui obtido por intermédio da força aérea. Esta expulsou os aviões inimigos do ar, cegando o comando inimigo e, depois, pelo bombardeio, tornou-o surdo e mudo. A segunda fase dessa ação foi realizada logo que os árabes cortaram a ferrovia principal em Deraa, o que ocasionou o efeito físico de interromper o fluxo de suprimentos turcos temporariamente, mas isso era tudo que interessava ali, e o efeito mental de induzir o comando turco a mandar para lá parte de suas escassas reservas, imediatamente antes de ser privado do seu controle.

Os três chamados "exércitos" turcos dependiam de uma única artéria de comunicação ferroviária, a que de Damasco, que se ramificava em Deraa, continuava para o sul até Hejaz, infletindo para oeste através do Jordão até Afule, de onde enviava um ramal até ao mar, em Haifa, e outro para o sul, até às pontas dos trilhos do 7.º e 8.º Exércitos turcos. O 4.º Exército, a leste do Jordão, dependia da ramificação de Hejaz. O domínio de Afule e da passagem sobre o Jordão, perto de Beisan, cortaria as comunicações dos 7.º e 8.º Exércitos e também suas linhas de retirada, a não ser para a desolada região que fica a leste do Jordão. A posse de Deraa cortaria as comunicações de todos os três exércitos e a melhor linha para a retirada do 4.º.

Deraa ficava muito distante para ser atingida da frente britânica, em tempo de provocar resultado imediato. Felizmente os árabes, surgindo do deserto como fantasmas, haviam cortado todos os três entroncamentos ferroviários. Nem a natureza da tática árabe, nem a topografia do terreno, se prestavam à formação de uma barragem tática na retaguarda turca. Quando Allenby desejou uma decisão rápida e completa teve de procurar um lugar mais próximo para tal barragem, e logo pensou que o Jordão e as cordilheiras a oeste pudessem ser utilizados como tal. A junção ferroviária de Afule e a ponte sobre o Jordão, perto de Beisan, ficavam dentro de um raio de sessenta milhas de sua frente e, portanto, ao alcance de um "salto" estratégico que poderia ser realizado por carros de combate ou pela cavalaria, desde que nenhum outro obstáculo perturbasse a progressão. O problema era encontrar um itinerário difícil de ser obstruído pelos turcos e com a garantia de não ser bloqueado.

Como foi resolvido êsse problema? A planície lisa de Sharon oferecia um corredor até à planície de Esdraelon e o vale de Jezreel, onde se encontravam Afule e Beisan. Esse corredor era interrompido por uma única porta, tão afastada que nem era guardada, formada pelo estreito cinturão montanhoso que separa a planície de Sharon da de Esdraelon. Contudo a entrada do corredor estava fechada e barrada pelas trincheiras turcas.

Por meio de demorada e contínua preparação psicológica, na qual os ardis foram o substituto dos obuzes, Allenby desviou a atenção do inimigo da costa para as margens do Jordão. O êxito da ação diversionária foi ajudado pelo malogro das duas tentativas de avanço para leste do Jordão, executadas durante a primavera.

Em setembro, enquanto a atenção dos turcos ainda estava voltada para leste, tropas de Allenby moviam-se secretamente para oeste, até que no setor do litoral a superioridade que já possuíam, de dois para um, fosse elevada de cinco para um. No dia 19 de setembro, depois de intenso bombardeio que durou um quarto de hora, a infantaria avançou, deslizando sobre as rasas trincheiras turcas e investiu para o interior, como enorme porta girando sobre seus gonzos. A cavalaria avançou pela porta aberta e subindo o corredor, com seus carros de assalto à frente, conquistou os passos que levavam à planície de Esdraelon. Essa bem sucedida operação foi devida, em grande parte, ao fato de a força aérea ter tornado o comando inimigo surdo, mudo e cego.

No dia seguinte a barragem estratégica foi estabelecida. Restava aos turcos, como único caminho de fuga, a direção de leste, que os obrigava a atravessar o Jordão. Talvez tivessem conseguido escapar se não fosse ainda a força aérea, pois a progressão da infantaria era muito lenta devido à resistência obstinada oferecida pela retaguarda turca. Na manhã de 21 de setembro os aviões britânicos localizaram uma grande coluna, praticamente tudo que tinha restado dos dois exércitos turcos, serpenteando ao longo da íngreme garganta entre Nabluse e o Jordão. Quatro horas de ataque aéreo bastaram para transformá-la numa massa completamente desorganizada. A partir desse momento estava terminada a operação de destruição dos 7.º e 8.º Exércitos. O resto nada mais foi do que um arrebanhamento de gado.

A leste do Jordão, onde nenhuma barragem estratégica era exeqüível, o destino do 4.º Exército passou a ser o de sofrer rápido desgaste, sob a ação das constantes alfinetadas, em lugar de uma liqüidação imediata. Logo a seguir veio a conquista de Damasco e a vitória passou a ser explorada até Aleppo, que fica 200 milhas além de Damasco e 350 da frente onde os britânicos haviam iniciado suas operações, trinta e oito dias antes. Foram feitos 75.000 prisioneiros com o custo de menos de 5.000 baixas.

Aleppo acabava de ser alcançada quando a 31 de outubro, ameaçada com o colapso da Bulgária e pelo avanço de Milne, de Salônica para Constantinopla, a Turquia se rendeu.

Analisando a vitória decisiva da Palestina deve-se notar que os turcos foram capazes de resistir à infantaria britânica até quando o estabelecimento da barragem estratégica na sua retaguarda foi conhecido, produzindo o inevitável e invariável efeito moral. Além disso, havendo sido iniciado sob a forma de guerra de trincheira, exigiu infantaria para que o impasse fosse removido. Logo que se restabeleceu a situação normal, obteve-se a vitória com o emprego de elementos móveis, que constituíam pequena fração da força britânica. A sutileza desse exemplo particular, de ação indireta, limita-se à sua preparação. Sua execução dependeu do efeito desmoralizante e deslocador dos carros que, com sua mobilidade, aplicada ao máximo, proporcionaram uma surpresa continuada.

Outro teatro sudeste, o de Salônica, merece uma nota, de passagem. A remessa de tropas para lá resultou de tardia e ineficaz tentativa de socorrer os sérvios, no outono de 1915. Três anos depois ele foi o trampolim de uma ofensiva que teve conseqüências decisivas. Contudo, embora a conservação de uma cabeça-de-ponte nos Balcãs fosse necessária durante esse intervalo, devido a razões políticas e de estratégia potencial, é discutível a necessidade de lá terem sido mantidos cerca de meio milhão de homens, imobilizados, naquilo que os alemães irônicamente chamaram de seu "maior campo de concentração".

CAPÍTULO XIV

A ESTRATÉGIA DE 1918

Para se fazer um estudo sobre o curso que tomou a guerra, em seu último ano, é imprescindível que se tenha compreensão exata da situação naval nos anos precedentes porque, como não houve uma decisão rápida em terra, o bloqueio naval passou, cada vez mais, a governar a situação militar.

Com efeito, se se perguntasse a um historiador militar qual o dia mais decisivo para o resultado final da Primeira Guerra Mundial ele bem poderia escolher o 2 de agosto de 1914 quando, mesmo sem ela haver ainda começado para a Inglaterra, Winston Churchill, então Primeiro Lorde do Almirantado, aprovou, à 1h25 da madrugada, a ordem de mobilização da Marinha britânica. Essa Marinha não ia vencer nenhum Trafalgar, mas ia, de outra maneira, fazer muito mais para os aliados ganharem a guerra do que qualquer outro instrumento de ação empregado. Isso porque ela foi a arma do bloqueio, e, quando o nevoeiro da guerra se dissipou, com a luz mais clara dos anos de após-guerra, aquele bloqueio foi assumindo proporções cada vez maiores, tornando-se cada vez mais claramente o fator decisivo da luta. Como aquelas "camisas de força" aplicadas nas prisões americanas aos presidiários recalcitrantes, o bloqueio foi sendo progressivamente apertado de modo que, inicialmente, tolheu os movimentos do prisioneiro, em seguida abafou sua respiração e, à medida que se tornava mais apertado e se prolongava por mais tempo, mais diminuía a capacidade de resistência do adversário e mais o desmoralizava com seu efeito de constrição.

A impotência causa desesperança e a História mostra que é a perda de esperança e não a perda de vidas que decide o resultado de uma guerra. Nenhum historiador subestimaria o efeito direto decorrente da falta de alimentação do povo alemão, no sentido de provocar o colapso final de sua "frente interna". Deixando de lado a questão da influência da revolução na derrota militar ou das conseqüências da derrota militar sobre a revolução, é fora de dúvida que o fator bloqueio é uma constante a ser considerada na apreciação da situação militar.

A existência e a ameaça potencial do bloqueio, se não os seus efeitos, é que forçaram a Alemanha a empreender sua primeira campanha submarina em fevereiro de 1915. Isso deu à Grã-Bretanha os elementos de que precisava para formular a Declaração de Londres e apertar ainda mais o bloqueio, reivindicando o direito de interceptar e revistar todos os navios suspeitos de transportar mercadorias para a Alemanha. Além disso, foi o torpedeamento do "Lusitânia" que deu aos Estados Unidos o impulso derradeiro, embora retardado, para entrar na guerra e que serviu, também, para diminuir o atrito existente entre a Grã-Bretanha e os Estados Unidos, motivado por esse próprio bloqueio.

Dois anos após, a tensão econômica provocada pelo bloqueio obrigou os líderes militares alemães a determinarem o reinício intensivo de uma campanha submarina "ilimitada". A dependência da Grã-Bretanha dos suprimentos transportados por mar, para o sustento de sua população e a manutenção de seus exércitos, era um ponto fraco de sua infra-estrutura e o efeito imediato do bloqueio submarino alemão serviu para reforçar o argumento de que essa forma de ação indireta, da grande estratégia, pode ocasionar poderoso efeito moral. Embora a previsão feita pelos alemães não se tenha realizado, integralmente, a Grã-Bretanha muito se aproximou de um ponto em que uma pequena correção na campanha submarina poderia ter-lhe ocasionado conseqüências imprevisíveis. Sua perda de navios aumentou de 500.000 toneladas para 875.000 no mês de abril e quando as contramedidas postas em ação se equilibraram com a insuficiência dos recursos para a campanha submarina, disponíveis pela Alemanha, a Grã-Bretanha só possuía alimentos para sustentar sua população por mais seis semanas.

As esperanças dos líderes alemães de obterem uma decisão rápida, com suas ações no campo econômico, venceram seus temores de um colapso econômico e os levaram a iniciar a campanha submarina aceitando como quase inevitável o risco de verem os Estados Unidos entrarem na guerra como adversários. Esse risco tornou-se realidade no dia 6 de abril de 1917. Embora, como previa a Alemanha, o poderio militar dos Estados Unidos exigisse muito tempo para desenvolver-se, sua entrada na guerra teve um efeito imediato na intensificação do bloqueio naval. Como beligerantes os Estados Unidos souberam empunhar essa arma do poder econômico com tal determinação, indiferentes aos demais países neutros, que ultrapassou de muito as mais otimistas pretensões da Grã-Bretanha, em suas controvérsias, sobre o direito dos neutros.

O bloqueio não mais foi prejudicado por objeções dos países neutros. Ao contrário, a cooperação dos Estados Unidos transformou-o numa "gravata" que tornou a Alemanha cada vez mais inerte, pois o poder militar se baseia na resistência econômica, verdade que com muita freqüência é esquecida.

O bloqueio pode ser classificado como uma ação indireta da grande estratégia, contra a qual não é possível uma resistência eficiente e cuja aplicação não envolve o risco de lentidão em seus resultados. Estes, fiéis à lei de impulso, tendem a adquirir rapidez, à medida que o bloqueio é intensificado, e já em fins de 1917 as Potências Centrais os estavam sentindo severamente. Foi essa pressão econômica que não apenas levou, mas chegou a obrigar a Alemanha a realizar sua ofensiva de 1918 que, falhando, transformou-se em suicídio. Na ausência de um movimento para obtenção da paz, no momento oportuno, ela não tinha outra alternativa senão essa jogada ofensiva, pois, com o tempo, pelo lento enfraquecimento que sofria, caminhava para o colapso.

Se, depois do Marne, em 1914 ou mesmo mais tarde, a Alemanha tivesse adotado uma política de guerra defensiva no oeste e ofensiva no leste, o resultado do conflito bem que poderia ter sido diferente. De um lado poderia, indiscutivelmente, ter concretizado o sonho da "Mittel-Europa" enquanto, de outro lado, o bloqueio inimigo ainda frouxo dificilmente poderia ter sido apertado, com eficiência, enquanto os Estados Unidos permanecessem fora do conflito. Tendo todo o cinturão da Europa Central sob seu controle, com a Rússia fora da guerra ou mesmo em vassalagem econômica, há muito pouco fundamento para que se acredite que os esforços da Grã-Bretanha, França e Itália procurassem fazer algo mais do que induzir a Alemanha a negociar a troca da Bélgica e do norte da França, pela garantia de posse, sem luta, de suas conquistas a leste. Uma Alemanha maior, em força e recursos potenciais, poderia muito bem ter-se dado ao luxo de renunciar ao desejo de uma vitória militar sobre os aliados ocidentais. Com efeito, saber renunciar a objetivos "que não valem a pena" é distinguir a diferença entre a grande estratégia e a estratégia da estupidez.

Contudo, em 1918, a oportunidade já havia passado. A resistência alemã, no campo econômico, tinha sido gravemente reduzida e a intensificação do bloqueio estava diminuindo seus recursos mais depressa do que ela poderia substituí-los, mesmo lançando mão das possibilidades abertas com a conquista da Romênia e da Ucrânia.

Nessa situação é que foi lançada a última ofensiva, numa tentativa desesperada de obter a decisão militar salvadora. A libertação de tropas da frente russa deu-lhe a superioridade de forças de que necessitava, embora consideravelmente menor do que aquela que os aliados haviam empregado em suas ofensivas. Em março de 1917, um total de 178 divisões francesas, britânicas e belgas pôde ser concentrado contra as 129 divisões alemãs. Em março de 1918 havia 192 divisões do leste; o influxo americano transformou-se de um fio d'água, numa torrente, sob a pressão da emergência. Do total alemão estavam em reserva 85 das das conhecidas "divisões de assalto" e do total aliado 62, que não ficaram sob comando centralizado, porque a idéia de constituir uma reserva geral de trinta divisões, à disposição da comissão executiva militar de Versalhes, malograra quando Haig declarou não estar em condições de contribuir com sua cota de

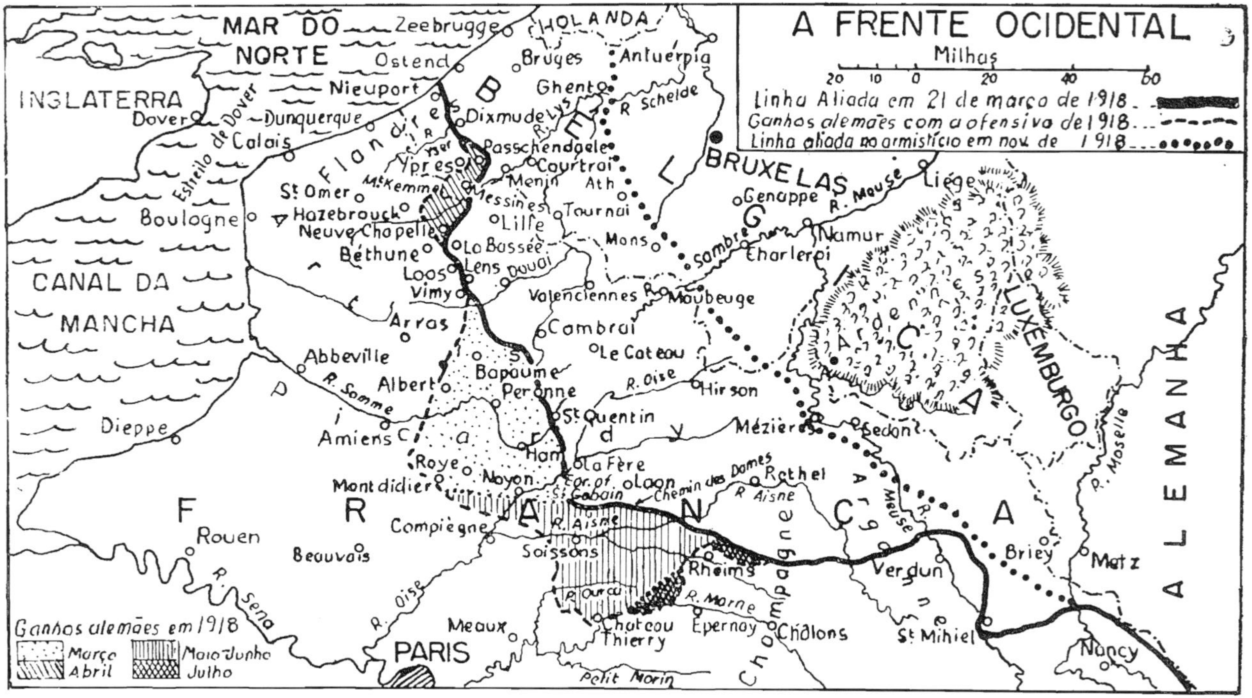
A FRENTE OCIDENTAL
Milhas
20 10 0 20 40 60
Linha Aliada em 21 de março de 1918
Ganhos alemães com a ofensiva de 1918
Linha aliada no armistício em nov. de 1918
Ganhos alemães em 1918
Março
Abril
Maio-Junho
Julho
MAR DO NORTE
INGLATERRA
CANAL DA MANCHA
Estreito de Dover
HOLANDA
BÉLGICA
FRANÇA
ALEMANHA
LUXEMBURGO
Flandres
Ardenas
Argonne
Champagne
Dover
Zeebrugge
Ostend
Nieuport
Dunquerque
Calais
Boulogne
Dieppe
Bruges
Ghent
Antuérpia
BRUXELAS
Dixmude
Passchendaele
Ypres
Yser
Mt Kemmel
Messines
Courtrai
Menin
Ath
Tournai
Mons
St Omer
Hazebrouck
Neuve Chapelle
Béthune
La Bassée
Lille
Loos
Lens
Douai
Vimy
Arras
Valenciennes
Maubeuge
Cambrai
Le Cateau
Bapaume
Péronne
Albert
Abbeville
Amiens
St Quentin
Ham
La Fère
Laon
Roye
Noyon
Montdidier
For. of St Gobain
Chemin des Dames
Compiègne
Soissons
Rheims
Chateau Thierry
Epernay
Châlons
Meaux
PARIS
Rouen
Beauvais
Genappe
Charleroi
Namur
Liége
Hirson
Mézières
Sedan
Rethel
Verdun
St Mihiel
Briey
Metz
Nancy
R. Lys
R. Scheldt
R. Meuse
Sambre
R. Somme
R. Oise
R. Aisne
R. Ourcq
R. Marne
Petit Morin
R. Sena
R. Moselle

sete. Quando submetido à prova, o acordo existente entre os comandos francês e britânico fracassou, obrigando a que Foch, por iniciativa de Haig, fosse nomeado para coordenar e depois para comandar os exércitos aliados.

O plano alemão visava a obtenção de uma surpresa tática mais completa e de maior alcance como em nenhum outro elaborado anteriormente. Foi um grande mérito do comando e do Estado-Maior alemães perceberem como são raras as ocasiões em que a posse de um efetivo superior compensa a desvantagem de atacar abertamente, que a surpresa verdadeira só pode ser conseguida por meio de um conjunto numeroso de artifícios e ardis, e ainda que somente com ela é possível abrir um portão fechado há muito tempo.

Um curto mas intenso bombardeio, com granadas de gás, seria o elemento essencial para obtenção dessa surpresa, pois Ludendorff ainda não percebera a significação do carro de combate e a necessidade de sua fabricação em massa. Todavia sua infantaria fora treinada em novas táticas de infiltração, as tropas da vanguarda deviam sempre procurar progredir através dos pontos fracos da defesa e as reservas ser orientadas para apoiar os sucessos e não para reparar os fracassos. As divisões assaltantes deslocaram-se à noite, o grosso da artilharia foi levado até às proximidades da linha de frente com toda a reserva e o fogo foi aberto sem regulações prévias. Os preparativos feitos, sucessivamente, para ataques em outras regiões, muito serviram para despistar o defensor e para o preparo da tropa.

Isso não foi tudo. Da experiência das inúteis ofensivas aliadas, Ludendorff chegara à conclusão de que "a tática tem de ser considerada antes da escolha dos objetivos puramente estratégicos e estes só devem ser fixados quando possibilitem o sucesso tático". Na impossibilidade de uma ação estratégica indireta isso era, indubitavelmente, verdadeiro. Em conseqüência, no esquema alemão, a nova tática devia ser acompanhada de nova estratégia. Uma era o corolário da outra, ambas baseadas num princípio novo ou ressuscitado, o de seguir a linha de menor resistência. As condições de 1918 na França limitavam o campo a ser tomado e Ludendorff não procurou tomar a linha de ação mais provável.

Contudo, com os exércitos inimigos estendidos, em contacto, ao longo de enorme linha de trincheiras, uma rápida penetração, seguida pela exploração de êxito imediata, ao longo da linha de menor resistência, poderia colocar ao alcance dos alemães um objetivo que normalmente só é atingido quando se toma a linha de ação menos provável.

A penetração foi rápida e a exploração imediata mas, apesar disso, o plano falhou. Onde estava a falha? Grande parte dos historiadores, escrevendo posteriormente sobre os acontecimentos e a guerra, respondeu que foi a tendência de dar realce à tática que levou Ludendorff a mudar de direção e disseminar sua força com prejuízo do objetivo estratégico e em proveito do sucesso tático. Todavia, um exame mais cuidadoso dos documentos alemães de que se dispõe e das próprias ordens e instruções de Ludendorff, lança uma luz diferente sobre a questão. Parece que a verdadeira falha de Ludendorff consistiu em não ter ele executado, na prática, o novo princípio que adotara em teoria e de não ter percebido ou tentado evitar as implicações da doutrina estratégica que acabava de adotar. Com efeito, dissipou grande parte de sua reserva tentando reparar seus fracassos táticos e hesitou, em demasia, para tomar decisões que importavam em explorar seus sucessos táticos.

As dificuldades tiveram começo com a escolha da frente a atacar. Duas linhas de ação haviam sido consideradas. Uma, para um ataque no saliente de Verdun, rejeitada sob a alegação de que o terreno era desfavorável, que o aproveitamento do êxito dificilmente conduziria a um resultado decisivo e de que o exército francês se encontrava recuperado, após quase um ano de convalescença não perturbada. A outra, para um ataque entre Ypres e Lens que, embora com o apoio de Wetzell, consultor estratégico de Ludendorff e do Príncipe Rupprecht, que comandava o setor entre St. Quentin e o mar, foi rejeitada sob a alegação de que enfrentaria a massa principal do exército britânico e de que o terreno baixo demoraria muito a secar.

A escolha recaiu, finalmente, para o setor de Arras-La Fére, porque, além de o terreno se apresentar favorável, era o mais fracamente defendido e ali ficava o ponto de união entre os exércitos francês e britânico. Ludendorff esperava separar os dois e, em seguida, pulverizar o exército britânico, pois pensava que ele estivesse seriamente enfraquecido pelos constantes esforços que realizara em Ypres. Contudo, embora a fraqueza desse setor fosse uma realidade, em seu aspecto geral, quando se entrava em detalhes, a apreciação que tinha sido feita não era correta. O terço norte do setor era fortemente defendido pelo 3.º Exército Britânico, com catorze divisões (das quais quatro estavam em reserva), enquanto o grosso das reservas britânicas estava desdobrado em seu flanco; ele podia receber, como recebeu, o apoio imediato dos demais exércitos britânicos desdobrados mais ao norte. Os restantes dois terços da frente, sobre os quais foi realizado o ataque alemão, eram defendidos pelo 5.º Exército Britânico. A parte central, na frente do 2.º Exército Alemão, era guarnecida por cinco divisões. A parte sul, mais longa, que se defrontava com o 18.º Exército Alemão, era guarnecida por sete divisões (das quais uma estava em reserva).

Ludendorff deu ao seu 17.º Exército, perto de Arras, dezenove divisões para o ataque inicial, que foi executado somente pela sua ala esquerda, numa frente de catorze milhas. Como o saliente britânico, na direção de Cambrai, não seria atacado diretamente, mas apenas fixado, essa extensão de cinco milhas foi apropriadamente ocupada por duas divisões alemãs do 2.º Exército. O seu comandante concentrou dezoito divisões contra a ala esquerda do 5.º Exército Britânico (cinco divisões), numa frente de catorze milhas. No extremo sul, em ambos os lados de Saint Quentin, colocou-se o 18.º Exército, a quem Ludendorff atribuiu apenas 24 divisões para que atacasse numa frente de vinte e sete milhas. Apesar do princípio que estabelecera, estava, na realidade, distribuindo sua força de acordo com a força do inimigo, em lugar de concentrá-la contra o ponto de menor resistência.

A orientação dada em suas ordens acentuava ainda mais essa tendência. O esforço principal seria exercido ao norte do Somme. Depois do rompimento, o 17.º e 2.º Exércitos deveriam investir para noroeste, forçando os britânicos a recuarem para o litoral, enquanto o rio e o 18.º Exército protegeriam o flanco da ofensiva. Do modo como se desenvolveram as coisas esse plano foi radicalmente modificado e teve somente a aparência de ter seguido a linha de menor resistência, porque Ludendorff obteve rápido sucesso onde menos desejava e não logrou êxito na região de sua preferência.

O ataque foi lançado no dia 21 de março e a surpresa causada foi aumentada ainda mais pelo nevoeiro da madrugada. Embora os atacantes tivessem rompido completamente a linha ao sul do Somme, onde as fôrças da defesa e dos atacantes eram mais fracas, foram contidos perto de Arras, revés esse que teve grande influência sobre o ataque que se realizava ao norte do rio. Êsse resultado era previsível; entretanto Ludendorff, violando o princípio que defendia, passou os dias seguintes tentanto dar prosseguimento ao ataque dirigido contra o forte e firmemente defendido bastião de Arras, continuando a manter seu esfôrço nessa direção. Entrementes, conservava sob rédea curta o 18.º Exército, que estava avançando para o sul, sem encontrar resistência. Ainda no dia 26 de março tinha ordens que o impediam de atravessar o Avre e que limitava sua progressão ao ritmo da do seu vizinho, o 2.º Exército, que operava perto de Arras. Vemos assim que, na realidade, Ludendorff estava decidido a vencer o exército britânico, dominando seu setor mais forte, com um ataque direto. Devido a essa obsessão deixou, até muito tarde, de lançar o pêso de suas reservas ao longo da linha de menor resistência, ao sul do Somme.

A pretendida conversão para noroeste poderia ter sido executada desbordando o flanco do bastião de Arras e dirigindo-se contra sua retaguarda. No dia 26 de março o ataque ao norte do Somme (pela ala esquerda do 17.º Exército e ala direita do 2.º Exército) estava se enfraquecendo visivelmente, sendo muito alto o preço que pagava pelos objetivos que arduamente conquistava. Ao sul do Somme, a esquerda do 2.º Exército alcançou o deserto dos antigos campos de batalha do Somme, que era um freio para seu deslocamento e suprimento. Só o 18.º Exército estava avançando com ímpeto ainda não diminuído.

A situação levou Ludendorff a estabelecer nôvo plano, sem contudo abandonar completamente o antigo. Ordenou, para 28 de março, novo ataque direto ao terreno elevado existente nas proximidades de Arras, com a direita do 17.º Exército, que devia ser seguido por outro, do 6.º Exército, na região imediatamente ao norte, entre Vimy e La Bassée. Todavia a promissora situação ao sul do Somme levou-o a designar Amiens como objetivo principal do 2.º Exército. Sustou, mais uma vez, o avanço de 18.º Exército, para com ele forçar o flanco da resistência de Amiens. Esta cidade, objetivo principal do ataque, devia ser conquistada com um ataque direto que deveria progredir num terreno difícil.

No dia 28 de março o ataque de Arras foi lançado, sem ter a proteção do nevoeiro ou da surpresa e falhou completamente diante da bem preparada resistência do 3.º Exército de Byng. Somente então é que Ludendorff abandonou sua idéia original e mudou para Amiens a direção de seu esforço principal, utilizando para isso as reservas disponíveis. Entrementes determinou ao 16.º Exército que continuasse parado por mais dois dias. Quando foi reiniciado, no dia 30 de março, o ataque teve pouco impulso e fez progresso muito pequeno, face a uma resistência que tivera tempo de se enrijecer, auxiliada pelo cimento das reservas francesas que estavam sendo lançadas na muralha fraquejante. Esse foi o primeiro dia em que a artilharia francesa, que tinha chegado depois de sua infantaria, pôde agir em massa. No dia 4 de abril foi realizado novo esforço alemão, com quinze divisões, das quais apenas quatro eram descansadas e o êxito obtido ainda foi menor.

Para não ser arrastado a uma luta de desgaste, Ludendorff suspendeu o ataque dirigido contra Amiens. Em momento algum ele havia lançado o peso de suas forças contra a linha de fratura entre os exércitos francês e britânico. No entanto, no dia 24 de março, Pétain deu a entender a Haig que, se a progressão alemã continuasse ao longo de sua frente, ele seria obrigado a retirar as reservas francesas de sudoeste para proteger Paris. Teria sido necessário, apenas, um pouco mais de pressão, por parte dos alemães, para que a fenda existente se transformasse num abismo.

Esse fato vem confirmar duas lições históricas: a primeira, é que a junção é o ponto mais sensível e proveitoso para um ataque; a segunda é que uma penetração, entre duas forças ou unidades, é mais perigosa se elas estiverem justapostas, do que se se encontrarem ampla e orgânicamente separadas.

Estando com a maior parte de suas reservas guarnecendo o vasto saliente ao sul de Arras, Ludendorff passou, sem muita confiança, a desfechar um ataque mais ao norte. No dia 25 de março havia dado ordens para que fosse preparada uma operação, de pequena escala, para ser desencadeada entre La Bassée e Armentières, como nova tentativa para alargar a brecha existente. Depois que o ataque a Arras malogrou foi obrigado a ampliar os objetivos dêste plano. O ataque a Armentières deveria ser seguido, vinte e quatro horas após, de outro mais ao norte, visando cercar a cidade.

Tendo sido preparado muito tarde o ataque não ficou em condições de ser lançado senão no dia 9 de abril e, mesmo assim, como uma simples ação diversionária. Contudo, seu inesperado sucesso inicial, para o que muito contribuiu o nevoeiro da madrugada, obtido, na realidade, contra um setor enfraquecido, levou Ludendorff a transformá-lo, pouco a pouco, numa ação de vulto. Ao longo de uma frente de onze milhas, ao sul de Armentières, nove divisões alemãs, com mais cinco em segundo escalão, caíram sobre uma divisão portuguesa e duas britânicas (à retaguarda das quais existiam mais duas em reserva). No dia seguinte, quatro divisões, com mais duas em segundo escalão, atacaram ao norte de Armentières, numa frente de sete milhas, auxiliadas, também, por espesso nevoeiro. Quando a resistência começou a aumentar, novas divisões foram lançadas à luta, aos pouquinhos, até que, no fim da primeira semana de maio, já haviam sido empregadas mais de quarenta. Ludendorff tinha, assim, começado a enfrentar uma campanha de desgaste.

Os britânicos estavam por demais perto de suas bases e do mar, mas conseguiram deter a maré alemã, depois que essa já tinha avançado dez milhas, aproximando-se do entroncamento ferroviário de Hazebrouck. Então, no dia 17 de abril, Ludendorff planejou um golpe convergente sobre Ypres, mas esse ataque foi antecedido por uma ação indireta de Haig, ao receber sua frente 48 horas antes e afastar-se da cidade, que o anulou. Malogrado esse plano Ludendorff pensou em realizar um ataque direto ao sul de Ypres, onde se encontravam as reservas francesas destinadas a guarnecer essa parte da frente. O ataque, realizado a 25 de abril, caiu sobre a junção e conseguiu rompê-la no monte Kemmel, porém Ludendorff suspendeu a exploração do êxito pelo temor de um contra-ataque. Até então ele havia empregado suas reservas com parcimônia, com retardo e em quantidade bem inferior à necessária, para poder obter êxito decisivo. Depois do malogro de sua primeira ofensiva parece ter tido pouca fé na segunda e, após um esforço final no dia 29, suspendeu-a definitivamente. Pensava numa suspensão temporária, até que atraindo as reservas francesas para a própria frente francesa, pudesse desfechar um golpe final e decisivo contra os britânicos na Flandres.

Já havia dado ordem para serem iniciados os preparativos para um ataque no setor de Chemin-des-Dames, entre Soissons e Reims, a ser realizado no dia 17 de abril, mas só foram terminados no dia 27 de maio, em conseqüência dos preparativos simultâneos para a ofensiva de Flandres, que tinham repercussão no plano de emprego das reservas. O serviço secreto americano havia previsto o local e a data aproximada do ataque, mas suas advertências só foram levadas em conta na última hora, quando confirmadas pelas declarações de um prisioneiro, no dia 26 de maio. Já era muito tarde para se pensar em reforçar as defesas existentes, mas um alerta geral pôde ser dado na posição defensiva e ordens expedidas para que essas reservas iniciassem seus movimentos. Na manhã seguinte o golpe foi desfechado, com quinze divisões em primeiro escalão e sete em segundo, ao longo de uma frente de 24 milhas, que estava guarnecida por cinco divisões francesas e britânicas (existiam mais quatro em reserva mais à retaguarda). Protegido, inicialmente, por uma nuvem de nevoeiro e pela fumaça, o ataque varreu os defensores de Chemin-des-Dames e, logo a seguir, jogou-os além do Aisne. As forças alemãs atingiram o Marne no dia 30 de maio. Mais uma vez, porém, Ludendorff obtinha um sucesso para o qual não estava preparado e que parecia não desejar. O grande surpreendido foi ele próprio. O êxito inicial não só absorveu uma proporção elevada de suas reservas como anulou sua ação, pois elas não conseguiram vencer a corrida com as reservas aliadas.

A extensão do êxito inicial oferece margem para uma análise. Parece ter sido devida, em parte, ao desvio da atenção e das reservas aliadas para outro lugar, não só por ter sido o ataque realizado ao longo da linha de menor resistência como, também, devido às loucuras cometidas pelo comandante francês local. Insistiu este para que a infantaria fosse desdobrada em posições avançadas, onde, aglomerada, se tornou carne de canhão para a artilharia alemã. A artilharia, as reservas locais e os postos de comando da defesa estavam, igualmente, muito avançados, e assim o colapso ocasionado pela investida dos alemães foi mais rápido e maior. Desse modo o ataque readquiriu o efeito da surpresa tática que perdera, parcialmente, no dia anterior, porque o que se deve obter com a surpresa é o desequilíbrio do inimigo, quer ele seja apanhado cochilando, quer com os olhos abertos.

Ludendorff possuía, nessa ocasião, dois salientes grandes e um menor, na frente aliada. Sua ação seguinte foi avançar pelos dois lados de Compiègne, baluarte que ficava entre os salientes do Somme e do Marne. Desta vez, porém, não obteve surpresa e o golpe executado sobre o flanco ocidental do baluarte, em 9 de junho, foi realizado com retardo e não coincidiu com a pressão feita a leste.

Seguiu-se uma pausa que durou um mês. Ludendorff estava ansioso por concretizar sua antiga e querida idéia de desfechar um golpe decisivo contra os britânicos na Bélgica, mas, levando em conta as reservas britânicas que lá se encontravam, ainda fortes, decidiu realizar, na ocasião, uma ação diversionária, imaginando que uma ação violenta ao sul pudesse afastar as citadas reservas. Falhara ao tentar o assalto ao baluarte de Compiègne no oeste, dentro de seu bolsão do Marne e agora estava tentando a mesma coisa a leste, ao procurar atacar Reims, pelos seus dois flancos. Precisava, entretanto, de um intervalo para repouso e preparação e essa demora lhe foi fatal, pois deu aos britânicos e franceses o tempo de que necessitavam para se recuperarem e, aos americanos, para reunir suas forças.

O êxito tático obtido nessas operações foi sua ruína porque, cedendo a essa influência, perseverou na sua execução, no tempo e no espaço, consumindo com isso as reservas e as intervalando demasiadamente para que tivessem reflexos mútuos. Seguira, não a linha de menor resistência, mas a linha de resistência crescente. Depois do rompimento inicial, cada avanço se tinha tornado, estrategicamente, puras ações diretas. Introduzira três grandes cunhas, mas nenhuma delas penetrara o suficiente para cortar uma artéria vital. Esse malogro estratégico deixara os alemães com uma frente dentada, que convidava aos contra-ataques em seus flancos.

No dia 15 de julho Ludendorff lançou seu novo ataque, cujo desencadeamento inicial não foi mantido em segredo. A leste de Reims o ataque foi detido por uma defesa elástica e a oeste a penetração alemã aprofundou-se o suficiente para determinar sua destruição posterior por um contra-ataque, longamente preparado, lançado por Foch, no dia 18 de julho, contra o outro flanco do saliente do Marne. Pétain, que dirigiu a operação, empregou a chave que tinha faltado a Ludendorff, de utilizar uma massa de carros leves para encabeçar o ataque, lançado de surpresa, no modelo de Cambrai. Os alemães conseguiram, entretanto, manter os portões do saliente abertos o tempo suficiente para recuar suas tropas para local seguro e recompor a linha rompida. Como suas reservas estavam esgotadas Ludendorff foi obrigado, inicialmente, a adiar e, posteriormente, a suspender a ofensiva de Flandres, de modo que a partir desse momento a iniciativa das operações passou a pertencer aos aliados.

A natureza do contra-ataque aliado no Marne exige exame mais detalhado. Pétain pedira a Foch para manter reunidos em Beauvais e Epernay, respectivamente, dois grupamentos de forças em reserva em condições de serem empenhadas contra o flanco de qualquer penetração dos alemães. O primeiro grupamento, sob o comando de Mangin, foi empregado para deter o ataque alemão de 9 de junho e, em seguida, transferido para uma posição a oeste do saliente do Marne. Foch planejava utilizá-lo num ataque direto contra o centro ferroviário de Soissons. Enquanto ele estava sendo preparado para isso o serviço secreto obteve informações de que estava iminente um ataque alemão nas proximidades de Reims, o que decidiu Foch, antecipando-se a ele, a dar a ordem de ataque para o dia 12 de julho. Pétain tinha, entretanto, uma idéia diferente, pois preferia deixar que os alemães atacassem, para, durante a fase seguinte, antes que se reunissem, atacar sua retaguarda. E, de maneira muito curiosa, as tropas francesas não ficaram em condições de realizar o ataque previsto para o dia 12, de modo que a batalha foi travada mais de acordo com a concepção de Pétain do que com e de Foch, porém não exatamente como Pétain queria porque, na realidade, seu plano consistia em entregar, inicialmente, sua posição avançada ao adversário após ligeira resistência para, em seguida, detê-lo em frente da posição principal e fustigá-lo com contra-ataques locais, de modo que ele fôsse levado a empenhar suas reservas nos bolsões que tivesse feito em ambos os lados de Reims para, então, Mangin desencadear sua contra-ofensiva na direção leste, sobre o saliente principal do Marne. Assim poderia fechar a boca do enorme saco no qual as forças alemãs, ao sul do Aisne, ficariam encerradas.

Os acontecimentos e Foch encarregar-se-iam de modificar essa concepção. A leste de Reims o ataque alemão foi desfeito por uma defesa elástica, que é uma forma de ação tática indireta. Contudo, a oeste os comandantes se amarraram ao rotineiro e rígido método de defensiva e a posição principal foi rompida, dando margem a que os alemães penetrassem até além do Marne. Para evitar perigo maior Pétain foi obrigado a lançar na luta a maioria das reservas que pretendia utilizar em sua segunda fase. Para substituí-las decidiu retirar as forças de Mangin e adiar a contra-ofensiva que, por ordem de Foch, tinha sido marcada para o dia 18 de julho. Foch, ao ter conhecimento dessa decisão de Pétain, imediatamente determinou que ficasse sem efeito, fazendo que a segunda fase do plano Pétain tivesse de ser abandonada e os alemães pudessem dispor das reservas necessárias para deter Mangin e manter aberta a boca do saco. A contra-ofensiva se tinha transformado numa pressão direta, como a de Falkenhayn em 1915 na Polônia, e os alemães, embora pressionados, puderam sair pelo fundo do bolsão.

A idéia dominante de Foch, daí por diante, foi conservar a iniciativa, não dando descanso ao inimigo, enquanto acumulava reservas. Para isso procurou liberar desde logo suas próprias ferrovias laterais com operações locais. A primeira delas foi executada por Haig, no dia 8 de agosto, na frente de Amiens. Com todo o cuidado e precaução o 4.º Exército de Rawlinson foi ultrapassado e o ataque, encabeçado por 450 carros de combate foi, no seu desencadeamento, a mais completa surpresa obtida na guerra. Embora contido logo a seguir, devido à pressão que exerceu diretamente, conseguiu desequilibrar o moral do Comando Supremo Alemão e, convencendo Ludendorff do colapso moral de suas tropas, levou-o a declarar que as negociações para a paz deviam ser entabuladas, quando assim se manifestou: "O objetivo atual de nossa estratégia deve ser o de paralisar gradualmente a vontade de lutar do inimigo por meio de uma defensiva estratégica."

Nesse meio tempo, porém, os aliados haviam aperfeiçoado o novo método estratégico. Foch ensaiou-o ordenando uma série de ataques sucessivos em pontos diferentes e Haig completou essa evolução não concordando com as instruções de Foch para continuar a pressão frontal que exercia com o 4.º Exército, até que os 1.º e 3.º Exércitos também atacassem. Como resultado de tudo isso a ofensiva aliada, embora apenas nas mãos de Haig e Pétain, transformou-se numa série de golpes rápidos dados em pontos diferentes, cada um deles sendo suspenso logo que perdia o ímpeto inicial para poder abrir caminho para o seguinte e todos suficientemente próximos, no tempo e espaço, para que reagissem, mutuamente, uns sobre os outros. Assim, Ludendorff ficou incapacitado de transferir suas reservas para aparar sucessivamente todos esses golpes, a não ser impondo a elas um esforço excessivo que as desgastava, em proporção muito desvantajosa, face ao inimigo. Esse método, se não é uma verdadeira ação indireta, parece, pelo menos, muito dela se aproximar, pois, se não seguiu a linha de ação menos provável para o inimigo, evitou, pelo menos, a linha de ação prevista, se não tomou a linha de menor resistência jamais persistiu na linha de resistência crescente. Foi, na realidade, uma forma negativa de ação indireta.

Em vista da queda do moral e da diminuição dos efetivos das forças alemãs, esse método foi suficiente para assegurar um avanço continuado dos aliados e gradual enfraquecimento da resistência alemã. A clara evidência desse declínio é a declaração de Haig, de que seria capaz de romper a Linha Hindenburg, onde forças alemãs eram ainda bastante fortes, levaram Foch a abandonar o método até então seguido em troca de uma ofensiva geral e simultânea prevista para fins de setembro.

O plano previa ação direta e convergente sobre todo o vasto saliente formado pela frente alemã na França. Esperava-se que as duas alas aliadas, formadas pelos britânicos e americanos, pudessem isolar, ao fecharem-se, grande parte dos exércitos alemães desdobrados no saliente. Essa esperança se baseava no fato de as Ardennes formarem uma muralha, colocada em sua retaguarda, quase intransponível, que dispunha de saídas somente em seus flancos. Pode-se, de passagem, comentar que essa idéia sobre as Ardennes resultava de uma falta de conhecimento real sobre o distrito, porque na realidade ele dispõe de boas estradas e, em sua parte, o terreno em sua área é mais ondulante do que montanhoso (1).

Originariamente, por sugestão de Pershing, o plano continha até certo ponto um caráter indireto, pois estabelecia que o exército americano devia explorar seu êxito local, na eliminação do saliente de Sant Mihiel, com um avanço na direção de Briey e Metz, para colocar-se entre as comunicações alemãs na Lorena e ameaçar a linha de retirada alemã ocidental, na direção do Reno. Todavia Haig objetou que esse movimento era divergente, em relação aos demais ataques aliados, e obrigou Foch a alterar o plano já elaborado, não aceitando a sugestão de Pershing. Em conseqüência o exército americano teve de transferir seu esforço para oeste e aprontar, apressadamente, em apenas uma semana, um ataque na direção Meuse-Argonne. Aí a pressão continuada, exercida numa direção onde a resistência era crescente, além de ser desnecessária, para facilitar o avanço de Haig através da Linha Hindenburg, foi confusa e custosa.

---

(1) Erro de julgamento semelhante levou o Comando Aliado, em maio de 1940, a não considerar a possibilidade de as forças mecanizadas alemãs utilizarem essa região para sua invasão.

Os conhecimentos ali desenrolados serviram, mais uma vez, para provar que uma ação direta, mesmo contando com uma esmagadora superioridade de fogo e dirigida contra um adversário enfraquecido, pode romper a posição que ele ocupa mas não é capaz de derrotar o inimigo. No dia 11 de novembro, data do Armistício, as forças alemãs, sacrificando suas retaguardas, estavam em segurança fora do saliente e de volta a uma nova linha, mais curta e agora retificada.

O avanço aliado chegara praticamente a um impasse, menos devido à resistência alemã do que às dificuldades com sua manutenção e suprimentos nessas áreas devastadas. Nessas condições a ação direta permitiu que os alemães se retirassem mais depressa de que podiam ser perseguidos.

Felizmente, a última fase dessa ofensiva militar não teria grande influência sobre o resultado final. O golpe moral, que a surpresa de 8 de agosto ocasionara ao Comando Alemão, foi completado e tornado decisivo por uma ação indireta realizada num teatro muito distante. Realmente, a ofensiva aliada executada na frente de Salônica, lançada num terreno em que as dificuldades apresentadas fizeram que fosse guarnecido fracamente, logo de saída, abriu uma brecha nas defesas inimigas. A seguir, o terreno montanhoso impediu que os defensores rocassem suas reservas para deter a progressão que era feita ao longo da linha de menor resistência. Os búlgaros, com seu exército dividido em duas partes e já cansado da guerra, pediram um armistício derrubando, assim, um dos sustentáculos mais fortes da Aliança Central e abrindo caminho para um golpe que poderia ser desencadeado contra a retaguarda da Áustria.

Quando os italianos lançaram uma ofensiva vitoriosa, a Áustria, já moral e fisicamente abalada e exausta, capitulou e, imediatamente, seu território e suas ferrovias foram utilizados pelos aliados para montagem de uma base de operações contra a "porta dos fundos" da Alemanha. Em setembro o General von Gallwitz já afirmava ao chanceler alemão que a situação era insustentável.

A ameaça de envolvimento da retaguarda e a intensificação do bloqueio (forma de ação indireta da grande estratégia), atuando sobre um povo faminto e já sem esperanças, foi o par de esporas com que o governo alemão, nos últimos dias, foi incentivado à rendição. Essas esporas estavam sendo aplicadas em um cavalo fogoso, mas fora um estalido do chicote que o fizera disparar: a informação do colapso da Bulgária e do reinício da ofensiva geral na França.

O Comando Supremo Alemão perdeu a calma durante uns poucos dias e, embora se tivesse recuperado logo após, já tinha precipitado a derrota militar de seu país. Realmente, no dia 29 de setembro Hindenburg e Ludendorff resolveram, apressadamente, pedir um armistício sob a alegação de que o colapso da frente búlgara perturbara todo o dispositivo alemão, pois era urgente a transferência de tropas da frente ocidental para a fronteira agora desguarnecida, ao mesmo tempo que, "embora os ataques aliados até agora lançados na frente ocidental estivessem sendo detidos, eles deveriam ser reiniciados a qualquer instante".

Referiam-se eles à ofensiva geral determinada por Foch, pois o ataque americano no Meuse-Argonne fora iniciado no dia 26 de setembro, chegando praticamente a um impasse no dia 28; o ataque franco-belga-britânico fora começado na Flandres no dia 28 e, embora desagradável, não parecia ser realmente ameaçador; mas, na manhã do dia 29 o golpe principal, a cargo de Haig, estava caindo sobre a Linha Hindenburg e as primeiras notícias chegadas eram bem inquietadoras.

Nessa emergência o Príncipe Max de Baden, pela sua reputação internacional de moderação e de honra, o que constituía garantia de bom êxito, foi designado chanceler, com a missão específica de negociar a paz. Para que pudesse trabalhar com conhecimento de causa e não dar uma impressão ao inimigo de derrota, solicitou a Hindenburg que lhe concedesse oito, dez ou mesmo quatro dias de prazo, antes de se dirigir ao inimigo. Teve, entretanto, sua pretensão negada, sob a alegação de que a situação militar era muito grave para comportar delongas.

Em conseqüência, no dia 3 de outubro encaminhou ao Presidente Wilson um pedido de armistício imediato. Com isso fez ao mundo verdadeira confissão de derrota. Mas, na verdade, no dia 1.º de outubro, o Comando Supremo já havia minado sua própria frente interna ao externar essa mesma impressão numa reunião em que tomaram parte líderes de todos os partidos políticos.

Homens que haviam sido mantidos no escuro durante tanto tempo ficaram, de repente, cegos diante dessa luz repentina. Todas as forças da discórdia e da fraqueza recebiam, com isso, um impulso considerável.

Poucos dias depois o Comando Supremo estava mais animado e, mesmo, mais otimista, ao perceber que o êxito britânico na Linha Hindenburg se limitara à abertura de uma pequena brecha. Notícias mais encorajadoras, vindas a seguir, davam conta do enfraquecimento dos ataques aliados e, particularmente, de sua exploração do êxito. Ludendorff ainda continuava a desejar o armistício, mas agora apenas para ter uma oportunidade de descansar suas tropas, preparar nova resistência e garantir a retirada, em segurança, para a nova linha estabelecida ao longo da fronteira. Todavia, no dia 17 de outubro achou que podia dispensar até mesmo esse descanso. Não era a situação que tinha mudado e sim o seu exame, agora feito com mais calma, mostrando que ela não era tão má conforme tinha sido imaginado no dia 29 de setembro. Contudo a primeira impressão, embora errônea, já havia sido espalhada nos círculos políticos e no público da Alemanha, como as ondas se espalham quando uma pedra é jogada na água de um tanque. A "frente interna" começou a ruir e desabou mais depressa do que a frente militar.

No dia 23 de outubro o Presidente Wilson respondia aos pedidos alemães, com uma nota, na qual, virtualmente, exigia uma rendição incondicional. Ludendorff ainda pretendeu continuar a luta, na esperança de que uma defensiva bem sucedida na fronteira pudesse arrefecer a determinação dos aliados, mas a situação já fugira ao seu controle, a força de vontade da nação estava destruída e suas sugestões desacreditadas. No dia 26 de outubro ele foi obrigado a renunciar.

Em seguida, durante trinta e seis horas, o chanceler permaneceu em estado de coma devido a uma dose excessiva de sonífero. Quando retornou ao seu gabinete, no dia 3 de novembro, a Turquia e a Áustria haviam capitulado. No dia seguinte a revolução irrompia na Alemanha, estendendo-se rapidamente, por todo o país, atiçada na mesma razão em que as negociações de paz eram retardadas com a relutância do "kaiser" em abdicar. A conciliação com os revolucionários era a única saída para a crise e, no dia 9, o Príncipe Max passou o governo ao socialista Ebert. Nessa ocasião os plenipotenciários do armistício já se encontravam junto a Foch e às cinco horas da manhã, do dia 11 de novembro, os termos foram assinados e, às onze horas, a guerra havia terminado.

O término da guerra tinha sido decidido, no dia 29 de setembro, pelo próprio Comando Alemão. Ludendorff e seus colegas haviam "fendido" e o barulho do desmoronamento que se iniciava foi ecoando na Alemanha a dentro até repercutir em todo o país. Nada mais poderia segurá-lo ou detê-lo. O comando poderia recuperar a calma, a situação militar melhorar, mas o efeito moral desses fatos, como sempre acontece na guerra, já tinha sido produzido.

Entre as causas da rendição da Alemanha o bloqueio pode ser considerado como a mais importante. Sua existência responde seguramente à dúvida existente sobre se os exércitos alemães poderiam ter permanecido firmes, em suas trincheiras, se não fosse a revolução; porque, ainda que o povo alemão, levado a um esforço supremo na defesa de seu próprio solo, tivesse podido deter os exércitos aliados, seu fim poderia, unicamente, ter sido adiado em conseqüência da ação eficiente do poder marítimo, arma histórica da Grã-Bretanha.

Entretanto, para o apressamento da rendição e para evitar o prolongamento da guerra até 1919, a ação militar deve ser colocada em primeiro plano. Essa conclusão não implica em que, no momento do Armistício, o poder militar da Alemanha estivesse destruído ou seus exércitos definitivamente derrotados, nem que o Armistício tenha sido uma concessão errada. O relatório dos "últimos cem dias", quando cuidadosamente examinado, confirma a lição de que o verdadeiro objetivo da guerra é o cérebro dos governantes inimigos e não seu corpo, constituído por suas tropas; que a balança entre a vitória e a derrota inclina-se mais diante das impressões mentais do que dos golpes físicos de efeito indireto. O choque de ser surpreendido e a sensação de impotência, para responder aos movimentos estratégicos inimigos, é que abalaram os nervos de Ludendorff, muito mais do que a perda de prisioneiros, canhões ou territórios.

PARTE III

Estratégia da Segunda Guerra Mundial

CAPÍTULO XV

A ESTRATÉGIA DE HITLER

As campanhas realizadas por Hitler antes e a própria guerra de 1939 oferecem um exemplo impressionante do método exposto nas partes anteriores deste livro. Ele deu, no início de suas operações, nova extensão, tanto na prática como na teoria, à estratégia de ação indireta, pois soube explorar convenientemente o campo logístico e psicológico embora posteriormente oferecesse aos seus adversários a preciosa oportunidade de que precisavam para empregar contra ele essa mesma ação indireta.

Na guerra é uma prova de sabedoria não subestimar o adversário, procurar compreender como funciona seu cérebro e descobrir que métodos ele aplica. Só assim é possível pensar-se em poder prever e prevenir as ações inimigas. As nações pacíficas muito sofrem por "dormir no ponto" e isso foi o que sucedeu na Segunda Grande Guerra com todas aquelas que demoraram a prever qual seria a próxima tentativa de Hitler. Uma nação muito se beneficiaria se, entre os órgãos consultivos do seu governo, possuísse um "departamento de informações" trabalhando em todos os campos de atuação do Poder Nacional Inimigo, ficando, assim, em condições de prever onde e como ele seria aplicado.

Talvez nada pareça mais estranho ao historiador do futuro do que apreciar como os governos das democracias deixaram de prever a linha de ação que Hitler deveria seguir. Jamais um homem, de tão grande ambição, revelou previamente, de modo tão claro, não só o processo geral, como os métodos particulares, que iria empregar em seus desígnios.

tado de 1923, para a conquista do poder na Alemanha com uma "marcha sobre Berlim".

Depois que o estado totalitário foi estabelecido e teve mais de vinte anos para refletir sobre as lições legadas pelo conflito anterior, Ludendorff expôs suas conclusões sobre o que seria a futura "guerra total". Iniciou esse trabalho atacando violentamente a teoria de Clausewitz que havia sido tomada como base da doutrina alemã de 1914. Para Ludendorff seu maior defeito era que ela não ia suficientemente longe, em sua idéia de violência ilimitada, independente do custo. Criticou Clausewitz, também, por dar importância muito grande à política, citando um dos seus trechos mais conhecidos: "O objetivo político é o *fim* e a guerra é um *meio* que conduz a ele e um meio jamais deve ser considerado sem que conduza a um fim determinado." Na opinião de Ludendorff isso já estava superado. O princípio totalitário exigia que a nação, em guerra, utilizasse sem limitações tudo que possuísse e, na paz, estivesse sempre se preparando para a próxima guerra. A guerra era a expressão mais característica da "vontade de viver" nacional e a política devia, pois, ficar a ela subordinada.

Lendo o livro de Ludendorff chega-se à conclusão de que a maior diferença entre sua teoria e a de Clausewitz consiste em que o primeiro chegou a considerar a guerra como um meio sem um fim, a menos que o fato de transformar a nação em um exército seja considerado como um fim. Isso não constituía uma novidade, pois Esparta já o tentara, embora sem resultado positivo, pois sucumbira à paralisia que dela decorreu. Com o objetivo de desenvolver a nação para a guerra, de criar uma super-Esparta, a maior preocupação de Ludendorff era assegurar "a unidade psíquica do povo". Procurou, para isso, fazer do nacionalismo uma religião e criar o fanatismo, fazendo que todas as mulheres admitissem que o papel mais nobre que podiam desempenhar era ter filhos "para suportarem o pêso da guerra total" e que todos os homens cressem que seu dever principal para a nação era o treinamento para a guerra; em suma, o povo devia criar e ser criado para o massacre. Outra sugestão que Ludendorff oferecia, para a obtenção de "unidade psíquica", era a velhíssima recomendação de serem eliminados todos aqueles que pudessem expressar ou mesmo ter opiniões contrárias às do Comando Supremo.

Outra condição que Ludendorff impunha era a da organização de um sistema econômico de caráter nacional, auto-suficiente, adequado às exigências da guerra totalitária. Nisso mostra ter compreendido que o poder militar se fundamenta num alicerce econômico. No entanto, de modo curioso, quando se referiu às conseqüências desastrosas do bloqueio aliado, na última guerra, não deu a entender que ele poderia ter reflexos nos resultados da guerra, continuando a afirmar que essa ainda era decidida por batalhas, travadas entre exércitos. Nesse ponto concordava com seu velho mestre alemão: "Clausewitz só pensa no aniquilamento dos exércitos inimigos na batalha", pois, na sua opinião, este era um dos princípios imutáveis da guerra. Na opinião de Hitler, entretanto, o verdadeiro objetivo de um líder militar era ocasionar a capitulação dos exércitos inimigos, sem batalhas.

O quadro pintado por Ludendorff sobre a maneira como a guerra futura se processaria era, simplesmente, uma reprodução, mais colorida, das ofensivas que executou em 1918, brilhantes em seu desencadeamento, porém estéreis em seu resultados. Para ele a ofensiva era um tipo de operação em que a infantaria devia ser ajudada em sua progressão pela artilharia, metralhadoras, morteiros e carros, até poder "esmagar o inimigo numa luta corpo a corpo". Todos os movimentos deveriam levar à batalha; a mecanização apenas apressaria a corrida para ele.

Ludendorff não tinha qualquer objeção moral ou mesmo militar a outros tipos de guerra mais dispersos. Observou que as exigências da guerra total fariam que fossem "desprezados todos os desejos de abolição da guerra submarina ilimitada", e os aviões, no futuro, deveriam juntar-se aos submarinos para afundar todos os navios que tentassem atingir os portos inimigos "mesmo que fossem embarcações navegando sob bandeira neutra". E, com referência aos ataques à população civil, acentuou que chegaria a ocasião em que "esquadrões do bombardeiros seriam lançados contra ela, inexoravelmente e sem piedade". Contudo, por motivos militares, para ele supremos, a força aérea devia ser primeiro empregada para ajudar a derrotar o exército inimigo e somente depois é que deveria cumprir missões no interior do território inimigo.

Incorporava toda e qualquer arma ou instrumento de ação que aparecia, ao seu arsenal militar, sem procurar utilizá-los em outro qualquer campo de grande estratégia. Não se definia, pois parecia não ter idéia precisa a esse respeito, sobre o emprego que deveriam ter os demais instrumentos de ação que podem ser utilizados na guerra. Sua sugestão era, em suma: multiplique todas as forças, o mais que possa, e chegará a algum lugar. "Onde", porém, era coisa que não procurava saber, nem o preocupava. Era realmente claro quando afirmava: "O comandante-chefe deve transmitir suas instruções aos líderes políticos e estes devem obedecê-las e executá-las no serviço de guerra." Queria dizer, em outras palavras, que os responsáveis pela política nacional lhe deviam dar um cheque em branco sacado contra todos os recursos disponíveis pela nação, no momento ou no futuro.

Por mais semelhanças que existam entre Ludendorff e Hitler, em relação às suas concepções de raça, de Estado e ao direito do povo alemão de dominar o mundo, suas diferenças eram grandes, especialmente quanto aos métodos empregados para atingirem seus objetivos.

Enquanto Ludendorff exigia o absurdo de a estratégia controlar a política, a mesma coisa que dizer que o instrumento é que devia decidir sobre o que fazer, Hitler resolveu esse problema, centralizando o exercício das funções da estratégia e da grande estratégia. Gozava ele, assim, das vantagens que tinham Alexandre e César no mundo antigo, Frederico, o Grande, e Napoleão, em épocas posteriores. Isso lhe dava a oportunidade ilimitada, que nenhum estrategista puro poderia ambicionar, de poder preparar e desenvolver os meios para a tarefa que tinham em vista. Ao mesmo tempo reconhecia o que o soldado, por força de sua profissão, geralmente não percebe: que a força armada não é senão um dos instrumentos que servem aos propósitos da guerra e que uma variedade de outros está ao alcance da grande estratégia.

Embora sejam vários os motivos pelos quais um Estado declara guerra, um dos fundamentais é o de assegurar a continuidade de sua política, face à determinação do adversário de executar uma política contrária. Na vontade humana residem a origem e a mola-mestra do conflito. Para um Estado conquistar os seus objetivos pela guerra é necessário que modifique a vontade do inimigo, de acordo com sua própria política. Compreendido isso, o princípio militar de "destruir as forças armadas principais inimigas no campo de batalha", que os discípulos de Clausewitz elevam a uma condição predominante, enquadra-se, no lugar que cabe, dentro do campo da grande estratégia, que inclui outras formas de ação, como a pressão econômica, a propaganda, a diplomacia etc. Em lugar de atribuir importância excessiva a um instrumento, que as circunstâncias podem tornar ineficiente, é mais sábio escolher e aplicar os que sejam mais adequados, mais penetrantes e mais econômicos, para subjugar a vontade do adversário, com um custo menor e sem maiores prejuízos para os problemas de após guerra. Com efeito, a vitória mais decisiva não tem valor se, para obtê-la, a nação tiver que ser sangrada até à morte.

Deve ser finalidade da grande estratégia descobrir e atingir o calcanhar de Aquiles do governo inimigo, em sua capacidade de fazer a guerra. E incumbe à estratégia, por sua vez, introduzir uma cunha na couraça das forças inimigas. Aplicar força onde o inimigo é forte é enfraquecer-se, em proporção desfavorável, ao resultado que pode ser alcançado. Para atacar, buscando resultados satisfatórios, é preciso descobrir os pontos fracos do inimigo.

É, desse modo, mais econômico e compensador desarmar o adversário do que destruí-lo com uma luta árdua. O método de "martelar" é perigoso, não só porque conduz ao esgotamento como porque o resultado final depende da sorte. Um estrategista deve pensar em termos de paralisar e não de matar. Mesmo no campo da guerra um homem enervado é um transmissor perigoso, capaz de disseminar uma epidemia de pânico. Num escalão militar uma impressão pessimista que se crie no espírito do comandante inimigo pode anular todo o poder combatente das tropas sob seu comando. E, num plano ainda mais elevado, a pressão psicológica exercida sobre o governo de um país pode ser suficiente para anular a ação de todos os instrumentos de luta de que ele dispõe, fazendo que a espada caia da mão paralisada.

Para repetir a observação-chave do capítulo inicial, a análise da guerra mostra que, embora o poder de um país seja representado pelos recursos e efetivos de que dispõe, no momento, seu desenvolvimento muscular depende do estado de seus órgãos internos e do seu sistema nervoso, que influenciam sua estabilidade, seu moral e sua nutrição. A pressão direta tende sempre a enrijecer e consolidar a resistência sobre a qual atua, como a neve que, apertada numa bola, quanto mais compacta se torna, mais demora a derreter-se. Tanto na política como na estratégia ou, em outras palavras, na estratégia tanto no campo da diplomacia como no militar, a ação indireta é o meio mais eficaz para perturbar o equilíbrio do adversário, psicológico ou físico, tornando sua queda mais provável.

O verdadeiro propósito da estratégia é diminuir a capacidade de resistência do adversário. Daí pode ser tirado outro axioma: para garantir a conquista de um objetivo é necessário ter objetivos alternativos. Um ataque que converge para um ponto deve ameaçar e poder divergir para outro. Somente com essa flexibilidade de objetivos pode a estratégia adaptar-se às incertezas de guerra.

Seja por instinto, ou por reflexão, Hitler adquiriu aguda compreensão dessas verdades estratégicas, que raros soldados têm reconhecido. Aplicou o instrumento psicológico de sua estratégia, amplamente, na campanha política com que conquistou o controle da Alemanha, explorando os pontos fracos da República de Weimar, jogando com as fraquezas humanas, lançando, alternativamente, os interesses capitalistas e socialistas uns contra os outros, parecendo tomar uma direção para enveredar por outra, de modo a aproximar-se de seu objetivo por passos sucessivos e indiretos.

Uma vez conquistado o poder na Alemanha, em 1933, deu ainda mais extensão a esse processo. Tendo negociado, no ano seguinte, um pacto de paz, de dez anos, com a Polônia, a fim de cobrir seu flanco oriental, abandonou em 1935 as limitações de armamento impostas pelo Tratado de Versalhes e, em 1936, aventurou-se à reocupação militar da Renânia. No mesmo ano iniciou astuciosamente a "guerra camuflada", apoiando, junto com a Itália, a tentativa de Franco de derrubar o governo republicano espanhol. Foi uma ação indireta, lançada contra a retaguarda estratégica da França e da Grã-Bretanha, que criou um efeito diversionário de grande estratégia. Tendo enfraquecido a posição da França e da Grã-Bretanha e, também, se protegido a oeste, pois voltou a fortificar a Renânia, ficou em condições de lançar-se para leste, e realizar outras ações indiretas contra os alicerces estratégicos das Potências Ocidentais.

Em março de 1938 marchou contra a Áustria e abriu o flanco da Checoslováquia, ao mesmo tempo que rompia o cinto que a França tecera em torno da Alemanha, depois da última guerra. Em setembro de 1938 obteve, pelo acordo de Munique, não apenas a devolução da Sudetolândia, mas também a paralisia estratégica da Checoslováquia. Em março de 1939 ocupou o país, que já havia paralisado, e assim envolveu o flanco da Polônia.

Com essa série de manobras, praticamente sem derramamento de sangue, executadas com "marchas pacíficas", sob a proteção da cortina de fumaça de uma propaganda plausível, não só destruiu o domínio que os franceses exerciam na Europa Central, como o cerco estratégico da Alemanha, que inverteu a seu favor, num processo que foi o equivalente moderno, embora em escala mais ampla e nível mais elevado, da clássica arte de manobrar para obter posição antes de oferecer combate. Enquanto isso o poder da Alemanha ia crescendo, não só diretamente, com a enorme produção de armamentos modernos, como indiretamente, pela diminuição do potencial de seus principais adversários, provocado pelo afastamento de seus aliados e pelo arrancamento de suas raízes estratégicas.

Assim, na primavera de 1939, Hitler não tinha nenhum motivo para temer um conflito armado e, nesse momento crítico, foi ajudado por um movimento em falso por parte da Grã-Bretanha, ao oferecer, repentinamente, garantias à Polônia e à Romênia estrategicamente isoladas, sem o consentimento prévio da Rússia, que era a única potência em condições de prestar auxílio efetivo. Esse fato, que jamais deveria ter acontecido, foi a mais drástica medida tomada contra uma política de apaziguamento, pois, na ocasião em que foram dadas, essas garantias tinham o aspecto de uma provocação. Localizados numa parte da Europa praticamente inacessível às forças da Grã-Bretanha e da França, os países beneficiados passaram a ser uma tentação ao espírito de conquista dos alemães. Foi assim que as Potências Ocidentais minaram os fundamentos da única estratégia que lhes era permitida face ao poder de que dispunham no momento. Realmente, em lugar de ficar em condições de deter a agressão, apresentando forte frente contra qualquer ataque vindo do oeste, deram a Hitler a fácil oportunidade de romper a frente, fracamente estabelecida e, dêsse modo, conquistar um triunfo inicial.

Hitler sempre planejara, como mostra Rauschning, lançar seus ataques de surpresa contra países fracos ou isolados e deixar para os ombros de seus adversários a iniciativa das ações de vulto, pois os alemães tinham respeito muito sério pelo poder das defesas modernas e num grau muito mais elevado do que qualquer dos militares ou estadistas aliados. A oportunidade que agora lhes era oferecida estava dentro de seus planos. Em tais circunstâncias, a estratégia estabelecida exigia uma tentativa imediata de aproximação com a Rússia, e a obtenção de um pacto que assegurasse sua neutralidade. Conseguido isso Hitler estava sossegado. Se os aliados declarassem guerra, para honrar os compromissos assumidos, teriam que abandonar as vantagens da defesa e empenhar-se em ações caracteristicamente ofensivas, sem disporem dos recursos necessários e sob as mais desfavoráveis condições. Se se limitassem a golpear, de leve, a Linha Siegfried, demonstrariam sua impotência e perderiam prestígio. Se insistissem no ataque, apenas iriam aumentar suas perdas e reduzir suas probabilidades de resistência, quando Hitler estivesse livre para se lançar na direção oeste.

A única maneira pela qual poderiam ter-se libertado dessa posição incômoda, sem permitir que Hitler fizesse tudo que desejava, era adotar uma política de "sanções", com o boicote econômico e diplomático, combinado com o fornecimento de armamento às vítimas da agressão. Isso teria feito mais bem à Polônia e menos mal ao prestígio e às possibilidades futuras dos aliados, do que o fez a declaração de guerra em condições tão adversas.

A ofensiva que os franceses tentaram realizar não causou nenhuma impressão sobre a Linha Siegfried e a maneira como ela foi explorada pelos alemães provou ser seu malogro extremamente prejudicial ao prestígio dos aliados. Contrastando com o êxito fulminante obtido pelos alemães na Polônia, aumentou o temor dos neutros e abalou sua confiança nos aliados, mais do que uma medida conciliatória poderia ter feito.

Hitler estava, então, em condições de consolidar seus ganhos militares e explorar as vantagens políticas deles decorrentes, protegido pelas suas fortificações do Ocidente, que os supostos salvadores da Polônia eram flagrantemente incapazes de forçar. Poderia ter mantido essa situação defensiva bastante segura, até que os franceses e britânicos ficassem cansados da guerra, o que aconteceria à medida que o papel ridículo que desempenhavam se tornasse mais evidente. Os estadistas aliados foram obrigados a iniciar uma ofensiva de palavras, muito antes de disporem de meios de traduzi-la com uma ação efetiva e tudo o que conseguiram, com isso, foi provocar conseqüências que não estavam em condições de enfrentar. Com efeito, suas provocações deram a Hitler a oportunidade que desejava e, mais do que isso, um incentivo para antecipar-se a eles na "deflagração" da guerra. Enquanto muita gente na Grã-Bretanha e na França contava com os pequenos países neutros, vizinhos da Alemanha, para abrir o caminho nas ações a serem dirigidas contra o flanco alemão, foi Hitler quem tomou a iniciativa de romper o flanco dos aliados invadindo nada menos de cinco desses países, com todas as características de falta de escrúpulos de um agressor.

Nos primeiros meses da guerra Hitler fora favorável à idéia de preservar a neutralidade da Noruega para com isso cobrir seu flanco e manter protegida uma rota destinada ao transporte marítimo que lhe assegurasse o fornecimento do minério de ferro sueco, através do porto norueguês de Narvick, no litoral do Atlântico. Somente os indícios evidentes e crescentes de que os aliados estavam planejando uma operação para a obtenção do controle nas águas e portos da Noruega, o que não convinha a Hitler, é que o incentivaram a empreender a ocupação antecipada deste país.

Entretanto, isso não constituía uma novidade em sua concepção, pois em 1943 já havia descrito a Rauschning e a outros como poderia conquistar de surpresa os principais portos da península escandinava por meio de uma série de golpes executados, ao mesmo tempo, por pequenas expedições marítimas, com a cobertura da força aérea. O caminho seria preparado por seus "partisans" e a operação realizada sob o pretexto de proteger esses países contra a invasão de outras potências. "Seria um empreendimento ousado, nunca tentado antes na história do mundo, mas deveras interessante", no dizer do próprio artista que o concebeu. Essa idéia foi concretizada no plano executado no dia 9 de abril e obteve um êxito além da expectativa.

Hitler admitia que alguns desses golpes pudessem falhar, sem que isso viesse a prejudicar seu êxito final, pois contava conquistar a maioria dos pontos estratégicos visados, mas sua operação foi um sucesso absoluto, pois todos os objetivos foram atingidos, sem oposição, embora ele tivesse audaciosamente estendido seus dedos até ao norte de Narvick.

Esse sucesso, espantosamente fácil, em contraste com o fracasso da contra-invasão da Noruega, tentada pelos aliados, aumentou naturalmente sua impaciência, provocando-o a desencadear o golpe seguinte, muito maior e já inteiramente planejado. Nos anos anteriores, quando discutia as circunstâncias em que se arriscaria a uma grande guerra, havia expressado sua intenção de permanecer na defensiva no oeste e deixar o inimigo dar o primeiro passo ofensivo, para só depois disso saltar sobre a Escandinávia e os Países Baixos, a fim de melhorar sua posição estratégica e ficar em condições de fazer uma proposta de paz às Potências Ocidentais. "Se não gostarem dela, poderão tentar expulsar-me, porém, em qualquer caso, terão de suportar o peso de terem tomado a iniciativa do ataque."

Agora, porém, as circunstâncias eram diferentes. Fizera uma proposta de paz depois da conquista da Polônia e ela foi rejeitada pelas Potências Ocidentais. Era agora a ocasião de forçar a França a fazer a paz e para isso transferiu seus exércitos para oeste, prontos para serem lançados contra ela, ainda naquele outono. As dúvidas de seus generais, que não acreditavam dispor de força suficiente para derrotar os exércitos franco-britânicos, juntaram-se ao tempo, para adiar essa operação. Todavia, sua impaciência tinha crescido nesse intervalo e seu triunfo na Noruega, onde mais uma vez agira contra o conselho de seus generais, tornou impossível que eles o segurassem por mais tempo.

Quando discutia a possibilidade de êxito de tal ofensiva, muito tempo antes de realizá-la, havia observado: "Eu manobrei a França, afastando-a da Linha Maginot, sem perder um único soldado." Levando em consideração o que realizou em maio de 1940, suas perdas foram realmente bem pequenas em comparação com os ganhos obtidos.

No plano original o esforço principal deveria ter sido realizado pela ala direita constituída pelo Grupo de Exércitos de Bock. Todavia, em princípio de 1940, esse plano foi radicalmente alterado e seu centro de gravidade deslocado, devido aos argumentos do General von Manstein (chefe do Estado-Maior do Grupo de Exércitos de Rundstedt) de que uma investida realizada pelas Ardennes teria muito mais probabilidade de êxito, pois esta seria a linha de ação menos provável para o inimigo.

É bem significativo, nessa campanha ocidental, que o Comando Alemão tenha tido o cuidado de evitar qualquer ação direta e utilizado sistematicamente a ação indireta, apesar de possuir uma superioridade de meios. Não tentou penetrar na Linha Maginot e, em lugar disso, atacou os dois pequenos países neutros, a Holanda e a Bélgica, conseguindo atrair os aliados para fora de suas defesas instaladas na fronteira belga. Quando eles penetraram o suficiente na Bélgica, sem que a força alemã lhes criasse propositadamente qualquer obstáculo, Hitler atacou-os pela retaguarda, que era a parte desprotegida do dispositivo francês.

Essa investida mortal foi realizada com uma força que representava, apenas, uma pequena fração do exército alemão, mas era formada de divisões blindadas. O Comando Alemão fora bastante esperto para perceber que para obter sucesso rápido precisava confiar mais na mecânica do que na massa. Ainda assim essa ponta-de-lança era tão pequena que os generais alemães não acreditavam que pudesse ter êxito na operação que iam realizar. O sucesso alemão foi devido principalmente à imprudência e ao perigoso convencionalismo do Comando Francês, que concentrou toda sua ala esquerda para o combate em campos belgas, enquanto deixava somente algumas divisões, de segunda categoria, para defender o setor principal na região das Ardennes, uma área cheia de florestas e montanhas, que ele havia pressuposto como sendo impraticável para a progressão das divisões mecanizadas. Os alemães, ao contrário, sabendo bem explorar a surpresa, demonstraram ter aprendido a lição, já tantas vezes ensinada, de que os obstáculos naturais são inerentemente mais fracos do que a resistência oferecida pelo homem bem abrigado.

É evidente que a rápida progressão alemã, além de Sedan, muito se beneficiou do fato de ter ameaçado objetivos diferentes e conservado os franceses em dúvida quanto à sua verdadeira orientação: se Paris ou a retaguarda das forças na Bélgica, inicialmente, ou Amiens e Lille, após as divisões blindadas terem infletido para oeste. Simulando avançar em uma direção e tomando outra, a força alemã chegou, sem maiores tropeços, até às costas do Canal.

A tática empregada pelos alemães foi coerente com sua estratégia, pois sempre evitou os assaltos frontais e procurou descobrir o ponto fraco das defesas inimigas para que suas forças pudessem se infiltrar, ao longo da linha de menor resistência. Enquanto isso os estadistas aliados, com uma compreensão completamente errada da guerra moderna, concitavam seus exércitos a enfrentar a invasão com "ações furiosas e incessantes", permitindo que a onda dos tanques alemães passasse, sem luta, em torno e ao largo de suas desajeitadas massas de infantaria. (As tropas aliadas talvez pudessem detê-la se não houvessem recebido instruções para não resistir em posições preparadas e sim basear a defesa em contra-ataques que foram, quase sempre, ineficientes.)

Enquanto os comandantes aliados pensavam em termos de batalha, os novos comandantes alemães procuravam evitá-la, buscando paralisar estrategicamente seus adversários, empregando carros de assalto, bombardeadores de mergulho e pára-quedistas para espalhar a confusão e destruir as comunicações. O resultado obtido permite que se faça ligeira reflexão sobre a "confortadora" crença do Marechal-de-Campo Ironside, que afirmava que seus inimigos estavam em situação de inferioridade porque nenhum de seus chefes tinha passado de capitão na guerra anterior. Oito anos antes Hitler havia criticado os generais alemães "por serem cegos para as coisas novas e surpreendentes, imaginativamente estéreis e por estarem emaranhados em seus conhecimentos técnicos". Entretanto alguns, da geração seguinte, demonstraram excepcional capacidade de apresentar idéias novas.

Contudo, o aproveitamento inteligente das armas modernas e de uma nova tática e estratégia, não bastaria para explicar todos os sucessos alemães. Isso porque, na guerra de Hitler, a ação indireta foi executada em campos mais amplos e em camadas mais profundas. Neste ponto ele tirou proveito do estudo que fez da técnica da revolução bolchevista, da mesma maneira que o exército alemão se beneficiou da aplicação da técnica de guerra mecanizada, aperfeiçoada pelos britânicos. Quer Hitler tivesse conhecimento, ou não, os métodos básicos que empregou nesses campos já eram conhecidos desde a guerra mongólica, no tempo de Gêngis-Cã. Para preparar o campo para sua ofensiva Hitler procurava, nos países que pretendia ocupar, adeptos influentes que pudessem minar sua capacidade de resistência, provocar agitação no interesse alemão e estar sempre prontos para formar um novo governo, de acordo com os interesses alemães. O suborno era desnecessário, pois ele contava com a ambição egoísta, a inclinação autoritária e o espírito partidário, para lhe fornecerem os agentes dóceis e inconscientes que desejasse no seio das classes governantes. Em seguida, para abrir o caminho às suas tropas, ele fazia no momento escolhido, e enquanto a paz prevalecia, uma infiltração com elementos de suas tropas de assalto, disfarçados em viajantes comerciais ou turistas, no meio do povo inimigo, os quais só deviam vestir seus uniformes quando recebessem o necessário aviso. A missão desses elementos era a sabotagem das comunicações, espalhar rumores falsos e, se possível, seqüestrar homens públicos de importância. Essa vanguarda disfarçada seria, logo a seguir, apoiada por tropas aerotransportadas.

Na sua guerra as investidas frontais eram um blefe ou um passeio. O essencial era a ação exercida na retaguarda, sob qualquer de suas formas. Ele sentia desprezo pelos assaltos e cargas de baionetas, que eram o A B C do soldado convencional. Seu caminho na guerra era sempre aberto por um duplo "D": desmoralização e desorganização. Sua guerra seria travada com a sugestão das palavras e não pela força das armas, com a propaganda substituindo os projéteis. Assim como um bombardeio de artilharia era usado na guerra anterior para esmagar as defesas inimigas, antes do avanço da infantaria, um bombardeio moral seria agora empregado com essa mesma finalidade. Todos os tipos de munição seriam usados mas a propaganda revolucionária teria um destaque todo especial. "Os generais, apesar de todas as lições da guerra, desejam portar-se como nobres cavaleiros. Pensam que a guerra deve ser travada como os torneios da Idade Média. Eu não tenho emprego para os cavaleiros. Preciso de revoluções." Seu objetivo na guerra era fazer o inimigo capitular. Se sua vontade de resistir pudesse ser paralisada, matá-lo seria supérfluo, por ser um meio tosco e dispendioso de atingir o objetivo. O processo indireto de "injetar germes no corpo da nação inimiga, para provocar doenças em sua vontade, tinha para ele muito mais probabilidade de ser eficaz".

Assim a teoria de guerra de Hitler baseava-se no emprego das armas psicológicas. Aqueles que tentaram enfrentá-lo deveriam ter tido o cuidado de compreender isso, pois o valor de sua aplicação no campo militar ficou inteiramente provado. Paralisar o sistema nervoso do inimigo é operação muito mais econômica do que golpear sua carne. Entretanto sua aplicação isolada, no campo político, só obteve resultados satisfatórios quanto aos efeitos obtidos e não quanto ao conteúdo. É discutível que Hitler tivesse conseguido êxito na desmoralização da resistência inimiga sem o efeito paralisante ocasionado pelas forças militares do novo tipo, empregando novos processos de combate. A superioridade alemã no campo da técnica militar bastaria para justificar o colapso da França, independente de qualquer outro distúrbio ou queda provocados na vontade nacional.

A força sempre pode esmagar outra força, bastando para isso que possua superioridade de poder ou de aptidão. Não pode, entretanto, esmagar idéias. Estas, sendo intangíveis, são invulneráveis, salvo a penetração psicológica e isso é uma verdade que tem desapontado os partidários do emprego exclusivo da força. Talvez ninguém fosse tão consciente do poder das idéias quanto Hitler. Contudo, a escala crescente em que precisou contar com o apoio da força, à medida que seu poder crescia, mostrou ter ele superestimado o valor de sua técnica política para transformar as idéias, colocando-as ao seu serviço. E isso porque as idéias que não brotam da verdade têm impulso relativamente rápido e recuo demasiadamente brusco.

Hitler deu à arte da estratégia ofensiva novo desenvolvimento. Dominou, também, melhor que qualquer de seus adversários, a primeira fase da grande estratégia, aquela que procura desenvolver e coordenar todas as formas de atividades bélicas e todos os instrumentos que podem ser empregados contra a vontade do inimigo. Como Napoleão teve, porém, uma compreensão inadequada do nível elevado em que se encontra a grande estratégia, pois conduziu a guerra sem maiores preocupações com o estado de paz que se seguiria. Para realizar isso, com eficiência, seria necessário que fosse mais do que um estrategista, ou que fosse, ao mesmo tempo, um líder e um filósofo. Enquanto a estratégia é o inverso da moralidade, pois se relaciona com a arte da simulação, a grande estratégia tende a coincidir com a moralidade, por precisar sempre ter em vista o objetivo final dos esforços que está dirigindo.

Tentando provar sua irresistibilidade no ataque, os alemães enfraqueceram suas próprias defesas, em muitos campos, como o estratégico, o econômico e, acima de tudo, o psicológico. À medida que suas forças se dispersaram pela Europa, provocando a miséria, sem assegurar a paz, espalharam também os gérmens do ressentimento, que ocasionaram a resistência às idéias que lançavam. E suas próprias tropas não ficaram imunes à ação desses gérmens, pois pelo contacto que tiveram com os povos dos países ocupados ficavam sensíveis aos sentimentos existentes. Isso começou a arrefecer o entusiasmo marcial que Hitler com tanta constância estimulava e realmente conseguiu fazer crescer entre as tropas, até que se fizeram sentir as saudades de suas casas. A sensação de não ter amigos reforça o efeito de deterioração, abrindo caminho para a infiltração de idéias contrárias e para o cansaço da guerra.

Com sua expansão ofensiva Hitler ofereceu aos seus adversários a oportunidade que lhes era necessária para arrebatar-lhe a vantagem que até então mantinha. Isso poderia ter acontecido mais rapidamente se seus adversários tivessem tido visão diferente de sua grande estratégia. Todavia, mesmo sem isso, havia para os aliados oportunidades favoráveis enquanto a Grã-Bretanha mantivesse sua invencibilidade. Para impor a paz Hitler necessitava de uma vitória completa, que não poderia obter sem conquistar a Grã-Bretanha, pois quanto mais avançava em outras partes, tanto maiores eram seus problemas de subjugar os povos conquistados. Cada passo que dava à frente aumentava suas possibilidades de cometer um deslize. O problema da Grã-Bretanha era mais simples, embora mais áspero. Ela tinha que resistir até que Hitler desse um escorregão irreparável, como já tinha acontecido com Napoleão. Felizmente, para ela, Hitler cometeu esse deslize muito antes do que era esperado e antes que a pressão que sofria se tornasse insustentável. O deslize tornou-se irreparável porque a aptidão de Hitler, pela estratégia ofensiva, não se combinava com um senso correspondente para a estratégia defensiva. A imensidão de seus sucessos iniciais levou-o, como já levara Napoleão, a acreditar que a ofensiva oferecia solução para todos os seus problemas.

CAPÍTULO XVI

O PERÍODO DA VITÓRIA DE HITLER

A conquista da Polônia pelos alemães em 1939 e a subseqüente invasão da Europa Ocidental, em 1940, comprovam na história militar a eficiência decisiva da guerra mecanizada de alta velocidade, cuja teoria, concebida na Grã-Bretanha, foi adotada na Alemanha em grande parte devido aos esforços do General Guderian, criador das forças "panzer" alemãs. Embora os altos escalões militares alemães encarassem essa nova idéia com restrições e destinassem à sua concretização recursos inferiores aos desejados pelos seus expoentes, ela, assim mesmo, produziu vitórias impressionantemente rápidas. E a técnica aplicada em seu emprego não somente revolucionou a guerra como alterou o curso da história mundial. Realmente, as conseqüências das vitórias de Hitler sobre o prestígio e as possibilidades futuras da Europa Ocidental não poderiam ter desaparecido com sua derrota final, pois o esforço imenso feito pelos Estados Unidos, para deslocar a balança do conflito contra Hitler, determinou o aparecimento de um novo centro de poder no hemisfério ocidental e a ascendência da Rússia no Continente Eurasiático criou outro fato inquietador e de enorme importância.

As campanhas que determinaram uma dupla revolução, na arte da guerra e no equilíbrio do poder mundial, foram, também, exemplos bastante esclarecedores da estratégia de ação indireta. Particularmente em relação ao desequilíbrio do poder mundial, uma análise das operações no oeste mostra que o novo tipo de forças empregadas, as mecanizadas, não seria bastante para obter sozinho os resultados que colheu se não fosse a nova estratégia aplicada. A mobilidade e a flexibilidade das forças mecanizadas apenas trouxeram à ação indireta maior potencialidade.

A Polônia, para sua infelicidade, serviu como campo de experiência para a primeira demonstração dessa combinação. Sua fronteira com a Alemanha tinha 1.250 milhas de comprimento e pouco tempo antes fora aumentada em mais 500 milhas com a ocupação pelos alemães da Checoslováquia. Como conseqüência disso seu flanco sul ficou tão exposto a uma invasão quanto seu flanco norte, voltado para a Prússia Oriental. A Polônia era, assim, um vasto saliente colocado entre os dois maxilares da Alemanha.

O dispositivo tomado pelas suas forças, com seu grosso colocado bem avançado dentro do saliente, aumentava ainda mais os perigos a que estavam expostos os poloneses. O desejo muito natural de proteger sua área industrial, de importância vital, a oeste do Vístula, foi incentivado pelo orgulho do povo e pela confiança excessiva que depositava em suas forças armadas.

O efetivo do exército polonês, em tempo de paz, igual ao do exército francês e não muito inferior ao do alemão, compreendia trinta divisões de infantaria e doze brigadas de cavalaria. Contudo, os recursos industriais da Polônia eram insuficientes para permitir pleno aproveitamento do seu potencial humano, ou mesmo para fornecer um equipamento mais adequado às suas forças da ativa. Após mobilizada, a Polônia poderia aumentar de mais um terço o número de suas divisões, ao passo que a Alemanha poderia duplicar as suas, exceção feita das divisões blindadas ou motorizadas, mas essa limitação, por parte da Alemanha, era compensada pela ausência quase completa de forças desse tipo, modernas, na Polônia.

As planícies polonesas ofereciam um terreno plano e muito acessível a um invasor motorizado, embora não tanto como a França, pois as boas estradas eram escassas, uma areia profunda era encontrada nas margens das rodovias e era grande o número de florestas e lagos encontrados em algumas áreas, constituindo obstáculos aos blindados. Entretanto, a época da invasão fora escolhida de modo a reduzir o efeito desses obstáculos.

A situação tornava fácil e convidativa uma estratégia de ação indireta, em sua forma física, e os resultados obtidos com ela, pelos alemães, foram bem maiores devido à maneira como as operações foram conduzidas.

Ao norte a invasão foi realizada pelo Grupo de Exércitos de Bock, formado pelos 3.º Exército, sob o comando de Kuchler, e 4.º Exército, sob o comando de Kluge. O primeiro, da posição que ocupava, no flanco da Prússia Oriental, investiu para o sul, enquanto o segundo avançava para leste, através do Corredor Polonês, para juntar-se ao primeiro, no envolvimento que este realizava no flanco direito dos poloneses.

O papel mais importante foi atribuído ao Grupo de Exércitos de Rundstedt, ao sul. Ele era duas vezes mais forte em infantaria e ainda mais em blindados que o de Bock e compreendia o 8.º Exército, sob o comando de Blaskowitz, o 10.º Exército, sob o comando de Reichenau e o 14.º, sob o comando de List. Blaskowitz, na ala esquerda, devia avançar na direção do grande centro industrial de Lodz e ajudar o isolamento das forças polonesas no saliente de Poznan, ao mesmo tempo que protegia o flanco de Reichenau. Na ala direita List devia investir para Cracóvia e simultâneamente forçar o flanco carpático dos poloneses, empregando seus corpos blindados para atravessar os passos montanhosos. O golpe decisivo, porém, seria desfechado por Reichenau, ao centro, e para esse fim ele recebeu o grosso dos blindados.

A invasão foi iniciada no dia 1.º de setembro de 1939 e já no dia 3, quando a Grã-Bretanha e a França entraram em guerra, como exigia a garantia dada à Polônia, o avanço de Kluge já havia cortado o corredor e atingido o baixo Vístula, enquanto a pressão de Küchler, na Prússia Oriental, em direção ao Narev, já se fazia sentir. Nessa ocasião as forças de Reichenau já haviam penetrado no Warta e forçado sua travessia. Entrementes, o exército de List convergia sobre Cracóvia. No dia 4, pontas-de-lança de Reichenau haviam atravessado o Pilica, cinqüenta milhas além da fronteira e dois dias mais tarde sua ala esquerda já se encontrava bem além de Tomaszow, enquanto sua direita já penetrara em Kielce.

O comandante-chefe do exército alemão, Brauchitsch, havia ordenado que o avanço continuasse diretamente para leste, até o Vístula e o ultrapassasse. Contudo, Rundstedt e o chefe de seu Estado-Maior, Manstein, tomaram a iniciativa de alterar o plano quando concluíram, acertadamente, que os principais exércitos poloneses ainda estavam a oeste do Vístula e lá podiam ser apanhados numa armadilha. A ala esquerda de Reichenau, encabeçada por um corpo blindado, recebeu ordem de mudar de direção, dirigir-se para a retaguarda da grande concentração polonesa em torno de Lodz e estabelecer uma posição de barragem ao longo do rio Bzura, entre Lodz e Varsóvia. Esse movimento quase não teve oposição, pelo seu inesperado, e conseguiu o isolamento completo da força polonesa, antes que ela pudesse retirar-se atravessando o Vístula.

A vantagem obtida pelos alemães, com sua profunda penetração estratégica, ao longo de uma linha de ação pouco provável e, em conseqüência, de menor resistência, foi ainda aumentada pela defensiva tática que passaram a executar. Para completar a vitória eles tinham apenas que conservar o terreno, face aos contra-ataques apressados de um exército que combatia invertido, isolado de suas bases e sofrendo cada vez mais a pressão sobre seus flancos e retaguarda, devido à ação convergente realizada pelos exércitos de Blaskowitz e Kluge. Embora os poloneses tenham lutado ferozmente, com uma bravura que muito impressionou seus adversários, somente pequena proporção deles conseguiu safar-se, para juntar-se à guarnição de Varsóvia.

No dia 10, o comandante dos exércitos poloneses, Marechal Smigly-Rudz, ordenou que o restante de suas forças se retirasse para o sudeste da Polônia, na esperança de poder organizar a defesa numa frente relativamente estreita, que lhe permitisse uma resistência prolongada. No entanto, essa esperança foi frustrada porque, enquanto o anel a oeste do Vístula se apertava, os alemães já estavam penetrando profundamente na região a leste e realizando ampla manobra de pinças, que flanqueou as defesas em potencial do San e do Bug.

A linha recuada do Bug foi atingida e contornada por um ataque notavelmente indireto. No início da invasão os corpos blindados de Guderian haviam servido como ponta-de-lança do 4.º Exército de Kluge, na investida que realizaram através do Corredor, para atingir a Prússia Oriental, província isolada da Alemanha. Agindo rapidamente Guderian, depois de contornar o flanco oriental do Exército de Küchler, tomou a direção do sul, atravessou o rio Narev no dia 9 de setembro e já no dia 14 atingia Brest-Litovsk, no Bug, após uma corrida de 100 milhas ao longo da base do grande saliente polonês. Suas vanguardas investiram mais quarenta milhas, até Vlodava, onde encontraram os primeiros elementos dos corpos blindados de Kleist, completando-se assim os dois braços da pinça, da manobra planejada. Quando, no dia 17, os russos atravessaram a fronteira oriental da Polônia, a sorte dos exércitos poloneses estava selada.

A campanha triunfante que os alemães realizaram no oeste, nove meses mais tarde, não foi uma ação indireta, em sua forma física bem caracterizada, mas foi, psicologicamente, ainda mais indireta do que a realizada agora. Foi inspirada na idéia de perturbar o equilíbrio do adversário com a inesperada direção que tomou, com o momento em que foi realizada e pelo progresso aplicado, que tomou a forma de uma ação diversionária de grande amplitude, seguida de rápida exploração lançada ao longo da linha de menor resistência, a grande profundidade. Além disso deveu seu êxito a um peão bem lançado como isca e a um golpe de jiu-jitsu.

Nos primeiros dias de outubro de 1939, depois de ter invadido a Polônia, Hitler distribuiu suas primeiras instruções para a realização de uma ofensiva no oeste. Diziam elas que, caso se tornasse evidente que a Grã-Bretanha e a França não concordariam em pôr termo à guerra, ele tomaria a iniciativa de uma ação a ser iniciada em data a ser confirmada, porque "um período longo de espera só serviria para fortalecer o poderio militar de nossos inimigos em escala crescente" e também para jogar os neutros nos braços dos aliados. Em sua opinião o tempo, em todos os seus aspectos, estava contra a Alemanha. Expressou sua opinião de que uma espera maior, conforme opinavam seus conselheiros militares, era prejudicial aos alemães porque o poder militar dos aliados crescia em proporções maiores do que o seu e numa guerra prolongada os recursos de que dispunha eram limitados e poderiam esgotar-se rapidamente, abrindo caminho a um ataque pelas costas por parte da Rússia, pois seu pacto com Stalin só asseguraria a neutralidade deste país até onde isso interessasse aos propósitos dos comunistas. O temor de Hitler levava-o a forçar os franceses a fazerem a paz, sob a ameaça de uma ofensiva antecipada, pois ele acreditava que logo que a França saísse da guerra a Grã-Bretanha entraria em acordo.

Hitler confiava que, no momento, possuía força e equipamento bastante para derrotar a França, porque a Alemanha tinha superioridade nas armas que considerava como decisivas para o combate que ia travar. "As forças aéreas e de carros de assalto alemães atingiram uma situação tal, como armas de ataque e de defesa, que nenhuma outra potência conseguiu ainda alcançar e a Alemanha possui um potencial suficiente, para executar as operações estratégicas planejadas e chefes experimentados e capazes para dirigi-las." Embora reconhecendo que a França tinha superioridade em armas convencionais, como artilharia pesada, Hitler argumentava que elas "não eram decisivas numa guerra móvel". Com a superioridade técnica que possuía, traduzida pelas armas novas de que estavam equipadas suas forças armadas, esperava compensar a superioridade em efetivo dos franceses.

Os chefes do seu exército estavam de acordo com os temores de Hitler quanto a uma solução demorada, mas não concordavam com suas esperanças de solução da questão em curto prazo. Sentindo que as forças de que dispunham não eram bastante fortes para derrotar os franceses, eles consideravam mais prudente que a Alemanha se mantivesse na defensiva até que a França e a Grã-Bretanha se inclinassem ou para a paz ou para a ofensiva que criasse a oportunidade para uma contra-ofensiva esmagadora.

Hitler, porém, não tomou conhecimento dessas objeções e marcou sua ofensiva para a segunda semana de novembro embora, em seguida, tivesse de adiá-la por mais três dias, devido às informações desfavoráveis que recebeu sobre as condições atmosféricas e a situação dos transportes ferroviários. Outros adiamentos, pois houve ao todo onze, continuaram até janeiro, quando houve longo intervalo até maio, seguido da ordem de prontidão, desta vez em caráter definitivo. Entrementes o plano sofrera radical transformação.

O original, elaborado pelo Estado-Maior sob a chefia de Halder, estabelecia que o ataque principal seria desfechado na Bélgica Central, tal como em 1914. Devia ser executado pelo Grupo de Exércitos "B", sob o comando de Bock, enquanto o Grupo de Exércitos "A", sob o comando de Rundstedt, executaria um ataque secundário, à esquerda, através da região montanhosa e coberta de florestas das Ardennes. Não se esperavam grandes resultados dessa ação secundária, tanto que todas as divisões blindadas foram destinadas a Bock, por ter sido a região das Ardennes considerada, pelo Estado-Maior, como uma região difícil para a progressão de carros.

Entretanto Manstein, chefe de Estado-Maior de Rundstedt, considerou que a ação a ser realizada era muito evidente e quase uma repetição da executada em 1914 sendo, assim, a linha de ação que os aliados esperariam e estariam em condições de enfrentar. Outro inconveniente, citado por Manstein, era ser o ataque principal executado contra o exército britânico que, provavelmente, seria um adversário muito mais duro que os franceses. Um terceiro inconveniente era que, embora a investida tivesse êxito, iria exclusivamente determinar um recuo dos aliados e permitir que eles alcançassem a Flandres. Isso não acarretaria o resultado decisivo que poderia ser obtido com uma ação indireta que cortasse as comunicações e barrasse a retirada dos exércitos aliados da Bélgica.

Manstein propôs que o centro de gravidade da ofensiva fosse transferido da direita para o centro e que o esforço fosse realizado nas Ardennes, a linha de ação menos provável para o inimigo. Considerava ele que as forças blindadas poderiam ser eficazmente empregadas naquela região, apesar das dificuldades aparentes do terreno e essa opinião foi ratificada pelo julgamento especializado de Guderian.

A ousadia da nova concepção entusiasmou Hitler, mas sua decisão final só foi tomada depois de um incidente ocorrido a 10 de janeiro, quando um oficial de Estado-Maior, transportando documentos referentes ao plano inicial, se extraviou durante uma tempestade de neve, ao voar de Munster para Bonn e foi obrigado a aterrar, por engano, em território belga. O Comando Supremo Alemão temeu, naturalmente, que ele não tivesse tido tempo para destruir os documentos que transportava (e na realidade sua tentativa de queimá-los fracassou em parte) mas mesmo assim o Comandante Supremo e o chefe de seu Estado-Maior-Geral ainda hesitaram em fazer uma modificação radical do plano conforme Manstein propunha e só depois de uma entrevista pessoal de Manstein com Hitler é que este último se decidiu a alterá-lo definitivamente.

Durante todo esse tempo os boatos permitiram que os aliados tomassem conhecimento do jogo dos alemães e de suas intenções de penetrar profundamente na Bélgica, com forças poderosas. Isso serviu, também, como argumento importante na decisão de modificação do plano inicial.

Examinando-se o curso que tomaram realmente as operações, torna-se evidente que a execução do plano antigo não conduziria a um resultado decisivo, como foi a queda da França. A ação direta dos alemães teria caído frontalmente sobre as partes mais fortes e melhor equipadas das forças franco-britânicas e os atacantes precisariam abrir caminho através de um território cheio de obstáculos: rios, canais, grandes cidades etc. As Ardennes poderiam parecer ainda mais difíceis, mas se os alemães conseguissem atravessar rapidamente o cinturão montanhoso e coberto de florestas ao sul da Bélgica, antes que o Comando francês se apercebesse do perigo, as planícies onduladas da França estariam abertas à sua frente, como um terreno ideal para uma grande investida de carros de combate.

Manstein confiava, também, que os aliados se antecipassem aos alemães na invasão da Bélgica e esperava tirar vantagens disso. Suas previsões eram corretas. De acordo com o plano elaborado por Gamelin, comandante dos exércitos aliados, a ala esquerda de suas forças devia penetrar na Bélgica "imediatamente após ter sido iniciada a invasão alemã e prosseguir para leste até a linha do Dyle ou mesmo além, se possível". O "Plano D" mostrava-se tão falho como já tinha sido o "Plano XVII" em 1914, pois fazia exatamente o jogo dos alemães, dando à ofensiva destes a forma e o efeito de um contragolpe de flanco. Quanto mais os aliados se aprofundassem na Bélgica, tanto mais fácil se tornaria a penetração dos alemães nas Ardennes, a ação contra a retaguarda dos aliados e o isolamento de sua ala esquerda.

O desastre tornou-se ainda mais evidente quando Gamelin empregou o grosso de suas forças móveis no interior da Bélgica, deixando apenas uma tênue cortina, constituída de divisões de baixa categoria, para guardar a "junção" de seu avanço, colocada, justamente, nas saídas das supostamente intransponíveis Ardennes. Quando esta foi perfurada, as forças francesas não somente perderam seu equilíbrio, como tiveram pouca probabilidade de recuperá-lo, pois as forças que poderiam fazer isso estavam profundamente engajadas na Bélgica. Lançando-as apressadamente à frente Gamelin perdeu grande parte de sua flexibilidade estratégica.

Os golpes iniciais dados pelos alemães, nos Países Baixos, tiveram grande efeito como ação diversionária e serviram para obscurecer, no momento, o perigo a que se achava exposta a "junção" das forças de Gamelin. O exército holandês ficou inteiramente aturdido com a operação aeroterrestre executada contra sua retaguarda combinada com um ataque frontal, e foi obrigado a capitular no quinto dia. O exército belga teve sua posição perfurada no segundo dia e recuou para a linha Antuérpia-Namur, conforme estava combinado, lá encontrando os franceses e britânicos.

Na Holanda, na madrugada de 10 de maio, as forças pára-quedistas alemãs lançaram um assalto de surpresa contra Haia, sua capital, e Roterdão, centro de comunicações do país, combinado com um ataque terrestre desfechado na fronteira, que ficava cem milhas a leste. A confusão e o pânico provocados com esse duplo golpe, realizado contra a frente e a retaguarda, foram aumentados pela ação ativa da Luftwaffe. Explorando a confusão reinante uma divisão blindada investiu rapidamente através de uma brecha aberta no flanco sul e juntou-se às forças pára-quedistas lançadas em Roterdão, no terceiro dia. Os holandeses, embora numa defensiva estratégica, foram obrigados a desfechar ataques táticos, sempre frustrados, porque eles não estavam convenientemente equipados para isso. No quinto dia a Holanda rendeu-se, embora sua frente principal ainda estivesse intacta.

A invasão, fisicamente direta, da Bélgica teve, também, psicologicamente, um caráter de ação indireta. O ataque terrestre executado pelo poderoso 6.º Exército, sob o comando de Reichenau, teve de vencer poderosa resistência antes que pudesse progredir eficientemente e contou com o apoio de apenas 500 soldados das tropas pára-quedistas, lançados para a tomada das duas pontes sobre o canal Alberto e do forte Eben Emael, o mais moderno existente e que flanqueava a fronteira fluvial. Este minúsculo destacamento teve ação decisiva no resultado final porque o acesso à posição belga, através do "Apêndice Maastricht", saliência do território holandês dentro do belga, poderia ser barrada com a destruição das pontes sobre o canal Alberto, pois seus guardas teriam tempo suficiente para isso, tão logo o exército alemão chegasse à fronteira e tentasse atravessar aquela faixa de quinze milhas de largura.

Tropas pára-quedistas, descendo silenciosamente do céu durante a noite conquistaram, pela única maneira possível, aquelas pontes-chave. O forte Eben Emael foi isolado por um destacamento de planadores que, com um efetivo de cerca de oitenta homens, desceu em sua cúpula e conseguiu dominar sua guarnição de 1.200 homens durante vinte e quatro horas, tempo suficiente para que as tropas terrestres pudessem chegar para tomar o forte e avançar para a planície, utilizando as pontes conquistadas intactas. A ameaça criada obrigou as forças belgas a se retirarem para a linha do Dyle, onde estavam chegando, neste momento, as forças francesas e britânicas.

Essas ações aeroterrestres foram concebidas pelo próprio Hitler, embora sua execução coubesse ao audacioso e brilhante General Student.

Entrementes, as forças blindadas do Grupo de Exércitos de Rundstedt haviam avançado pelo Luxemburgo e Luxemburgo belga, na direção da fronteira francesa. Seu grosso, constituído por cinco divisões blindadas e quatro motorizadas, estava sob o comando do General Von Kleist, enquanto sua vanguarda, formada com o corpo de Guderian, tinha três divisões blindadas. Depois de vencer o trecho difícil das Ardennes e ultrapassar uma resistência fraca, as fôrças alemãs cruzaram a fronteira francesa e apareceram nas margens do Meuse, na madrugada do quarto dia do ofensiva.

Fora uma aventura ousada empregar massa de tanques e veículos motorizados num terreno tão difícil, considerado durante muito tempo, pelos estrategistas, como intransponível para uma ofensiva em grande escala e muito mais para uma operação de carros de combate. Com sua realização os alemães aumentaram o efeito de surpresa e as florestas existentes serviram, também, para disfarçar o valor das tropas empregadas.

No entanto, apesar da surpresa, essa investida blindada teria que cruzar o Meuse e o bom êxito da operação dependeria da oportunidade de sua realização. O General Doumenc, chefe do Estado-Maior francês, declarou mais tarde, com pesar: "Atribuiu-se ao inimigo uma intenção ao se imaginar que ele só tentaria atravessar o Meuse depois de ter aproximado o grosso de sua artilharia e os cinco ou seis dias, necessários para isso, seriam o bastante para que o dispositivo francês fosse convenientemente reajustado."

É interessante notar como essas previsões dos franceses coincidiam com as suposições dos alemães. Os planos franceses baseavam-se na suposição de que nenhum assalto à linha do Meuse podia ser esperado antes do nono dia. Essa era, também, a duração prevista pelos chefes alemães. Durante uma manobra realizada em fevereiro Guderian havia proposto que as forças blindadas atravessassem o Meuse o mais cedo possível, sem esperar a chegada da massa de artilharia e de infantaria, mas essa sugestão foi severamente criticada por Halder, que considerava que o nono ou décimo dia ainda seria cedo para seu desencadeamento.

Numa conferência realizada no mês de março Hitler perguntou a Guderian que rumo pretendia tomar após a tomada de uma cabeça-de-ponte e Guderian lhe respondeu que a exploração do êxito devia ser lançada na direção de Amiens e dos portos do canal da Mancha. Essa resposta fez balançar negativamente a cabeça de todos os presentes mas o baixar de cabeça de Hitler foi bem significativo para Guderian.

Quando o corpo de Guderian atingiu o Meuse, perto de Sedan, no dia 13 de maio, sua tentativa de travessia realizou-se na mesma tarde e à noite ele já havia tomado pé na outra margem. Uma de suas pontas-de-lança, constituída pela 7.ª divisão "panzer" de Rommel, efetuou outra travessia no dia 13, na região de Dinant, quarenta milhas a oeste, criando para o comando francês outro grande problema.

Na tarde do dia 14 todas as divisões "panzer" de Guderian já haviam cruzado o Meuse. Depois de ter repelido um contra-ataque francês, desencadeado muito tardiamente, Guderian fez uma repentina conversão para oeste e na noite seguinte, tendo rompido a última linha defensiva do Meuse, tinha diante de si, completamente abertas, as estradas que conduziram suas divisões "panzer" até o litoral do canal da Mancha, situado a 160 milhas à sua frente.

Na noite de 15 de maio Guderian recebeu ordens do cauteloso Kleist para parar e manter a cabeça-de-ponte, que havia estabelecido, até à chegada da infantaria. Depois de acalorada discussão, essa ordem foi modificada, para permitir a Guderian que ampliasse sua cabeça-de-ponte. Aproveitando-se dessa concessão Guderian avançou, no dia seguinte, cinqüenta milhas, alcançando o Oise! O restante das forças "panzer" juntou-se a ele e a onda se espraiou ainda mais para oeste, ampliando a brecha aberta para uma largura de sessenta milhas e avolumando a torrente de carros que se derramava, ao longo das estradas que corriam pela retaguarda dos exércitos aliados na Bélgica.

A tarefa foi bastante facilitada pela hesitação do Comando Francês em tomar uma decisão, por não saber exatamente o rumo verdadeiro que a torrente alemã iria tomar. A vantagem em alcançar Sedan era que dessa posição central os alemães poderiam dirigir-se para qualquer direção ameaçando os mais diversos objetivos, como por exemplo o canal da Mancha e a própria Paris, mas, embora isso indicasse que tomariam a direção oeste, tudo dava a impressão de que se dirigiriam para Paris e, com isso, a imaginação dos franceses deixou-se dominar pela ameaça latente.

A flexibilidade estratégica do plano alemão era aumentada pela mobilidade do instrumento empregado e tudo isso colocava o adversário em um dilema terrível.

O resultado final iria depender do fator tempo. As reações dos franceses eram por demais lentas e em conseqüência desfeitas repetidamente e com facilidade. Isso se devia ao fato de as vanguardas alemãs se deslocarem mais rapidamente do que havia sido previsto e muito mais depressa do que as tropas francesas. Estas, treinadas nos métodos de movimentos lentos aprendidos na guerra de 14, estavam mentalmente incapacitadas para se adaptarem ao novo ritmo, o que quase lhes provocou uma paralisia completa. A fraqueza dos franceses não era de efetivos ou de equipamentos, mas exclusivamente de sua "doutrina militar". Suas idéias não tinham avançado além daquilo que tinham fixado da Primeira Grande Guerra. Como acontece com freqüência na História, a vitória gerara um otimismo exagerado e fomentara uma teoria que os levaria à derrota, na guerra seguinte.

Do lado alemão, os oficiais superiores permaneciam apreensivos quanto aos riscos de tão profunda penetração estratégica realizada por um punhado de divisões blindadas. O próprio Hitler demonstrava nervosismo e sua preocupação com o flanco sul fez que determinasse uma parada de dois dias em sua investida para oeste, para que o 12.º Exército pudesse chegar ao local e formar um escudo de flanco, ao longo da linha fluvial do Aisne.

Essa demora prejudicou os alemães e poderia mesmo levá-los a um insucesso, se os franceses não estivessem paralisados. A hesitação de Hitler prenunciava outro retardo mais oneroso, que se deu na semana seguinte. Todavia, tanto tempo havia sido ganho nas fases anteriores e tanto desequilíbrio causado ao adversário, que a pausa no Oise não teve conseqüências mais sérias. Mas serviu para revelar a noção que os alemães tinham do fator tempo. O abismo entre a nova e a velha escola era maior do que o existente entre alemães e franceses.

Como um protesto contra a parada que foi obrigado a fazer no dia 17, Guderian pediu para ser substituído no comando. Contudo, no mesmo dia, não só foi reconduzido ao cargo como informado que poderia prosseguir no seu "reco-

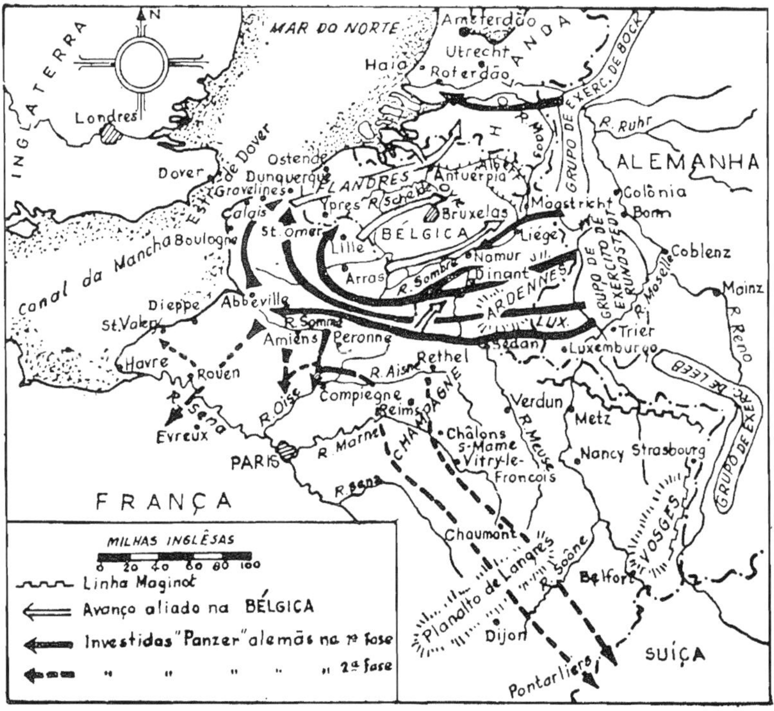

INGLATERRA
N
MAR DO NORTE
Amsterdão
Utrecht
Haia
Roterdão
Londres
R. Ruhr
ALEMANHA
GRUPO DE EXERC. DE BOCK
R. Mosa
Dover
Estr. de Dover
Ostende
Dunquerque
Gravelines
FLANDRES
Antuérpia
Maastricht
Colônia
Bonn
Calais
Ypres
R. Schelde
Bruxelas
St. Omer
BÉLGICA
Liége
GRUPO DE EXÉRCITO DE RUNDSTEDT
Coblenz
Canal da Mancha
Boulogne
Lille
Namur
Dinant
Arras
R. Sombre
ARDENNES
R. Moselle
Mainz
Dieppe
Abbeville
LUX.
Trier
R. Reno
St. Valery
R. Somme
Amiens
Peronne
Sedan
Luxemburgo
Rethel
GRUPO DE EXERC. DE LEEB
Havre
Rouen
R. Aisne
CHAMPAGNE
Compiegne
Verdun
Reims
R. Sena
R. Oise
Metz
Evreux
Châlons s-Marne
R. Meuse
Nancy
Strasbourg
PARIS
R. Marne
Vitry-le-François
R. Sena
FRANÇA
VOSGES
Chaumont
MILHAS INGLÊSAS
0 20 40 60 80 100
Planalto de Langres
R. Saône
Belfort
Dijon
SUIÇA
Pontarlier
Linha Maginot
Avanço aliado na BÉLGICA
Investidas "Panzer" alemãs na 1ª fase
" " " " " 2ª fase

nhecimento à força". A interpretação que deu a essa missão foi a de que poderia avançar tão impetuosamente como antes. Quando o freio foi solto, seu ritmo tornou-se ainda mais rápido e já no dia 20 de maio penetrava em Amiens, para em seguida atingir o mar em Abbeville, cortando as comunicações dos aliados com a Bélgica.

No dia 22, depois de ter-se impacientado com outra pausa de um dia imposta pelos seus superiores, movimentou-se para o norte, na direção dos portos da Mancha e da retaguarda do exército britânico, que ainda permanecia na Bélgica enfrentando a ação frontal da infantaria de Bock. À direita de Guderian, durante sua investida para o norte, estavam os corpos "panzer" de Reinhardt, que faziam parte do grupo Kleist. No dia 22 Boulogne foi isolada pelo avanço de Guderian e, no dia seguinte, o mesmo aconteceu a Calais. Esse avanço levou-o até Gravelines, apenas a dez milhas de Dunquerque. Os carros de combate de Reinhardt também tinham atingido a linha do canal Aire-St. Omer-Gravelines e aí estabelecido uma cabeça-de-ponte. Todavia o avanço sobre Dunquerque, último porto de fuga deixado aos britânicos, foi interrompido, no dia seguinte, por ordem de Hitler. Isto salvou o exército britânico, quando nenhuma outra coisa o poderia ter salvo, de partilhar o destino dos belgas e de grande parte dos três exércitos franceses desdobrados na ala esquerda. Depois de dois dias a ordem foi cancelada e o avanço retomado, mas a essa altura a defesa fora reforçada e o estabelecimento desse escudo na retaguarda conteve os alemães o tempo suficiente para permitir a evacuação por mar de 224.000 soldados britânicos e 114.000 aliados, grande parte dos quais era constituída de franceses. Apesar disso, os alemães fizeram um milhão de prisioneiros, a troco das 60.000 baixas sofridas, tudo isso fruto de uma grande ação direta.

A causa da estranha ordem de Hitler, parando suas tropas, jamais ficará completamente esclarecida. Um dos motivos, por ele mesmo mencionado, foi o temor de que suas forças blindadas ficassem atoladas na região pantanosa de Flandres, que o havia impressionado, profundamente, durante sua experiência como cabo na Primeira Guerra Mun-

longo das "cordas bambas", sob o fogo da artilharia, sofrendo apenas uma interrupção de meia hora, quando um de seus carros teve um enguiço, ao aproximar-se de uma dessas pontes.

Na primeira noite penetrou oito milhas, na segunda vinte milhas e, no dia seguinte, avançou outras trinta milhas, progredindo através do campo, para evitar os entroncamentos rodoviários que se achavam defendidos. Essa profunda investida dividiu o 10.º Exército francês. Já outras divisões alemãs estavam agora afluindo pela brecha que cada vez mais era alongada. Na noite de 8 de junho, quarto dia, Rommel alcançou o Sena, ao sul de Rouen, depois de um percurso sinuoso de quarenta milhas, através de uma defesa desequilibrada e confusa, e apressadamente instalada nos acessos a Rouen e ao Sena. As travessias foram realizadas antes que os franceses tivessem começado a estabelecer uma defesa naquela larga barreira fluvial. A divisão de Rommel girou em torno do 10.º Exército, fazendo um percurso de cinqüenta milhas, para alcançar o litoral naquela noite e cortar, assim, a retirada da ala esquerda do 10.º Exército, que incluía cinco divisões (entre as quais a 51.ª Highland). Estas, cercadas, foram obrigadas a render-se em St. Valéry, no dia 12.

Entrementes, o ataque principal da ala direita lançado contra o Somme tinha encontrado dificuldades maiores. Era um ataque de pinças, realizado por dois corpos "panzer" sob o comando de Kleist, partindo das cabeças-de-ponte conquistadas e atravessando o Somme em Amiens e Péronne. O braço direito da pinça, em Amiens, penetrou com oportunidade na defesa francesa no dia 8 e, em seguida, virou para o sul na direção do curso inferior do Oise, mas o braço esquerdo ficou detido, pela forte oposição encontrada ao norte de Compiègne.

Quando o Grupo de Exército de Rundstedt, atacando a linha do Aisne, irrompeu no dia 9 através da defesa francesa, o Comando Supremo Alemão decidiu recuar os dois corpos "panzer" de Kleist, transferi-los para leste e lançá-los pela brecha aberta no Aisne a fim de que pudessem ajudar a exploração do colapso francês na Champagne. Essa rocada de forças mostra a flexibilidade das forças blindadas.

A decisiva investida foi novamente executada por Guderian, sob a forma de uma penetração estratégica combinada com um ataque indireto. Guderian, já promovido ao comando do grupo "panzer" de Rundstedt, reuniu os dois corpos que então possuía, perto de Rethel, nas margens do Aisne, depois de fazê-los percorrer as duzentas milhas que os separavam de passo de Calais. Depois de a infantaria do 12.º Exército ter conquistado três pequenas posições do outro lado do rio, em torno de Château-Porcien, Guderian movimentou suas divisões "panzer" através da cabeça-de-ponte, durante a noite e já na manhã seguinte, dia 10 de junho, elas se punham em ação avançando num ritmo crescente, contornando aldeias e bosques ocupados pelos franceses. Foi quando entrou em ação a força blindada francesa e uma série de batalhas de carros foi travada, mas uma penetração de quase vinte milhas já havia sido conseguida, nos dois primeiros dias. No terceiro dia a ala direita de Guderian atingiu Chalon-sur-Marne e no quarto da Vitry-le-François, a quase sessenta milhas do ponto de partida. Sua ala esquerda emparelhou-se a seguir, após ter repelido uma série de contra-ataques. Guderian prosseguiu com crescente rapidez até alcançar o Plateau de Langres, muito à retaguarda da Linha Maginot e infletiu para sudeste na direção da fronteira suíça. Chaumont foi alcançada num salto de cinqüenta milhas dado no quinto dia, 14 de junho; o rio Saône, no dia 15 e, na madrugada de 17, a divisão da vanguarda penetrou em Pontarlier, na fronteira suíça, sessenta milhas adiante de Saône. Esse golpe cortou as comunicações das fortes forças francesas que ainda se agarravam à Linha Maginot. Outras divisões de Guderian já se estavam dirigindo para o norte em direção ao Moselle para barrar sua retirada. Poucas horas antes o governo francês, com seus exércitos em colapso, havia decidido capitular e pedir o armistício

No entanto essa vitória militar, decisiva no Continente, tornou-se indecisa num plano estratégico mais elevado, pelo malogro posterior de Hitler em sua tentativa de conquistar a Grã-Bretanha. Pagou assim o preço devido pela ordem de parada que dera em Dunquerque. Se tivesse impedido que as forças britânicas escapassem por esse único caminho de fuga restante a Grã-Bretanha pròpriamente dita ficaria tão indefesa que ele a poderia ter conquistado até mesmo com uma invasão improvisada. Todavia, tendo perdido sua oportunidade suprema de apanhar o exército britânico numa armadilha em Dunquerque, não podia esperar dominá-lo sem uma invasão bem organizada e o emprego de grandes efetivos, para o que, no momento, não dispunha de planos nem de forças. Suas providências de última hora foram muito tardias, enquanto suas negociações de paz foram muito limitadas. Quando sua tentativa de conquistar o controle do espaço aéreo sobre os terminais marítimos fracassou na "Batalha da Inglaterra" o projeto de invasão estava de antemão condenado.

O obstáculo insular continuou a desafiá-lo, protegido pelo fosso antitanques do canal da Mancha e transformou-se numa ameaça crescente para seus projetos de domínio do continente. Essa frustração teve conseqüências fatais para Hitler.

Suas vitórias continuaram no ano seguinte, primeiro à custa dos países balcânicos e depois da Rússia, até serem interrompidas pela imensidão desta última. Faltavam-lhe, porém, recursos bastantes para assegurar os resultados que pretendia obter. Apesar de todo o brilho de suas vitórias em 1941 o declínio de Hitler pode ser marcado como tendo sido iniciado com sua derrota na "Batalha da Inglaterra" e esta, por sua vez, pode ser atribuída a uma hesitante parada, quando Dunquerque já estava ao alcance de suas mãos.

CAPÍTULO XVII

O DECLÍNIO DE HITLER

Antes que findasse o mês de junho de 1940 a Alemanha já se erguia sobre o continente da Europa, como um Colosso. Dominava toda a Europa ocidental, central e sudeste, com exceção da pequena ilha da Grã-Bretanha, situada em sua orla ocidental. Afora aquele obstáculo existente "ao largo da praia", a única limitação séria que podia perturbar sua supremacia era constituída pela Rússia Soviética, uma sombra gigantesca em seu flanco nordeste. Os sucessos obtidos, de saída, pareciam prometer a Hitler o domínio da Europa, senão do mundo. Cinco anos mais tarde, todo aquele sonho de uma noite de verão se transformaria em pesadelo.

Foi no campo da grande estratégia que começou seu declínio. Aí ocorreu seu erro fatal. Se tivesse sabido acalmar os temores que suas vitórias criavam e fazer os povos vizinhos acreditarem que sua "Nova Ordem" era benéfica, poderia ter obtido êxito onde Napoleão falhara e conseguido a união da Europa, sob liderança germânica, uma união por demais forte para ser rompida por forças externas. Todavia seu objetivo não foi atingido devido aos processos que empregou. Sua ação política era excessivamente direta. Embora suficientemente sutil, para provocar dissensões nos países ameaçados, não o era bastante para desarmar a oposição que contra ele se levantava. Em seu evangelho do Nacional-Socialismo, a ênfase nacionalista prejudicava o efeito do apelo socialista e, se tivesse procedido ao contrário, talvez tivesse atraído a massa dos demais países. A mão de ferro era mal disfarçada por uma surrada luva de pelica. Após suas conquistas, suas tentativas de conciliação eram desajeitadas e descontínuas. Esses erros se acumulavam num passivo crescente que se fez sentir logo que suas novas aventuras começaram a malograr.

Seu primeiro grande entrave, que a partir daí foi permanente, surgiu quando tentou subjugar a Grã-Bretanha ou fazer as pazes com ela, logo após o colapso dos outros países do Ocidente. Enquanto a Grã-Bretanha resistisse, o domínio de Hitler sobre o Ocidente jamais poderia estar garantido e sua posição poderia, a qualquer momento, ser perturbada, embora a Grã-Bretanha isolada não pudesse fazer mais nada do que impedir que ele colhesse livremente os frutos de seu sucesso. Entretanto, resistindo e interferindo, ela talvez conseguisse dobrar a vontade de Hitler e levá-lo a procurar a paz, oferecendo condições cada vez mais satisfatórias. Jamais isto seria suficiente para abalar seu poder ou expulsá-lo, pela força, das posições conquistadas. Essa última possibilidade só surgiu quando um Hitler confuso e apreensivo foi levado, em junho de 1941, a voltar-se para leste e atacar a Rússia Soviética.

Essa decisão, que lhe foi fatal, assinalou o abandono por parte de Hitler da ação indireta, na sua grande estratégia. Não demorou muito para que sua impaciência ou ansiedade pela vitória o obrigasse a abandonar a ação indireta até mesmo na estratégia. A mudança é bem caracterizada pelo empenho que sempre demonstrou pela sua aplicação, mesmo quando teve que lidar com obstáculo relativamente pequeno, como o representado pela Grécia.

A Conquista dos Balcãs pelos Alemães

Quando os alemães invadiram a Grécia, em abril de 1941, logo após o desembarque em Salônica de um pequeno exército britânico de reforço, o exército grego estava desdobrado para proteger principalmente as passagens que ligavam, através das montanhas, a Grécia à Bulgária, onde se concentravam as forças alemãs. Mas o esperado avanço pelo vale do Struma serviu para mascarar um movimento menos direto. As colunas mecanizadas alemãs deslocaram-se de Struma para oeste, até ao vale do Strumitza, paralelamente à fronteira, e atravessaram os passos montanhosos para penetrar na extremidade iugoslava do vale do Vardar. Rompendo a defesa na região da justaposição dos exércitos grego e iugoslavo, passaram a explorar a penetração obtida com rápida investida pelo Vardar até Salônica. Com isso isolaram grande parte do exército grego que se achava concentrado na Trácia.

Após esse golpe os alemães não realizaram uma investida direta para o sul, partindo de Salônica e contornando o monte Olimpo, onde se encontrava o exército britânico, como era esperado, porém outra, muito mais sinuosa, descendo pela garganta de Monastir, mais a oeste. O prosseguimento desse avanço, em direção ao litoral ocidental da Grécia, isolou as divisões gregas que se encontravam na Albânia, forçou o flanco dos britânicos e, ameaçando a linha de retirada das forças aliadas sobreviventes, provocou o rápido colapso de toda resistência na Grécia.

A Invasão da Rússia pelos Alemães

Logo no início da invasão da Rússia os alemães souberam explorar operacionalmente a ação indireta com impressionante sucesso, ajudados que foram pelas condições geográficas. A largura de 1.800 milhas daquela frente e a escassez de obstáculos naturais ofereciam ao atacante imenso campo para suas infiltrações e manobras. Apesar do grande efetivo do exército vermelho a densidade da força em relação ao espaço em que operava era tão fraca, que as tropas mecanizadas alemãs podiam facilmente encontrar brechas para seus avanços indiretos contra a retaguarda do inimigo. Ao mesmo tempo as cidades, para onde convergiam as rodovias e ferrovias, muito afastadas entre si, ofereciam ao atacante objetivos alternados que podiam ser explorados para confundir os defensores quanto à direção que ia tomar o ataque e colocá-los num dilema para decidir qual a ocasião oportuna de enfrentá-lo. Apesar de terem obtido grandes êxitos iniciais, dessa maneira os alemães abriram mão dessa vantagem por não terem decidido, em tempo, em que direção deviam executar a exploração do êxito. Hitler e seus generais tinham idéias diferentes desde o início do planejamento e jamais conseguiram reconciliá-las convenientemente.

N
MILHAS INGLÊSAS
0 100 200 300 400
Avanços alemães em 1941
Avanços alemães em 1942
Limites do avanço alemão em 1942
Fronteira russo-alemã em 1940
Ilhas Lofoten
Narvik
Murmansk
NORUEGA
SUÉCIA
GOLFO DE BÓTNIA
FINLÂNDIA
Mar Branco
Archangel
R. Dvina
Lago Onega
Lago Ladoga
Helsinqui
Estocolmo
Narva
LENINGRADO
ESTÔNIA
L. Peipus
Pskov
RÚSSIA
OC. BÁLTICO
Riga
LETÔNIA
R. Dvina
Rzhev
R. Volga
LITUÂNIA
Dvinsk
MOSCOU
Danzig
Konisberg
Kovno
Vitebsk
Vyasma
SOVIÉTICA
Oder
Vilna
PRUSSIA OR.
Orsha
Smolensk
Kustrin
R. Vistula
Toron
R. Bug
Bialystok
Minsk
Briansk
Posen
VARSOVIA
Slanim
Orel
POLÔNIA
Brest-Litovsk
Pântanos de Pripet
R. Desna
Kursk
Voronezh
Breslau
Lodz
Lublin
Kowel
CRACOVIA
Sandom
Lusk
Korosten
Bielgorod
SILESIA
Przemysl
Rovna
KIEV
Kharkov
R. Don
Lwow
Zhitomir
Belaya-Tserkov
Stalingrado
Carpatos
Tarnopol
UCRÂNIA
R. Donetz
R. Volga
HUNGRIA
Vinnitsa
Uman
R. Dniester
R. Bug
Zaporozhe
Trans-Alps
Jossy
R. Dnieper
Astrakhan
Rostov
RUMANIA
Focsani
Odessa
Kherson
Mar Azov
Galatz
Nikolaiev
Ploesci
Crimeia
R. Kuban
IUGOSLÁVIA
BUCARESTE
R. Danúbio
Sebastopol
Maikop
R. Terek
ALBANIA
Sofia
Tuapse
CÁUCASO
BULGARIA
MAR NEGRO
Istambul
Batum
MACEDONIA
TURQUIA

Hitler desejava conquistar Leningrado, como objetivo principal, limpando assim seu flanco báltico e fazendo junção com os finlandeses e tendia, desse modo, a subestimar a importância de Moscou. Com viva percepção da importância dos fatores econômicos desejava, também, conquistar a riqueza agrícola da Ucrânia e da área industrial situada nas margens do Dnieper inferior. Esses objetivos estavam por demais separados e exigiam operações diferentes. Uma campanha dessa natureza não teria a flexibilidade inerente a uma única operação central, com que se poderia ameaçar objetivos diferentes, ao mesmo tempo.

Brauchitsch e Halder preferiam a linha de ação que estabelecia um avanço sobre Moscou, não só pelo anseio de conquistar a capital, mas por acharem que ela oferecia a melhor probabilidade para que fosse destruído o grosso das forças russas que "esperavam encontrar no caminho de Moscou". Na opinião de Hitler essa linha de ação envolvia o risco de forçar os russos a uma retirada geral para leste que os colocaria fora do alcance dos alemães. Como Brauchitsch e Halder concordassem com ele, quanto à importância de evitar tal risco, e ele concordasse com Brauchitsch e Halder quanto à importância de destruir as forças principais do inimigo numa batalha de envolvimento, adiaram a decisão quanto à escolha dos objetivos a serem conquistados para quando estivesse completada a primeira fase da invasão.

Brauchitsch, com sua tendência de evitar "dificuldades no meio do caminho" ao lidar com Hitler, iria enfrentar obstáculos bem maiores, em futuro próximo. Neste caso, adiando a decisão, defrontou-se com dificuldades em pleno decorrer da campanha.

Na primeira fase, porém, ficou acertado que o esforço seria exercido pelo Grupo de Exércitos de Bock, imediatamente ao norte dos pântanos Pripet e ao longo da estrada Minsk-Moscou. Aí foi empregada a maior parte das forças blindadas. O avanço do Grupo de Exércitos de Leeb, de sua posição avançada no flanco esquerdo da Prússia Oriental pelos Estados Bálticos, ajudou a disfarçar a investida mais perigosa de seu vizinho, o Grupo de Exércitos de Bock e a investida do Grupo de Exércitos de Rundstedt, no outro flanco, ao sul dos pântanos Pripet, deixou o Comando russo na incerteza onde iria ser realizada a ação principal do invasor.

O plano de Bock consistia em cercar a massa das forças adversárias, com dupla manobra de envolvimento, a cargo dos grupamentos "panzer" de Guderian e Hoth, que avançariam por ambos os flancos e convergiriam sobre Minsk, antes de prosseguirem, enquanto a infantaria do 4.º e 9.º Exércitos executava um golpe de pinça em torno de Bialystok.

A invasão iniciou-se no dia 22 de junho, um dia antes da realizada por Napoleão. Os braços da pinça "panzer" de Guderian e Hoth fizeram rapidamente duas profundas incisões e, no sexto dia, encontraram-se em Minsk, já 200 milhas fronteira a dentro. Por trás deles os braços de pinça da infantaria fecharam-se em Slonim, mas não em tempo de apanhar o grosso das forças russas, em sua retirada do bolsão de Bialystok. Uma segunda tentativa, visando envolver os russos perto de Minsk, foi melhor sucedida, sendo capturados 300.000 homens, embora grande parte tivesse conseguido escapar antes que o cerco estivesse completado. A quantidade de prisioneiros criou uma onda de otimismo, mesmo entre os generais, que se haviam mostrado apreensivos quanto à decisão de Hitler de invadir a Rússia. Halder observou no dia 3 de julho: "Provavelmente não há exagero quando afirmo que a campanha contra a Rússia foi vencida em catorze dias."

Todavia, as operações já haviam sofrido uma parada criminosa. As forças "panzer" receberam ordem de fazer uma pausa até que estivesse concluída a batalha de envolvimento, embora o plano inicial estabelecesse que elas deviam avançar para Minsk, sem demora, deixando para trás apenas os destacamentos necessários à ajuda da infantaria em sua missão de fechar o cerco.

O tempo foi recuperado, em parte, pela ação ousada de Guderian cruzando o rio Dnieper sem esperar pela chegada da massa da infantaria do 4.º Exército e antes que os russos tivessem podido levar para lá seus reforços. Suas previsões foram justificadas pelos resultados que obteve. Concentrando suas forças sob a proteção da noite e de larga cortina de fumaça, conseguiu atravessar o rio em três pontos, não protegidos, no dia 10 de julho. Prosseguiu imediatamente sobre Smolensk, que alcançou no dia 16. Os invasores já haviam penetrado mais de 400 milhas no interior do território russo e Moscou ficava apenas 200 milhas mais adiante. Para avanço tão profundo o ritmo fora muito rápido.

Com a chegada de Hoth, ao norte de Smolensk, novo movimento de envolvimento foi empreendido para isolar as grandes forças russas que se encontravam entre o Dnieper e o Desna e que haviam sido contornadas durante a progressão dos tanques. A armadilha estava quase fechada, mas o terreno difícil e os caminhos lamacentos prejudicaram o movimento, de modo que os russos conseguiram retirar grande parte de suas forças. Ainda assim um total de 180.000 homens foi capturado na área de Smolensk.

Guderian não se cansava de acentuar a necessidade de manter os russos em fuga, não lhes dando tempo para que se consolidassem. Estava convencido de que poderia chegar até Moscou se não perdesse tempo e que tal investida, realizada contra o centro nevrálgico do poderio de Stalin, paralisaria a resistência da Rússia. Hoth partilhava de sua opinião e Bock apoiava-a.

Contudo, Hitler considerou que já era tempo de executar sua concepção original de tomar Leningrado e a Ucrânia como objetivos principais. Admitindo serem esses objetivos mais importantes do que Moscou, Hitler não estava apenas pensando no campo econômico e político, como supunham muitos de seus críticos militares. Parece ter imaginado realizar uma operação semelhante à de Canas, de proporções grandiosas, na qual a ameaça já criada para Moscou atrairia as reservas russas para aquêle setor, tornando assim mais fácil às alas alemãs conquistarem Leningrado e a Ucrânia. Posteriormente dessas posições de flanco suas forças convergiriam sobre Moscou, que poderia cair em suas mãos como ameixa madura. Era uma concepção sutil e ampla. No caso presente falhou devido ao fator tempo, porque a resistência apresentada pelos russos foi mais forte e o tempo apresentou-se pior que o esperado. As perspectivas de sucesso foram, também, bastante diminuídas pelas divergências de opinião existentes entre seus generais. Cada um deles procurava, muito naturalmente, chamar a atenção para o setor em que atuava e fazer pressão para que suas pretensões recebessem preferência. Isso acentuou ainda mais os riscos decorrentes de uma divergência ainda mais ampla surgida durante o segundo estágio da concepção de Hitler.

No dia 19 de julho Hitler expediu ordens para essa segunda fase, que devia iniciar-se logo que estivessem concluídas as operações de limpeza que se processavam entre o Dnieper e o Desna. Parte das forças móveis de Bock devia dirigir-se para o sul e ajudar Rundstedt a destruir os exércitos russos que enfrentava, enquanto outra parte seguiria para o norte para juntar-se a Leeb em sua ação contra Leningrado, que cortaria as comunicações entre aquela cidade e Moscou. Bock ficaria apenas com forças de infantaria para continuar seu avanço frontal contra Moscou, da melhor maneira possível.

Mais uma vez Brauchitsch contemporizou em lugar de fazer imediatamente pressão para que fosse tomada uma linha de ação diferente. Alegou que antes de serem iniciadas outras operações as forças "panzer" necessitavam de descanso, para inspeção de motores e substituições, no que Hitler concordou. Entrementes a discussão no alto escalão sobre a linha de ação a ser seguida prosseguia e continuou mesmo depois que as forças "panzer" estavam em condições de continuar em sua investida. No dia 21 de agosto, repelindo os argumentos de Brauchitsch e Halder, para que fosse tomada a direção de Moscou, Hitler expediu novas ordens. Nelas repetia as instruções já dadas, um mês antes, com a diferença de não mais atribuir importância a Leningrado e preferir um envolvimento, que considerava aniquilador, das forças inimigas na área de Kiev, na frente de Rundstedt. Depois disso Bock poderia reiniciar o avanço sobre Moscou, enquanto Rundstedt avançaria ao sul para cortar os suprimentos petrolíferos russos do Cáucaso.

Durante esse prolongado período de discussão a evolução da situação permitiu que Hitler mantivesse sua decisão anterior. O 6.º Exército de Reichenau, na ala esquerda de Rundstedt, fora bloqueado diante de Kiev, e as poderosas forças russas que estavam abrigadas por trás da extremidade oriental dos pântanos Pripet continuavam a ameaçar seu flanco esquerdo e o flanco direito de Bock. Por outro lado o grupo "panzer" de Kleist conseguira brilhante sucesso em sua progressão. Depois de lançar-se por Belaya-Tserkov, ao sul de Kiev, em fins de julho, Kleist fez uma conversão para o sul e desceu o corredor entre o Bug e Dnieper. Essa investida indireta não só abriu o caminho para a Ucrânia, como ameaçou a retaguarda dos exércitos russos que enfrentavam os romenos perto do mar Negro. Em meados de agosto os alemães alcançaram os portos de Nikolaiev e Kherson, nas embocaduras dos dois grandes rios. Embora parte dos ameaçados exércitos russos tenha conseguido escapar, antes que a armadilha fosse fechada, a penetração profunda realizada por Kleist provocou um desequilíbrio geral na resistência russa ao sul.

Esses acontecimentos acentuaram a possibilidade, caso Kleist se dirigisse para o norte e uma força poderosa do setor de Bock fosse enviada para o sul, de ser lançado um duplo ataque de flanco que não somente enfraqueceria a obstinada resistência dos exércitos russos em torno e acima de Kiev, como também os envolveria, eliminando o perigo de o avanço sobre Moscou ser perturbado por uma contraofensiva partida do sul do Dnieper. A apreciação dessas vantagens levou Hitler a considerar a operação de Kiev como uma ação preliminar à conquista de Moscou.

Não era só ele que estava de acordo com isso. Era natural que Rundstedt recebesse com prazer um reforço vindo do norte para ajudá-lo a resolver o difícil problema com que se defrontava e apreciasse a perspectiva de obter uma grande vitória de envolvimento, sonho do verdadeiro soldado.

Estrategicamente existiam muitos argumentos favoráveis à libertação da ala sul e à eliminação da ameaça do contragolpe que poderia partir daquele flanco, antes da ação sobre Moscou. Além disso a relativa imobilidade das massas russas aumentava as vantagens de uma estratégia que fizesse emprego conveniente das forças móveis nos setores em que pudesse decidir o combate. Todavia, o tempo necessário para fazer essas rocadas se tornava escasso porque o exército alemão não estava preparado para uma campanha de inverno.

A operação de Kiev foi um grande sucesso, um dos maiores já obtidos pelos alemães. Enquanto os exércitos à base da infantaria de Reichenau e Weich pressionavam de frente os exércitos russos, Guderian e Kleist, com este último partindo da curva do Dnieper, manobravam para uma ação de duplo envolvimento. Os dois grupamentos "panzer" encontraram-se 150 milhas a leste de Kiev, fechando a armadilha na retaguarda dos russos, fazendo que poucos conseguissem escapar, pois foram feitos mais de 600.000 prisioneiros. Contudo, já se estava em fins de setembro e a batalha ainda não havia terminado, pois as péssimas estradas e o mau tempo haviam retardado o ritmo da manobra de envolvimento, embora não tivessem conseguido impedir sua concretização.

Entrementes o desejo de obter uma vitória na Ucrânia se tornara o "objetivo principal" de Hitler, passando Leningrado a ser um objetivo secundário, embora devesse ser visado simultâneamente. Nessas direções divergentes foram empregados efetivos e esforços suficientes para o envolvimento de Leningrado, mas não o bastante para ocasionar uma derrota decisiva das forças russas naquele setor. O poderio alemão já sofrera, também, uma redução pois Hitler, ao repelir as propostas de Brauchitsch e Bock para imediata continuação da ação sobre Moscou atendera-os até o ponto de concordar em que o eixo de Moscou passaria a ser o centro de gravidade do dispositivo, tão logo estivesse concluída a batalha de Kiev.

O resultado espetacular dessa batalha teve efeito estimulante tanto sobre Hitler como sobre seus principais generais, unindo-os em otimismo, ao mesmo tempo que provocava nova divergência em relação ao esforço a ser realizado. A decisão de Hitler, de empreender finalmente uma investida sobre Moscou no outono, foi acompanhada por outra que acarretava novas complicações e uma perda do efeito de massa, pois ele não pôde resistir à tentação de explorar a vitória no sul ao mesmo tempo que procurava conquistar Moscou. Atribuiu a Rundstedt a nova e extremamente ambiciosa tarefa de limpar o litoral do mar Negro, apoderando-se da área industrial do Donetz e atingindo o Cáucaso.

Esta tardia tentativa de conquistar Moscou foi realizada com três exércitos à base de infantaria e três grupamentos "panzer". No dia 2 de outubro a ofensiva foi finalmente lançada, mais uma vez sob a forma de manobra de pinças. Desta vez o círculo foi completado e 600.000 russos foram apanhados na armadilha em torno de Vyasma. Entretanto, na ocasião em que foram cercados, o inverno já havia chegado e a tardia exploração da vitória atolou-se na lama do caminho de Moscou.

A maioria dos comandantes de tropas estava ansiosa para fazer alto e instalar-se em uma posição defensiva adequada ao inverno. Lembrava-se do que acontecera ao exército de Napoleão e muitos começaram a reler o sombrio relato de Caulaincourt sobre 1812. Todavia, nos escalões mais elevados, mais afastados da zona de batalha e da lama, prevalecia opinião diferente. Moscou exercia uma atração magnética que provocava um otimismo excessivo quanto à possibilidade prática de sua conquista. Ao contrário do que se tem comumente admitido Hitler não foi o responsável pela continuação da ofensiva. Desde o início considerava Moscou como menos importante do que os outros objetivos e, embora tivesse aprovado a tardia investida de outubro nessa direção, passou a ter dúvidas seguidas quanto ao seu sucesso.

Todavia os olhos de Bock estavam focalizados sobre Moscou e seu espírito cheio da ambição de conquistar a famosa cidade. Insistiu em prosseguir a ofensiva, argumentando que, estando ambos os lados próximos do esgotamento, era sua vontade mais forte que iria decidir a luta. Brauchitsch e Hitler sentiam-se inclinados a partilhar da opinião de Bock por terem sido anteriormente contrariados em seus desejos de dar prioridade à conquista de Moscou. Tendo convencido Hitler a aprovar a realização da tentativa, relutavam em admitir, ou dizer-lhe, que estava fadada ao insucesso. Embora Rundstedt e Leeb argumentassem que a ofensiva devia ser interrompida e Rundstedt chegasse mesmo a sugerir uma retirada para a fronteira da Polônia, suas opiniões tiveram pouca influência, pois não estavam ligadas diretamente ao problema de Moscou.

Assim, outro grande esforço foi empreendido pelos alemães, em novembro, porém a evidência do objetivo visado e a convergência das investidas simplificaram, para os russos, o problema de desdobrar suas reservas para enfrentar cada um dos perigosos movimentos alemães. Em princípios de dezembro a ofensiva alemã declinou e logo foi seguida de uma retirada fustigada por contra-ataques. Hitler imediatamente demitiu Brauchitsch e assumiu pessoalmente o comando do exército alemão. Com essa providência, passou a ser o bode expiatório dos erros cometidos no passado, porém, para o futuro, passava a enfeixar em suas mãos maior soma de poder.

No sul a maré da invasão chegou ao seu ponto culminante, no dia 23 de novembro, quando atingiu na cidade de Rostov, no baixo Don, a porta do Cáucaso. Todavia, com todo o combustível que possuía esgotado na luta para vencer a lama, uma semana depois as tropas avançadas que tinham penetrado em Rostov eram obrigadas a retirar-se devido aos fortes contra-ataques lançados contra os flancos de suas comunicações.

Num inquérito que se fizesse sobre o malogro dos alemães na campanha de 1941, a conclusão apropriada seria a seguinte: "derrota por causas naturais". Suas forças foram empregadas em direções divergentes, em parte devido às incompreensões existentes no alto escalão, mas devido também ao êxito apaixonante obtido inicialmente em todas as frentes. Em lugar de manter uma só direção de ataque, que ameaçasse objetivos diferentes, os alemães foram levados a atuar em direções diferentes, cada uma delas ameaçando, evidentemente, um único objetivo, que assim se tornava mais fácil de ser protegido pelo defensor. Além disso, a direção do ataque tornava-se evidente e a investida alongava perigosamente a linha de suprimentos.

A Campanha Russa de 1942

Em 1942 os alemães não tinham mais recursos necessários a uma ofensiva na escala da realizada no ano anterior, mas Hitler não estava disposto a permanecer na defensiva e consolidar seus ganhos, como aconselhavam vários de seus generais, ou retirar-se para a Polônia como aconselhavam Rundstedt e Leeb, decisão esta que, embora estrategicamente correta, representava uma confissão pública de que "havia abocanhado o que não podia engolir". Incentivado pelo seu orgulho insaciável, temendo uma perda de prestígio e convencido de que o ataque era o único meio para resolver problemas, Hitler procurou uma solução ofensiva que, com meios limitados, pudesse dar-lhe mais do que um resultado limitado.

Não dispondo de força suficiente para retomar a ofensiva em toda a frente, decidiu concentrar seus esforços no setor sul, com o objetivo de conquistar o petróleo do Cáucaso e, ainda mais, privar os russos de seu suprimento. Embora isso significasse que Hitler estava abandonando sua tentativa de derrotar as forças armadas do inimigo, na realidade minava indiretamente sua capacidade de resistência, porque os russos dependiam do Cáucaso como fonte de suprimento de petróleo. Foi uma decisão sagaz, que esteve muito próxima de ser concretizada, apesar de não ser isso comumente percebido, devido ao seu malogro final e desastroso. Teve um início brilhante e obteve grande êxito pela maneira como enganou as forças russas e por ter sido lançada numa direção que ameaçava objetivos diferentes. Posteriormente, porém, perdeu grande parte de sua eficiência, quando procurou atingir dois objetivos divergentes, ao mesmo tempo. Isso foi devido, em grande parte, à falta de unidade de pensamento no comando alemão. Halder, chefe do Estado-Maior-Geral, desejava que a operação tivesse como objetivo principal a conquista de uma posição sobre o Volga, por trás de Stalingrado, onde pudesse ser estabelecida uma barragem estratégica entre os principais exércitos russos e seus suprimentos de petróleo. Hitler, sem revelar seu pensamento a Halder, estava interessado principalmente em penetrar no interior do Cáucaso, o mais depressa possível, e encorajava nesse sentido os comandantes responsáveis pela execução dessa operação, por considerá-la seu objetivo principal. Em conseqüência todo o esforço aplicado na conquista da posição estratégica de Stalingrado foi prejudicado. Em seguida, em fase posterior, ao ver frustrada sua tentativa de conquistar a cidade que tinha o nome de Stalin,

Hitler irritou-se e teve sua capacidade de raciocínio prejudicada, passando daí por diante a sacrificar tudo em proveito de uma ação muito direta contra a cidade ainda não conquistada.

O início da ofensiva alemã de 1942 foi beneficiado pela maneira pela qual os russos fizeram o jogo dos alemães com sua ofensiva da primavera na direção de Kharkov. Essa ofensiva foi tão direta que provocou sua própria interrupção e tão prolongada que consumiu as reservas russas e o profundo bolsão que ela obteve proporcionou ao comando alemão a oportunidade de apanhar seus adversários em situação desvantajosa. A ofensiva alemã que se seguiu, em fins de julho, teve assim o efeito de uma contra-ofensiva, desencadeada contra um inimigo que estava profundamente engajado e colocado em posição bastante incômoda.

A direção original da investida alemã foi paralela à do avanço russo, mas em sentido oposto. Lançada do setor de Kursk, ao norte de Kharkov, contornou o flanco do bolsão que os russos haviam estabelecido e atravessou rapidamente a extensão de 120 milhas que o separava do alto Don, perto de Voronezh, importante entroncamento na estrada principal que liga Moscou ao Cáucaso. A concentração das forças russas visando bloquear o caminho, nas proximidades de Voronezh, tornou mais fácil aos alemães transferir seu esforço para sudeste e realizar uma penetração no corredor entre o Don e o Donetz. Esta manobra foi auxiliada pela pressão que os alemães puderam exercer, indiretamente, na cunha que haviam introduzido, prèviamente, no flanco sul do saliente russo de Kharkov.

Sob a pressão combinada das suas pinças, a resistência russa cedeu e as forças mecanizadas alemãs encontraram caminho cada vez mais desimpedido no corredor Don-Donetz, com seus flancos protegidos por estes cursos d'água. Em menos de um mês atingiram sua outra extremidade e atravessaram o baixo Don, ao norte de Rostov. Isso abriu o caminho para os campos petrolíferos do Cáucaso, mas levou a campanha a uma situação de crise. Tudo indicava que a Rússia iria ficar paralisada, ao ser privada de seus suprimentos petrolíferos, ao mesmo tempo que a mobilidade dos alemães estaria assegurada. A maneira pela qual os alemães haviam desorientado o inimigo com seu avanço em zigue-zague fora brilhantemente sucedida.

Todavia, em sua nova penetração, além do Don, os alemães perderam as vantagens estratégicas que até então usufruíam. Antes vinham se movimentando estrategicamente concentrados, flexivelmente agrupados, ao longo de uma direção que ameaçava objetivos diferentes, de modo que seus adversários estavam sempre num dilema, quanto ao que deviam fazer enquanto eles podiam transferir o esforço sempre que surgia um ponto fraco nas defesas inimigas. Depois de atravessar o Don, porém, os alemães dividiram suas forças em direções divergentes, uma parte sendo lançada para o sul através do Cáucaso e outra avançando para leste, na direção de Stalingrado.

Tão amplo fora o colapso russo, no corredor Don-Donetz, que Stalingrado e toda a região do Volga poderiam ter sido conquistados com facilidade, em julho, se o 4.º Exército "panzer", avançando naquela direção, não se tivesse desviado para o sul para ajudar o 1.º exército "panzer" na travessia do baixo Don durante seu avanço para o Cáucaso. Esse auxílio não era realmente necessário e quando o 4.º Exército "panzer" se voltou novamente para o norte as forças russas, do setor de Stalingrado, já tinham sido reagrupadas. Era muito fácil para os russos reforçar esse setor, muito mais do que o Cáucaso, pois ele estava próximo da frente central e era mais acessível ao transporte ferroviário e rodoviário das reservas. Os reveses sucessivos que os alemães passaram a sofrer começaram a dar a Stalingrado uma importância moral, aumentada pelo nome que ostentava, que chegou a superar seu valor estratégico. A atenção e os reforços dos alemães foram orientados, cada vez mais, para sua conquista, em detrimento das oportunidades existentes para completar a conquista dos campos petrolíferos do Cáucaso, pois do 1.º Exército "panzer", que lá estava, foram retiradas, sucessivamente, tropas e mais tropas destinadas ao reforço do ataque a Stalingrado. Essa sangria foi realizada sem nenhuma outra compensação.

Depois de ter fracassado, por pouco, a primeira investida sobre Stalingrado, os reforços alemães foram contrabalançados pelos reforços russos, carreados corretamente face a um ataque tão direto. Assim a própria concentração realizada pelos alemães para sua ofensiva tornou-se, proporcionalmente, fraca. Esse foi o preço estratégico pago pelo abandono das operações com caráter indireto realizadas anteriormente. E quanto mais os alemães se aproximavam da cidade tanto menor era o espaço de que dispunham para manobrar taticamente; era como uma alavanca que tivesse perdido seu apoio.

Ao contrário, o estreitamento da frente tornava mais fácil para o defensor transferir suas reservas locais para qualquer ponto ameaçado do arco defensivo. Várias vezes os alemães conseguiram perfurar as defesas em torno de Stalingrado, mas em todas as ocasiões a brecha foi fechada. A experiência sugere o axioma de que "o estreitamento da frente sempre favorece o defensor".

As perdas dos atacantes, naturalmente, começavam a tornar-se maiores à medida que diminuía seu campo de manobra. Cada passo à frente custava mais e proporcionava ganhos menores. Esse processo de desgaste logo evidenciou que os alemães dispunham de uma quantidade de equipamento inferior ao que possuíam em 1941. A força blindada foi a primeira que deu mostras disso; o número de carros disponível para cada golpe tornou-se, cada vez mais, menor. Em seguida a vantagem no ar começou a desaparecer. A fraqueza nessas duas forças, essenciais ao combate moderno, acarretou um encargo maior para a infantaria. Naturalmente o preço pago com o êxito parcial obtido nos assaltos maciços de infantaria era exorbitante e aumentava ainda mais o desgaste.

O efeito desse esforço tático exagerado tornou-se ainda mais perigoso devido à maneira pela qual os invasores estavam estrategicamente superestendidos. Apesar disso, quando Halder, chefe do Estado-Maior-Geral, acentuou a conveniência de diminuir as perdas e fazer uma parada oportuna para ocupar boa posição defensiva durante o inverno, sua sugestão foi rejeitada por Hitler e deu como único resultado sua substituição por Zeitzler, mais jovem e ardoroso. A atração exercida por Stalingrado sobre Hitler era muito forte, como já o fora a atração de Moscou no ano anterior e ele voltou a encontrar militares dispostos a encorajar suas esperanças. Desta vez as conseqüências foram as piores possíveis. Os exércitos que atacavam Stalingrado haviam avançado demais numa frente tão estreita que estavam expostos a um cerco.

Este risco se concretizou quando uma contra-ofensiva russa foi desencadeada em novembro. Os atacantes estavam maduros para a derrota, tanto no sentido moral como no estratégico. A própria resposta, sagazmente indireta como ação física, adquiriu um caráter mortal pelo efeito de mola que a ação de contra-ofensiva normalmente possui. Os russos souberam tirar proveito da situação orientando suas investidas contra os setores guarnecidos pelas forças romenas e italianas que Hitler empregara para cobrir o flanco excessivamente distendido do seu dispositivo. Os russos conseguiram, assim, isolar grande parte dos exércitos atacantes, fazendo seu primeiro grande contingente de prisioneiros.

Com o caminho parcialmente limpo os russos exploraram seu êxito com uma série de investidas lançadas na direção sul, ameaçando a retaguarda e as comunicações dos exércitos alemães do Cáucaso. O perigo a que estes ficaram expostos pode ser ilustrado, com muita simplicidade, se atentarmos no fato de que os alemães estavam a mais de 400 milhas a leste de Rostov em janeiro de 1943, na ocasião em que os russos, avançando pelo Don, estavam a quarenta milhas de Rostov, funil pelo qual corriam as comunicações dos exércitos alemães no Cáucaso. Embora os alemães tenham conseguido manter abertas as garras da armadilha, por um tempo que permitiu sua retirada progressiva, sem ficarem cercados, foram obrigados não só a abandonar o Cáucaso, como se viram expulsos da bacia industrial do Donetz, devido à pressão envolvente que sofriam.

Em fevereiro, a retirada dos alemães se tornou mais rápida, e os russos, perseguindo-os de perto, alcançaram e ultrapassaram a linha onde a ofensiva alemã do verão se tinha iniciado. Reconquistaram Kharkov e aproximaram-se do

Dnieper. Contudo, em fins de fevereiro, os alemães lançaram um contragolpe que arrebatou novamente Kharkov das mãos dos russos e, momentâneamente, os fez perder o equilíbrio. Como já acontecera com os alemães no verão, os russos haviam se esforçado em demasia durante a perseguição, esgotando seus suprimentos, enquanto os alemães haviam readquirido um vigor renovado à maneira da bola de neve, recuando em direção aos seus reforços e suas bases.

Esse contragolpe lançado sobre Kharkov constitui um impressionante exemplo da forma defenso-ofensiva da estratégia da ação indireta, emprego de um peão sedutor para atrair o inimigo a uma cilada, neste caso uma cilada de proporções extraordinárias. Foi planejado e executado pelo marechal-de-campo von Manstein que, no primeiro inverno da guerra, quando chefe do Estado-Maior do Grupo de Exércitos de Rundstedt, elaborara o plano das Ardennes que provocara o colapso francês em maio de 1940. Embora considerado pela maioria de seus colegas como o mais competente estrategista entre eles, não era visto com bons olhos por Hitler. Contudo, quando o exército de von Paulus foi cercado em Stalingrado, em novembro de 1942, Hitler mandou Manstein assumir o comando do Grupo de Exércitos do Don, numa tentativa de evitar um desastre. Embora fosse tarde demais para reparar a situação existente em Stalingrado, Manstein conseguiu impedir que os russos cortassem o funil de Rostov durante o tempo necessário para salvar as forças do Cáucaso e instalá-las em uma posição defensiva ao longo do rio Mius, entre o mar de Azov e o rio Donetz.

Os russos, entretanto, haviam rompido a posição defensiva ao norte do Donetz, guarnecida pelos exércitos italiano e húngaro, aberto uma brecha de duzentas milhas de largura entre o Donetz e Voronezh e já estavam se dirigindo para oeste, contra o flanco de Manstein. Atravessando o Donetz, bem à retaguarda, não sòmente conquistaram Kharkov, como avançaram para sudoeste até a grande curva do Dnieper, área da qual Manstein dependia para seus suprimentos. No dia 21 de fevereiro uma força avançada estava às vistas de Zaporozhe, justamente na curva de onde Manstein havia acabado de deslocar seu próprio quartel-general. Nessa situação crítica Manstein demonstrou extraordinário sangue-frio e firmeza de nervos, pois já tendo recusado lançar suas escassas reservas num esforço direto para a retomada de Kharkov, como pedia Hitler, resistiu agora à tentação de empregá-las para defesa direta da linha do Dnieper, porque vira no avanço dos russos, para sudoeste, excelente oportunidade para uma ação indireta de desequilíbrio e desejava que eles penetrassem ainda mais profundamente, apesar do perigo que isso representava para sua base de operações.

Entrementes estava reagrupando suas forças e trazendo três dos seus desfalcados corpos "panzer" do Mius para tomar um dispositivo invertido, voltado para noroeste. No dia 26 estava pronto para atacar e lançou-se contra o flanco e a retaguarda dos exércitos russos, atacando a "junta" do avanço inimigo, como em Sedan em 1940. Bastou uma semana para que os exércitos russos que avançavam para sudoeste recuassem em confusão, atravessando o Donetz, perdendo mais de seiscentos carros e mil canhões. Manstein continuou então sua progressão para o norte, dirigindo-se contra a retaguarda dos exércitos russos que avançavam de Kharkov e Bielgorod para oeste. Estes, também, foram desequilibrados e obrigados a retirar-se, abandonando aquelas cidades. O resultado dessas sucessivas ações indiretas foi fruto da desconcertante iniciativa de uma força que lutava com inferioridade de oito para um. Não fosse a enorme disparidade de forças poderia ter havido um sucesso decisivo semelhante ao de Sedan. Entretanto a disparidade era muito grande.

As reservas alemãs eram bem menores que as russas e haviam sido seriamente esgotadas em dois anos de esforço ofensivo continuado, enquanto a massa das divisões russas recém-formadas já começava a ficar em condições de entrar em ação. Embora o contragolpe de Kharkov tenha paralisado temporariamente a ameaça russa, a balança da luta estava pendendo acentuadamente contra a Alemanha.

A Guerra no Pacífico

Desde 1931 os japoneses vinham ampliando suas posições no continente asiático à custa dos chineses, enfraquecidos com seus conflitos internos, prejudicando os interesses americanos e britânicos naquela área. Naquele ano invadiram a Manchúria, transformando-a num Estado-satélite japonês. Em 1932 tomavam pé na China propriamente dita, mas o esforço realizado para impor seu controle sobre aquela vasta área foi prejudicado pela tática de guerrilhas em que se envolveram e que os obrigou a procurar outra solução para o problema, com novos movimentos expansionistas, na direção sul, objetivando privar os chineses de suprimentos do exterior. Após a derrota da França, imposta por Hitler, os japoneses aproveitaram-se da fraqueza dos franceses para fazer que concordassem, sob ameaça, com uma ocupação "protetora" da Indochina Francesa.

Imediatamente o Presidente Roosevelt exigiu, no dia 24 de julho de 1941, a retirada das tropas japonesas da Indochina e para apoiar sua pretensão deu ordens, no dia 26, para o congelamento de todos os bens japoneses nos Estados Unidos e para aplicação de embargo sobre o suprimento de petróleo. Ao mesmo tempo Churchill tomou providências semelhantes e, dois dias depois, o governo holandês, refugiado em Londres, foi induzido a fazer o mesmo, o que significava, como bem observou Churchill, que "o Japão ficou, de um golpe, privado de seus suprimentos vitais de petróleo".

Nas discussões iniciais sobre a questão sempre se temeu que um golpe paralisador dessa natureza levaria o Japão à luta, como única alternativa para evitar o colapso ou o abandono da política que estabelecera. É surpreendente como o Japão tenha retardado seu ataque por mais de quatro meses, enquanto tentava negociar a suspensão do embargo do petróleo. O governo dos Estados Unidos recusou-se a suspendê-lo, a menos que o Japão se retirasse não só da Indochina, como da própria China. Nenhum governo, muito menos o japonês, poderia sujeitar-se a condições tão humilhantes e a tal perda de prestígio. Assim, havia toda razão para que a guerra no Pacífico fosse desencadeada a qualquer momento, a partir da última semana de julho. Em tais circunstâncias os americanos e britânicos podem se considerar bastante felizes por terem podido contar com quatro meses antes que os japoneses atacassem. Na realidade muito

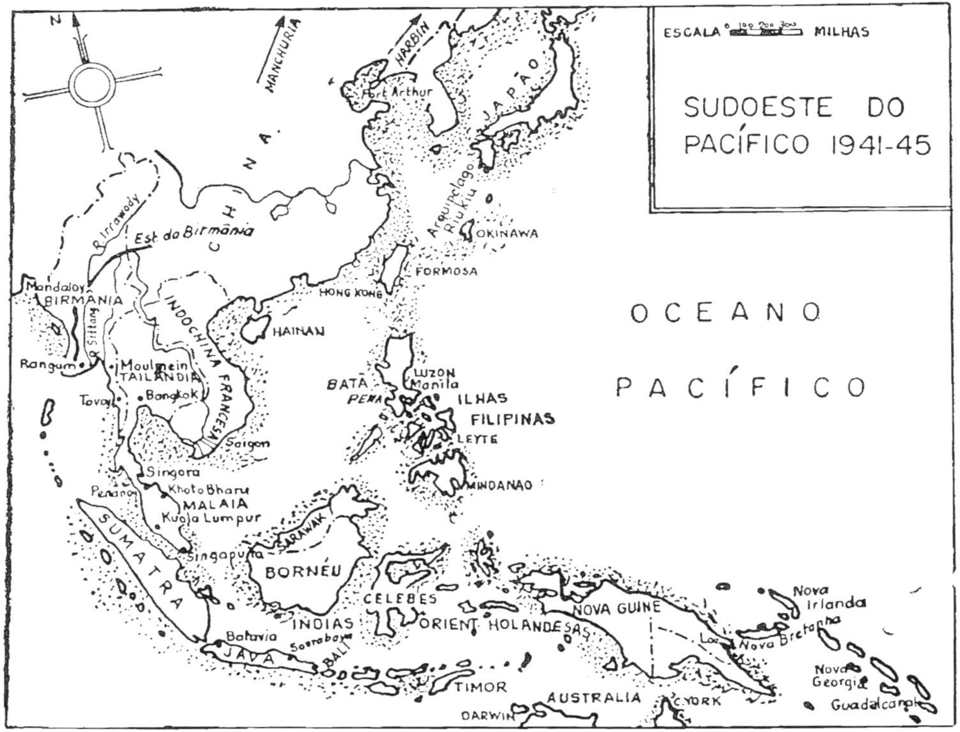

SUDOESTE DO PACÍFICO 1941-45
ESCALA 0 100 200 300 MILHAS
N
MANCHURIA
HARBIN
Port Arthur
JAPÃO
CHINA
Arquipélago Riukiu
OKINAWA
FORMOSA
HONG KONG
HAINAN
R. Irrawady
Est. da Birmânia
Mandalay
BIRMÂNIA
Sittang
Rangum
Moulmein
TAILÂNDIA
Bangkok
Tovay
INDOCHINA FRANCESA
Saigon
Singora
Penang
Khoto Bharu
MALAIA
Kuala Lumpur
Singapura
SUMATRA
SARAWAK
BORNÉU
Batavia
JAVA
Soerabaya
BALI
INDIAS ORIENT. HOLANDESAS
CELEBES
TIMOR
DARWIN
AUSTRALIA
C. YORK
NOVA GUINÉ
Lae
Nova Bretanha
Nova Irlanda
Nova Georgia
Guadalcanal
BATÃ
PENA
LUZON
Manila
ILHAS FILIPINAS
LEYTE
MINDANAO
OCEANO PACÍFICO

pouco proveito foi tirado desse intervalo, no que se refere a uma preparação defensiva.

Na manhã do dia 7 de dezembro de 1941 uma força naval japonesa, com seis porta-aviões, desfechou um ataque esmagador contra Pearl Harbour, base naval americana nas ilhas Havaí, antes da declaração de guerra, seguindo o precedente de Port Arthur, que foi o golpe inicial dos japoneses na guerra contra a Rússia.

Até princípios de 1941 o plano japonês para uma guerra com os Estados Unidos previa o emprego do grosso de suas forças navais no Pacífico sul, concomitantemente com o ataque às ilhas Filipinas, para enfrentar qualquer socorro vindo por mar. Isso era o que os americanos esperavam que os japoneses realizassem, e sua convicção fora reforçada ultimamente pela atitude que eles tomaram na Indochina. Nesse meio tempo, entretanto, o Almirante Yamamoto concebera um novo plano, que se baseava num ataque de surpresa a Pearl Harbour. A força atacante que o executou circundou as ilhas Kurile e infletiu sobre as ilhas Havaí sem ser percebida, lançando seu ataque antes do amanhecer, com 360 aviões, de uma posição afastada quase trezentas milhas de Pearl Harbour. Quatro dos cinco encouraçados americanos foram afundados e os outros severamente danificados. Em pouco menos de uma hora os japoneses haviam conquistado o domínio do Pacífico.

Com esse golpe ficou aberto o caminho para a invasão por mar da Malaia e do arquipélago malaio. Enquanto o grosso da esquadra japonesa navegava na direção das ilhas Havaí, outras forças navais escoltavam comboios de tropas no sudoeste do Pacífico. Assim, quase simultâneamente com o ataque aéreo a Pearl Harbour, foram realizados desembarques na península malaia e nas Filipinas. O primeiro deles foi dirigido contra a grande base naval britânica de Singapura, mas não chegou a haver tentativa de ataque pelo mar, tipo de ataque que a defesa fora preparada para enfrentar. O ataque foi muito mais indireto. Enquanto eram feitos desembarques em dois pontos do litoral leste da península malaia, para conquistar aeródromos e desviar a atenção do inimigo, forças importantes foram desembarcadas no gargalo siamês da península, cêrca de quinhentas milhas ao norte de Singapura. Desses pontos de desembarque no extremo nordeste, as forças japonesas desceram em grande número pela costa *ocidental* da península, desdobrando seguidamente as posições onde as forças britânicas tentavam contê-las. Os japoneses tiravam proveito não somente do difícil itinerário escolhido como das oportunidades que a vegetação espessa oferecia a suas infiltrações inesperadas. Depois de uma retirada quase contínua, que durou seis semanas, as forças britânicas foram forçadas a abandonar o continente, rumo à ilha de Singapura, em fins de janeiro. Na noite de 8 de fevereiro os japoneses lançaram um ataque através do estreito, de uma milha de largura, desembarcaram em numerosos pontos e efetuaram novas infiltrações, numa larga frente.

As forças defensoras possuíam mais do dobro do efetivo dos atacantes, mas enquanto estes dispunham de tropas selecionadas, bem treinadas para a luta na selva e no terreno difícil que palmilhavam, os defensores constituíam uma massa heterogênea, sem treinamento nem aptidão, em sua grande maioria, com pouca capacidade para realizar contra-ataques oportunos, e tinham durante o curso da campanha se tornado extremamente vulneráveis aos ataques de flanco. Essas dificuldades, por si sós já bastante grandes, foram aumentadas pela enexistência de cobertura aérea contra a ação constante da força aérea japonesa. Os defensores cedo foram desequilibrados e todas suas tentativas de recuperação prejudicadas pela confusão existente na retaguarda. Longe de terem uma base segura, estavam de costas voltadas para uma cidade congestionada, de população mista, ameaçada de se ver privada de alimentos e água, tendo à sua retaguarda um mar dominado pelo inimigo. O cenário se tornava ainda mais enervante com as nuvens de fumaça negra que se erguiam dos poços petrolíferos em chamas, incendiados em conseqüência da ordem de "terra devastada" dada pelas autoridades da Inglaterra, que demonstravam assim uma psicologia estratégica muito duvidosa. No dia 15 de fevereiro, o segundo domingo negro sucessivo da luta, as forças defensoras renderam-se.

Em Luzon, a principal ilha das Filipinas, os desembarques iniciais ao norte de Manilha foram seguidos rapidamente por outro realizado na retaguarda da capital. Sob essa pressão desequilibradora e a ameaça do ataque convergente, as forças americanas abandonaram a maior parte da ilha e recuaram para a pequena península de Batã, antes do fim de dezembro. Lá estavam expostas apenas a assaltos frontais, que só podiam ser realizados numa frente propositadamente estreita e, desse modo, foi possível uma resistência até abril, quando então foram esmagadas.

Muito antes disso e mesmo antes da queda de Singapura, a maré japonesa de conquista estendera-se pelo arquipélago malaio. No dia 24 de janeiro forças japonesas desembarcaram em Bornéu, Célebes e Nova Guiné. Três semanas mais tarde os japoneses lançaram um ataque contra Java, núcleo das Índias Orientais Holandesas, após a ilha ter sido isolada com ações de flanco. Com mais três semanas, toda Java caía em suas mãos, como ameixa madura.

Todavia a ameaça à Austrália, que parecia iminente, não se concretizou. O esforço principal dos japoneses foi desviado para direção oposta, visando à conquista de Burma. A ação direta, mas realizada numa larga frente, executada da Tailândia sôbre Rangoon, foi na verdade indireta quando referida ao objetivo que visava no continente asiático, isto é, a paralisia da capacidade de resistência da China. Com efeito, Rangoon era o porto pelo qual entravam os suprimentos dos equipamentos anglo-americanos destinados à China, trazidos pela estrada de Burma. Essa operação foi sagazmente planejada a fim de ser completada a conquista da porta ocidental do Pacífico e de lá ser estabelecida uma barreira segura, que interrompesse as rotas mais importantes por onde pudesse, posteriormente, ser tentada qualquer ofensiva terrestre anglo-britânica. No dia 8 de março Rangoon caiu e, dois meses depois, as forças britânicas eram expulsas da Birmânia através das montanhas e jogadas na Índia. Os japoneses conquistaram assim uma posição de cobertura muito forte que, por sua natureza, poderia barrar qualquer tentativa de reconquista ou, pelo menos, impor-lhe um ritmo por demais lento.

Foi necessário muito tempo para que os aliados pudessem reunir forças suficientes para tentar recuperar os territórios conquistados pelos japoneses, começando pela sua extremidade oriental. De enorme utilidade foi a Austrália não ter sido conquistada, pois ela lhes pôde fornecer grande número de bases, bem próximas dos postos avançados japoneses.

Em agosto de 1942 o General MacArtur deu início à sua contra-ofensiva, agindo contra Guadalcanal, a mais meridional e mais próxima das ilhas do arquipélago Salomon. A reconquista de Guadalcanal durou seis meses. A ilha que se seguia em importância do grupo, Nova Geórgia, não foi tocada antes dos fins de junho de 1943 e sua reconquista exigiu mais três meses.

Entrementes as forças australianas iniciavam uma ofensiva a partir da posição que haviam conservado no canto sudeste da grande ilha de Nova Guiné. As operações, porém, foram lentas e penosas, pois as condições que enfrentavam eram mais difíceis, face à obstinada resistência que encontraram. Foi necessário um ano para que fosse completada a reconquista da extremidade sudeste da Nova Guiné, com a conquista de Lae, em setembro de 1943.

Parecia que a longa estrada de volta às Filipinas e de lá ao próprio Japão determinaria uma viagem interminável. Entretanto, no outono de 1943, o ritmo intensificou-se com a adoção de um método de desbordamento que não deixava de ser variante da estratégia da ação indireta. A investida por mar desbordava, sucessivamente, todas as ilhas que formavam a cadeia de postos avançados inimigos, deixando suas guarnições privadas de suprimento e num estado de isolamento estratégico.

Em outubro de 1944 um salto maior levou os americanos de volta às Filipinas. Ele foi precedido por ataques aéreos importantes realizados contra os portos e aeródromos de Luzon e Mindanao, as principais ilhas do norte e sul do grupo de Filipinas, que induziam os japoneses a pensar que seria realizado um desembarque nesses setores, sem que pudessem prever qual seria o verdadeiro objetivo visado. Logo em seguida uma força naval do General MacArthur apareceu ao largo da ilha de Leyte, a meio caminho entre as duas ilhas mais importantes e lá desembarcou suas forças. Essa operação não somente introduziu uma cunha no meio das Filipinas, como também outra estratégica, mais ampla, entre o Japão e a maior parte de suas conquistas no Pacífico e nas Índias Orientais Holandesas.

Inevitavelmente tinha que haver outro intervalo antes que os americanos pudessem contar com forças, em quantidade suficiente, para prosseguir na ofensiva iniciada e completar a conquista das Filipinas. Todavia, o êxito final estava assegurado com o método de realizar ações em áreas diferentes ao mesmo tempo que era feito o isolamento aeromarítimo das ilhas próximas enquanto a operação era realizada. Os americanos já haviam conquistado, então, uma posição tão próxima do Japão propriamente dito que já era possível aumentar consideravelmente a intensidade da sua continuada ofensiva aérea. O grande salto seguinte, evitando Formosa, levou-os à ilha do Okinawa, no arquipélago de Ryukyu, a meio caminho entre Formosa e o Japão.

Um aspecto interessante a observar em todas essas últimas operações é que as manobras de desbordamento eram realizadas mantendo-se o inimigo em dúvida quanto ao objetivo visado, e em conseqüência desorientado quanto ao dispositivo a tomar para enfrentá-las. Assim o caráter estratégico indireto de cada operação multiplicou-se em seus efeitos. A maré de conquista japonesa estendera-se demasiadamente para que pudesse durar. Em conseqüência as forças japonesas ficaram perigosamente dispersas e finalmente espalhadas, de modo que foram isoladas parceladamente tão logo o aumento do poderio marítimo e aéreo permitiu aos americanos tirar proveito da situação e manobrar com tropas transportadas por mar. A agressão deu um coice no agressor. Esse refutou a crença militarista de que "o ataque é a melhor defesa". O que se viu, ao contrário, foi que o ataque dos japoneses, bem sucedido, a princípio, fez distender sua capacidade defensiva a um ponto além do limite de segurança. A mesma conseqüência fatal já tinha sido observada com a maré ofensiva da Alemanha.

A Guerra no Mediterrâneo

As primeiras operações realizadas na Mediterrâneo foram as tentativas ítalo-alemãs para conquistar o controle do

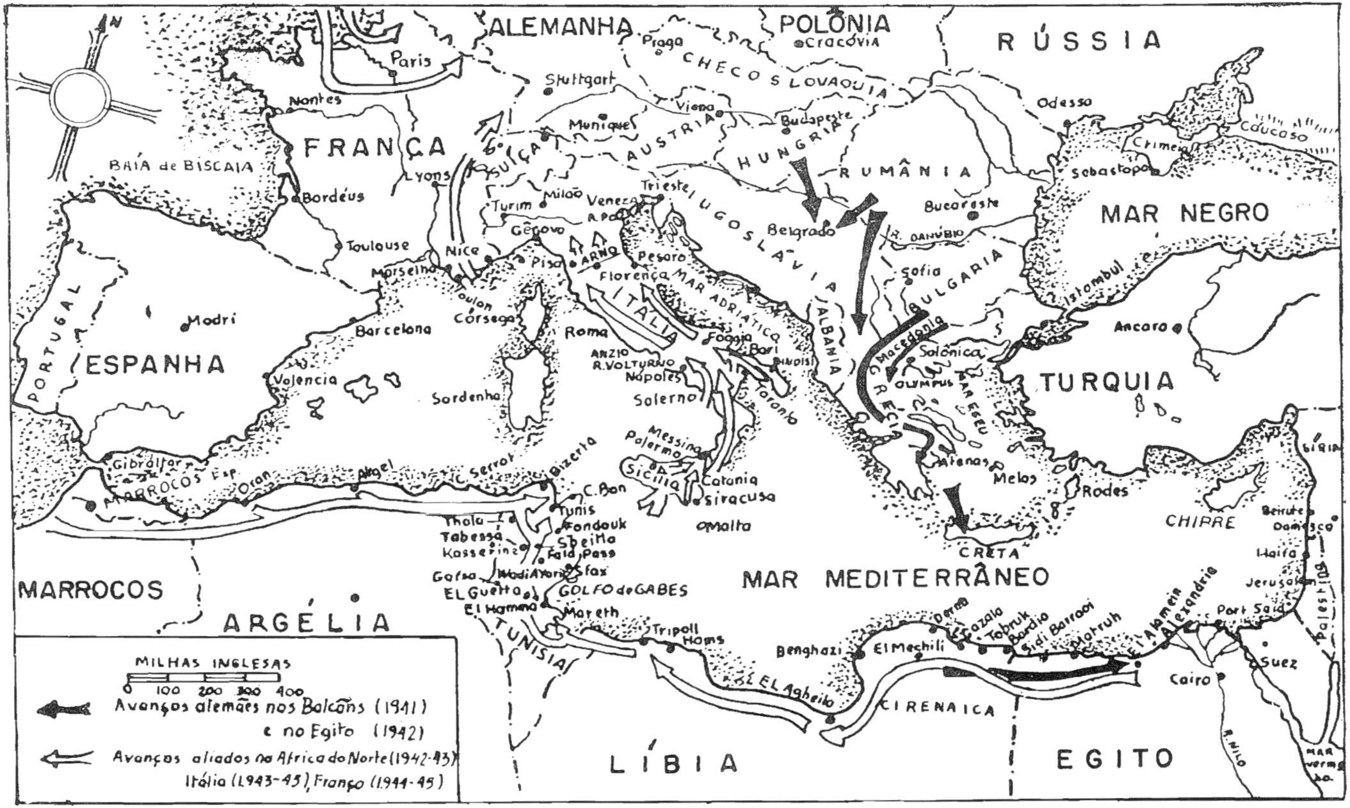
ALEMANHA
POLÔNIA
Cracóvia
RÚSSIA
Praga
CHECOSLOVÁQUIA
Paris
Stuttgart
Nantes
Viena
Munique
Budapeste
Odessa
Cáucaso
Crimeia
FRANÇA
SUÍÇA
ÁUSTRIA
HUNGRIA
RUMÂNIA
Sebastopol
BAÍA de BISCAIA
Lyons
Bordéus
Turim
Milão
Veneza
R. Pó
Trieste
IUGOSLÁVIA
Bucareste
MAR NEGRO
Gênova
Belgrado
R. DANÚBIO
Toulouse
Nice
Pisa
ARNO
Pesaro
Florença
Sofia
BULGÁRIA
Istambul
Marselha
Toulon
MAR ADRIÁTICO
PORTUGAL
Madri
Barcelona
Córsega
Roma
ITÁLIA
ALBÂNIA
Foggia
Bari
Ancara
ESPANHA
ANZIO
R. VOLTURNO
Nápoles
Brindisi
Macedônia
Salônica
GRÉCIA
OLIMPUS
MAR EGEU
TURQUIA
Valência
Sardenha
Salerno
Taranto
Messina
Palermo
Atenas
Gibraltar
MARROCOS Esp.
Oran
Argel
C. Serrat
Bizerta
SICÍLIA
Catânia
Siracusa
Melos
Rodes
SÍRIA
C. Bon
Túnis
Malta
Beirute
Damasco
CHIPRE
Thala
Tabessa
Kasserine
Fondouk
Sbeitla
Faid Pass
CRETA
Haifa
Gafsa
Wadi Akarit
Sfax
MAR MEDITERRÂNEO
Jerusalém
Palestina
MARROCOS
El Guetta
El Hamma
GOLFO de GABES
Mareth
Derna
Gazala
Tobruk
Bardia
Sidi Barrani
Matruh
El Alamein
Alexandria
Port Said
ARGÉLIA
TUNÍSIA
Trípoli
Homs
Benghazi
El Mechili
Suez
Cairo
El Agheila
CIRENAICA
R. NILO
MAR Vermelho
LÍBIA
EGITO
MILHAS INGLESAS
0 100 200 300 400
Avanços alemães nos Balcãs (1941)
e no Egito (1942)
Avanços aliados na África do Norte (1942-43)
Itália (1943-45), França (1944-45)

Egito e do canal de Suez. O desenrolar dessa campanha apresenta uma ilustração impressionante sobre as conseqüências de uma distensão estratégica excessiva, tanto no sentido longitudinal como no transversal. Proporciona, também, muitas lições sobre o valor da ação indireta.

O avanço do Marechal Graziani, da Líbia sobre o Egito, iniciou-se em setembro de 1940. Se o êxito dependesse de uma questão de números, seu sucesso estaria garantido pela disparidade de forças existente entre o exército invasor e a diminuta força britânica disponível para a defesa do Egito. Todavia a mobilidade das forças italianas era muito limitada e o empecilho que isso impunha à manobra, na obtenção da surpresa, era aumentado pela ineficiência administrativa. Depois de penetrar setenta milhas no Deserto Ocidental os italianos pararam em Sidi Barrani e lá ficaram imobilizados durante um par de meses.

O comandante das forças britânicas no Oriente Médio, General Wavell, decidiu experimentar o efeito de um golpe desnorteante a ser dado pela Força do Deserto Ocidental, embrião do Oitavo Exército, sob o comando do General O'Connor. Esse golpe foi concebido mais como poderosa incursão do que como uma ofensiva verdadeira. Havia disponíveis apenas duas divisões, a 7.ª Blindada e a 4.ª Indiana. Depois da operação esta última devia ser levada de volta ao Nilo e enviada para o Sudão a fim de ajudar a enfrentar a ameaça do exército italiano na Eritréia e Abissínia.

Entretanto a incursão transformou-se numa operação de resultados decisivos, devido à paralisia e ao desequilíbrio produzidos pelo movimento de surpresa do General O'Connor, através do deserto, contra a retaguarda do inimigo, uma ação indireta tanto física como psicologicamente. Este golpe repentino foi desfechado no dia 9 de dezembro. Grande parte do exército de Graziani foi cercada e 35.000 italianos capturados, enquanto o restante alcançou a proteção da fronteira após uma retirada em pânico que se transformou em fuga desordenada. A fronteira, embora fortificada, foi atravessada pela 7.ª Divisão Blindada, em perseguição ao inimigo e as forças italianas restantes, que haviam recuado para Bárdia, ficaram momentâneamente isoladas por esse novo avanço envolvente.

A campanha poderia ter terminado aqui se o Comando inglês não tivesse insistido em fazer a 4.ª Divisão indiana retirar-se, de acordo com o plano original. Privada de seu apoio a 7.ª Divisão Blindada foi, naturalmente, incapaz de penetrar nas defesas de Bárdia e várias semanas transcorreram antes que outra divisão de infantaria, a 6.ª australiana, pudesse ser trazida da Palestina para atuar como "abridor de lata". Bárdia foi conquistada no dia 3 de janeiro e fizeram-se 40.000 prisioneiros. Tobruk caiu no dia 22, com mais 25.000 prisioneiros.

Os sobreviventes do exército de Graziani retiraram-se para além de Benghazi, na direção de Trípoli, mas foram cercados, durante a fase da perseguição, por uma ação indireta, um dos golpes mais brilhantes e ousados da guerra. A 7.ª Divisão Blindada penetrando no deserto alcançou o mar, ao sul de Benghazi, no dia 5 de fevereiro. Seus elementos avançados percorreram 170 milhas, em trinta e seis horas, num terreno difícil e desconhecido. Enquanto um destacamento, sob o comando do Coronel Combe, estabelecia uma barragem sobre a linha de retirada do inimigo em Beda Fomm, outra, a 4.ª Brigada Blindada, sob o comando do Brigadeiro Caunter, martelou as forças italianas até que estas se renderam. As duas frações não possuíam mais que 3.000 homens, mas com sua audácia de enfrentar um inimigo que lhes era grandemente superior em efetivo, conseguiram fazer 21.000 prisioneiros.

Embora diminutas, as forças que realizaram essa espantosa conquista da Cirenaica não tinham, naquele momento, nada mais que as impedisse de avançar até Trípoli. As tropas italianas restantes, além de mal equipadas para enfrentar uma investida de carros de combate, estavam severamente abaladas pelo destino que teve o exército que integravam. O'Connor sentia-se ansioso para explorar sua esmagadora vitória em Beda Fomm, convencido de que poderia realizar um novo salto desde que dispusesse de algum tempo para reabastecimento. Todavia o governo britânico ordenou uma parada, para contar com meios para a malfadada expedição à Grécia. Wavell recebeu instruções para deixar apenas um mínimo de forças ocupando a Cirenaica e O'Connor voltou para o Egito, ficando o controle da situação em mãos menos capazes. Nessa conjuntura chegava a Trípoli o escalão avançado do "Afrika Korps" alemão, sob o comando de Rommel. Embora muito tarde para salvar os italianos de desastre, esse auxílio alemão chegou a tempo de prolongar a campanha do norte da África por mais dois anos, durante os quais a posição da Grã-Bretanha no Egito esteve em perigo iminente.

Com uma força cujo efetivo mal se aproximava ao de uma divisão Rommel lançou um contragolpe, em fins de março. Com ações rápidas e noturnas contra o flanco e a retaguarda do inimigo, rompeu suas posições avançadas e, em seguida, blefando com um cerco, não completado, conseguiu a rendição das forças britânicas em Mekili. O inesperado do seu avanço tornou ainda mais perturbador o caráter indireto de seu ataque, realizado em fases sucessivas. Em uma quinzena expulsou os britânicos de toda a Cirenaica, com exceção da pequena fração que se retirou para Tobruk e lá permaneceu como um verdadeiro tormento para Rommel. Atingindo a fronteira percebeu que havia distendido em demasia suas linhas de suprimento e por isso foi obrigado a deter-se.

Em junho, tendo recebido reforços, os britânicos tentaram uma nova ofensiva, curiosamente cognominada de "Acha", dirigida contra a fronteira líbia. Ela foi principalmente um ataque frontal. Rommel, com um bem concebido contra-ataque blindado, atingiu o flanco inimigo no deserto e, desequilibrando-o, fez a balança pender para seu lado.

Em novembro os britânicos prepararam uma ofensiva ainda em maior escala. Nessa altura Wavell tinha sido substituído pelo General Auchinleck como comandante-chefe, enquanto as forças na fronteira líbia passaram a constituir o Oitavo Exército, sob o comando do General Cunningham. A ofensiva iniciou-se no dia 18, com uma penetração pelo deserto que levou os britânicos até às proximidades da retaguarda de Rommel. Todavia os ingleses desperdiçaram a vantagem estratégica obtida com a ação indireta realizada, pela tática muito direta de querer esmagar a força blindada inimiga com batalhas frontais, todas as vezes que conseguia encontrá-la. Com isso fizeram o jogo de Rommel.

Enfrentando as forças mecanizadas britânicas, com efetivo e mobilidade superiores aos seus, os alemães utilizaram-se de uma tática de ação indireta, que consistia em atrair os carros inimigos para as armadilhas em que ocultavam seus próprios tanques e seus mortíferos canhões de 88 milímetros. Rommel, como já fizera durante a operação "Acha", deu uma demonstração cabal de como empregar uma defenso-ofensiva na guerra mecanizada moderna, tirando o "fio da espada" do adversário com seu próprio escudo, antes de lançar seu golpe decisivo. Os britânicos, com isso, perderam não somente a vantagem estratégica que possuíam como a superioridade numérica em carros. O Oitavo Exército foi desequilibrado, tanto psicológica como fisicamente, e no dia 23 Cunningham estava inclinado a abandonar a ofensiva e retirar-se para a fronteira, a fim de reorganizar-se.

No dia seguinte Rommel, julgando a situação madura para uma ação mais ousada, lançou parte de suas forças móveis sobre o flanco do Oitavo Exército e suas comunicações com o outro lado da fronteira. Quando os alemães apareceram na área da retaguarda espalharam confusão e pânico. Só com isso poderiam ter vencido a batalha se a decisão de persistir ou retirar-se ainda pertencesse a Cunningham. Entretanto Auchinleck, que para lá voara nesse momento crucial, insistiu pela continuação da batalha e regressando ao Cairo, dois dias depois, nomeou Ritchie para substituir a Cunningham. A intervenção oportuna de Auchinleck transformou a derrota em vitória, embora enfrentando um risco maior que o da incursão de Rommel, pois fez a sobrevivência do Oitavo Exército depender da conservação da posição avançada em que se encontrava. Foi muita sorte dos inglêses Rommel, em sua investida até à fronteira, não ter percebido e conseqüentemente perdido a oportunidade de apoderar-se de dois enormes depósitos de suprimentos dos quais dependiam os britânicos para a manutenção de seu avanço. Esses depósitos não foram descobertos graças, principalmente, à superioridade aérea local mantida pelos britânicos.

Se a profunda investida de Rommel deixou de alcançar seu objetivo, apenas por pequena margem, o castigo do fracasso foi grande, porque enquanto Rommel e suas três divisões blindadas (duas alemãs e uma italiana) estavam operando na fronteira, distanciados de suas bases, as forças britânicas que haviam sido deixadas para trás conseguiram reagrupar-se, retomar sua ação ofensiva e fazer junção com a guarnição de Tobruk, antes que o comandante alemão tivesse tempo de vir em socorro de suas tropas não-motorizadas. Isso mostra os riscos de uma operação tipo incursão, de caráter estratégico, realizada por um exército cuja base não é suficientemente forte para uma resistência prolongada. Embora Rommel tenha conseguido, temporariamente, recuperar a vantagem inicial, depois de vários dias de luta árdua e muitas vezes corpo a corpo, seu êxito foi estéril. Suas perdas foram muito mais pesadas do que as sofridas na fase inicial e representaram uma redução em seu efetivo de carros bem maior do que o que poderia suportar, particularmente face aos reforços maiores que recebiam os britânicos. No dia 6 de dezembro Rommel foi forçado a abandonar a batalha em torno de Tobruk e retirar-se primeiro para Gazala e depois para a fronteira da Tripolitânia.

Ali recorreu novamente ao seu método defenso-ofensivo com notável êxito. Quando os britânicos lançaram seu ataque no dia 27 de dezembro Rommel conteve sua força blindada para depois lançá-la contra o flanco inimigo, obrigá-lo a lutar numa frente invertida e finalmente cercá-lo. A anulação da vantagem em número de carros que os britânicos possuíam, nessa batalha, foi seguida, na semana seguinte, pela chegada de um comboio que trouxe o primeiro reforço considerável recebido por Rommel desde os meados de novembro. Pôde ele, assim, planejar tirar proveito do dispositivo distendido em que se encontravam os britânicos após seu avanço. Com um contra-ataque de surpresa, no momento em que todos supunham que estivesse exausto, desequilibrou o dispositivo inglês e imediatamente explorou a desordem com uma operação realizada contra a base britânica de Benghazi, obrigando-a a recuar para Gazala, conquistando assim mais da metade de todos os ganhos que os britânicos tinham obtido anteriormente.

Durante três meses a frente permaneceu estabilizada em Gazala, mas o dispositivo linear do Oitavo Exército era mais adequado para servir como trampolim para nova ofensiva do que para permitir uma defesa equilibrada. Em maio Rommel, tomando a iniciativa, na noite do dia 26, fez o Oitavo Exército novamente perder seu equilíbrio, com ampla manobra de flanco realizada com sua força blindada. Foi contido, porém, antes que conseguisse atingir o litoral e isolar as forças britânicas que ocupavam a posição de Gazala. A seguir estabeleceu uma posição defensiva com as costas voltadas para os campos de minas britânicos, o que levou estes a pensar que Rommel estivesse encurralado e condenado à rendição. As reações dos ingleses foram por demais diretas e eles caíram nas armadilhas defensivas que Rommel havia preparado quando fora detido. Com suas reservas emaranhadas e esgotadas o Oitavo Exército mostrou-se incapaz de enfrentar o ataque de flanco que sofreu e foi derrotado aos poucos. Enquanto uma parte recuava para a fronteira a outra se dirigia para Tobruk. As forças blindadas de Rommel desbordaram Tobruk, como se estivessem procurando a fronteira e inesperadamente atacaram Tobruk pelo outro lado, antes que as forças que lá se encontravam tivessem podido firmar-se. Foi uma obra-prima de ação indireta, física e psicologicamente. Penetrando nas defesas, em uma de suas partes fracas, os alemães dominaram a guarnição e capturaram, juntamente com ela, tal quantidade de suprimentos e transportes que permitiram que pudessem pensar em outro avanço ainda mais profundo.

Rommel perseguiu os remanescentes do Oitavo Exército, com vigor, pelo Deserto Ocidental e quase alcança o vale do Nilo, principal artéria do Egito. Se os alemães tivessem dominado o vale do Nilo e com ele o canal de Suez, toda a posição britânica no Oriente Médio teria sido desmantelada. Nessa crise Auchinleck interveio, assumindo pessoalmente o comando do derrotado Oitavo Exército, e desdobrando-o para que oferecesse uma resistência na região de El Alamein, gargalo do deserto que conduz ao Nilo. As forças de

Rommel, enfraquecidas e cansadas devido à longa perseguição, foram contidas pela forte resistência inesperadamente encontrada, uma defesa estabelecida em linhas sucessivas. Quando Rommel procurou rompê-la, investindo em pontos diferentes, Auchinleck soube contê-lo, agindo ativamente à base de contra-ataques e, embora o não tivesse derrotado, o desequilibrou suficientemente para que fosse forçado a abandonar seu objetivo.

Logo chegaram os reforços mandados da Inglaterra. Churchill desejava que os britânicos tomassem a ofensiva sem demora, mas Auchinleck, prudentemente, insistiu em que se esperasse até que as tropas recém-chegadas estivessem taticamente aclimatadas com as condições do deserto. Logo a seguir Auchinleck foi substituído por Alexander, como comandante-chefe do Oriente Médio e Montgomery assumiu o comando do Oitavo Exército.

Rommel foi quem atacou em primeiro lugar, nos fins de agosto, mas foi novamente contido pela tática defensiva empregada pelos britânicos. Suas forças foram encorajadas a avançar pelos campos de minas que faziam a cobertura da metade sul da frente britânica, num setor que, fora isso, não tinha defesa, pois o grosso da infantaria inglesa se encontrava desdobrado em posições mais fortes, no setor norte. A seguir Rommel foi induzido a atacar a massa das forças blindadas britânicas no terreno por elas escolhido na retaguarda. Perdeu grande número de carros nessas operações fracassadas. Enquanto estava imobilizado entre os campos e essa posição na retaguarda inimiga, a 7.ª divisão blindada envolveu seu flanco sul. A rede não foi apertada em tempo oportuno para impedir sua retirada, mas a iniciativa das operações tinha mudado de mãos.

A transformação tornou-se definitiva com a chegada de novos reforços que aumentaram os recursos à disposição de Montgomery. Depois de longo período destinado a preparação cuidadosa, pausa mais longa que a pretendida por Auchinleck, o Oitavo Exército lançou uma ofensiva na última semana de outubro. Estava agora apoiado por tremenda superioridade, aérea, de artilharia e de carros de combate. Mesmo assim a luta foi feroz e durou uma semana inteira, pois a frente por demais limitada não oferecia campo para uma ampla manobra que tivesse efeito desequilibrador. Todavia, as forças de Rommel, além de excessivamente distendidas foram ainda sacrificadas com o afundamento de numerosos petroleiros que lhes traziam suprimentos, pela ação dos submarinos, durante a travessia do Mediterrâneo. A imobilização disso decorrente decidiu a questão e os alemães, tão logo começaram a ceder terreno em suas vanguardas, só foram capazes de oferecer uma resistência séria depois de terem encurtado suas linhas de suprimento.

No início da batalha Rommel encontrava-se doente em Viena, mas logo que tomou conhecimento da situação voltou ao campo de luta por via aérea. Avaliando a situação, pensou em retirar seu exército para Fuka, distante sessenta milhas a oeste de El Alamein. Com essa providência teria desarranjado a máquina de combate de Montgomery, mas ela não pôde ser executada devido à insistência de Hitler em não ceder terreno. Por isso a retirada só foi realizada após a derrota e ele a executou com sua habitual celeridade e precisão, abandonando à sua sorte as tropas menos móveis e menos experimentadas, inclusive o grosso dos italianos, para que as tropas selecionadas pudessem dispor de maior quantidade de transportes motorizados.

Perdeu-se a oportunidade de cercá-lo por não ter sido a perseguição suficientemente indireta ou de maior amplitude, em seu movimento envolvente. Em primeiro lugar a mudança de direção foi efetuada muito cedo para que pudesse apanhar o grosso das forças que se retiravam ao longo da estrada costeira. Em seguida outra tentativa, de maior profundidade, executada em "Charing Cross", perto de Mersa Matruh (120 milhas a oeste de El Alamein) não conseguiu ainda cercar os alemães por terem os britânicos ficado sem combustível depois de haverem sido retardados por pesada chuva. Um movimento mais amplo, pelo deserto, mais para o interior, teria evitado o cinturão chuvoso. Entretanto o que mais contribuiu para que perdesse essa oportunidade foi o desvio da maioria das viaturas, das três divisões blindadas, para o transporte de munição destinada à batalha, em prejuízo dos suprimentos de petróleo sobre rodas, que apoiaram a perseguição.

Assim, mais uma vez Rommel escorregou através das garras de seus perseguidores blindados, e só parou depois de ter atingido sua posição recuada favorita, perto de El Agheila, na outra extremidade da Cirenaica e a 700 milhas de El Alamein. Nessa rápida retirada, que durou uma quinzena, havia escapado à perseguição, deixando para trás poucos suprimentos e prisioneiros. Talvez tivesse havido uma oportunidade para que suas forças fossem destruídas por ataques aéreos, quando se encontravam na curva de Benghazi, mas isso só teria sido possível se fossem utilizados aeródromos avançados antes que eles fossem devidamente protegidos pelo exército britânico que avançava. Embora os comandantes da força aérea estivessem dispostos a aceitar esse risco, o comando do exército não ficou de acordo com eles. Os esmagadores contra-ataques que Rommel sempre desencadeava, em situações como esta, tinham causado profunda impressão, mas desta vez sua desvantagem era tão grande que ele não pôde esboçar qualquer reação ou mesmo uma resistência prolongada em El Agheila.

O Oitavo Exército necessitou de três semanas para reunir suas forças e retomar a ofensiva contra a posição de El Agheila. Logo que ela foi lançada Rommel recuou e, embora a manobra de flanco tivesse conseguido isolar sua retaguarda, ele pôde abrir caminho e afastar-se antes que a "barragem estratégica" estivesse convenientemente cimentada. Rommel fez outra parada em nova posição na região de Buerat, a 200 milhas mais para a retaguarda. Lá permaneceu durante três semanas, enquanto o Oitavo Exército se aproximava para atacá-lo, o que aconteceu em meados de janeiro. Rommel continuou sua retirada, desta vez continuadamente, num espaço de 350 milhas, contornando Trípoli para alcançar a linha Mareth, já no interior da fronteira da Tunísia. Essa decisão foi motivada não somente pelos meios a que estava reduzido, como pelo afundamento da maioria dos navios que lhe traziam suprimentos e, principalmente, pela situação criada com a nova invasão anglo-americana do Marrocos e da Argélia, em novembro.

Essa operação acompanhou de perto a ofensiva de El Alamein, embora dela estivesse afastada cerca de 2.500 milhas, na outra extremidade da África. Foi uma ação indireta de longo alcance dirigida contra o prestígio de Rommel na Líbia e a posição ameaçadora que ele ocupava nas vizinhanças do delta do Nilo. No campo estratégico seu êxito foi proporcional ao caráter indireto com que foi executada. Na concepção original os desembarques aliados deviam ter sido realizados apenas no litoral marroquino do Atlântico, o que representaria ação meramente frontal, e daria às forças francesas oportunidade para melhor resistir. A progressão iniciada a 1.200 milhas de Bizerta, chave de todo o teatro de guerra do norte da África, daria aos alemães tempo e oportunidade para que estimulassem a resistência francesa à invasão aliada. Felizmente, para seu bom êxito, o plano foi alterado, passando a prever desembarques no litoral do Mediterrâneo, nas proximidades de Oran e Argel. A diplomacia americana preparou o caminho para esses desembarques, obtendo a aquiescência ou a neutralidade dos numerosos franceses que ocupavam cargos importantes. Das posições ocupadas, nesses pontos, os aliados criaram uma alavanca nas costas das forças francesas desdobradas no litoral ocidental, onde a resistência já começava a ser obstinada.

Os desembarques executados em Argel reduziram para 400 milhas a distância que separava os aliados de Bizerta. Nessa situação um destacamento de tropas motorizadas poderia ter avançado rapidamente até Bizerta e Túnis sem obstáculos, a não ser os naturais oferecidos pelas estradas nas montanhas. Dessa maneira desembarques por mar ou pelo ar, nas suas proximidades, teriam encontrado pouca ou nenhuma resistência. Todavia as autoridades navais relutaram em tentar até mesmo desembarques em pequena escala, sem cobertura aérea, e a progressão realizada por terra foi muito cautelosa. A reação dos alemães foi rápida, embora tivessem sido apanhados de surpresa pelos desembarques. A partir do terceiro dia já começaram a enviar tropas para Túnis, utilizando todos os aviões disponíveis e pequenas embarcações costeiras. Embora o efetivo transportado fôsse pequeno, mostrou-se suficiente para conter os elementos avançados do Primeiro Exército Aliado que se aproximavam de Túnis, durante duas semanas e meia após os desembarques iniciais.

O resultado dessa demora foi uma parada de cinco meses ao longo do arco montanhoso que protegia Bizerta e Túnis. No entanto, a prazo longo, esse revés foi benéfico para os aliados, porque encorajou o inimigo a continuar a levar reforços, por mar, até a Tunísia, onde os aliados poderiam bloquear os suprimentos adversários, logo que fosse intensificada a pressão exercida por seu poderio naval superior e, em seguida, cortar sua retirada. Irônicamente Hitler empregou na manutenção da Tunísia forças superiores às que empregara na conquista do Egito. Atraindo tantas reservas italianas e alemãs para o outro lado do Mediterrâneo e mantendo-as imobilizadas no norte da África, os aliados facilitaram a invasão, que fizeram posteriormente, da Europa. O norte da África foi, assim, para Hitler, uma isca estratégica tão fatal quanto já o tinha sido a Espanha para Napoleão, juntamente com as respectivas invasões da Rússia. Hitler ficou com suas forças tão distendidas entre a África e a Rússia que essas duas regiões se transformaram, de objetivo que eram, em dois dilemas, que aceleraram a tensão que provocou seu colapso, de maneira idêntica ao que já tinha acontecido a Napoleão.

A campanha de 1943 na Tunísia iniciou-se, porém, com o contragolpe alemão que provocou um choque severo nos aliados. Ocorreu precisamente quando seus dois exércitos, o Primeiro vindo do oeste e o Oitavo do leste, pareciam estar a ponto de esmagar as forças do Eixo entre suas mandíbulas. O comando do Eixo antecipou-se a esse perigo deslocando ambas as mandíbulas, tirando proveito oportuno das condições existentes, no momento muito mais favoráveis do que a situação mostrava superficialmente. Nessa altura os reforços alemães enviados para Túnis haviam sido reunidos num exército, sob o comando do General von Arnim, ao mesmo tempo que os remanescentes do exército de Rommel estavam recebendo novas unidades e equipamentos, à medida que se aproximavam dos portos de suprimento, durante sua retirada para oeste. Aproveitando-se dessa mudança de situação, que lhe era favorável, Rommel planejou explorar as "linhas interiores", no estilo napoleônico, utilizando-se de sua posição central, entre os dois exércitos aliados, para atacá-los e destruí-los separada e sucessivamente. Se conseguisse esmagar o Primeiro Exército anglo-americano que o ameaçava pela retaguarda, ficaria com as mãos livres para enfrentar o Oitavo Exército britânico, que se tornava mais fraco à medida que distendia suas linhas de suprimento.

O plano oferecia boas perspectivas de sucesso, mas sua execução estava na dependência de forças que não estavam diretamente sob o controle de Rommel. Realmente, quando a operação foi iniciada, o exército de Arnim era independente e até mesmo a 21.ª Divisão "panzer", que deveria realizar o esforço principal, havia passado ao comando de Arnim e fora mandada para a retaguarda, para ajudar a conservar aberta a linha de retirada e de suprimento de Rommel.

O 2.º Corpo americano (que tinha uma divisão francesa) foi o alvo imediato do contragolpe. Sua frente se estendia por noventa milhas, mas o esforço era realizado nas três rotas que, pelas montanhas, conduziam ao mar e ele possuía elementos avançados nos passos que existem nas proximidades de Gafsa, Faid e Fondouk. Essas passagens eram tão estreitas que seus ocupantes se sentiam perfeitamente em segurança.

Contudo, em fins de janeiro, a 21.ª Divisão "panzer" lançou um ataque repentino ao passo de Faid, dominou a guarnição francesa que lá se encontrava antes que houvesse tempo de ser socorrida pelos americanos e, assim, abriu uma porta para sua investida.

Esse golpe fez que os comandantes aliados esperassem novo e maior ataque em outra parte da frente. Considerando a operação sôbre Faid como uma ação diversionária, acreditavam que a ação seguinte se desse contra Fondouk. Como observou o General Bradley em suas memórias, "Essa crença tornou-se uma suposição quase fatal."

No dia 14 de fevereiro a ação principal foi desencadeada pelo passo de Faid. Nessa área o comando estava confiado a Ziegler, assistente de Arnim. Abrindo-se quando a força blindada americana avançou para enfrentá-la, a 21.ª Divisão "panzer" fixou os americanos de frente, desbordou seu flanco esquerdo e contornou seu flanco direito para apanhá-la pela retaguarda. Mais de cem carros de combate americanos foram destruídos nessa armadilha. Rommel concitou Ziegler a avançar durante a noite e explorar ao máximo seu êxito inicial, mas Ziegler esperou quarenta e oito horas pela autorização de Arnim, antes de marchar até Sbeitla, onde os americanos já se haviam reagrupado. Ainda assim conseguiu forçá-los a novo recuo, embora a luta tivesse sido mais árdua e os aliados pudessem ocupar o passo Kasserine. Entrementes, Rommel trouxe um destacamento "panzer" da linha MaretK para desfechar um ataque ao sul, por Gafsa. Este destacamento avançou cinqüenta milhas até o dia 17 e conquistou os aeródromos americanos em Thelepte, bem a oeste de Kasserine.

Alexander, a quem acabava de ser confiado o comando de ambos os exércitos aliados, chegou ao local e declarou em seu relatório: "Encontrei a situação ainda mais crítica do que esperava e uma visita que fiz à área de Kasserine mostrou que, na confusão da retirada, tropas americanas, britânicas e francesas, inteiramente misturadas, não tinham ainda conseguido estabelecer um plano defensivo nem sabiam ainda quem seria o comandante da área." Alexander prosseguia dizendo: "Se Rommel puder irromper pela nossa fraca posição de cobertura instalada no Dorsale Ocidental, a única linha de elevações existente, encontrará poucos obstáculos naturais para um avanço na direção norte... isso desmantelaria a frente da Tunísia e provocaria uma retirada, senão um desastre."

Por outro lado Rommel desejava explorar a confusão e o pânico existentes, com uma investida em que empregaria todas as forças mecanizadas disponíveis, por Tebessa (a quarenta milhas além do Dorsale Ocidental) na direção das principais comunicações aliadas com suas bases argelinas. Reconhecimentos aéreos haviam revelado que os depósitos de suprimentos aliados em Tebessa já estavam em chamas. Todavia, verificando que Arnim não estava disposto a empenhar-se em tal aventura, Rommel, em seu desespero, apelou para Mussolini. Passaram-se horas e não foi senão na madrugada do dia 19 que chegou de Roma a mensagem autorizando a continuação da investida e dando permissão a

Rommel para comandá-la, mas exigindo que fosse realizada na direção *norte* até Thala, em lugar da direção *noroeste* até Tebessa, como propusera Rommel. Na opinião de Rommel essa mudança "era uma espantosa e incrível demonstração de falta de visão", pois significava que a investida seria realizada "muito perto da frente, estando fatalmente condenada a encontrar fortes reservas inimigas".

Os fatos deram inteira razão a Rommel. A investida foi realizada na direção esperada por Alexander, onde ele se encontrava melhor preparado para enfrentá-la. Ele havia ordenado ao comandante do exército para "concentrar sua força blindada na defesa de Thala" e as reservas britânicas estavam sendo trazidas às pressas, do norte, para aquele setor. Tornou-se assim evidente que os aliados teriam sido mais uma vez apanhados desequilibrados se Rommel tivesse permissão para atacar da maneira como desejava.

Os americanos haviam, também, reunido grandes contingentes no caminho de Thala e resistiram tão obstinadamente, no passo de Kasserine, que os alemães só conseguiram atravessá-lo na noite do dia 20. No dia seguinte penetraram em Thala exaustos e foram repelidos pelas reservas britânicas que já haviam lá chegado. No dia 22, percebendo que a oportunidade já havia passado, Rommel suspendeu o ataque e iniciou uma retirada progressiva. No dia seguinte, tarde demais, chegava nova ordem de Roma, colocando todas as forças do Eixo na África sob o comando de Rommel.

Esta contra-ofensiva, quando analisada com cuidado, apresenta uma contribuição muito importante ao estudo da ação indireta, pois mostra claramente que a perda de tempo pode anular suas vantagens e mostra, também, a importância, quando é fisicamente indireto, de o ataque ser realizado em espaço suficiente amplo para que possa assegurar seu caráter de inesperado.

Outra conseqüência do retardo da ordem, que colocou todas as forças sob o comando de Rommel, é que ele não mais conseguiu suspender um ataque preparado por Arnim contra as posições aliadas de Túnis. Essa operação, excessivamente direta, ocasionou não somente um revés dispendioso, como retardou a liberação das divisões que se tornavam necessárias ao segundo golpe planejado por Rommel, contra Montgomery.

A demora foi fatal para o resultado final. Até 26 de fevereiro Montgomery tinha apenas uma divisão avançada na direção da linha Mareth. Preocupado com a situação, Montgomery fez seu Estado-Maior trabalhar febrilmente para restabelecer o equilíbrio de que necessitava, antes que o golpe dos alemães fosse desencadeado. No dia 6 de março, quando Rommel atacou, Montgomery já havia quadruplicado sua força e além de 400 carros de combate possuía 500 canhões antitanques em posição. Assim Rommel perdeu a oportunidade de atacar com superioridade de forças. O ataque foi detido à tarde e a perda de cinqüenta carros, por parte dos alemães foi uma séria desvantagem para a fase seguinte da campanha. Nessa altura os alemães já haviam perdido também Rommel, que voltava para a Europa doente e frustrado.

No dia 17 de março a ofensiva aliada iniciou-se com um ataque lançado pelo 2.º Corpo Americano, sob o comando do General Patton, contra a linha de retirada do "Afrika Korps" para Túnis e destinado a desviar forças dessa frente. A progressão foi muito lenta inicialmente e o ataque definitivamente detido nos passos montanhosos que dão acesso à faixa costeira. Esse êxito defensivo encorajou os alemães a tentarem outro golpe ofensivo que, entretanto, não conseguiu perfurar as defesas americanas. A perda de quarenta carros de combate não só tirou o vigor do ataque como acentuou a desvantagem dos alemães em forças blindadas, enfraquecendo sua capacidade de resistência ao avanço de Montgomery.

Para sua vitória final os aliados mais deveram aos esforços ofensivos inimigos, mal calculados, do que aos efeitos de seus próprios ataques. A grande oportunidade para os aliados inverterem a situação só surgiu depois que os alemães distenderam em demasia suas forças durante suas operações ofensivas. Os alemães ainda tinham possibilidades de adiar a decisão final se não tivessem consumido o restante das forças de que dispunham em sucessivas ações ofensivas, sem objetivo.

O ataque do Oitavo Exército à linha Mareth foi lançado na noite de 20 de março. A ação principal foi frontal e visava romper a defesa perto do mar e abrir uma brecha pela qual pudessem ser lançadas as divisões blindadas. Ao mesmo tempo o corpo neo-zelandês efetuava um flanqueamento, na direção de El Hamma, situado na retaguarda do inimigo, com o objetivo de fixar as reservas que lá se encontrassem. O ataque frontal não conseguiu abrir a brecha conveniente e só depois de três dias de esforço é que Montgomery modificou seu plano inicial, desviando-se para o interior e determinando que a 1.ª Divisão Blindada fosse auxiliar a divisão neo-zelandesa. A inesperada movimentação dessa "cavalaria" da direita para a esquerda reproduziu, em escala mais ampla, a manobra de Marlborough em Ramillies, histórica obra-prima de flexibilidade tática. A carga blindada foi realizada num vale ladeado de canhões antitanques, o que poderia ter sido uma armadilha fatal se não tivesse havido, na ocasião, uma tempestade de poeira. Mesmo assim os ataques britânicos foram contidos pelas defesas recuadas dos alemães em El Hamma. Embora a ameaça de isolamento obrigasse o inimigo a abandonar a linha Mareth, ele conseguiu manter a porta aberta e retirar suas forças sem grandes perdas.

Os alemães fizeram outra parada apenas a dez milhas de El Hamma, ao longo do Wadi Akarit, que atravessava a garganta de Gabes, posição de frente muito estreita, situada entre o mar e as elevações. Os americanos, dando uma volta pelo sul, além de El Guettar, já haviam tentado antecipar-se ao inimigo nessa posição e cair em suas costas, enquanto ele estava empenhado na luta com o Oitavo Exército, mas foram contidos antes de poderem desembocar das elevações. Às primeiras horas do dia 6 de abril o Oitavo Exército atacou Wadi Akarit sob a proteção de uma escuridão total. Essa inovação proporcionou pequena penetração, embora a exploração imediata tivesse sido detida pelos alemães tão logo clareou o dia. Entretanto, duas ou três desfalcadas divisões "panzer" alemãs tinham ficado ocupadas em conter a investida americana, o que deixou os alemães sem recursos suficientes para manter a resistência. Assim, na noite seguinte retiraram-se, rapidamente, subindo o litoral na direção de Túnis.

Nova tentativa para cortar essa retirada foi feita pelo 9.º Corpo, quando procurou atravessar o passo Fondouk, no dia 8 de abril, e alcançar o mar na retaguarda dos alemães. Depois de um ataque de infantaria ter fracassado, em seu propósito de abrir uma passagem para os blindados, estes, no dia seguinte, numa ousada carga realizada através de um campo minado, embora com pesadas perdas, conseguiram êxito, mas o lançamento já estava sendo feito demasiado tarde para que pudesse interceptar as forças inimigas que já se retiravam pelo litoral. Alguns dias depois os dois exércitos reuniram-se para oferecer resistência ao longo de um arco montanhoso que protegia Túnis e onde, segundo parece, poderiam permanecer longo tempo, utilizando esse período de descanso, obtido com a rápida retirada que fizeram, para evacuar suas forças para a Sicília.

A retirada de 2.000 milhas do "Panzer Armee Afrika" de Rommel, desde El Alamein até Túnis, foi uma das mais extraordinárias realizações de sua espécie conhecidas na história militar, principalmente durante sua primeira e última fases. Retornando da linha Mareth para Túnis, as forças alemãs tiveram que percorrer um longo corredor coberto de forças inimigas e ficaram desse modo expostas continuamente a uma obstrução que lhes teria sido fatal. Embora não haja paralelo nos tempos modernos para esse feito, semelhante ao de Xenofonte, o mesmo inverno assistiu a uma retirada que lhe pode ser comparada, realizada sob condições ainda piores, à retirada do grupo de exército de Kleist das profundezas do Cáucaso, pelo gargalo de Rostov, sob a ameaça constante dos exércitos russos que faziam pressão do Don para baixo.

Essas duas operações oferecem impressionante prova da grande capacidade de resistência inerente à defesa moderna, quando realizada corretamente. Os resultados obtidos com os ataques lançados contra a retaguarda inimiga acentuam a experiência já existente de que é necessário mais do que o caráter geograficamente indireto para que um ataque possa obter êxito ofensivo. Em cada um dos casos acima citados, grande parte das forças atacantes ficou desde o início da retirada ameaçando a retaguarda das forças em retirada, mas não conseguiu fechar a armadilha. O lado perigoso foi sempre evidente para permitir ao defensor aproveitar-se eficientemente dos meios defensivos que possuía para com eles estabelecer a segurança necessária. É imperioso haver ação psicológica indireta para que se possa romper o equilíbrio do adversário e criar condições favoráveis a uma decisão.

A rapidez da retirada de Wadi Akarit e seu êxito no sentido de evitar as tentativas aliadas de sua interrupção, deram ao Comando Supremo Alemão oportunidade para que pudesse avançar suas forças para a Sicília, caso tivesse escolhido essa linha de ação. Pelo menos uma pausa de uma quinzena era imprescindível aos aliados para que pudessem lançar nova ofensiva de importância contra o novo arco defensivo do inimigo entre Enfidaville, ao sul de Túnis e Cape Serrat, a oeste de Bizerta. Durante êsse período o tempo esteve nublado, o que teria ajudado a proteger as operações de embarque e de transporte, de modo que a maioria das fôrças na Tunísia poderia ter conseguido retirar-se por mar e pelo ar.

O Comando Supremo Alemão foi levado, porém, a tentar prosseguir a campanha da África, em lugar de recuar e realizar a defesa na Europa nas praias meridionais européias. Mesmo na Tunísia tentou manter uma frente por demais extensa para seus recursos, num perímetro de cem milhas, no esfôrço de preservar ao mesmo tempo Túnis e Bizerta. Estendidas entre essas duas cidades, as fôrças alemãs ofereceram aos aliados a oportunidade ideal para que fosse explorada a vantagem de disporem de objetivos alternados.

Antes de abrir seu jogo Alexander tornou a embaralhar as cartas. Trouxe o 2.º Corpo Americano do sul para o litoral norte, da ala direita para a esquerda, em frente a Bizerta. Transferiu, também, o 9.º Corpo para o norte e desdobrou-o no centro, entre o 5.º e 19.º Corpos Franceses, que se encontravam na ocasião ao lado do Oitavo Exército, na ala direita aliada.

No dia 20 de abril a ofensiva foi iniciada pelo Oitavo Exército com um ataque ao flanco esquerdo do inimigo. O corredor costeiro era muito estreito além de Enfidaville e o avanço logo se tornou muito lento para finalmente sofrer uma paralisação no dia 23. No dia 21 de abril o 5.º Corpo atacou, partindo do lado esquerdo do centro do dispositivo, pelas colinas que levam a Túnis. No dia seguinte o 9.º Corpo avançou, do lado direito, perto de Goubellat, tentando abrir uma brecha pela qual pudessem ser lançados seus tanques. Não conseguiu, entretanto, romper as defesas inimigas, embora tivesse atuado energicamente e conseguido diminuir ainda mais o número de tanques inimigos. Uma pausa de quinze dias foi necessária, na maior parte da frente, mas ao norte os americanos e um corpo de tropas africanas francesas continuaram a penetrar gradualmente, atingindo uma região situada a vinte milhas de Bizerta.

Nessa ocasião, Alexander voltou a embaralhar suas cartas. Deixando uma força de cobertura no lado direito do centro de seu dispositivo, em Goubellat, movimentou o grosso do 9.º Corpo para a esquerda, concentrou-o atrás do 5.º Corpo e reforçou-o com duas divisões selecionadas do Oitavo Exército, a 7.ª Blindada e a 4.ª Indiana. Ao mesmo tempo todas as medidas eram tomadas para ocultar os deslocamentos de tropas e para dar ao inimigo a impressão de que o próximo ataque partiria do sul. Os efeitos das providências tomadas foram aumentados pela reputação desfrutada por Montgomery e pelo Oitavo Exército, de modo que o General von Arnim foi levado a manter a maioria de suas forças ao sul. As possibilidades que Arnim tinha de reajustar seu dispositivo, depois de partido o ataque, eram muito pequenas devido à superioridade aérea local mantida pelos aliados. Êstes já tinham conseguido, praticamente, não só expulsar do ar o restante dos aviões inimigos como também paralisar todos os movimentos de tropas e suprimentos ao longo das estradas.

O assalto maciço do 9.º Corpo, sob o comando do General Horrocks, foi lançado às primeiras horas do dia 6 de maio, sob a luz das estrelas, numa noite sem luar. Foi precedido e protegido por intenso bombardeio de artilharia, de mais de seiscentos canhões, num setor com menos de duas milhas de largura, no vale do Medjerda, que conduzia a Túnis. Depois do amanhecer a força aérea aumentou ainda mais a destruição, com um terrível bombardeio. Os defensores, estonteados, foram dominados pela infantaria da 4.ª Divisão indiana e da 4.ª Divisão Britânica. A defesa alemã não era somente tênue, como possuía pouca profundidade. A seguir os tanques das 6.ª e 7.ª Divisões Blindadas reunidos, avançaram pela brecha aberta. Perderam muito tempo lidando com vários pequenos bolsões de resistência e ao cair da noite haviam avançado apenas algumas milhas além da brecha e ainda estavam a cerca de quinze milhas de Túnis.

Na manhã seguinte tornou-se claro que o exército inimigo tinha sido, de modo geral, paralisado pelo violento bombardeio de artilharia e pela ação aérea e estava, praticamente, incapaz de executar qualquer contramedida tática. À tarde as tropas avançadas das divisões blindadas penetraram em Túnis. A 6.ª Divisão infletiu para o sul enquanto a 7.ª virava para o norte, para descongestionar as estradas. Quase simultâneamente os americanos e os franceses entraram em Bizerta, depois que a resistência inimiga ruiu dramaticamente, na parte norte da frente defensiva.

Ao sul o inimigo poderia ainda retirar-se para a península de Cape Bon e lá oferecer resistência prolongada. Essa possibilidade foi eliminada pela maneira rápida como a 6.ª Divisão Blindada caiu sobre sua retaguarda e atravessou o istmo da península. O colapso foi geral, tendo sido feitos mais de 250.000 prisioneiros.

O comando inimigo fora apanhado desequilibrado e depois sua máquina de combate desarranjada pela combinação da pressão aérea vinda de cima com o impacto dos blindados, vindo pela retaguarda. A perda de controle foi a causa principal do colapso, enquanto o corte das comunicações acentuou o efeito desmoralizante da falta de reservas e da destruição dos suprimentos.

Outro fator do insucesso foi a proximidade das bases do inimigo em relação à frente de combate. A penetração nelas realizada foi tão mortal para o moral quanto para o sistema administrativo. Não apenas estabeleceu o pânico no pessoal da base, mais suscetível de ser perturbado que o pessoal combatente, como criou uma atmosfera de medo. A perda das bases acentuou a sensação deprimente da luta com as costas voltadas para o mar, um mar dominado pelo poder naval e aéreo do inimigo.

É interessante como o plano de operações de Alexander coincide com os padrões clássicos das batalhas napoleônicas, a exemplo do que já tinha acontecido com a batalha do Marne em 1914, sem que para isso houvesse qualquer intenção. Realmente, o inimigo, depois de ter sido atacado e pressionado de frente, teve um dos seus flancos fustigado. Essa manobra não foi decisiva, porém abriu a oportunidade para o golpe decisivo, porque a ameaça de envolvimento provocou um estiramento da frente em sua tentativa de enfrentá-la, ocasionando assim uma "junção" fraca que permitiu o golpe decisivo.

Embora o inimigo não lhe tenha apresentado um flanco aberto, Alexander conseguiu sua vitória dando ao modelo em que se inspirou um desenvolvimento interno maior, combinando sutileza com flexibilidade. Na realidade, primeiro atraiu a atenção e os recursos do inimigo para o flanco esquerdo; depois fez forte pressão sobre a parte direita do centro inimigo, para finalmente lançar seu golpe principal contra a parte esquerda. Quando o adversário conseguiu deter seu ataque principal, soube transformar esse fracasso temporário em vantagem, simulando levar seu esforço para a esquerda, quando, na realidade, o exerceu na direita do centro inimigo, onde sua investida anterior dera ao adversário motivos para supor-se suficientemente forte neste setor. O variado processo diversionário empregado deu ao seu esforço final um efeito concentrado e ele soube explorar convenientemente a possibilidade aberta com a existência de dois objetivos diferentes que podiam constituir-se, qualquer deles, como alvo principal.

O exame mais detalhado das últimas fases da campanha africana justifica-se por apresentarem elas, não só na parte logística, como também na psicológica, pontos muito interessantes para a estratégia. Elas proporcionaram uma lição prática de grande importância quanto à sutileza e à variedade da ação indireta.

CAPITULO XVIII

A QUEDA DE HITLER

Depois do desastre de Stalingrado e da retirada do Cáucaso nenhuma esperança real de uma vitória decisiva sobre a Rússia restava aos alemães. A experiência de 1941 e 1942 mostrara as limitações de uma estratégia ofensiva que utilizasse meios limitados em um espaço ilimitado. Em 1943 o poderio alemão já era bem limitado, enquanto os dos russos crescia dia a dia. A desproporção dos meios tornava não só impossível uma estratégia ofensiva, por parte dos alemães, como muito precária uma defesa estática na área que devia ser protegida. Para que os alemães tivessem êxito na defensiva tornava-se necessário que abrissem mão de grande parte do território conquistado, a executassem elasticamente e, manobrando em retirada, pudessem arrancar o ferrão do ataque inimigo. A mesma necessidade de ceder terreno aplicava-se a uma estratégia defenso-ofensiva que procurasse criar oportunidades para uma resposta.

Já em 1943 não havia base para que se confiasse na possibilidade de os alemães utilizarem, com proveito, uma defesa móvel, embora a experiência tivesse demonstrado que, na defensiva, eles poderiam infligir aos russos atacantes perdas absolutamente desproporcionais às suas baixas. Embora os comandantes russos já se tivessem tornado mais hábeis na manobra e os amplos espaços lhes oferecessem maiores oportunidades para isso, outras circunstâncias os atraíam para esforços concentrados dispendiosos. O instintivo anseio russo de expulsar os invasores e o desejo natural dos seus comandantes de tropas de provar a Stalin sua determinação, poderiam levá-los a executar ataques diretos e sucessivos. A opinião unânime entre os estrategistas alemães era que com uma defesa elástica bem planejada seria possível esgotar o poderio da Rússia e dominar sua vontade de continuar a guerra. Talvez fosse possível, também, obter oportunidade favorável ao desencadeamento de uma contra-ofensiva que alteraria radicalmente a situação.

Hitler, porém, tinha mentalidade por demais ofensiva para levar em conta tudo isso. Acreditava fervorosamente que o ataque era ainda a melhor forma de defesa e, provada a sua impossibilidade, era partidário da defesa fixa. Com essa obsessão chegou, mesmo, a não aprovar o aumento do efetivo dos aviões de caça destinados à defesa da Alemanha, face aos constantes e crescentes bombardeios aliados e não alterou essa decisão senão em junho de 1944. Do mesmo modo, quando seus conselheiros lhe falaram sobre a escassez das reservas e acentuaram o perigo de ser mantida a frente onde terminara a campanha de inverno da Rússia, sugerindo uma retirada para a linha do Dnieper, respondeu a seus argumentos alegando que o problema deveria ser resolvido com outra ofensiva, a ser desencadeada no verão de 1943. Era uma nova versão da história do galo que cantou três vezes...

Convém observar aqui que em março, depois da operação contra Kharkov, que evitara o avanço russo sobre Stalingrado, Manstein propusera a Hitler uma repetição dessa manobra nas condições seguintes: o setor do rio Mius, entre o Donetz e o mar de Azov, apresentava-se como um saliente muito longo, projetando-se da frente alemã; era assim muito provável que a ofensiva russa da primavera o escolhesse como objetivo; a força alemã que defendia esse saliente devia ser reduzida e recuar logo que os russos atacassem, procurando atraí-los, a fim de que uma contra-ofensiva, partida da região de Kiev, empregando toda a força disponível, pudesse ser desencadeada contra o flanco norte do inimigo, procurando envolver toda a frente russa ao sul e cercar suas forças.

Era um plano por demais ousado para o estado de espírito de Hitler, nesse momento, pois ele não estava disposto a abandonar a bacia do Donetz e seus recursos industriais e minerais. Assim, adotou-se outro, no qual se procurava iludir e desequilibrar os russos antes que lançassem sua esperada ofensiva da primavera, atuando contra o grande saliente ao redor de Kursk, que se projetava para o interior da posição alemã entre Bielgorod e Orel. O 4.º Exército "panzer" do Grupo "Sul" (anteriormente do Don) de Manstein, formaria o braço direito da pinça, enquanto o 9.º Exército, do Grupo de Exércitos "Centro" de Kluge, seria o braço esquerdo. Manstein insistiu para que essa ação fosse desencadeada nunca depois do princípio de maio, imediatamente após a lama da primavera ter secado e antes que os russos pudessem reagrupar suas forças. Model, comandante do 9.º Exército, insistiu para que a ofensiva fosse retardada até que ele recebesse maiores reforços de blindados e Hitler concordou com sua sugestão. Isso é um exemplo bastante esclarecedor para mostrar como *tempo* e *força* são fatores que se opõem e o resultado final serve para provar que muitas vezes é preferível atacar com menos meios, buscando a surpresa, do que aguardar reforços, dando tempo ao inimigo para se preparar convenientemente.

Com o passar do tempo o próprio Hitler começou a duvidar do seu sucesso, mas não podia conformar-se com a necessidade de executar uma retirada estratégica e, assim, acabou cedendo, frouxamente, aos argumentos de Zeitzler, favoráveis à execução de uma ofensiva imediata, pois ele, sucessor de Halder, estava dominado pela idéia de que era essencial antecipar-se aos russos na realização da ofensiva.

O comando russo, muito sabiamente, suspendeu sua ofensiva até que os alemães se tivessem movimentado, dando assim maior extensão ao método da isca que com tanta freqüência se tem mostrado proveitoso no campo da tática. Descobrindo os preparativos alemães e suas intenções, os russos encheram o saliente ameaçado com densa camada de minas e retiraram o grosso de suas forças para trás do campo minado. Desse modo a ofensiva alemã não só falhou em seu objetivo de cercar os russos, como ficou atolada. O braço direito da pinça ainda progrediu um pouco, penetrando nas duas primeiras posições inimigas e destruindo grande parte da força blindada existente naquele setor, mas o braço esquerdo, o de Model, foi detido logo que partiu para o ataque. Essa fracassada operação fez que os alemães fossem desalojados de sua posição defensiva e ficassem em situação bastante incômoda, sujeitos ao contragolpe que os russos, sem perda de tempo, executaram. A posição alemã, ao norte de Orel, foi desequilibrada e a situação tornou-se precária. Manstein recebeu ordens para suspender o ataque e enviar várias de suas divisões em socorro de Kluge, dando margem a que os russos pudessem romper uma das partes de sua frente, agora enfraquecida. As operações que se seguiram muito se assemelhavam à defesa elástica realizada pelos alemães, por ocasião da contra-ofensiva executada por Pétain, na segunda batalha do Marne, que deu rumo decisivo à Primeira Guerra Mundial.

Embora os alemães tivessem conseguido reorganizar-se e deter a penetração russa, como já tinham feito além do Marne em 1918, os russos anularam esse sucesso com o aumento considerável de seus meios de ação. O padrão e o ritmo de suas operações tornaram-se cada vez mais semelhantes aos da contra-ofensiva aliada em 1918, na frente ocidental, isto é, uma série sucessiva de golpes, em pontos diferentes, sempre suspensos logo que seu ímpeto decaía diante de uma resistência crescente, cada um deles destinado a abrir caminho para o seguinte e todos suficientemente próximos, no tempo e no espaço, para exercerem ação mútua. Isso obrigou o comando alemão, como em 1918, a deslocar apressadamente suas escassas reservas para os pontos atacados, limitando sua capacidade de movimentá-las, em tempo, para as regiões ameaçadas ou na iminência de serem atacadas. Sua liberdade de ação não podia deixar de ser paralisada ao mesmo tempo que seu saldo em reservas diminuía consideravelmente. Foi uma forma estratégica de "paralisia progressiva".

Esse é o processo normal a ser aplicado por um exército que possua superioridade de meios, como foi o caso dos exércitos aliados na frente ocidental em 1918 e, agora, o do Exército Vermelho. É muito apropriado quando as comunicações transversais não são suficientemente amplas para permitir ao atacante movimentar suas reservas no aproveitamento de êxitos parciais, nos diferentes setores de sua frente. Mas, como isso significa que se deva criar novas frentes de ataque, o processo da ação em toda a frente torna-se muito mais dispendioso do que o da ação em profundidade e o resultado que com êle se obtém é muito menos decisivo. Entretanto, ele proporciona resultados cumulativos e depende da existência de grande disponibilidade em reservas.

No outono de 1943 a ação russa teve o aspecto de maré crescente espraiando-se numa área de mil milhas. Em setembro já havia alcançado o Dnieper em vários pontos, entre sua grande curva e Kiev. Os alemães evacuaram a cabeça-de-ponte que tinham conquistado em Kuban, na extremidade ocidental do Cáucaso, e fizeram suas forças recuarem para a Criméia, numa tentativa de reforçar o setor sul de sua frente principal, entre o Dnieper e o mar. Contudo, os russos romperam essa frente antes que os reforços tivessem chegado e na confusão reinante atingiram a extremidade inferior do Dnieper, isolando a Criméia. Em outubro, igualmente, os soviéticos conseguiram atravessar o Dnieper, logo ao norte de sua curva e introduziram forte cunha nessa posição saliente. Os alemães não sofreram o colapso que os comunicados aliados chegaram a anunciar prematuramente, mas a posição que ocupavam ficou seriamente comprometida.

A razão que levava Hitler a aferrar-se à parte sul do saliente do Dnieper era o desejo de conservar a área de Nikopol, importante fonte de suprimento do minério de manganês, essencial à indústria de armamento da Alemanha. A necessidade econômica entrava aqui em conflito com a estratégia, acarretando perigosa luta. Os alemães pagaram preço muito alto pela insistência de Hitler em conservar a fonte de seus suprimentos de manganês porque, quando uma defesa sofre pressão muito forte, como era o caso dos alemães, há sempre o perigo de um sucesso local, por parte do inimigo, possibilitar a abertura de ampla brecha.

Todas as vezes que os alemães ficaram amarrados à defesa de um ponto fixo, por ordem de Hitler, pagaram caro pelas conseqüências. Quanto mais fraca é, tanto mais se impõe uma defesa móvel. Em caso contrário o inimigo forte pode, tirando partido do espaço que tem à sua frente, obter sucessos decisivos com manobra de flanco.

Nos princípios de outubro os russos haviam estabelecido duas cabeças-de-ponte no Dnieper, uma ao norte e outra ao sul de Kiev. A primeira delas foi devidamente ampliada para oferecer uma posição que servisse como trampolim para o ataque que foi realizado um mês depois. Desse ataque resultaram a conquista de Kiev e uma rápida exploração do êxito na direção oeste. Em apenas uma semana o General Vatutin alcançou os entroncamentos de Zhitomir e Korosten, a oitenta milhas além do Dnieper.

Manstein conseguiu restabelecer a situação, embora não dispusesse de reservas. Sua rápida retirada, atraindo os russos, criou a oportunidade para o desencadeamento de um contra-ataque de flanco, para cuja execução ele, um dos mais dinâmicos generais da nova geração, arrecadou todos os fragmentos blindados que pôde encontrar. Embora fraco, o golpe ganhou consistência, nos efeitos que produziu, em conseqüência da distensão do dispositivo russo e do caráter indireto da operação. Foi assim que os russos foram expulsos dos pontos principais que haviam atingido.

Manstein tentou aproveitar a oportunidadc passando à contra-ofensiva logo que lhe chegaram reforços do oeste. O tempo, entretanto, prejudicou sua ação, pois nessa ocasião as tropas de Vatutin já haviam recuperado seu equilíbrio. Embora a ameaçadora pressão de flanco de Manstein fizesse que os russos recuassem e abandonassem o terreno que haviam conquistado a oeste do Dnieper, a contra-ofensiva nunca foi tão perigosa como aparentava e em princípios de dezembro terminou, atolada na lama. Consumindo todos os reforços que recebia, Manstein ficou sem meios para enfrentar as ações russas que se seguiram, pois Hitler rejeitara suas sugestões para uma retirada mais profunda.

Na véspera de Natal novamente Vatutin irrompeu de seu comprimido, porém ainda amplo, saliente de Kiev e agindo sob a proteção do nevoeiro da madrugada, conseguiu reconquistar Zhitomir e Korosten em uma smeana e no dia 4 de janeiro atravessou a fronteira da Polônia, antes da guerra. Uma pontada executada pela vanguarda do seu dispositivo alcançou a linha do Bug, perto de Vinnitsa, ameaçando a importante ferrovia transversal que liga Odessa a Varsóvia. Aí Manstein executou outro de seus astuciosos golpes, mas Vatutin já possuía força suficiente para apará-lo. Os russos estavam se beneficiando da teimosia de Hitler em manter a linha do Dnieper, abaixo de Kiev. Operando em combinação com Koniev, Vatutin isolou o saliente de Korsun, com um ataque de pinça, e conseguiu cercar 10 divisões inimigas, embora parte delas tivesse conseguido escapar, contrariando a ordem de Hitler para que resistissem até ao fim.

Com isso foi aberta uma brecha na frente alemã que iria servir de trampolim para o novo avanço russo. Os demais exércitos russos na Ucrânia passaram a executar golpes sucessivos e, após as penetrações obtidas, retificar a frente. No flanco norte os alemães foram forçados a abandonar Luck e Rovno e, ao sul, o saliente de Nikopol e seus suprimentos de minério de manganês.

No dia 4 de março novo movimento foi iniciado pelo Marechal Zhukov, que assumira o comando dos exércitos de Vatutin, desde que este adoecera. Partindo de Shepetovka, conseguiu uma penetração de trinta milhas, nas primeiras vinte e quatro horas e dois dias depois montou sobre a ferrovia Odessa-Varsóvia. Com esse movimento flanqueou a linha defensiva do Bug. Perto do mar Negro, Malinovsky atingiu Nikolaiev. Entre esses dois extremos Koniev atacou, partindo de Uman, alcançando o Bug no dia 12 de março e o Dniester no dia 18, que atravessou no dia seguinte. A rapidez com que esses largos rios foram transpostos oferece nôvo aspecto na história da guerra. Zhukov, partindo da área de Tarnopol, lançou-se para a frente até encontrar os contrafortes das montanhas carpáticas.

Como reação imediata a essa ameaça os alemães ocuparam a Hungria. Era evidente que essa providência fora tomada para garantir a linha montanhosa dos Carpatos. Os alemães precisavam utilizar esse obstáculo, não somente para impedir que os russos desembarcassem nas planícies da Europa Central, como também para dispor de uma posição central, na defesa dos Balcãs.

Os Carpatos, prolongados para o sul pelos Alpes Transilvânios, constituem excelente obstáculo para a defesa. Sua extensão, aparentemente enorme, era diminuída, sob o ponto de vista estratégico, pelo número limitado de passos que o atravessavam, o que era de muita importância para quem estivesse preocupado com economia de forças. Entre o mar Negro e o canto das montanhas perto de Focsani havia um trecho plano de 120 milhas, mas metade era coberta pelo delta do Danúbio e por uma cadeia de lagos, de modo que a "área perigosa" se resumia às sessenta milhas da garganta de Galatz.

Em princípios de abril tudo indicava que os alemães recuariam para essa posição de retaguarda. As forças de Koniev atravessaram o Pruth e entraram na Romênia, enquanto mais ao sul os alemães eram obrigados a abandonar Odessa. A Criméia foi recapturada com dois ataques convergentes e as forças inimigas que lá se encontravam dominadas. Os alemães conseguiram, porém, conter a investida russa além do Pruth e impedir que ela se aprofundasse na Romênia, garantindo assim o suprimento de seus poços petrolíferos. Esse êxito parcial deu origem a um desastre cinco meses mais tarde pois, devido a ele, Hitler foi induzido a manter suas forças numa posição exposta, bem a leste das montanhas e da garganta de Galatz.

Mais ao norte os alemães conseguiram anular o esforço de Zhukov para atravessar os passos carpáticos, a sudoeste de Tarnopol, embora o contra-ataque que desencadearam tivesse sido rapidamente contido.

Ainda mais ao norte, perto do Báltico, a ofensiva russa libertara Leningrado, em meados de janeiro, e estava sendo explorada na direção oeste. Contudo, os alemães conseguiram realizar uma retirada em ordem para uma posição retificada e menor, entre Narva e Pskov. Tinha apenas 120 milhas de extensão, das quais noventa eram cobertas por dois grandes lagos. Além de Pskov e dos pântanos Pripet a posição alemã ainda se apoiava nas cidades-baluartes de Vitebsk e Orsha. Os russos tentaram conquistá-la, em fins de setembro, mas seus assaltos diretos ou suas tentativas de flanqueamento foram repelidos pelo inimigo. Elas foram ainda um obstáculo eficiente por mais nove meses, até julho de 1944.

Assim, em síntese, a frente russa estava temporariamente estabilizada, em fins de abril. O Exército Vermelho tinha conquistado uma área muito grande, particularmente ao sul, mas os alemães, em geral, haviam conseguido escapar das armadilhas preparadas pelas manobras de pinças russas e evitar o desastre que tantas vezes parecera iminente. O total de prisioneiros alemães não foi grande, se levarmos em conta a profundidade dos avanços russos, mas suas forças tinham sofrido um desgaste que iria provocar efeitos retardados muito graves. Hitler continuava a demonstrar estar completamente fora da realidade quando afastou Manstein do comando, sob a alegação de que uma resistência oferecida palmo a palmo era muito mais necessária do que qualquer tentativa de manobra.

A invasão anglo-americana da Europa, pelo sul, aumentara nos nove meses anteriores a pressão existente. Naquela área a conquista da Sicília fora seguida pela capitulação da Itália, no começo de 1942. O colapso da aliada da Alemanha criara um buraco na muralha sul de sua "Fortaleza da Europa", que, embora limitado pelo formato peninsular da Itália, era suficientemente grande para exigir um grande desvio de tropas para fechá-lo. A Alemanha teve, também, que fortalecer a cobertura que mantinha nos Balcãs.

O colapso da Itália teve outra conseqüência muito perniciosa para a Alemanha, pois deu aos aliados maiores possibilidades de realizar seus bombardeios aéreos de bases mais avançadas, empregando maior número de aeronaves, disponíveis com os crescentes desembarques das forças americanas.

A ofensiva aérea contra os objetivos industriais da Alemanha poderia ser classificada como uma ação indireta, no campo da grande estratégia, pois minou profundamente sua capacidade de produção de material bélico. Se a estratégia aliada, na realização desses bombardeios, tivesse sido mais bem planejada, orientada para destruir os suprimentos em lugar de visar áreas povoadas, poderia ter ocasionado uma diminuição mais rápida da resistência alemã; embora, entretanto, o esforço tenha sido mal dirigido, não há dúvida que provocou uma paralisia progressiva. No campo militar a destruição das comunicações representou fator muito importante na diminuição da capacidade do exército alemão em reagir contra a invasão aliada.

O sucesso da invasão da Sicília, pelos aliados, em julho, foi conseqüência do aprisionamento total das forças inimigas na Tunísia, pois com isso foi eliminada qualquer possibilidade de reforço de sua defesa. O efeito moral que provocou muito contribuiu para desmoralizar as fôrças italianas na Sicília e abalar os alicerces do regime de Mussolini na Itália. O temor dos alemães de que a Itália entrasse em colapso ou capitulasse, arrastando na sua queda forças enviadas em seu socorro, impediu que as defesas da Sicília fossem melhoradas. A não ser esses fatores, os aliados talvez tivessem outros motivos de arrependimento por não terem atuado contra a Sicília enquanto a atenção do inimigo estava voltada para a defesa da Tunísia, porque, mesmo com todas essas condições favoráveis, a conquista da Sicília não foi tarefa fácil. Aí os alemães, embora dispondo de pequenos efetivos, não estavam lutando numa área que pudesse ser isolada por mar, com meios aeromarítimos.

Os aliados, graças às possibilidades de sua força anfíbia, dispunham de uma flexibilidade muito grande, aumentada pela disposição estratégica do inimigo desdobrado, no sul da Europa, desde os Pirineus até a Macedônia. Sua grande vantagem estratégica residia no fato de poderem escolher seus objetivos. Seu dispositivo, ao norte da África, representava constante perigo não só para a Sicília como para a Sardenha. Se seu esforço fosse realizado no lado ocidental da Itália, poderia visar quer a área industrial do norte da Itália, quer o domínio alemão no sul da França. Se fosse realizado no Adriático poderia ter como objetivo quer o norte da Itália, quer a parte ocidental dos Balcãs e, assim, ameaçar a ambos. Se fosse lançado no mar Egeu, ameaçaria o domínio alemão na Grécia e na Iugoslávia ou a Bulgária e a Romênia.

Informações posteriores confirmaram que essa vantagem estratégica dos aliados, convenientemente explorada, ocasionou divergência de opiniões no comando do Eixo, que foi levado a esperar uma invasão na Sardenha ou na Grécia, em lugar da Sicília e, mesmo, chegou a pensar que ela pudesse ocorrer na Itália continental ou no sul da França. Essa apreensão foi acentuada quando os reconhecimentos aéreos revelaram navios aliados em diversos pontos ao longo do Mediterrâneo.

Os desembarques realizados na Sicília, no dia 10 de julho, abrangeram uma área de setenta milhas de litoral. De modo semelhante aos desembarques realizados na península de Galipoli, em 1915, de menores proporções, mantiveram o inimigo em dúvida sobre o principal ponto de perigo e perturbaram seus contra-ataques durante os períodos críticos. Essa dúvida preparou o caminho para o avanço desconcertantemente rápido do Oitavo Exército, pela costa oriental, que fez que o adversário perdesse seu equilíbrio. O efeito perturbador ainda foi maior porque os alemães estavam convencidos, e por isso tomaram um dispositivo que julgavam apropriado, de que os desembarques aliados seriam realizados na extremidade ocidental da Sicília, por ser ela mais próxima das bases aliadas do norte da África e por dispor de maior número de portos. O fato de o movimento ter sido dirigido contra o canto sudeste deu-lhe as características de ação estrategicamente indireta. Em quatro dias as forças de Montgomery avançaram 40 milhas costa acima, chegando quase a meio caminho do vital estreito de Messina, antes de serem detidas nos subúrbios de Catânia.

O mesmo efeito repetiu-se quando o Sétimo Exército americano, sob o comando do General Patton, depois de firmar sua situação na esquerda de Montgomery, se lançou repentinamente para oeste e em seguida para o norte, até à ilha de Palermo. O desequilíbrio foi ainda aumentado porque com esses movimentos os aliados ameaçaram simultâneamente Palermo e Messina.

A resistência das forças italianas cessou logo na fase inicial e a repercussão dêsse fato determinou a queda do regime de Mussolini na Itália.

Com esse colapso o peso da defesa da Sicília passou para as costas do núcleo de tropas alemãs, duas divisões heterogêneas, formadas de recrutas, às quais se juntou posteriormente uma terceira. Essas tropas deviam enfrentar um invasor que dispunha inicialmente de sete divisões e logo depois de mais doze. Esse pequeno núcleo, não contando com apoio aéreo, conseguiu retardar a conquista da Sicília por mais de um mês e escapar para a Itália continental, pelo estreito de Messina, sob a proteção de sua artilharia. Além das excepcionais qualidades combativas das tropas alemãs, a explicação para isso pode ser encontrada no caráter cada vez mais direto do avanço aliado e nas condições do terreno.

Depois da conquista de Palermo e da limpeza da Sicília ocidental, o exército de Patton voltou-se para leste a fim de juntar-se ao de Montgomery numa ação convergente sobre Messina. Aquela extremidade nordeste da ilha formava um triângulo coberto de montanhas. O inimigo poderia tirar grande proveito do terreno e à medida que se retirava na direção do vértice do triângulo estava estreitando a frente a defender. Desse modo a densidade da força defensiva aumentava à medida que perdia terreno, enquanto os exércitos aliados tinham dificuldades crescentes com sua progressão. Isso constitui uma lição muito importante por mostrar por que não se deve realizar um ataque estratégico em semelhantes condições. Outras lições serão colhidas na fase seguinte.

A Invasão da Itália

Ocupando a Sicília os aliados conquistaram uma posição que podia ser facilmente utilizada como trampolim para a Europa Continental. Ela permitia que se intensificasse a concentração de forças e constituía constante ameaça não só ao continente como a diversas outras áreas em poder do inimigo. Os aliados podiam escolher várias linhas de ação para a invasão do Continente. Além de poderem subir pela bota da Itália, que era a solução mais evidente e direta, tinham a possibilidade de poder dar um curto salto até sua canela, até à Sardenha ou mesmo ao calcanhar. Esta última estava fora das possibilidades de cobertura aérea, por parte dos caças aliados, sendo, por esse motivo, conforme se sugeriu na ocasião, a linha de ação menos provável a ser considerada pelo inimigo, pois até então todas as progressões dos aliados tinham sido realizadas estritamente dentro dos limites de ação de suas aeronaves de proteção, e com a fuga à regra poderia se obter uma surpresa para o inimigo. Uma vez efetuados os desembarques o calcanhar oferecia a rota mais favorável para um avanço rápido de forças mecanizadas. Criava, também, ameaça para os Balcãs e para a Itália central, o que acarretava novo dilema para o Comando Supremo Alemão quando tivesse de desdobrar suas forças para a defesa. Estrategicamente o calcanhar da Itália estava em condições de ser transformado num "calcanhar de Aquiles" para a Alemanha.

O Comando Aliado decidiu, entretanto, fazer a operação dentro dos limites de apoio de sua caça, embora, no último instante, improvisasse um desembarque secundário no calcanhar. A operação consistia num desembarque na ponta da bota, a cargo do Oitavo Exército, seguido de outro, mais importante, a cargo do Quinto Exército, misto americano-britânico e recém-formado com essa finalidade sob o comando do General Mark Clark, na região de Salerno, imediatamente ao sul de Nápoles.

Seu sucesso foi prejudicado não apenas pelo caráter direto do ataque, como pela insistência inabalável das nações aliadas em obter antes de sua realização a "rendição incondicional" da Itália. Os líderes italianos, de maneira geral, estavam ansiosos pela paz, mas hesitavam em curvar-se face a tal humilhação e a submeter a Itália a uma paz sem garantias. Somente o desastre na Sicília e o desembarque na Itália continental é que levaram os italianos a derrubar Mussolini e iniciar as negociações para a paz, que não foi feita senão depois de muita demora. Isso veio dar aos alemães um mês de prazo para se prepararem e ficarem em condições de enfrentar a emergência.

A travessia do estreito de Messina realizou-se no dia 3 de setembro e o desembarque na ponta da bota foi precedido por tremendo, mas supérfluo, bombardeio uma vez que a única divisão alemã que lá se encontrava tinha sido transportada para o norte vários dias antes. Mesmo quando as forças aliadas penetraram mais profundamente, encontraram pouca oposição, porém seu avanço foi muito retardado pela natureza difícil do terreno e pela excessiva cautela com que se conduziram. A operação foi assim de muito pouca utilidade como ação preparatória ao desembarque em Salerno. Este foi efetuado no dia 9 de setembro e a notícia da capitulação da Itália, conforme tinha sido combinado, divulgada na tarde anterior, nenhum efeito teve sobre as forças alemãs que lá se encontravam, pois com o contra-ataque que desencadearam fizeram que a situação dos aliados fosse muito crítica até o sexto dia.

O motivo pode ser apreciado pela seguinte declaração do General Mark Clark: "Os alemães poderiam deduzir que, pela natureza do problema, outro desembarque estava provavelmente a caminho. Podiam também prever que ele *teria de* ocorrer dentro dos limites da cobertura aérea. Nessa ocasião seu limite máximo era aproximadamente Nápoles. *Por isso* concentraram suas forças na área Salerno-Nápoles e nós os encontramos onde eles eram mais fortes."

Essas palavras têm significação muito importante, pois tornam claro que o inimigo se beneficiou do fato de serem os planos aliados elaborados dentro de uma premissa básica. O resultado da operação exemplifica como são limitados os resultados obtidos em uma ação prevista pelo inimigo como sendo a mais provável. Chegando onde eram esperados os aliados estiveram à beira de um desastre, só evitado milagrosamente. Salerno oferece mais um exemplo para a História de como jamais se deve executar uma operação num local onde o inimigo esteja preparado para recebê-la. Nessa época o comandante alemão da área, Marechal Kesselring, tinha apenas sete divisões para defender todo o sul e o centro da península italiana e desarmar e dominar as forças italianas, suas ex-aliadas.

Em contraste com o desembarque de Salerno, o secundário, realizado no calcanhar da Itália, não encontrou oposição e permitiu a conquista rápida de dois ótimos portos, Taranto e Brindisi. Abriu também bons caminhos para o acesso ao entroncamento ferroviário de Foggia e o conjunto de aeródromos existente em suas proximidades. Nessa ocasião os alemães possuíam em toda a área entre Taranto e Foggia apenas uma divisão de pára-quedistas desfalcada.

Como a força de desembarque era constituída pela 1.ª Divisão Aerotransportada britânica, "desmontada" para essa tarefa, reunida às pressas nos campos de descanso da Tunísia e transportada nos poucos navios que puderam ser obtidos a curto prazo, suas possibilidades não eram das maiores. Ela não tinha carros de combate e artilharia, a não ser obuseiros, nem dispunha de transporte motorizado, faltando-lhe, assim, as coisas de que exatamente necessitava para explorar a oportunidade que havia conquistado.

Depois de transcorrida quase uma quinzena outra pequena força, que incluía uma divisão blindada, foi desembarcada em Bari, que era o porto seguinte para quem subisse pela costa oriental. Ela avançou para o norte sem encontrar oposição e ocupou Foggia. As forças alemãs que enfrentavam o Quinto Exército nas montanhas, na estrada de Nápoles, foram obrigadas a recuar, logo que essa ação indireta, partida do "calcanhar", progrediu suficientemente para constituir uma ameaça à sua retaguarda. No dia 1.º de outubro os aliados entraram em Nápoles, exatamente três semanas depois do desembarque. Entrementes os alemães, reagindo à ameaça, muito mais depressa do que previam os aliados, estabeleceram firme domínio sobre o restante da Itália, dispersando as forças italianas e anulando a maior parte dos efeitos decorrentes da rendição do país.

Daí por diante os exércitos aliados foram obrigados a abrir caminho pela península italiana, como pegajoso pistão trabalhando num cilindro ainda mais pegajoso, sofrendo a compressão cada vez mais forte da resistência alemã. O Comando Alemão, inicialmente, tinha pensado, por não ser possível oferecer resistência muito demorada ao avanço aliado sobre Roma, em deter os aliados mais ao norte. Encorajado, entretanto, com os acontecimentos, passou a reforçar Kesselring logo que percebeu como os aliados estavam sendo retardados pela estreiteza da frente e pelo terreno difícil e que eles tinham perdido as possibilidades de tirar proveito de sua força física por empenharem todos os meios num esforço por demais limitado.

O avanço do Quinto Exército foi temporariamente contido do rio Volturno, vinte milhas além de Nápoles e, em seguida, definitivamente, na linha do Garigliano, na frente de Cassino. Sucessivas tentativas realizadas em novembro e dezembro não conseguiram perfurar a barreira estabelecida pelos alemães. Enquanto isso, o Oitavo Exército, que avançava pela costa oriental, foi contido no Sangro e depois definitivamente bloqueado após a travessia do rio. No fim do ano os aliados haviam avançado apenas setenta milhas além de Salerno, gastando nisso quatro meses. A maior parte do terreno fora conquistada no mês de setembro e após isso o ritmo da investida tornou-se tão lento que passou a ser medido "em centímetros". A invasão os tinha reduzido a um processo de morder e triturar.

A experiência mostra que essa tática às vezes dá resultado, mas com muito maior freqüência termina em fracasso e essa campanha não foi uma exceção à regra. Mostrou repetidamente que a ação direta realizada numa frente estreita acarreta resultados negativos. Mesmo uma grande superioridade de forças não basta, a menos que haja espaço para a manobra e esta exige uma frente relativamente larga. A península italiana mal tinha cem milhas de largura e a maior parte desse espaço era coberta por uma cadeia montanhosa e seus contrafortes. Quando o Comando Supremo Alemão decidiu aumentar seus reforços ao sul o aumento razoável da densidade defensiva estava fatalmente destinado a provocar uma cãibra estratégica no avanço aliado, ao longo da perna da Itália.

Nos princípios de 1944 os aliados tentaram nova manobra por mar contra a longa linha costeira na retaguarda do inimigo. No dia 22 de janeiro uma fôrça foi desembarcada perto de Ânzio, vinte e cinco milhas ao sul de Roma. Somente dois batalhões alemães estavam presentes na área e uma rápida investida para o interior poderia ter determinado a conquista dos montes Albanos, que guardavam o acesso a Roma ou mesmo da própria Roma. Entretanto, o plano dos aliados baseara-se na presunção de que os alemães ofereceriam resistência ao desembarque e a preocupação principal existente foi a consolidação da posição, para que as demais forças aliadas, ao sul, tirassem proveito de enfraquecimento da resistência inimiga naquela área. Mas o inimigo não reagiu da maneira esperada.

Quando se tornou evidente que não haveria oposição nas proximidades de Ânzio, Alexander quis apressar o movimento para o interior, porém o comandante da operação não se prestou a isso. Sob sua cautelosa liderança nenhum avanço foi tentado durante mais de uma semana. Kesselring teve assim tempo bastante para transferir suas reservas para o local, ao mesmo tempo que mantinha em xeque o avanço aliado na área de Cassino. No dia 3 de fevereiro, décimo-terceiro após o desembarque, os alemães desencadearam poderosa contra-ofensiva visando à cabeça-de-ponte de Ânzio. Esta foi contida, mas a força aliada passou a ficar numa cabeça-de-ponte incômodamente apertada e estreita. Embora fosse um pouco mais ampla, assemelhava-se, pelo seu desconforto, a um "campo de concentração", como os alemães haviam denominado a cabeça-de-ponte dos aliados em Salônica na guerra anterior. Aqueles que se lembravam de como finalmente acabara aquele gracejo de 1918, quando de Salônica partiu a operação que ia determinar o colapso da Alemanha, poderiam encontrar consolo no provérbio: "Ri melhor quem ri por último."

A ofensiva em grande escala só foi retomada na Itália em maio, como parte de um plano mais ambicioso, pois ela seria o golpe inicial que daria início à ofensiva decisiva a ser desencadeada contra a Alemanha. Realmente, menos de um mês depois, verificou-se a invasão da França, através do Canal da Mancha, pelos exércitos aliados concentrados no sul da Inglaterra. Ambos os golpes foram precedidos e acompanhados por uma violenta ofensiva aérea, destinada a estrangular as linhas de suprimento do inimigo.

A primeira fase do plano do General Alexander estabelecia novo ataque por ambos os lados de Cassino, onde as ofensivas anteriores haviam sido detidas. Para aumentar o efeito do mesmo o Oitavo Exército do General Leese aumentou sua frente e transferiu seu esforço para o setor do Adriático, onde devia reunir-se ao Quinto Exército do General Clark, num golpe contra o setor ocidental da Linha Gustav. O ataque foi lançado às 11 horas da noite do dia 11 de maio, pouco antes de a lua ter aparecido e visava, particularmente, conquistar os pilares montanhosos que suportavam a barreira fortificada do inimigo, na estreita entrada do vale do Liri.

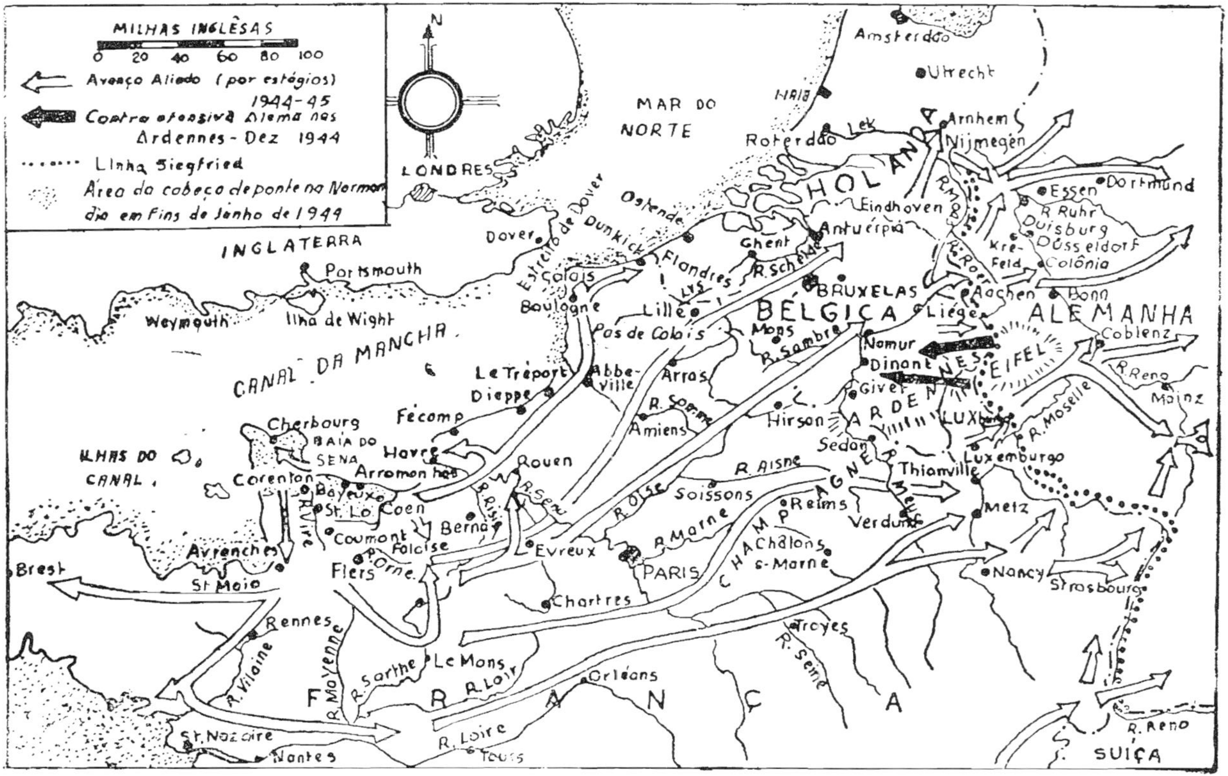
MILHAS INGLÊSAS
0 20 40 60 80 100
Avanço Aliado (por estágios) 1944-45
Contra ofensiva Alemã nas Ardennes - Dez 1944
Linha Siegfried
Área da cabeça de ponte na Normandia em fins de Junho de 1944
N
LONDRES
INGLATERRA
Portsmouth
Weymouth
Ilha de Wight
CANAL DA MANCHA
ILHAS DO CANAL
MAR DO NORTE
Estreito de Dover
Dover
Amsterdão
Utrecht
Haia
Roterdão
Lek
Arnhem
Nijmegen
HOLANDA
Eindhoven
Antuérpia
Ostende
Dunkick
Calais
Boulogne
Flandres
Ghent
R. Schelde
Lys
Lille
Pas de Calais
BRUXELAS
BÉLGICA
Mons
R. Sambre
Namur
Dinant
Givet
Liège
Aachen
R. Roer
Kre-Feld
Essen
Dortmund
R. Ruhr
Duisburg
Düsseldorf
Colônia
Bonn
ALEMANHA
Coblenz
EIFEL
ARDENNES
LUX
Luxemburgo
R. Moselle
R. Reno
Mainz
Le Tréport
Abbeville
Dieppe
Fécamp
Arras
R. Somme
Amiens
Hirson
Sedan
Cherbourg
BAÍA DO SENA
Havre
Arromanches
Rouen
R. Sena
Corenton
Bayeux
St. Lô
Coen
R. Vire
R. Risle
Bernay
Coumont
Falaise
Evreux
R. Oise
Soissons
R. Aisne
Thionville
Reims
R. Meuse
Verdun
Metz
Avranches
Flers
R. Orne
R. Marne
PARIS
CHAMPAGNE
Châlons s-Marne
Nancy
Strasbourg
Brest
St Malo
Rennes
R. Vilaine
Chartres
Troyes
R. Seine
R. Mayenne
R. Sarthe
Le Mans
R. Loir
Orléans
FRANÇA
St. Nazaire
Nantes
R. Loire
Tours
R. Reno
SUIÇA

O ataque ao pilar oriental, Monte Cairo, pouco progrediu, após uma luta renhida que durou vários dias, mas o outro, realiado entre Cassino e o mar, conseguiu introduzir cunhas em diversos pontos da Linha Gustav. A maior penetração foi conseguida pelo Corpo Colonial do General Juin que, explorando sua aptidão especializada na guerra de montanhas, utilizou um itinerário difícil pelas montanhas Aurunci e assim conseguiu a vantagem do inesperado. Sua penetração de seis milhas, em três dias, contornando o Monte Majo e atingindo as elevações que dominavam o vale do Liri, criou a ação de alavanca que afrouxou a resistência do inimigo na Linha Gustav. A ameaça criada preparou o caminho para que as tropas britânicas do Oitavo Exército fizessem pressão vale acima e flanqueassem Cassino, que caiu no dia 18 de maio, dia da Ascensão. Abriu, também, caminho para o avanço dos americanos litoral acima.

Em seguida, no dia 23, a força aliada de Ânzio entrou em ação, desfechando um ataque partido de sua cabeça-de-ponte. A força inimiga que lá se encontrava fora reduzida, para que reforços fossem enviados para o sul e a operação aliada se realizou na ocasião oportuna, explorando o enfraquecimento decorrente. Uma vez feito o rompimento da frente, os alemães foram apanhados sem reservas para enfrentar o prosseguimento do avanço aliado na direção dos montes Albanos e das comunicações mais importantes utilizadas pelas forças inimigas que se encontravam ao sul.

Simultâneamente com o golpe de Ânzio, o Oitavo Exército lançou um ataque à última posição dos alemães no vale do Liri. O Corpo Canadense penetrou nessa posição logo no primeiro dia e no dia seguinte tornou-se claro que os alemães estavam recuando em toda a frente. Essa retirada foi acelerada com a ameaça decorrente da ação de Ânzio. Poucos dias depois o itinerário direto para uma retirada para Roma, pela rodovia 6, foi bloqueado e os alemães viram-se forçados a se desviar para nordeste utilizando as difíceis estradas montanhosas onde suas colunas em retirada ficavam mais expostas ao martelamento pelo ar.

Embora parte considerável do seu exército tenha conseguido escapar da armadilha com o oportuno deslocamento que fizeram, os alemães perderam a oportunidade de proteger Roma. O General Alexander mudou seu esforço para a ala esquerda, contra o outro exército alemão e após uma semana de luta renhida conseguiu dominar os montes Albanos. Quando esse quebra-mar estratégico ruiu, as forças aliadas inundaram rapidamente o terreno plano em torno de Roma, capturando a cidade na madrugada do dia 5 de junho. Conquistaram assim o prêmio que estava a seu alcance havia mais de nove meses, quando o governo italiano capitulara.

A Invasão da França

No dia seguinte ao da conquista de Roma verificaram-se os desembarques na Normandia, o mais dramático e decisivo acontecimento da guerra. A travessia do canal pela força expedicionária anglo-americana, com base na Inglaterra, já retardada pelo mau tempo, foi efetuada com um vento ainda suficientemente forte para tornar o movimento arriscado mas, também, inesperado. A decisão do General Eisenhower, aceitando esse risco, não foi somente justificada pelos resultados que obteve, mas muito contribuiu para seu efeito de surpresa.

Os desembarques aliados foram efetuados na manhã do dia 6 de junho, na baía do Sena, entre Caen e Cherbourg, precedidos do lançamento de poderosas forças aerotransportadas sob a luz do luar.

A invasão foi preparada por contínua ofensiva aérea de intensidade sem paralelo, dirigida particularmente contra as comunicações do inimigo, com o objetivo de paralisar sua capacidade de movimentar reservas para as áreas críticas.

Embora numerosos fatores apontassem esse setor como o local mais provável de desembarque, os alemães foram apanhados desequilibrados em seu dispositivo, com a maioria de suas reservas desdobradas a leste do Sena. Isso foi devido não somente às medidas de dissimulação tomadas como também à obstinada certeza que tinham os alemães de que os aliados realizariam sua operação diretamente pelo canal, que era o caminho mais curto. O cauteloso desejo dos aliados de contarem com a máxima cobertura aérea possível fora um grande obstáculo às operações realizadas na Itália e esse erro agora não iria ser reproduzido. As previsões dos alemães foram ainda reforçadas quando as forças aéreas aliadas destruíram as pontes sobre o Sena.

Pela disposição das forças anglo-americanas na Inglaterra, antes da invasão, Hitler, contrariando a opinião de seu Estado-Maior, havia concluído que o desembarque aliado só poderia ser realizado na Normandia. Rommel, elevado ao posto de comandante das forças do litoral norte, tinha também essa impressão. Contudo, Rundstedt, comandante no oeste, esperava que os aliados desembarcassem na parte mais estreita do canal, entre Dieppe e Calais. Essa convicção resultava do apego que tinham os aliados por uma cobertura aérea eficiente, das medidas de dissimulação tomadas, mas principalmente do raciocínio de Rundstedt de que essa era a direção correta para o desembarque, por ser a mais direta. Este é um exemplo característico da ortodoxia estratégica. Não atribuía Rundstedt ao Comando Aliado nenhuma possibilidade de executar o inesperado, nem mesmo que ele buscasse evitar a região mais fortemente defendida.

O plano executado pelos aliados conseguiu mais do que evitar a defesa melhor preparada, pois, escolhendo a rota da Normandia, o Comando Aliado agiu numa direção que ameaçava simultâneamente os importantes portos do Havre e Cherbourg, podendo, até ao último momento, manter os alemães em dúvida sobre o objetivo real que pretendia conquistar, colocando-os assim num verdadeiro dilema. Quando eles perceberam que o alvo era Cherbourg, o Sena tornara-se um obstáculo que separava suas forças. Os alemães só poderiam deslocar suas reservas para os pontos em que eram necessárias dando ampla volta, que se tornava ainda mais longa devido à interferência sistemática da força aérea inimiga. Quando elas conseguiram chegar a área da batalha, em Caen, ainda estavam bastante afastadas de Cherbourg. A posição britânica tornou-se ali não somente uma ameaça para qualquer ação realizada pelo inimigo como, também, um escudo protetor para as operações americanas que se desenrolavam mais a oeste, na península de Cherbourg. Isso teve decisiva influência no êxito da invasão.

A vasta armada efetuou a travessia por mar sem interferência e as praias foram conquistadas mais facilmente do que se esperava, exceto no local em que desembarcou a ala esquerda americana, a leste do estuário do Vire. O êxito foi devido à excelência do planejamento e do equipamento empregado, que incluía muitos engenhos novos. Ainda assim, a margem que separou o êxito do fracasso, durante a fase de aprofundamento da cabeça-de-ponte, foi muito pequena. Os invasores não conseguiram tomar pé nas posições-chave de Caen e Cherbourg. Felizmente a frente muito larga em que foi realizado o desembarque permitiu que novas oportunidades fossem encontradas. A concentração do esforço alemão para preservação daquelas posições-chave fez que eles se enfraquecessem no intervalo entre elas. Desse modo uma investida realizada por Arromanches levou os britânicos até Bayeux. No fim da semana o aumento dessa penetração deu aos aliados uma cabeça-de-ponte de quarenta milhas de largura e de cinco a doze milhas de profundidade, entre o Orne e o Vire. Os aliados estabeleceram, também, outra cabeça-de-ponte, embora menor, no lado leste da península de Cherbourg. No dia 12 os americanos se apossaram da importante posição intermediária de Carentan, assegurando assim uma cabeça-de-ponte contínua de mais de sessenta milhas de largura. O General Montgomery, então no comando das forças invasoras, subordinado a Eisenhower, não poderia ter agido com mais propriedade no prosseguimento de seus movimentos ofensivos.

A segunda semana trouxe acentuada expansão da cabeça-de-ponte no flanco ocidental. Ali o Primeiro Exército americano realizou uma investida pelo meio da península de Cherbourg, enquanto o Segundo Exército britânico, em seu flanco oriental, continuava a neutralizar o grosso dos reforços alemães, principalmente as divisões "panzer", com a pressão que exercia em torno de Caen. No plano estratégico a ameaça britânica de uma investida pelo leste foi uma ação indireta que muito auxiliou o plano de Montgomery de lançar sua ofensiva pela extremidade ocidental de sua cabeça-de-ponte.

Na terceira semana, com Cherbourg isolada, os americanos penetraram na península e atacaram o porto pela retaguarda.

Cherbourg foi conquistado no dia 27 de junho, depois de ter sido o porto propriamente dito colocado fora de ação. Todas as investidas dos britânicos em torno de Caen foram detidas pela hábil tática defensiva empregada pelo inimigo, sob a forma de uma defesa flexível que tirava proveito de um terreno favorável, mas o fato de não terem sido suspensas lhes deu o efeito de ação diversionária que impediu os alemães de utilizar livremente suas reservas.

Protegidas por essa pressão, as operações das forças aliadas prosseguiram num ritmo notavelmente rápido, muito contribuindo para isso o perfeito funcionamento dos portos artificiais, que atenuaram a interferência do tempo e transtornaram as previsões do inimigo.

O Avanço Russo pela Polônia

Após uma ofensiva preliminar na frente finlandesa, a ofensiva de verão do Exército Vermelho foi iniciada em 23 de junho, dia seguinte ao do terceiro aniversário da invasão da Rússia por Hitler. Ela partiu da Rússia Branca, ao norte dos pântanos Pripet. Essa região tinha-se mostrado muito difícil à penetração dos alemães em 1943 e por isso eles acharam conveniente atribuir sua defesa a menor efetivo de forças do que o dado ao setor compreendido entre os pântanos Pripet e os Carpatos, de onde esperavam que o Exército Vermelho retomasse a investida da primavera. Desse modo os defensores foram, mais uma vez, apanhados desequilibrados.

A situação tornou-se mais crítica porque Hitler desprezou as sugestões de seus comandantes de exército para que os alemães se retirassem e se instalassem na linha de Beresina, situada noventa milhas à retaguarda da atualmente ocupada. Esse recuo teria, se realizado a tempo, desarticulado a ofensiva russa.

Uma vez perfurada a defesa alemã, o progresso da investida russa tornou-se impressionantemente rápido. Vitebsk caiu no quarto dia pela ação convergente dos grupos de exército de Bagramyan e Chernyakovsky, abrindo uma brecha na frente do 3.º Exército "panzer". Isso possibilitou o avanço na direção sul, ao longo da rodovia Moscou-Minsk, sobre a retaguarda do 4.º Exército Alemão (Tippelskirch) que já conseguira amortecer, parcialmente, o ataque russo lançado na sua frente, recuando para a linha do Dnieper. Entrementes o grupo de exército de Rokossovsky havia dado um forte golpe no outro flanco do grande saliente alemão pois, partindo da região imediatamente ao norte dos pântanos Pripet, em saltos de vinte e cinco milhas por dia, dominara as comunicações na retaguarda de Minsk, isolando essa área importantíssima, que caiu no dia 3 de julho.

Essas múltiplas investidas indiretas produziram o colapso geral das defesas alemãs e o número de prisioneiros feito foi o maior já verificado até então. Depois das primeiras semanas, o número de prisioneiros passou a decrescer consideravelmente, embora o ritmo do avanço não tivesse diminuído. É interessante observar isso para que se focalize a grande capacidade dos comandantes alemães em romper o contacto, logo depois que Hitler, forçado pelos acontecimentos, admitiu a necessidade de uma retirada em grande escala. A rapidez e a extensão dessa retirada, bem como o grande número de centros importantes abandonados sem luta, mostraram a habilidade dos comandantes russos em vencer a resistência que se lhes opunha com ações indiretas.

Examinando o curso das operações pode-se verificar como, seguidamente, os avanços russos ameaçavam objetivos diferentes, para em seguida desbordá-los e pelo intervalo, geralmente pouco defendido, existente entre eles, penetrar profundamente, a ponto de provocar a rendição dos mesmos. As duas principais investidas russas dirigidas contra Varsóvia e Insterburg só sofreram uma resistência inesperada porque, em ambos os casos, convergindo sobre aquelas cidades, se transformaram numa ação direta.

Em menos de quinze dias o Exército Vermelho varreu o inimigo da Rússia Branca. Em meados de julho já havia penetrado em mais de metade do nordeste da Polônia, alcançando Brest-Litovsky e Bialystok, envolvido Vilna, atravessado o Niemen e se aproximado da fronteira da Prússia Oriental. Ali a onda do avanço já estava a 200 milhas além do flanco do grupo de exércitos alemão, sob o comando de

Lindemann, que ainda protegia os Estados Bálticos, entre Narva e Pskov, em uma frente invertida.

No dia 14 de julho os russos lançaram sua esperada ofensiva ao sul dos pântanos Pripet, na frente entre Kovel e Tarnopol, onde os alemães já haviam iniciado a retirada. Em dez dias atingiram Lwow e Lublin, 100 milhas a sudeste de Varsóvia. As cidades fortalezas de Przemysl, Brest-Litovsky e Bialystock caíram na mesma semana. No flanco norte os russos investiram ao largo de Dvinsk, na direção do litoral do Báltico, pela retaguarda de Riga, ameaçando isolar as forças de Lindemann, estranhamente vagarosas em sua retirada. Em fins de julho os russos haviam atingido o golfo de Riga enquanto no centro penetravam nos subúrbios de Varsóvia.

Contudo, os acontecimentos mostravam que os alemães já se estavam recuperando do choque e retomando o controle da situação, à medida que sua retirada, afastando-os do perigo imediato, os trazia para uma linha de onde poderiam tirar proveito do alongamento da linha de suprimento do adversário. Por outro lado a lei natural da excessiva distensão estratégica começou a funcionar. Tornou-se claro que os alemães ainda eram capazes de deter o avanço e que os russos iam necessitar de tempo para que pudessem reparar suas comunicações, ao longo do território invadido, antes de retomar novo impulso.

Em princípios de agosto os contragolpes alemães pararam a retirada ao norte e forçaram os russos a abandonar Varsóvia, onde os germânicos se mostraram suficientemente fortes para abafar um levante polonês iniciado quando os russos se aproximavam da cidade. Ao sul de Varsóvia os soviéticos conseguiram estabelecer cabeças-de-ponte no Vistula, mas logo a seguir foram contidos. O restante do mês de agosto transcorreu sem qualquer modificação importante na situação.

A parada temporária foi interrompida por novo movimento russo lançado na direção sul, na frente romena. Quase simultâneamente a Romênia anunciava, no dia 23 de agosto, que estava tomando providências para pedir a paz. Isso limpou o caminho para o avanço russo além de Jassy, realizado pelo corredor entre o Pruth e o Sereth, na direção da garganta de Galatz. Ajudou também o Exército Vermelho a cercar as forças alemãs que haviam permanecido no desprotegido saliente costeiro a leste de Pruth. Por trás dessas forças a investida russa continuou, capturando Galatz e Focsani, no dia 27, os campos petrolíferos de Ploesti no dia 30 e no dia seguinte penetrava em Bucareste. Os carros de combate haviam percorrido uma distância de 250 milhas em doze dias.

Os exércitos russos abriram-se então em leque, nas direções norte, oeste e sul, atravessaram os Alpes Transilvânios na direção da Hungria e alcançaram a fronteira da Iugoslávia em sua investida para isolar as divisões alemãs que guarneciam a Grécia, cruzaram o Danúbio e penetraram na Bulgária, à qual o governo soviético, nessa ocasião, declarou guerra.

O Impasse na Itália

A queda de Roma não determinou, conforme se esperava, o colapso da resistência alemã. Kesselring soube desvencilhar suas forças da intrincada situação em que se encontravam, dirigir com mão de mestre sua retirada e impor uma série de reveses aos aliados quando avançavam para o norte. Foram necessárias sete semanas para que os exércitos aliados conseguissem atingir os subúrbios de Pisa e Florença, nas margens do Arno, 160 milhas ao norte de Roma. Três semanas depois Kesselring abandonava Florença e recuava do Arno para sua nova posição defensiva nas montanhas, a Linha Gótica.

Reconhecendo o valor desse obstáculo, o General Alexander resolveu desbordá-lo. Transferindo o Oitavo Exército outra vez para a frente do Adriático, atacou no setor costeiro oriental na direção de Rimini.

Kesselring conseguiu anular essa ameaça e fechar a porta aberta, obrigando Alexander a pensar em arrombá-la. Embora o esforço contínuo que realizou abrisse gradualmente o caminho para a extremidade oriental do vale do Pó, essa região era coberta de vinhedos e possuía um solo argiloso que, sob a chuva, se transformava num atoleiro, o que fez que o avanço fosse muito retardado. As chuvas de outono chegaram para socorrer as castigadas e extenuadas forças alemãs, quando elas já estavam próximas de um colapso e isso determinou uma parada nas operações, que perdurou até a primavera.

Parte das tropas dadas em reforço a Alexander tinham sido utilizadas para participar da invasão do sul da França, em agosto. Esta operação teve pouco efeito sobre a batalha principal que se travava ao norte da França, onde a questão tinha sido decidida quinze dias antes de ser realizado o desembarque ao sul. Isso veio privar Alexander dos meios que seriam necessários para terminar a batalha da Itália sem trazer maiores benefícios em outro setor. Contudo, como já acontecera diversas vezes, isso, surpreendentemente, teve suas vantagens. Como a ofensiva de outono, de Alexander, não exercera ação decisiva, isso evitou que os alemães se retirassem para os contrafortes dos Alpes por se julgarem suficientemente fortes para uma resistência eficiente fazendo, desse modo, que perdesse a oportunidade de se beneficiar, em sua retirada, das condições do tempo.

Em princípios de 1945 quatro divisões de Kesselring foram deslocadas para reforçar a defesa no oeste numa ocasião em que Hitler não admitia nenhum recuo para os Alpes. A falta de recursos de que dispunham os alemães tornava-se, assim, mais acentuada. Na primavera os germânicos enfrentavam uma escassez crítica de aviões, carros blindados, transportes, petróleo, elementos essenciais para sua retirada para os Alpes. Quando os exércitos aliados retomaram a ofensiva, em abril, e romperam a tênue frente alemã, puderam avançar rapidamente para a retaguarda do inimigo e lá abrir-se em leque, para bloquear os caminhos de fuga dos alemães, que se confundiam ou recuavam penosamente a pé.

O triunfo final dos exércitos aliados na Itália representou uma recompensa apropriada a seu prolongado esforço, apagando a lembrança dos numerosos insucessos. A maneira como o colapso dos alemães, na Itália, precedeu ao do seu teatro principal, muito se assemelha ao modo como a ação do exército aliado, estrategicamente "internado" na Macedônia, deu início ao término da guerra anterior. Desta vez, porém, o colapso inimigo foi devido mais às operações que se realizavam em seu teatro principal, sendo que a fase mais decisiva foi a de agosto de 1944, com as operações da Normandia.

As Operações da Normandia

O mês de julho presenciou uma luta renhida na Normandia, com resultados bastante reduzidos para o esforço empregado, e as baixas sofridas. Os alemães não podiam suportar, como os aliados, que viam seus recursos nas áreas da retaguarda crescerem continuadamente, um sacrifício como esse.

No dia 3 de julho o Primeiro Exército americano, reagrupado após a captura de Cherbourg, tentou investir para o sul em uma direção paralela à base da península. Não existindo espaço suficiente para manobras ele teve uma progressão muito vagarosa. No dia 8 o Segundo Exército britânico, do General Dempsey, entrou em Caen, mas foi detido quando procurava atravessar o Orne e todas suas tentativas de flanqueamento não obtiveram êxito. No dia 18 foi tentado um golpe mais audacioso, a "Operação Goodwood", na qual três divisões blindadas, sucessivamente, foram lançadas de uma cabeça-de-ponte a nordeste de Caen por uma brecha muito estreita, aberta após terrível bombardeio aéreo, numa frente de três milhas, e conseguiram atingir a retaguarda das defesas de Caen. O sucesso esteve praticamente à sua vista, mas como o ritmo do avanço foi muito lento e os comandantes de unidades hesitaram muito para desbordar as aldeias defendidas, os alemães conseguiram estabelecer uma barreira de tanques e canhões antitanques em seu caminho. Depois de perdida essa grande oportunidade os ataques dos britânicos e canadenses fizeram muito pouco progresso, mas serviram para fixar a atenção do inimigo e suas melhores tropas no setor de Caen. Sete, das suas nove divisões "panzer", encontravam-se lá.

Na extremidade ocidental da cabeça-de-ponte da Normandia as forças americanas, sob o comando do General Bradley, conseguiram avançar cerca de cinco a oito milhas durante as primeiras três semanas de julho. O Terceiro

Exército americano do General Patton estava nessa ocasião sendo transportado da Inglaterra para a Normandia, pronto para uma investida maior, como foi a "Operação Cobra".

Esta foi desencadeada no dia 25 de julho, inicialmente com seis divisões, numa frente de quatro milhas, precedida por um bombardeio aéreo ainda mais violento do que o executado durante a "Operação Goodwood". O terreno ficou todo esburacado mas os defensores, embora atônitos e esparsos, conseguiram retardar o avanço que se iniciava. Nos primeiros dois dias foram percorridas cinco milhas, mas em seguida, com a brecha ampliada, o avanço tornou-se muito mais rápido, na direção do canto sudoeste da península. O rompimento decisivo da frente inimiga ocorreu no dia 31 de julho, quando o Segundo Exército britânico, transferido do leste do Orne para o setor central ao sul de Bayeux, obteve êxito no ataque que desencadeara no dia anterior perto de Caumont. Enquanto o inimigo reforçava esse ponto perigoso, com todas as tropas que podia tirar de Caen, os americanos forçaram a fechadura da porta em Avranches, perto da costa ocidental da península de Cherbourg.

Derramando-se pela brecha, os blindados de Patton investiram para o sul e depois para oeste, inundando rapidamente a maior parte da Bretanha. Em seguida, voltando-se para leste, avançaram pela região ao norte do Loire, na direção de Le Mans e Chartres. A frente de 70 milhas da cabeça-de-ponte transformou-se numa brecha de 400 milhas. O espaço era bastante amplo para que as forças inimigas pudessem oferecer qualquer obstáculo a um avanço que, seguidamente, contornava os entroncamentos rodoviários onde os alemães tentavam resistir.

O único perigo para essa torrente surgiria se o inimigo pudesse lançar um contra-ataque que fechasse o gargalo de Avranches, por onde os suprimentos aliados tinham que ser carreados. Por insistência de Hitler os alemães tentaram este golpe, na noite de 6 de agosto, com quatro divisões "panzer" deslocadas para esse setor com esta finalidade. O ataque planejado por Hitler, sobre uma carta disposta em seu distante quartel-general no leste, foi excessivamente direto e chocou-se frontalmente com o escudo americano. Conforme observou Bradley: "Se o inimigo tivesse desviado suas *panzer* algumas milhas para o sul, poderia ter alcançado Avranches naquele mesmo dia". Uma vez contido, o ataque foi desmantelado pela ação rápida da fôrça aérea aliada. Falhando, este ataque esgotou os recursos dos alemães justamente na ocasião em que os americanos, com suas forças blindadas, estavam investindo para leste à procura de sua retaguarda. A ala esquerda americana foi até Argentan para reunir-se ao Primeiro Exército canadense do General Crerar na execução de um movimento de pinça. Embora os braços de pinça não se tivessem fechado em tempo de cercar completamente os dois exércitos inimigos, cinqüenta mil homens foram capturados e dez mil cadáveres encontrados no campo de batalha, enquanto as divisões alemãs que escaparam ficavam severamente castigadas. Seus veículos foram mais atingidos pelo bombardeio aéreo do que seus homens, devido ao espaço estreito em que operavam. As perdas sofridas no "bolsão de Falaise" deixaram os alemães sem recursos para resistir ao avanço aliado sobre o Sena e mesmo além dele.

Cada vez que o inimigo se afastava de uma armadilha via-se apanhado em outra maior. Durante todo o tempo seu flanco interno estava sendo forçado e sua retaguarda ameaçada pela investida blindada de Patton, que atuava na ala direita aliada. Este, contornando tôdas as resistências que se opunham a sua progressão, estava, pela rapidez com que progredia, ameaçando cada vez mais as forças principais alemãs. (*)

Espaço e rapidez formaram a chave dupla com que os exércitos aliados abriram os portões do oeste. A manobra triunfou onde o ataque direto fracassara repetidamente. Uma vez assegurado o espaço para a manobra, os aliados souberam explorar convenientemente a enorme superioridade de forças e a mobilidade mecanizada de que dispunham.

A rapidez da manobra e seu efeito imediato, provocando o colapso da posição alemã na França, exigiram outra ala-

---

(*) Enquanto avançava pelo Sena, acima de Paris, o General Wood, que comandava a 4.ª divisão blindada, vanguarda de Patton, enviou-me um esbôço de seu deslocamento, desde quando partira de Avranches, observando que ele fora realizado obedecendo a dois princípios básicos: o da audácia e o da ação indireta.

vanca que foi introduzida com o desembarque do Sétimo Exército americano (e francês), do General Patch, no sul da França, no dia 15 de agosto. A invasão foi um "passeio", pois os alemães tinham sido obrigados a retirar da costa da Riviera todas as forças lá desdobradas, com exceção de quatro divisões de qualidade inferior. A penetração para o interior, pelo vale do Rhone, só foi obstada pela dificuldade de suprimentos e Marselha e Grenoble foram ocupadas no dia 23.

No dia 19 as Fôrças Francesas do Interior iniciaram um levante em Paris e, embora a situação lhes fosse crítica durante alguns dias, a chegada das forças blindadas aliadas à cidade no dia 25 salvou a situação. Entrementes o exército de Patton continuava a correr para o Marne, a nordeste de Paris.

O que aconteceu de mais importante, a seguir, foi a investida do Segundo Exército britânico, atravessando o Sena a leste de Rouen, para cercar os remanescentes do Sétimo Exército alemão, que estava oferecendo resistência ao Primeiro Exército canadense a oeste de Rouen. Grande parte do inimigo ainda conseguiu recuar, atravessando o Sena, mas apenas para descobrir que as colunas blindadas britânicas tinham cortado sua retirada para a retaguarda. As pontas-de-lança de Dempsey atingiram Amiens na madrugada do dia 31, depois de terem percorrido setenta milhas a partir do Sena, em dois dias e uma noite. Atravessando o Somme, avançaram rapidamente sôbre Arras e Lille e prosseguiram até à fronteira belga, onde caíram sobre a retaguarda do 15.º Exército alemão que se encontrava no litoral do passo de Calais. A leste, o Primeiro Exército americano de Hodges já tinha chegado à fronteira belga, nas proximidades de Hirson.

Mais a leste o exército de Patton efetuara um avanço ainda mais espetacular pela Champagne, ultrapassando Verdun e atingindo o Moselle, entre Metz e Thionville, já na fronteira da Alemanha. Contudo, começou a perder velocidade, devido à dificuldade que encontrou para manter seus suprimentos de petróleo em nível adequado, obrigando-o, mesmo, à imobilização de duas de suas pontas-de-lança quando as perspectivas estratégicas que tinha à sua frente eram as melhores possíveis, pois o exército de Patton se encontrava apenas a oitenta milhas do Reno. Quando recebeu combustível suficiente para prosseguir, a resistência que iria encontrar já era bem maior. A investida de Patton teve efeito decisivo na batalha da França e, infelizmente, a deficiência de combustível impediu-o de decidir também a batalha da Alemanha. A lei da distensão estratégica voltou a funcionar, determinando um adiamento, bastante longo aliás, no término da campanha, acentuado pela decisão de Patton de executar um ataque direto a Metz, que exigiu, inclusive, prolongado combate corpo a corpo, acarretando sensíveis prejuizos para a manobra de flanco que estava realizando.

Nos primeiros dias de setembro o ritmo de seu avanço foi acelerado na ala esquerda e de lá partiu a iniciativa que iria determinar a vitória. Colunas blindadas britânicas entraram em Bruxelas no dia 3, invadiram Antuérpia no dia 4 e depois penetraram na Holanda. Com essa manobra Montgomery isolou o restante das tropas alemãs na Normandia e no passo de Calais, que constituía o grosso das existentes no oeste. O Primeiro Exército americano ocupou Namur e atravessou o Meuse, em Dinant e Givet.

Nessa crise o comando das forças alemãs no oeste foi assumido pelo General Model, que conquistara na frente russa a reputação de ser capaz de "tirar reservas do nada". O general voltou a realizar esse milagre. Todas as previsões indicavam que os alemães, que tinham perdido mais de meio milhão de homens durante a campanha da França, não possuíam mais reservas suficientes para guarnecer sua própria fronteira, de 500 milhas de largura, entre a Suíça e o mar do Norte. No entanto eles conseguiram obter meios bastantes para que a guerra fosse prolongada por mais oito meses. É verdade que foram muito auxiliados pelas dificuldades de suprimento com que lutavam os aliados, que reduziram o primeiro ataque aliado a uma ação passível de ser contida por uma defesa apressadamente improvisada e depois prejudicaram, sensivelmente, o preparo das forças aliadas para uma operação mais decisiva. Essas deficiências no funcionamento da cadeia de suprimentos foram conseqüência da profundidade da progressão aliada e da estratégia alemã deixando guarnições incumbidas da defesa dos portos franceses. O fato de os aliados não terem podido utilizar os portos de Dunquerque, Calais, Boulogne e Havre, bem como os grandes portos da Bretanha, serviu como poderoso freio indireto à ofensiva aliada. Embora os aliados tivessem conquistado, em boas condições, o porto de Antuérpia, o maior de todos, o inimigo manteve tenazmente, sob seu domínio, o estuário do Scheldt e impediu, assim, que os aliados fizessem uso de suas instalações portuárias.

Antes das operações na Normandia os suprimentos dos aliados eram transportados numa distância de menos de vinte milhas, mas agora precisavam ser levados a quase trezentas milhas. Isso pesava sobremaneira nos transportes rodoviários, pois a rede ferroviária francesa tinha sido destruída anteriormente pelos ataques aéreos. O bombardeio, tão útil no sentido de paralisar as contramedidas alemãs na invasão, estava agora apresentando seus inconvenientes, quando os aliados mais necessitavam de manter o ritmo de sua perseguição.

Em meados de setembro foi efetuada ousada tentativa para afrouxar a resistência crescente com o lançamento de três divisões aeroterrestres na retaguarda do inimigo, na Holanda, com a missão de abrir caminho para nova investida do Segundo Exército britânico pelo Reno. O lançamento, realizado num cinturão de sessenta milhas, na retaguarda alemã, poderia dar aos aliados a posse dos quatro degraus estratégicos de que necessitavam para a travessia do canal Wilhelmina, em Eindhoven, do Maas (Meuse) em Grave, do Waal e do Lek (os dois braços do Reno) em Nijmegen e Arnhem, respectivamente. Em três desses quatro degraus os pára-quedistas conseguiram firmar-se e assegurar a travessia. Contudo, uma falha no terceiro anulou a possibilidade da conquista do quarto, devido à rápida reação dos alemães.

Esse insucesso determinou o malogro da investida por terra e o sacrifício da 1.ª Divisão Aeroterrestre, em Arnhem. Entretanto, o flanqueamento da posição defensiva do Reno foi um prêmio que justificou o risco e a excepcional ousadia do lançamento de forças aeroterrestres na retaguarda inimiga. A 1.ª Divisão Aeroterrestre manteve sua posição em Arnhem durante dez dias, em lugar dos dois considerados como o máximo que se podia esperar. Muitas oportunidades foram perdidas porque a descida dessas forças, em quatro pontos sucessivos, indicou claramente a direção em que seria feita a investida do Segundo Exército.

O caráter evidente do objetivo simplificou o problema do adversário de concentrar as reservas disponíveis para a defesa do degrau final e lá derrotar as forças aeroterrestres, antes que o Segundo Exército tivesse tempo de socorrê-las. A natureza do terreno, na Holanda, com suas estradas "canalizadas", facilitou obstrução da progressão pelos defensores e impediu que houvesse movimentos mais amplos para disfarçar o caráter direto da ação e iludir o inimigo sôbre os verdadeiros objetivos visados.

A Luta pelo Reno

Depois do malogro em Arnhem desvaneceu-se a perspectiva de uma vitória imediata. Os aliados voltaram a defrontar-se com a necessidade de reforçar suas reservas, na fronteira da Alemanha, para uma ofensiva maciça e violenta. Êsse reforço certamente exigiria tempo e o Comando Aliado aumentou ainda mais suas dificuldades tentando forçar a porta de Aachen, para penetrar no interior da Alemanha, em lugar de procurar limpar as margens do Scheldt, para abrir nova linha de suprimento. A progressão americana sobre Aachen tomou a forma de ação muito direta e foi seguidamente contida.

Ao longo do restante da frente ocidental os esforços dos exércitos aliados, em setembro e outubro, representam pouco mais do que um processo de mordidas. Nesse intervalo a defesa alemã estava sendo continuamente reforçada, com todas as reservas que podiam ser arranjadas, com o recrutamento de novas fôrças e com a utilização das tropas que tinham escapado da França. O reforço na frente alemã estava se processando mais rapidamente do que o dos aliados, apesar da enorme inferioridade da Alemanha em recursos materiais. É preciso recordar que o estuário do Scheldt só foi libertado em princípios de novembro.

Em meados de novembro uma ofensiva geral foi lançada por todos os seis exércitos aliados na frente ocidental, com resultados decepcionantemente pequenos, face ao seu elevado custo, e sua continuação serviu apenas para esgotar as tropas atacantes.

Havia divergência de opiniões entre os comandantes americanos e britânicos quanto à execução dessa ofensiva. Os britânicos desejavam um golpe concentrado e os americanos queriam experimentar as defesas alemãs ao longo de uma frente muito extensa. Depois de malograda a ofensiva os britânicos criticaram severamente os americanos pela dispersão de esforços. Uma análise mais acurada das operações mostra falha mais fundamental: embora a ofensiva fosse ampla, por estar distribuída entre vários exércitos, foi concentrada, no setor de cada exército e realizada na direção esperada pelo defensor, porque visava as portas naturais de penetração na Alemanha. Além disso os ataques principais foram efetuados num terreno plano que se alagava facilmente no inverno.

Em meados de dezembro os alemães deram um susto nos aliados lançando uma contra-ofensiva. Conseguiram conter a ofensiva aliada e reduzir seu progresso a quase nada, sem terem necessidade de empregar suas reservas móveis. A partir do momento em que se desvaneceram as probabilidades de nova ação por parte dos aliados, tornou-se evidente o risco de uma resposta por parte dos alemães, principalmente quando se soube que haviam retirado da frente muitas das suas divisões "panzer", nesse período de trégua, para reequipá-las com novos carros. Com os olhos voltados exclusivamente para uma vitória, que julgavam próxima, os aliados tornavam-se cegos à possibilidade de um contragolpe, de modo que a contra-ofensiva alemã foi para eles verdadeira surpresa.

O melhor momento para uma grande contra-ofensiva, ou mesmo para um pequeno contra-ataque, é geralmente aquele em que o atacante acabou de empenhar na luta tudo que tinha, sem conseguir atingir seu objetivo. Nesse momento suas tropas estão sofrendo a reação natural do prolongado esforço despendido e o comando dispõe, relativamente, de poucas reservas em condições de enfrentar um contragolpe, especialmente se este for lançado em direção diferente da do ataque realizado.

O comando alemão soube tirar proveito da escolha do terreno, coisa que não acontecia com seus adversários. Selecionou, para desencadear sua contra-ofensiva, a região montanhosa e cheia de florestas das Ardennes que, sendo considerada um terreno difícil, daria aos inimigos ortodoxos o efeito de ação inesperada. As matas existentes permitiam que a reunião das forças fosse camuflada e o terreno elevado era uma área seca que se prestava à manobra dos carros de combate. Os alemães tinham tudo a seu favor para contar com um sucesso.

O maior perigo que corriam residia na possibilidade de interferência da força aérea aliada. Model assim sintetizou seu problema: "O inimigo número um a enfrentar é a força aérea inimiga, que possui superioridade absoluta e pode destruir nossas pontas-de-lança, nossa artilharia e tornar impossível o movimento na retaguarda." Foi por isso que os alemães lançaram seu ataque quando a previsão das condições meteorológicas lhes prometia uma proteção natural e, na realidade, durante três dias o nevoeiro e a chuva conservaram a força aérea aliada presa ao chão. O mau tempo foi a grande vantagem com que contaram os alemães.

Realmente, tinham que tirar partido de tudo que lhes desse vantagem. Estavam jogando com trunfos muito limitados. Sabiam ser sua jogada desesperadora e estavam empenhando seu derradeiro naipe. A força atacante era constituída pelos 5.º e 6.º Exércitos "panzer", e a ela foram dados todos os tanques que puderam ser reunidos.

Um aspecto embaraçoso que apresentavam as Ardennes é que, sob o ponto de vista ofensivo, o terreno elevado era cortado por vales profundos transversais por onde corriam as estradas, transformadas em verdadeiras gargantas. O comando alemão poderia ter prevenido êsse inconveniente com o emprego de tropas aeroterrestres para conquistar esses desfiladeiros estratégicos. No entanto, havia deixado essa arma definhar e sua técnica enferrujar-se após a tomada de

Creta, em maio de 1941. Foram empregados, apenas, uns punhados de pára-quedistas.

O objetivo de contra-ofensiva, de grande alcance, era conquistar Antuérpia com uma ação indireta, separar o grupo de exércitos britânicos dos americanos e de seus suprimentos e depois esmagar as formações que estivessem isoladas. A 5.ª Divisão "panzer", então comandada por Manteuffel, devia romper a frente americana nas Ardennes, investir para oeste e atravessar o Meuse, em busca de Namur e Antuérpia. À medida que avançasse devia manter uma flancoguarda para impedir a interferência dos americanos desdobrados mais ao sul. O 6.º Exército "panzer", sob as ordens de um comandante S. S., Sepp Dietrich, devia lançar-se para o nordeste, ultrapassar Liège e dirigir-se para Antuérpia, criando uma barragem estratégica na retaguarda dos britânicos e dos exércitos americanos desdobrados ao norte.

Auxiliada pela surpresa a contra-ofensiva alemã progrediu ameaçadoramente nos primeiros dias, estabelecendo alarma e confusão nas fileiras aliadas. A investida mais profunda foi a do 5.º Exército de Manteuffel. Entretanto, tempo e oportunidades foram perdidos devido à falta de petróleo e à ação aérea aliada e assim o avanço não conseguiu atingir o Meuse, embora dele se tivesse aproximado em diferentes pontos. Muito devem os aliados aos destacamentos americanos que mesmo flanqueados resistiram denodadamente nas gargantas importantes das Ardennes, e a Montgomery, que, assumindo o comando do setor norte, transferiu reservas para o sul em tempo suficiente para antecipar-se à chegada do inimigo nos pontos de cruzamento do Meuse.

Na fase seguinte, quando os exércitos, aliados tentaram conjuntamente cercar a grande cunha introduzida na sua frente, os alemães executaram hábil manobra, que os livrou da armadilha em potencial. Considerada isoladamente, a contra-ofensiva alemã foi uma operação proveitosa pois, embora não tivesse atingido seus objetivos, transtornou os preparativos aliados e causou muito dano, por um custo que não foi excessivo em comparação com o efeito produzido, a não ser na fase final, quando Hitler relutou em autorizar a retirada.

Encarada, porém, em relação à situação geral a contra-ofensiva foi uma operação fatal. Durante sua execução os alemães gastaram mais do que podiam na difícil situação em que se encontravam. Esse dispêndio tirou a oportunidade de uma resistência mais prolongada quando os aliados retomaram a ofensiva e mostrou às tropas alemãs a impossibilidade de pender a balança para o seu lado, minando as esperanças que ainda lhes restavam nesse sentido. Em resumo, foi uma declaração pública da falência militar da Alemanha. Daí por diante tornou-se impossível ocultar ao exército e ao povo que a Alemanha estava chegando ao fim de seus recursos e se sacrificando numa luta sem esperanças.

A Fase Final

De agosto até o fim do ano a frente principal russa permaneceu estabilizada, atravessada no meio da Polônia, enquanto os exércitos russos reparavam suas comunicações no território inundado durante suas conquistas de verão e reforçavam seu poderio. No outono uma tentativa de forçar a estreita porta que levava à Prússia Oriental não teve êxito.

Entrementes os exércitos russos da ala esquerda, movimentando-se a partir da Romênia e da Bulgária, vinham gradualmente desbordando a Hungria e a Iugoslávia, numa ampla manobra de flanco. Era uma ação de grande estratégia, com objetivos a longo prazo, propositadamente lento, para consolidar o controle russo nas regiões atravessadas, mas também devido à precariedade das estradas. Todavia, à medida que progredia, convergia sobre o objetivo comum, enquanto as forças alemãs empregadas para enfrentá-lo sacrificavam sensivelmente as encarregadas de manter as frentes oriental e ocidental.

Em meados de janeiro os exércitos de Koniev lançaram uma grande ofensiva contra a frente alemã, no sul da Polônia, partindo de uma cabeça-de-ponte sôbre o Vístula, perto de Sandomierz. Após esse ataque ter perfurado as defesas do inimigo e criado uma ameaça ao flanco do setor central, os exércitos de Zhukov foram lançados de suas cabeças-de-ponte, nas proximidades de Varsóvia. Na primeira semana a ofensiva progrediu, apesar das condições de inverno em que se desenvolvia, como se fosse uma ofensiva de verão.

Na retaguarda da Polônia ocidental o terreno era tão aberto que perturbava a defesa, como os alemães já tinham tido ocasião de verificar em 1939. Por sua natureza apresentava ao atacante móvel inúmeras vantagens, especialmente se ele estivesse em condições de explorar, pelo seu maior efetivo, as oportunidades de manobrar em espaços abertos. Os alemães, na defensiva, tinham deficiência de forças e de mobilidade.

No decorrer da segunda semana o ritmo do avanço russo foi mantido, e o número de prisioneiros sempre crescente mostrava que as pontas-de-lança russas se estavam antecipando às tentativas do comando alemão de realizar uma retirada geral. A evacuação apressada da população civil, de diversas grandes cidades no interior da Alemanha, era o sinal de que o avanço russo tinha alterado o plano dos alemães, obrigando-os a abandonar as posições intermediárias que esperavam manter.

Investindo entre as cidades de Cracóvia e Lodz os exércitos de Koniev atravessaram a fronteira da Polônia ocidental e penetraram na Silésia. Cracóvia e Lodz caíram no dia 19 de janeiro, sendo que a última devido a um movimento de flanco de Zhukov. No dia 23 Koniev atingiu o Oder, acima de Breslau, numa frente de quarenta milhas e em seguida atravessou, em diversos pontos, essa barreira fluvial. Nessa rápida investida invadiu as importantes áreas industriais de Alta Silésia, reduzindo, assim, a produção de guerra alemã. Os alemães, estabelecendo-se por trás do Oder, conseguiram reduzir as cabeças-de-ponte russas.

Na ala direita russa os exércitos de Rokossovsky, partindo do rio Narev, a nordeste de Varsóvia, desfecharam violento golpe contra a Prússia Oriental. Perfurando essa fronteira, em sua extremidade ocidental, avançaram pelo famoso campo de batalha de Tannenberg, palco do grande desastre russo de 1914, e alcançaram o Báltico, a leste de Dantzig, no dia 26. A maioria das forças alemãs na Prússia Oriental ficou isolada e, em seguida, cercada em Koenigsberg.

Nessa ocasião Zhukov, no centro russo, estava avançando para noroeste na direção dos importantes entroncamentos de Torun e Poznan. Desbordando a ambos, investiu sobre a fronteira alemã, deixando-os, isolados, como ilhotas que se destacam na maré montante. A fronteira foi cruzada no dia 29 e a seguir Zhukov arremeteu na direção do Oder, que lá corre muito mais a oeste do que na Silésia. Como seu objetivo evidente era Berlim, que fica apenas a cinqüenta milhas, encontrou crescente resistência. Embora seus blindados alcançassem o Oder, perto de Kustrin, no dia 31, ainda foi necessário bastante tempo para que ele conseguisse chegar ao rio, numa frente suficientemente larga. Todas as suas tentativas de travessia foram contidas pelos alemães.

As forças de Koniev esforçaram-se por criar uma alavanca no flanco, avançando para noroeste, pela margem direita do Oder, mas foram igualmente contidas ao longo do Neisse, obstáculo aproveitado pelos alemães.

A lei da dispersão excessiva entrou em ação mais uma vez e os russos ficaram detidos no leste até que a questão se decidisse a oeste.

Enquanto os russos lutavam pela posse do Oder os exércitos de Eisenhower lançavam outra grande ofensiva, em começo de fevereiro, visando cercar e destruir os exércitos alemães a oeste do Reno, antes que eles pudessem atravessar o rio. O ataque inicial foi executado pelo Primeiro Exército canadense (e britânico) na ala esquerda, pela margem ocidental do Reno, a fim de criar um movimento de alavanca contra o flanco das forças alemãs que defrontavam o Nono e o Primeiro Exércitos americanos a oeste de Colônia. Devido ao golpe executado pelo inimigo nas Ardennes o ataque foi desfechado com retardo num terreno congelado e amolecido pelo degelo. Isso ajudou aos alemães que, fazendo explodir as represas no rio Roer, retardaram por quinze dias o ataque inimigo naquela linha fluvial. Os americanos encontraram uma ferrenha oposição e só puderam entrar em Colônia no dia 5 de março, mas os alemães já tinham ganho tempo suficiente para evacuar suas forças desfalcadas e grande parte do equipamento, através do Reno.

Os alemães, entretanto, foram obrigados a empregar grande parte de suas forças para conter a ala esquerda aliada e o conseqüente enfraquecimento de sua ala esquerda criou a oportunidade desejada pelos Primeiro e Terceiro Exércitos americanos. A ala direita do Primeiro Exército atravessou o Reno, em Bonn, após um de seus destacamentos ter conseguido tomar de surpresa a ponte deixada intacta sobre o Reno, em Remagen. Eisenhower não explorou o êxito imediatamente após a abertura dessa brecha inesperada, porque isso lhe exigia grande deslocamento de reservas e um reajustamento de seus planos, para a fase seguinte, que considerava decisiva. A ameaça de Remagen serviu, entretanto, para atrair as escassas reservas alemãs.

Uma vantagem maior foi obtida com a ação do Terceiro Exército no Eifel (a continuação alemã das Ardennes). A 4.ª Divisão Blindada, mais uma vez como ponta-de-lança de Patton, como já acontecera na Normandia, investiu até ao Reno em Coblenz. Logo em seguida Patton lançou suas tropas mais para o sul, através do baixo Moselle, até ao Palatinato e subiu, pela margem ocidental do Reno, atingindo a retaguarda das forças que se opunham ao Sétimo Exército de Patch. Com esse golpe isolou-as do Reno e fez grande número de prisioneiros, ao mesmo tempo que garantia a transposição deste rio sem oposição, logo que se voltasse para leste. Essa travessia foi realizada na noite de 22, entre Mainz e Worms, e rapidamente explorada com um profundo avanço realizado ao norte da Baviera. Isso desajustou toda a frente alemã a anulou sua discutida possibilidade de tentar uma retirada geral para sua famosa fortaleza montanhosa, mais ao sul.

Na noite de 23 o assalto ao Reno foi realizado, em um trecho perto da fronteira holandesa, pelo grupo de exército de Montgomery. O grande rio foi cruzado em quatro pontos, durante a noite e, pela manhã, duas divisões aeroterrestres foram lançadas à sua retaguarda, para afrouxar a oposição existente diante das cabeças-de-ponte recém-estabelecidas. Logo a resistência começou a desmoronar-se e pouco depois se transformava num verdadeiro colapso.

Mesmo assim o fim ainda foi retardado por mais um mês, não só pela séria oposição ainda oferecida pelo desbaratado exército alemão como também, com exceção de alguns pontos nos extremos norte e sul, pelas dificuldades de suprimentos dos exércitos aliados, aumentadas, à medida que eles progrediam, pela obstrução provocada pelos bombardeios aéreos nas estradas e, finalmente, por fatores políticos diversos.

A questão militar foi decidida quando os aliados atravessaram o Reno, mas antes disso estava dependente somente do tempo exato que o exército alemão, excessivamente distendido, levaria para arrebentar, como um elástico que tivesse chegado ao limite de tensão.

Embora contraindo sua frente à medida que se retiravam, os alemães, pela decisão de Hitler de resistir em posições fixas, fizeram que o inimigo concentrasse, numa pequena frente, todo seu esforço. Essa estúpida inflexibilidade contrasta flagrantemente com a sagaz flexibilidade de seus métodos ofensivos utilizada anteriormente até que as fumaças da vitória o inebriaram.

Quando se leva em conta a diminuição das suas forças e de seus recursos materiais, parece quase um milagre o fato de a resistência alemã ter durado tanto tempo, ao longo de uma circunferência de raio tão grande. Isso foi devido à extraordinária capacidade de resistência do soldado alemão, aumentada pela exigência aliada de uma "rendição incondicional", que poderia ser classificada como uma ação direta, no campo da grande estratégia. Serviu, também, para mostrar o valor da defensiva moderna. Qualquer previsão feita por um militar ortodoxo concluiria que as forças alemãs eram incapazes de resistir, por mais de uma semana, aos ataques de seu inimigo, imensamente superior. Mas quando eles conseguiram ocupar uma frente compatível com os meios que possuíam, repeliram com facilidade os ataques desfechados por forças que lhes eram superiores numa proporção de seis para um e, mesmo, de doze para um. Foi o espaço que as derrotou.

Se os adversários da Alemanha tivessem reconhecido antecipadamente esses fatos e se tivessem preparado para enfrentar a agressão inicial, tirando o máximo proveito da defensiva, o mundo poderia ter sido poupado de grande tragédia e imenso infortúnio.

Há algum tempo o famoso pugilista Jem Mace reuniu toda sua experiência no ringue desta maneira: "Deixe que eles venham até você e eles se derrotarão por si mesmos." Kid McCoy expressou, posteriormente, essas mesmas idéias: "Arraste seu homem para o ataque e apanhe-o de modo que esteja com ambas as mãos fora de ação e você com as duas mãos livres."

A verdade das palavras de Jem Mace é uma extraordinária lição tática que também foi colhida nos campos de batalha da África, da Rússia e da Europa Ocidental. Quando mais experimentados em combate todos os comandantes competentes passaram a tirar proveito da defensiva, mesmo em plena ofensiva.

Essa foi uma grande lição da guerra. A Alemanha muito contribuiu para derrotar a si própria. Se não procedesse assim seus adversários teriam encontrado muito maior dificuldade para derrotá-la. Seus ataques excessivamente diretos eram aproveitados pelos seus adversários para respostas indiretas de grande efeito. Seus insucessos e sua distensão muito contribuíram para que a guerra fosse encurtada. Se as nações aliadas tivessem compreendido as condições básicas da guerra que teriam de enfrentar, em lugar de se prepararem para uma guerra convencional, a duração e a devastação que acarretaram talvez tivessem sido muito atenuadas.

CAPÍTULO XIX

A TEORIA DA ESTRATÉGIA

Após a análise que fizemos da história militar parece vantajoso alicerçar, nas conclusões tiradas, uma nova moradia para o pensamento estratégico.

É muito importante, entretanto, que de início expressemos nosso entendimento sobre estratégia. Clausewitz, em seu monumental trabalho "A propósito da guerra" (On the war), assim a define: "A arte do emprego da batalha para alcançar os objetivos da guerra." Achava assim que competia à estratégia elaborar os planos para a guerra, estabelecer as linhas de ação para as diferentes campanhas e coordenar as batalhas que devessem ser travadas em cada uma delas.

O maior defeito que se pode encontrar nessa definição está no fato de ela invadir o campo da política, ou da direção da guerra no alto escalão que deve, necessariamente, ser uma responsabilidade dos governos e não dos chefes militares, meros agentes executantes para as operações militares. Outra falha que se pode observar é que ela reduz a "estratégia" a uma pura utilização da batalha, dando assim a idéia de que esta é o único meio de que se dispõe para atingir o fim estra-

---

(*) A Escola Superior de Guerra do Brasil, que funciona na Fortaleza de S. João, Urca, Rio de Janeiro, tem procurado, ao estabelecer uma Doutrina de Segurança Nacional, fixar seu entendimento sobre estratégia. De um modo geral adota os mesmos conceitos do autor, embora utilize os termos estratégia geral, ou nacional, para a grande estratégia e o de estratégia militar, para a estratégia pura de Liddel Hart. Para aqueles que desejem maiores detalhes sobre a questão convém o exame da documentação existente na referida Escola, catalogada como assuntos de números 150 e 154. (N. do R.)

tégico. Os discípulos menos esclarecidos de Clausewitz confundiram, muito comumente, meios com fins e chegaram à conclusão de que o único objetivo da guerra é a batalha decisiva.

Relação com a Política

Não haveria interesse em diferenciar a estratégia da política se o exercício das mesmas estivesse nas mãos de uma só pessoa, conforme aconteceu com Frederico e Napoleão. Entretanto os soldados-governantes autocráticos tornaram-se raros nos tempos modernos, tendo desaparecido temporariamente no século XIX, o que nos obriga a procurar esclarecer a questão. Muitas vezes os soldados tiveram a absurda pretensão de subordinar a política aos interesses das operações militares e, principalmente nos países democráticos, os políticos procuraram ultrapassar seu campo de ação para interferir no emprego do instrumento militar.

Moltke, que viveu pessoalmente esse momentoso problema, procurou definir a estratégia de maneira sábia e clara: "A adaptação prática dos meios postos à disposição dos generais, para alcançar os fins da guerra." Esta definição é interessante porque estabelece a responsabilidade do chefe militar para com o governo, do qual é subordinado e pode ser assim interpretada: "Aos chefes militares incumbe aplicar da maneira mais proveitosa possível a força armada que lhes é atribuída, dentro do teatro de operações ou divisão territorial sobre a qual têm jurisdição, no interesse da política de guerra." Achando, por exemplo, que a força que lhe foi atribuída é inadequada ao cumprimento da missão que recebeu, tem todo o direito de se dirigir ao governo solicitando novos meios e, se seus argumentos não forem aceitos, recusar ou renunciar ao comando que lhe foi dado. Exorbita, entretanto, de suas perrogativas quando tenta impor ao governo o efetivo ou a composição da força que pretende obter.

Por outro lado o governo, responsável pela formulação da política de guerra, precisa adaptá-la ao curso das operações e pode, legitimamente, interferir nos planos militares já elaborados, porém somente para substituir o comandante responsável pela execução ou para modificar seus objetivos.

Embora não deva jamais interferir diretamente nas operações deve indicar, claramente, as tarefas a serem cumpridas.

A estratégia não tem como único objetivo dominar o poder militar do inimigo. Muitas vezes, quando percebe que o adversário possui superioridade de meios, seja num teatro de guerra ou de operações, o governo pode atribuir às suas forças armadas um objetivo limitado até que ações desenvolvidas no campo da política exterior lhe permitam obter novos aliados ou lhe dêem tempo suficiente para transferir tropa de outras áreas, de modo que passe a possuir os meios necessários para se lançar à conquista de seus verdadeiros objetivos. Pode ainda o governo limitar ou aguardar o resultado de uma ação executada num determinando campo, como por exemplo no das forças terrestres, até que ações navais ou econômicas produzam os resultados desejados ou, mesmo, tendo chegado à conclusão de que a derrota do inimigo é tarefa superior às suas forças, ou não compense o esforço a ser realizado, limitar os objetos de sua política de guerra, contentando-se com a conquista de um território que, posteriormente, possa servir utilmente nas negociações de paz.

Tal maneira de agir encontra na História muito mais apoio do que até hoje admite a opinião militar e não deve ser considerada como política de fraqueza, como sugerem alguns apologistas do emprego da força. Ela foi muito utilizada pelo Império Britânico e diversas vezes serviu como bóia de salvação para os aliados da Grã-Bretanha, proporcionando a esta uma série de vantagens. Ainda que tenha sido aplicada inconscientemente é o caso de se perguntar: não merece ocupar um lugar de destaque na teoria da direção da guerra?

A razão mais comum que justifica uma estratégia de objetivo limitado é a necessidade de se aguardar uma modificação no equilíbrio de forças existentes, até que um desgaste das forças inimigas, fruto de alfinetadas e não de ações violentas, enseje uma ocasião favorável ao desencadeamento do golpe decisivo. Pode-se obter este desgaste com a destruição de suprimentos, por ataques localizados e parciais que inflijam perdas ao inimigo desproporcionais aos efetivos empregados, por medidas que obriguem o inimigo a lançar-se em ataques improfícuos ou a abrir seu dispositivo de maneira perigosa e, finalmente, esgotando sua energia moral e física.

As explicações seguintes serão dadas com o objetivo de esclarecer a responsabilidade dos generais no estabelecimento de uma estratégia, dentro do teatro de operações. Quando o governo decide fixar um objetivo limitado, para sua grande estratégia, (estratégia fabiana) um general, que procure derrotar decisivamente o inimigo, mesmo agindo dentro de suas atribuições estratégicas, poderá causar muito mais mal do que bem à política de guerra estabelecida. Geralmente uma política de guerra de objetivo limitado impõe uma estratégia de objetivo limitado e a conquista de um objetivo decisivo só deve ser realizada com a aprovação do governo, único capaz de avaliar se a ação a realizar "vale o sacrifício".

Pode-se chegar agora a uma definição mais sintética de estratégia: "A arte de distribuir e aplicar os meios militares para atingir os fins da política." Realmente, a estratégia se interessa não somente pelo movimento das forças como também pelo efeito provocado pelo seu emprego. Quando a aplicação do instrumento militar se torna uma realidade, as medidas tomadas para o emprego e controle dessa ação tomam o nome de "tática". Apesar de ser assunto bastante controvertido a estratégia e a tática jamais podem ser compartimentadas, pois não só se influenciam mutuamente como, muitas vezes, chegam a se fundir.

Estratégia Superior ou Grande Estratégia

Assim como a tática é a aplicação da estratégia em um escalão mais baixo, a estratégia é a aplicação da "grande estratégia" em um campo especializado, que lhe é subordinado. Embora praticamente sinônimo de política, que tem a seu cargo a direção da guerra, a grande estratégia se diferencia da política que define seu objeto. O termo "grande estratégia" serve para dar um sentido de "execução de uma política", pois seu papel é o de coordenar e dirigir todos os recursos de uma nação ou de um grupo de nações, para a consecução do objeto político, visado com a guerra, que é definido pela política. (*)

(*) O General Armando de Vasconcelos em conferência pronunciada na Escola Superior de Guerra assim se manifesta em relação à política e à estra-

A grande estratégia deve avaliar e fortalecer os recursos econômicos e o potencial humano das nações a fim de suportar as forças armadas. Não deve esquecer os fatores morais, pois incentivar o espírito combativo do povo é muitas vezes mais importante do que possuir formas mais concretas de poder. O poder militar é um dos instrumentos com que conta a grande estratégia para, juntamente com a ação financeira, diplomática, comercial e particularmente ética, enfraquecer a vontade de lutar do adversário. Uma boa causa é ao mesmo tempo uma espada e um escudo. O cavalheirismo na guerra pode ser uma arma muito eficiente para enfraquecer a vontade do adversário e fortalecer o moral dos companheiros.

Enquanto o horizonte da estratégia é limitado pela guerra, a grande estratégia olha mais para a frente, preocupando-se com os problemas da paz subseqüente. Utiliza os instrumentos necessários à conduta da guerra e procura evitar os danos, tendo em vista a paz, preocupando-se com a segurança e a prosperidade. Pode-se atribuir a situação calamitosa dos períodos de após-guerra, nos recentes conflitos armados, ao

---

tégia: "A política abrange a estratégia, ficando esta adstrita ao setor da política sob a ameaça direta ou indireta de antagonismos internos ou externos, existentes ou presumíveis. A política nacional transcende do campo da ação da estratégia. Fixa os objetivos nacionais atuais, admitidos como exeqüíveis em termos de poder em determinado momento; dinamiza sua ação para mantê-los ou conquistá-los, recorrendo à estratégia nacional." "Quando as questões de bem-estar são relegadas a um plano bem baixo, em relação às de segurança nacional, a Política de Segurança Nacional tende a se confundir com a Estratégia Nacional. A Política Nacional, propondo-se a realizar os fins do Estado, no sentido do atendimento das necessidades do bem-estar e da segurança, procura coordenar e dinamizar as atividades nacionais na justa medida da capacidade do Poder Nacional, atual e futuro, regulando a utilização mais conveniente dos meios efetivamente disponíveis, de modo a conciliar as reais possibilidades, em determinado período, com as necessidades impostas na sua formulação." "A Política de Segurança Nacional tem como finalidade preservar a Nação contra as ameaças de antagonismos que possam perturbar ou impedir a ação governamental na consecução e salvaguarda de seus objetivos e deve assegurar o grau relativo de garantia para que as atividades na Nação dentro e fora dos limites territoriais do Estado se desenvolvam nas melhores condições e com o mínimo de riscos na satisfação do interesse nacional. Ela não constitui assim um fim exclusivo mas um meio necessário para que o Estado-Nação sobreviva e realize o destino na plena consciência de suas responsabilidades, a despeito de interesses contrários de outros Estados" (N. do R.)

fato de a grande estratégia ter sido, na ocasião, um campo ainda inexplorado.

Estratégia Pura ou Estratégia Militar

Após ter limpado o caminho podemos agora estabelecer o conceito da estratégia pura ou militar e situá-la no seu verdadeiro nível — a arte do general.

Para que dê resultados a estratégia deve fundamentar-se na perfeita adaptação dos fins aos meios. Realmente, o fim a atingir deve ser compatível com os meios empregados, mesmo quando se trata de conquistar objetivos intermediários. Todo excesso é tão prejudicial quanto as deficiências.

Uma economia de forças, no sentido mais profundo deste termo, tão deturpado, deve resultar de um perfeito ajustamento entre as necessidades e as possibilidades. É verdade que a natureza e a incerteza da guerra, aumentadas com a falta de um estudo científico, não permitem que mesmo os expoentes militares consigam este ajustamento ideal, de modo que todos devem contentar-se com a maior aproximação possível.

Esta relatividade é verdadeira porque, por mais que se ampliem os conhecimentos sobre a ciência da guerra, depende-se da arte para sua execução. Esta arte pode não somente tornar o fim compatível com os meios como, mesmo, valorizar esses meios e permitir a conquista de objetivos mais audaciosos.

Isso vem dificultar qualquer previsão que se deseje fazer porque nenhum homem pode calcular com exatidão a capacidade de gênio ou de estupidez da natureza humana, nem o verdadeiro valor da vontade.

Elementos e Condições

As previsões ou aproximações são muito mais possíveis na estratégia do que na tática, porque na guerra o fator mais imponderável a considerar é a vontade humana, que se manifesta pela sua capacidade de resistência, impossível de ser determinada pela tática. A estratégia, ao contrário, só enfrenta resistências oriundas da natureza e procura atenuar os obstáculos que lhe são oferecidos, pela manobra.

O movimento é executado no campo físico e pode ser organizado em função das condições de tempo, topográficas e da capacidade de transporte (por capacidade de transporte deve-se entender não só a quantidade de meios com os quais a força pode ser transportada e apoiada como também a medida em que isso é possível).

A surpresa é problema do campo psicológico e por isso é muito mais difícil de ser determinada, em conseqüência das múltiplas considerações a que está sujeita, por ser dependente da vontade do adversário.

Quer a estratégia procure explorar a surpresa mais do que o movimento, ou vice-versa, a reação mútua desses fatores se processa em qualquer situação. É o movimento que gera a surpresa e esta que dá impulso ao movimento. Um simples apressamento ou mudança de direção de um deslocamento pode ocasionar a surpresa, embora o movimento não tenha sido realizado em segredo; da mesma maneira a surpresa amacia o caminho para os deslocamentos, perturbando as contramedidas e contramovimentos executados pelo inimigo.

No que tange às relações da estratégia com a tática, conquanto na execução seus limites sejam sempre nebulosos, impedindo que se caracterize quando termina um movimento estratégico e começa um tático, na concepção eles são bem distintos. A tática vive com o combate e sua execução constitui sua finalidade, enquanto a estratégia o tem como limite, com o propósito de fazer que ele tenha as menores proporções possíveis.

Objetivo da Estratégia

As afirmações que se seguem podem ser contestadas por todos aqueles que admitem que a destruição da força inimiga é o único objetivo real da guerra, por todos que sustentam ser a batalha o único objetivo da estratégia ou por aqueles que estão obcecados pelas palavras de Clausewitz de que "O sangue é o preço da vitória." Mas, mesmo admitindo tudo que dizem como verdadeiro, enfrentando assim os defensores dessas idéias em seu próprio campo, a afirmação feita ainda é verdadeira porque, mesmo que a batalha decisiva seja o objetivo primordial, a finalidade da estratégia é fazer que essa batalha seja travada nas condições mais vantajosas possíveis, e quanto mais vantajosas forem essas condições tanto menor será a luta.

A estratégia ideal seria, então, aquela que produzisse uma decisão sem a necessidade de grandes combates. A História, como vimos, oferece exemplos nos quais a estratégia, auxiliada por condições favoráveis, virtualmente produziu tais resultados: a campanha de Ilerda, de César; a campanha de Preston, de Cromwell; a campanha de Ulm, de Napoleão; o cêrco do exército de MacMahon, em Sedan, 1870; o cerco dos turcos nos montes Samaria, em 1918, por Allenby. Modernamente temos um exemplo impressionante e catastrófico, quando os alemães, em 1940, isolaram e cercaram a ala esquerda dos aliados na Bélgica, após a investida de Guderian pelo centro, em Sedan, obtendo com isso o colapso total dos exércitos aliados no continente europeu.

Embora esses sejam exemplos nos quais a destruição das fôrças armadas do inimigo foi conseguida econômicamente, com seu desarmamento após a rendição, tal "destruição" pode não ser essencial para a obtenção de uma decisão e para a consecução do objeto da guerra. No caso de um Estado que procura resolver unicamente seus problemas de segurança, sem se preocupar com conquistas, seu objetivo é atingido quando o perigo que o ameaça é afastado, com o inimigo obrigado a abandonar seu propósito.

A derrota que Belisário sofreu em Sura, quando atendeu aos desejos de sua tropa de buscar uma "vitória decisiva", depois de os persas já terem desistido de sua tentativa de invasão da Síria, é exemplo bastante claro de um esfôrço e um risco empenhados desnecessariamente. Mas a maneira de como ele anulou a invasão posterior, mais perigosa, expulsando os persas da Síria, representa, talvez, o exemplo mais impressionante da História, da maneira de se conseguir uma decisão no campo da grande estratégia, pela estratégia pura. Neste caso a ação psicológica foi tão eficaz que o inimigo abandonou seu propósito sem ter sido necessária qualquer ação física.

Embora tais vitórias, sem derramamento de sangue, tenham sido muito raras, esse caráter de exceção vem aumentar, em lugar de diminuir, seu valor, como uma indicação da potencialidade latente da estratégia e da grande estratégia. Apesar da experiência obtida com a guerra durante séculos, mal se começa, agora, a explorar o terreno da guerra psicológica.

Através de um estudo aprofundado da guerra Clausewitz chegou à seguinte conclusão: "Toda ação militar é impregnada pelas forças da inteligência e de seus efeitos." Apesar disso as nações em guerra sempre procuraram, ou a isso foram arrastadas pela paixão, ignorar as implicações de tal verdade. Em lugar de usar a inteligência preferiram bater a cabeça contra a parede mais próxima.

Incumbe normalmente ao governo, responsável pela grande estratégia da guerra, decidir se a estratégia deve atingir o objetivo que lhe é atribuído numa batalha em que se busque uma decisão militar ou por outros meios. Assim, como o instrumento militar é apenas um dos meios de que dispõe a grande estratégia — um dos instrumentos da caixa de um cirurgião — a batalha é, também, um dos meios que possui a estratégia para atingir seu objetivo.

Suponhamos que um estrategista está incumbido de procurar uma decisão militar. Ele deve procurá-las nas condições mais vantajosas, para dela poder tirar os resultados mais proveitosos. Portanto, sua maior preocupação não é procurar o combate, e sim procurar uma situação estratégica tão vantajosa que, se não produzir por si própria a decisão, esta seja seguramente obtida por sua continuação através de uma batalha. Em outras palavras, o desequilíbrio é o objetivo da estratégia; sua conseqüência pode ser a desagregação do inimigo ou sua destruição mais fácil na batalha. A desagregação pode envolver certo grau parcial de luta mas esta não tem o caráter de uma batalha.

Ação da Estratégia

Como é produzido o desequilíbrio estratégico? No campo físico ou "logístico" é o resultado de uma manobra que:

a) perturbe o dispositivo do inimigo e, forçando-o a repentina "mudança de frente", desequilibre o desdobramento e a organização de suas forças;

b) separe suas forças;

c) ameace seus suprimentos;

d) ameace o eixo ou eixos pelos quais ele possa retirar-se em caso de necessidade e de restabelecer-se em sua base ou em sua pátria.

O desequilíbrio pode ser produzido por um único desses efeitos mas, com muito mais freqüência, é conseqüência de vários deles. A diferenciação é difícil porque uma ação dirigida contra a retaguarda do inimigo tende a combinar esses efeitos. A influência de cada um deles varia e tem variado em toda a História com o efetivo dos exércitos e com a complexidade de sua organização. Com exércitos que "vivem da região", tirando seus suprimentos do local por meio de saque ou requisição, a linha de comunicações tem importância desprezível. Mesmo com o atual progresso militar, quanto menor for a força tanto menos depende da sua linha de comunicações para seus suprimentos. Quanto maiores seus efetivos e mais complexa sua organização tanto mais imediata e séria é a ameaça à sua linha de comunicações.

Quando os exércitos não dependem fundamentalmente de seus suprimentos a estratégia tem seu campo de ação diminuído. Entretanto, mesmo nesses casos, estrategistas capazes ainda conseguiram, ameaçando a retaguarda do inimigo, desequilibrando seu dispositivo ou agindo contra seus suprimentos locais, obter resultados decisivos antes mesmo de travada a batalha.

Para serem eficazes esses golpes devem ser desencadeados em pontos mais próximos, no tempo e no espaço, dos exércitos inimigos do que de suas comunicações. Por isso é que nas guerras antigas é muito difícil de se distinguir a manobra tática da estratégica.

No campo psicológico o desequilíbrio resulta dos efeitos que essas ações físicas exercem na mente do comandante inimigo. A impressão causada torna-se mais acentuada quando a sensação que ele tem de se encontrar em situação desvantajosa ocorre de maneira repentina, dando-lhe a sensação de estar incapacitado de reagir. O desequilíbrio psicológico dá-lhe uma impressão de se encontrar preso numa armadilha.

É este o motivo por que o desequilíbrio psicológico é geralmente obtido após a ação realizada contra a retaguarda inimiga. Um exército, como um homem, não pode defender convenientemente suas costas de um golpe sem se virar para usar seus braços nessa nova direção. Esta ação de "virar" é que desequilibra temporariamente tanto um exército como um homem e, no primeiro caso, o período de instabilidade é inevitavelmente mais longo. É por isso que o cérebro é por demais sensível a qualquer ameaça feita pelas costas.

Ao contrário disso, uma pressão exercida diretamente contra o adversário só serve para consolidar seu equilíbrio porque, no caso de um exército, força o inimigo a recuar em direção às suas reservas, suprimentos e reforços, de modo que, à medida que a frente original é empurrada para trás, novas camadas vão sendo acrescidas na retaguarda. Na pior hipótese isso determina uma tensão em lugar de provocar um choque.

Assim, a manobra que desborde a frente inimiga, visando sua retaguarda, tem como objetivo não somente evitar maior resistência à progressão como também influenciar o resultado final, pois, em outras palavras, *segue a linha de menor resistência*. No campo psicológico esta linha equivale à *de menor expectativa*. Ela constitui as duas faces de uma mesma moeda e levar em conta isso é ampliar nosso conhecimento de estratégia, pois seguir o que obviamente parece linha de menor resistência é desejar aí encontrar o inimigo, o que faz que ela deixe de ser a linha de menor resistência...

O aspecto físico jamais deve ser estudado em separado do psicológico, pois somente quando ambos estão combinados é que a estratégia se transforma numa ação indireta destinada a desequilibrar o adversário.

O mero ato de marchar indiretamente sobre o inimigo ou sobre a retaguarda de seu dispositivo não constitui uma ação estratégica indireta. A arte estratégica não é assim tão simples. Tal ação pode ser indireta em relação à frente ocupada pelo inimigo mas, pelo seu próprio caráter direto de marcha contra sua retaguarda, dá margem para que ele modificando a frente de seu dispositivo, em tempo suficiente, a transforme numa ação direta.

Para evitar tal mudança de frente é geralmente necessário que a manobra que vai ocasionar o desequilíbrio seja precedida de outra, ou de várias outras, comumente chamadas de "diversionárias", destinadas a desviar a atenção do adversário para outro lugar. O propósito dessa ação diversionária é *privar o inimigo de sua liberdade de ação* e ela deve ocasionar efeitos tanto no campo físico quanto no psicológico. No físico deve acarretar a distensão das forças inimigas ou seu emprego para fins improfícuos, de modo que fiquem largamente desdobradas e comprometidas, sem possibilidades de interferir na região onde se travará o combate que se pretende ser decisivo. No psicológico deve obter os mesmos efeitos tirando proveito dos temores do adversário e iludindo-o.

"Stonewall" Jackson expressou com muita habilidade isso em seu lema estratégico: "Confunda, desoriente e surpreenda." Com efeito, confundir e desorientar significam exercer uma ação diversionária na mente do comandante, enquanto a surpresa é o elemento essencial para o "desequilíbrio". É através de uma ação diversionária exercida sobre o espírito do comandante inimigo que se obtém a "diversão" de suas forças. A perda de sua liberdade de ação é conseqüente da perda de sua liberdade de concepção.

Uma apreciação mais profunda que conclua que a esfera psicológica impregna e domina a esfera física só tem valor indireto, pois desperta nossa atenção para o erro e a frivolidade de se querer analisar e teorizar a estratégia em termos de matemática. Tratá-la quantitativamente, como se a questão fosse simplesmente concentrar forças em um local escolhido, é tão errado quanto tratá-la geometricamente, como se fosse uma questão de ângulos e linhas.

Ainda mais longe da verdade, porque na prática conduz a um beco sem saída, é a tendência dos livros didáticos de tratar a guerra simplesmente como uma questão de concentração de um efetivo superior de forças. Em sua célebre definição de economia de força, Foch afirmou: "É a arte de lançar todos os recursos em determinado momento, num único lugar; de ali fazer uso de *todas* as forças e, para tornar tal coisa possível, de fazer essas forças comunicarem-se permanentemente entre si, em lugar de dividi-las e atribuir a cada fração uma função fixa e invariável; e, em sua segunda parte, após um resultado ter sido obtido, é a arte de dispor novamente as tropas de modo a convergirem sobre um novo e único objetivo e atuar contra ele."

Seria mais exato e lúcido dizer que um exército deve ser sempre desdobrado de modo que suas frações possam ajudar-se entre si e combinarem-se para produzir a máxima concentração *possível* de força em um único lugar, ao mesmo tempo que um mínimo de força *necessária* é empregado em outra parte, para assegurar o êxito da concentração.

Concentrar tudo é um ideal irrealizável e perigoso, mesmo como hipérbole. Além disso, na prática, o "mínimo necessário" pode representar uma proporção do total muito maior do que o "máximo possível". Pode-se, mesmo, afirmar como verdade que, quanto maior o efetivo da força empregada para a "diversão" do inimigo, tanto maior é a probabilidade de a concentração atingir seu objetivo, pois de outra forma poderá chocar-se contra um objetivo por demais sólido e ser despedaçada.

A superioridade local onde se pretende obter a decisão não é suficiente, a menos que esse local não possa ser reforçado *em tempo* pelo adversário. Raramente isso é suficiente, a não ser quando o inimigo aí seja numericamente inferior e tenha sido moralmente enfraquecido. Napoleão sofreu alguns de seus piores reveses por ter desprezado esses ensinamentos, e a necessidade da realização da ação diversionária cresceu mais ainda nos tempos modernos devido às características das armas atualmente existentes.

Bases da Estratégia

Uma verdade profunda que Foch e outros discípulos de Clausewitz não perceberam inteiramente é que na guerra cada problema e cada princípio apresentam uma dualidade. Como numa moeda, eles possuem duas faces. Daí a necessidade de uma acomodação bem feita para que se possa ter uma solução conciliatória. Esta é a conseqüência inevitável de a guerra ser uma aventura entre duas partes que impõe a necessidade de uma defender-se enquanto a outra ataca. Um corolário que disso pode ser deduzido é que para se obterem resultados positivos, no ataque, é necessário fazer que o inimigo se desproteja. Uma concentração eficiente só pode ser conseguida quando as forças inimigas estão dispersas e, em geral, para se obter isso é necessário que nossas próprias forças estejam amplamente desdobradas. Assim, por um paradoxo aparente, a verdadeira concentração é produto da dispersão.

Outra conseqüência da existência de dois partidos em luta é que para se ter certeza da conquista de um objetivo é necessário que se tenha *objetos alternativos*. Nisto se nota um contraste vital com a doutrina unilateral de Foch e seus adeptos, no século XIX, um contraste do prático com o teórico. Se o inimigo tiver conhecimento exato do local que será visado ele terá grande probabilidade de aí proteger-se e, conseqüentemente, de frustrar a ação contra ele desencadeada. Mas, se for tomada uma direção que ameace objetivos diferentes, a mente e as forças do inimigo estarão sendo perturbadas. Este é, ademais, o método mais econômico para a "ação diversionária", pois permite manter proporção das forças disponíveis na direção do objetivo realmente visado, reconciliando, assim, a exigência da concentração com a necessidade de dispersão.

A inexistência de um objetivo alternativo é contrária à própria natureza da guerra. Peca contra a luz que Bourcet lançou no século XVIII, com seu penetrante ditado: "Todo plano de campanha deve ter várias ramificações e ser tão bem concebido que nenhuma dessas variantes possa deixar de ter êxito." Essa foi a luz que seu herdeiro militar, o jovem Napoleão Bonaparte, seguiu ao procurar sempre, como dizia, "faire son thème en deux façons". Setenta anos mais tarde Sherman voltaria, pela reflexão, a reaprender na experiência a mesma lição, quando cunhou sua famosa máxima: "Colocar o inimigo nas alternativas de um dilema." Em qualquer problema, onde estão presentes forças antagônicas que não podem ser controladas, deve-se prever e prover linhas de ações diferentes. A adaptabilidade é a lei que governa a sobrevivência, tanto na guerra como na vida, pois a guerra nada mais é do que uma forma concentrada da luta do homem contra o ambiente que o cerca.

Para ser prático qualquer planejamento deve levar em conta o poder do inimigo a fim de frustrá-lo e isso pode ser obtido com um plano bastante flexível, que possa ser adaptado às circunstâncias. Para conservar essa adaptabilidade, sem que se perca a iniciativa, é necessário agir numa direção que ofereça objetivos alternativos porque, desse modo, o adversário é colocado "nas alternativas de um dilema", o que irá contribuir decisivamente para a conquista de, pelo menos, um dos objetivos pretendidos (o que estiver menos protegido) e, talvez, a conquista subseqüente de outro.

No campo tático, onde o dispositivo do inimigo provavelmente é função do terreno, isso talvez seja mais difícil de ser obtido do que no plano estratégico, onde o inimigo apresenta, certamente, objetivos como centros industriais ou ferroviários que precisa proteger, dando margem a que sejam escolhidos objetivos capazes de o colocar num dilema. Pode-se, também, obter vantagens semelhantes adaptando a direção do esforço ao grau de resistência encontrado e explorando qualquer ponto fraco que se descubra. Um plano, como uma árvore, deve ter muitos galhos para que produza frutos. Um plano com um único objetivo é como um poste nu.

Corte das Comunicações

No planejamento de qualquer ação contra as comunicações do inimigo, quer tenha a forma de um desbordamento de flanco ou de uma rápida penetração por uma brecha aberta em sua frente, um dos problemas a considerar é o da escolha do objetivo — saber se a ação deve ser dirigida contra a retaguarda imediata ou mais para trás da retaguarda do inimigo.

Estudando essa questão, na época em que as primeiras forças mecanizadas foram empregadas, ainda com seu emprego estratégico em observação, procurei orientar-me analisando os reides da cavalaria realizados no passado, especialmente nas guerras em que as ferrovias começavam a ser utilizadas. Embora tais reides tivessem menos potência que os de forças mecanizadas, essa diferença serviria para acentuar, mais do que diminuir, a significação da evidência que desejaria obter. Com os necessários ajustamentos podem ser tiradas as seguintes conclusões:

— Em geral, quanto mais perto da força interessada for realizado o corte de suas comunicações, mais *imediato* será seu efeito; quanto mais perto da base de operações tanto *maior* será seu resultado. Em qualquer dos casos o efeito torna-se mais rápido e maior quando a operação é realizada contra uma força em movimento.

— A escolha da direção de operação dessa natureza depende da posição estratégica ocupada pelo inimigo e das condições de funcionamento de seus suprimentos, isto é, do número de estradas utilizadas, da possibilidade de substituição desses eixos, da quantidade de suprimentos anteriores estocados em depósitos avançados etc. Depois de considerados esses fatores devem ser reconsiderados, à luz da *acessibilidade* dos vários objetivos possíveis, isto é, da distância, dos obstáculos naturais e da oposição que pode ser encontrada. Em geral, quanto maior a distância a ser vencida, tanto maior o número de obstáculos naturais que podem ser encontrados e menor a oposição.

Assim, a menos que os obstáculos naturais sejam muito difíceis ou que o inimigo goze de excepcional independência de suprimento em relação à sua base, maior sucesso e maior efeito serão obtidos com o corte das comunicações realizado o mais à retaguarda possível.

— Embora um golpe executado nas imediações da retaguarda da força inimiga possa ter maior efeito sobre a mente das tropas, outro executado mais para trás pode provocar maiores conseqüências, em virtude de atuar mais diretamente sobre a mente do seu comandante.

— Os reides de cavalaria do passado muitas vezes perderam sua eficiência devido à falta de cuidado na execução da parte final da missão — a referente às destruições — fazendo que seu valor potencial fosse indevidamente subestimado. Deve-se perceber, também, que o fluxo de suprimentos pode ser interrompido não apenas pela destruição dos eixos como pela interceptação efetiva ou ameaça de interceptação dos comboios ferroviários ou de viaturas. Essa última forma de interrupção aumentou de importância com o desenvolvimento das forças mecanizadas, devido à sua flexibilidade e capacidade e manobra em qualquer terreno.

Essas conclusões foram confirmadas pela experiência da Segunda Guerra Mundial e particularmente pelo efeito catastroficamente paralisante, físico e psicológico, ocasionado quando as forças "panzer" de Guderian, avançando muito à frente dos principais exércitos alemães, cortaram as comunicações dos exércitos aliados onde estas cruzavam a recuadíssima linha do Somme, em Amiens e Abbeville.

O Método de Avançar

Até o fim do século XVIII a regra era marchar, tanto estratégica (para o campo de batalha), como taticamente (no campo de batalha), fisicamente emassado. Napoleão, explorando as idéias de Bourcet e o novo sistema divisionário, utilizou novo método para seus deslocamentos estratégicos, fazendo que seu exército se movimentasse em frações independentes. Entretanto, os deslocamentos táticos continuaram a ser feitos em formações maciças. Já nos fins do século XIX, com o aperfeiçoamento das armas de fogo, o deslocamento tático tornou-se disperso, isto é, feito em pequenas formações, para que assim fosse diminuído o efeito do fogo. Mas o avanço estratégico voltou a ser feito em formação concentrada, devido, em parte, à influência das ferrovias e do aumento de efetivos das forças empregadas no combate e, de outra, a uma compreensão errônea do método napoleônico.

Uma volta ao sistema de deslocamento estratégico disperso seria necessária para que se revivesse a arte e o efeito da estratégia. Novas condições, decorrentes do poder aéreo e do desenvolvimento da motorização, vieram a tornar obrigatório o deslocamento estratégico em formação dispersa. O perigo aéreo, a necessidade de dissimulação e do aproveitamento integral da mobilidade mecanizada, impuseram que as forças que se deslocam fossem desdobradas em largura, dentro dos limites impostos pela necessidade de coesão. Isso atualmente tornou-se essencial com o aparecimento das armas atômicas. O progresso nas radiocomunicações permitiu que se pudesse conciliar a necessidade da dispersão com as exigências do controle.

Em lugar de exercer uma ação concentrada com fôrças emassadas devemos, de acordo com a situação, escolher uma das seguintes soluções:

(1) Marchar em formação dispersa e se concentrar sobre um único objetivo, isto é, contra um objetivo;

(2) Marchar em formação dispersa e se concentrar contra uma série de objetivos, isto é, objetivos sucessivos;

(Qualquer desses deslocamentos exigirá movimentos preliminares para desviar a atenção e as forças do inimigo, a menos que a ameaça a objetivos diferentes permita obter esse efeito diversionário, face à perplexidade em que fica colocado o inimigo.)

(3) Marchar em formação dispersa e se concentrar contra objetivos distribuídos, isto é, contra objetivos diferentes, simultâneamente.

(Com as novas condições da guerra o efeito *cumulativo* de êxitos parciais ou mesmo da simples ameaça a diversos pontos pode ser maior que um êxito completo obtido sobre um só ponto.)

A eficiência do emprego dos exércitos depende do aperfeiçoamento desses novos métodos, que objetivam penetrar e dominar áreas em lugar de conquistar linhas; paralisar praticamente a ação do inimigo, em lugar de teoricamente procurar esmagar suas fôrças. A fluidez da força pode obter êxitos onde a concentração obteria apenas uma perigosa rigidez.

CAPÍTULO XX

A ESSÊNCIA CONCENTRADA DA ESTRATÉGIA E DA TÁTICA

Este breve capítulo é uma tentativa de epitomar, da história da guerra, algumas verdades, fruto da experiência, que parecem tão universais e tão fundamentais a ponto de serem consideradas axiomáticas.

São guias práticos e não princípios abstratos. Napoleão compreendeu que só o prático é útil quando nos deu suas máximas. Todavia, a tendência moderna tem sido expressar em uma única palavra princípios que, para serem posteriormente explicados, necessitam de milhares de palavras. Tornam-se eles tão abstratos que apresentam significação diferente para pessoas diferentes e para terem qualquer valor exigem que o indivíduo, que os analisa, tenha conhecimentos da guerra. A procura de tais abstrações onipotentes, que mais parecem miragens, inatingíveis e sem utilidade, só se justifica como exercício intelectual.

Os princípios de guerra, e não simplesmente um princípio, podem ser condensados numa única palavra: concentração. Mas, a bem da verdade, é preciso acrescentar: "concentração da força contra a fraqueza". E, para que isso possa ter algum valor, é necessário que se explique que esta concentração da força contra a fraqueza só é possível pela dispersão do poder oponente, provocada pelo desdobramento de nossas forças numa situação tal que aparente e dê a impressão parcial de dispersão. Nossa dispersão, a dispersão do inimigo, nossa concentração — tal é a seqüência a ser seguida e cada uma dessas ações é conseqüência da anterior. A verdadeira concentração é fruto de uma dispersão planejada.

Este é um princípio fundamental cuja compreensão pode evitar o erro fundamental (e muito comum) de se dar ao adversário liberdade e tempo para se concentrar oportunamente e enfrentar nossa concentração. Mas enunciar, exclusivamente, o princípio não constitui ajuda prática para sua execução.

Os axiomas que se seguem (aqui expressos como máximas) não podem ser condensados em uma única palavra, mas podem ser enunciados com um mínimo de palavras, suficiente para lhes dar um caráter prático. São oito ao todo, até agora, sendo seis positivos e dois negativos. Aplicam-se tanto à estratégia como à tática, a não ser quando houver indicação em contrário.

Positivos

1. *Ajuste seu fim a seus meios.* Uma visão clara e um raciocínio frio devem prevalecer por ocasião da escolha do objeto da guerra. É loucura querer "abocanhar mais do que se pode mastigar" e é uma prova de sabedoria analisar os fatos friamente, embora sem perder o otimismo: a fé pode realizar o aparentemente impossível quando a ação for iniciada. A confiança é como a corrente de uma bateria: evite esgotá-la com esforços inúteis, sempre lembrando que a determinação que você possui de nada adiantará se as células da sua bateria — os homens de quem você depende — tiverem sido esgotadas.

2. *Conserve seu objeto sempre em mente* quando tiver que adaptar seu plano "à situação". Recorde que existe mais de um caminho para atingir seu objeto, mas lembre-se de que qualquer objetivo a ser conquistado deve estar relacionado com seu objeto. Ao escolher possíveis objetivos verifique as vantagens que acarretam para a consecução do objeto pretendido — vaguear por um desvio é ruim mas chegar a um beco sem saída ainda é pior.

3. *Escolha a linha (ou curso de ação) de menor expectativa.* Procure colocar-se no lugar do inimigo e verificar qual a linha de ação menos provável a ser prevista ou prevenida.

4. *Explore a direção de menor resistência* desde que possa conduzir a qualquer objetivo que contribua para a consecução de seu objeto básico. (Na tática esta máxima aplica-se ao emprego de suas reservas e na estratégia à exploração de qualquer êxito tático).

5. *Opere em uma direção que ofereça objetivos alternativos.* Desse modo o adversário será colocado nas "alternativas de um dilema", o que muito contribuirá para a conquista de, pelo menos, um objetivo — aquele que estiver menos protegido — e possivelmente permitirá a conquista posterior de outro. Uma linha de ação que ameace simultâneamente diversos objetivos abre a oportunidade de conquista de um deles, pelo menos, ao passo que aquela que estabelece um só objetivo, a menos que o inimigo esteja numa inferioridade desesperadora, deixa em dúvida a sua conquista, pois o inimigo sabe para onde se dirige a ação. (Esta máxima aplica-se particularmente à estratégia, mas deve ser utilizada na tática sempre que possível e se constitui, mesmo, a base da tática de infiltração.)

6. *Cuide para que seu plano e seu dispositivo sejam flexíveis e adaptáveis à situação.* Seu plano deve prever e prover a manobra a ser realizada em caso de êxito, de fracasso ou de êxito parcial, que é o caso mais comum na guerra. Seu dispositivo (ou formação) deve ser de molde a permitir a exploração do êxito ou uma adaptação à situação, no menor tempo possível.

Negativos

7. *Não exerça um esforço enquanto o adversário estiver em guarda,* isto é, em boa situação para detê-lo ou para esquivar-se. A experiência da História mostra que, salvo contra um adversário muito inferior, nenhuma ação é eficaz enquanto a capacidade de resistência ou de fuga do adversário não esteja neutralizada. Dêsse modo, nenhum comandante deve lançar um ataque contra úm inimigo organizado antes de verificar se ele está paralisado. Esta paralisia é produzida pela *desorganização* e seu equivalente moral, a *desmoralização.*

8. *Não renove um ataque na direção em que fracassou uma vez.* Um reforço não é uma providência suficiente, pois é provável que o inimigo também se tenha reforçado nesse intervalo. É também provável que o fracasso do ataque tenha levantado o moral do inimigo.

A verdade essencial que se esconde nessas máximas é que, para se obter êxito, dois problemas principais devem ser resolvidos: desequilíbrio e exploração. Um precede e o outro sucede ao golpe executado que, comparativamente, é um ato simples. É impossível ferir o inimigo mortalmente sem que inicialmente seja criada a oportunidade para isso; é impossível obter um efeito decisivo sem que seja explorada a segunda oportunidade que surge antes que o inimigo tenha tido tempo para se recuperar.

A importância desses dois problemas nunca foi adequadamente reconhecida, fato que muito contribui para explicar a indecisão nas guerras. O treinamento dos exércitos visa principalmente desenvolver sua eficiência na execução detalhada do *ataque*. Essa preocupação com a técnica tática tende a obscurecer o elemento psicológico. Incentiva o culto da rigidez em vez do da surpresa. Cria comandantes tão preocupados em nada fazer, em contrário ao que estabelecem os "manuais", que geralmente se esquecem da necessidade de levar o inimigo a fazer algo errado. O resultado é que seus planos não dão resultado porque na guerra é por meio de erros provocados que se conseguem êxitos.

Aqui e acolá um comandante foge ao que é "óbvio" e encontra no inesperado a chave de uma decisão, a menos que a sorte tenha sido adversa, porque jamais se pode divorciar a sorte da guerra, uma vez que a guerra é parte da vida. Se o inesperado não garante o êxito assegura uma grande probabilidade de sua obtenção.

CAPÍTULO XXI

OBJETIVO NACIONAL E OBJETIVO MILITAR

Ao discutir o tema do "objetivo" na guerra é necessário que se estabeleça, de início, a distinção existente entre objetivo político e objetivo militar. Embora diferentes eles não podem ser separados, porque as nações não se empenham em guerra por amor à guerra e sim para a consecução de uma política. O objetivo militar é apenas o meio de atingir um fim político. Daí ser ele governado pelo objetivo político, sujeito, entretanto, à exigência essencial de que a política não deve exigir o que for militarmente impossível.

Desse modo qualquer estudo que se faça sobre o problema deve ser iniciado e terminado no campo da política.

O termo "objetivo", embora de uso comum, não satisfaz inteiramente à distinção que se deseja fazer, pois tendo sentido físico e geográfico tende a confundir o pensamento. Seria melhor empregar a palavra "objeto" para definir os propósitos da política e "objetivo militar" para significar a maneira como as forças devem ser utilizadas a serviço da política.

A finalidade da guerra, em nosso ponto de vista, é assegurar uma paz em melhores condições. Daí ser essencial que a guerra seja conduzida com a preocupação constante da obtenção da paz que se deseja. Isso se aplica indiferentemente às nações agressoras, que procuram expandir-se, e às nações pacíficas, que lutam pela sua sobrevivência, embora seja bem diferente a significação que possam atribuir a uma paz melhor.

A História nos mostra que as vitórias militares não atendem, muitas vezes, ao objeto da política. Entretanto, como a maioria das idéias a respeito da guerra tem sido elaborada por militares profissionais, há uma tendência natural para perder de vista o objeto nacional básico e identificá-lo como objetivo militar, considerado como um fim e não como um meio destinado a atingir o fim que se deseja. Os efeitos perniciosos foram ainda maiores porque desde que se perdeu de vista a adequada relação existente entre o objeto e o objetivo militar, entre a política e a estratégia, a significação de objetivo militar ficou deturpada e excessivamente simplificada.

Para que se compreenda inteiramente o problema, essencialmente complexo, é necessário conhecer o pensamento militar sobre a matéria, durante os dois últimos séculos, e perceber como evoluíram as concepções a respeito.

Durante mais de um século o cânone básico da doutrina militar foi que "a destruição das forças principais do inimigo no campo de batalha" constituía o único e verdadeiro objetivo da guerra. Isso foi universalmente aceito, impresso em todos os manuais militares e ensinado em todas as escolas de Estado-Maior. Se algum estadista ousasse duvidar que isso não satisfazia os interesses do objeto nacional, em qualquer circunstância, era considerado como tendo violado, sacrilegamente, as Sagradas Escrituras, conforme se pode observar estudando os registros oficiais e as memórias dos chefes militares das nações beligerantes, particularmente durante e após a Primeira Guerra Mundial.

Regra tão obsoleta teria espantado os grandes comandantes e professores da teoria da guerra em épocas anteriores ao século XIX, pois eles reconheciam a necessidade prática e a sabedoria de uma adaptação dos objetivos às limitações do poder e da política.

A Influência de Clausewitz

A regra adquiriu uma dogmática rigidez devido, em grande parte, à influência póstuma de Clausewitz e de seus livros sobre a mente dos soldados prussianos e particularmente de Moltke. Esta rigidez ainda mais se consolidou após o impacto que suas vitórias de 1866 e 1870 causaram sobre os exércitos do mundo que copiaram muitas das características do sistema prussiano. Desse modo é de vital importância que se faça um exame da teoria de Clausewitz.

Como acontece freqüentemente os discípulos de Clausewitz levaram seus ensinamentos a um extremo não desejado pelo mestre. Ter suas obras mal interpretadas tem sido o destino comum da maioria dos profetas e pensadores de todas as esferas. Discípulos devotos, mas sem compreensão, têm causado mais danos a uma concepção original do que adversários cheios de preconceitos, mas com pouca visão. Deve-se admitir, porém, que Clausewitz, mais do que seus semelhantes, favoreceu esta má interpretação. Estudante de Kant, em segunda mão, adquiriu uma filosófica maneira de se expressar, sem possuir verdadeiro espírito filosófico. Sua teoria da guerra foi exposta de maneira muito abstrata e complexa para que mentalidades militares comuns, essencialmente objetivas, pudessem seguir o curso de sua argumentação que, com freqüência, recuava da direção para onde aparentemente se dirigia. Impressionados, mas ofuscados, arquejavam ao enfrentar suas frases mais vivas, percebendo nelas apenas o superficial e perdendo o fio mais profundo de seu pensamento.

A maior contribuição de Clausewitz para a teoria da guerra foi a ênfase que deu aos fatores psicológicos. Erguendo sua voz contra a escola geométrica da estratégia, então em moda, mostrou que o espírito humano é infinitamente mais importante que linhas e ângulos operacionais. Discutiu as conseqüências do perigo e da fadiga, o valor da ousadia e da determinação, com profundo conhecimento.

Foram seus erros, entretanto, que exerceram maior influência no curso subseqüente da História. Ele tinha uma visão muito terrestre para compreender a significação do poder naval. Ela era curta demais, pois já nos umbrais da era mecânica proclamava Clausewitz sua convicção de que "a superioridade em número se torna dia a dia mais decisiva". Esse "mandamento" serviu para reforçar o instinto conservador dos militares em sua resistência às possibilidades da nova forma de superioridade que a invenção mecânica cada vez mais proporcionava. Deu, também, poderoso impulso à extensão universal e ao estabelecimento permanente do método de conscrição, como um meio simples de aumentar o efetivo dos exércitos. A aplicação desse processo, por falta de uma adaptação psicológica, tornou entretanto os exércitos mais sujeitos ao pânico e ao colapso repentino. O método anteriormente utilizado, por menos sistemático que fosse, tendia a fazer que as forças fossem formadas de bons "animais combatentes".

Clausewitz não trouxe para a tática ou estratégia nenhuma idéia nova ou notavelmente progressista. Foi mais um pensador *codificador* do que *criador* ou *dinâmico*. Não provocou na guerra nenhum efeito revolucionário, como a teoria do "sistema divisionário" ocasionou no século XVIII ou a teoria de mobilidade blindada no século XX.

No entanto, ao procurar traduzir a experiência das guerras napoleônicas, deu tanta importância a certos aspectos já ultrapassados que ajudou a provocar o que poderia ser qualificado como "uma revolução ao inverso", uma volta ao sistema da guerra tribal.

Teoria do Objetivo Militar de Clausewitz

Ao definir objetivo militar Clausewitz deixou-se levar por sua paixão pela lógica pura: "O objetivo de qualquer ação na guerra é desarmar o inimigo e mostraremos agora que isso, *pelo menos em teoria*, é indispensável. Para que o adversário seja levado a curvar-se diante de nossa vontade, devemos colocá-lo em uma situação que lhe seja mais opressiva do que o sacrifício que exigimos; contudo as desvantagens dessa posição, naturalmente, não devem ser de natureza transitória, pelo menos na aparência, pois nesse caso o inimigo, em vez de ceder, resistiria na esperança de uma mudança para melhor. Qualquer mudança dessa posição, ocasionada pela continuação da guerra, deve portanto ser para pior."

"A pior situação em que pode ser colocado um beligerante é ser desarmado completamente. Portanto, para que o inimigo seja levado à submissão... deve ser positivamente desarmado ou colocado em tal posição que fique ameaçado disso. Daí se deduz que o completo desarmamento ou aniquilamento do inimigo... deve ser sempre o objetivo da guerra."

A influência de Kant pode ser percebida no dualismo de pensamento de Clausewitz — ele acreditava num mundo perfeito (militar) de idéias, reconhecendo, ao mesmo tempo, um mundo temporal no qual essas idéias só podiam ser executadas imperfeitamente. Era capaz de distinguir entre o que se apresentava como ideal militar e o que descrevia como "uma modificação na realidade". Assim escreveu: "Raciocinando no abstrato a mente não pode deixar de ir ao extremo... Tudo, porém, toma forma diferente quando se passa da abstração para a realidade." "Este objeto da guerra no abstrato... o desarmamento do inimigo, raramente é atingido na prática e não é condição necessária à paz."

A tendência de Clausewitz pelos extremos é mostrada novamente em sua discussão sobre "a batalha como um meio para o fim da guerra":

Começa com esta surpreendente afirmação: "Existe apenas um único meio, que é a luta." Justifica isso com uma longa argumentação para mostrar que em toda forma de atividade militar "a idéia de luta é necessariamente básica". Tendo provado caprichosamente o que a maioria das pessoas estaria disposta a aceitar sem discussão, Clausewitz diz que "a finalidade de um combate nem sempre é a destruição das forças inimigas... seu objeto pode ser, muitas vezes, atingido também sem ser absolutamente necessário que ocorra o combate".

Além disso Clausewitz reconhecia que "o desgaste de nossas próprias forças militares será, *ceteris paribus*, sempre maior quanto mais se buscar como objetivo a destruição do poder inimigo. O perigo está em que a procura de um resultado mais eficiente é uma faca de dois gumes que pode voltar-se contra nós em caso de insucesso".

Por sua própria boca Clausewitz expressou aqui profético veredicto sobre as conseqüências da obediência ao seu próprio evangelho, adiantando-se ao que se passou nas primeira e segunda guerras mundiais, pois foi o aspecto ideal, e não o prático, dos seus ensinamentos sobre a batalha que sobreviveu.

Ele contribui para essa distorção quando argumentou que somente para evitar os riscos da batalha é que "quaisquer outros meios devem ser empregados". E fez essa distorção se fixar na mente de seus discípulos ao martelar no ideal abstrato.

Nem um só, entre cem leitores, teria probabilidade de acompanhar as sutilezas de sua lógica ou manter-se em equilíbrio no meio de tal prestidigitação filosófica. No entanto, todos eram capazes de aprender frases sonoras como estas:

"Temos apenas um único objetivo na guerra: a batalha."

"A solução sangrenta da crise, o esforço para a destruição das forças inimigas, tudo isto é filho primogênito da guerra."

"Somente batalhas grandes e generalizadas podem produzir grandes resultados."

"Não demos ouvido aos generais que conquistam sem grande derramamento de sangue."

Pela repetição dessas frases Clausewitz borrou os contornos, já indistintos, de sua filosofia e a transformou num mero refrão de marcha — uma "Marselhesa" prussiana que inflamou o sangue e intoxicou a mente. Na transfusão tornou-se uma doutrina adequada para formar cabos e não generais. Com efeito, fazendo que a batalha se mostrasse como a "única atividade real da guerra", seu evangelho privou a estratégia de seus lauréis e reduziu a arte da guerra à mecânica de uma carnificina em massa. Incentivou, também, os generais a procurarem combate na *primeira* oportunidade em lugar de esperarem por uma *oportunidade* vantajosa.

Clausewitz contribuiu para a subseqüente decadência da arte do general quando num dos seus trechos mais citados escreveu:

> "Filantropos podem facilmente imaginar que existe um método engenhoso de desarmar e vencer o inimigo sem grande derramamento de sangue e que essa é a tendência adequada da Arte da Guerra... Esse é um erro que deve ser extirpado."

É evidente que, quando escreveu isso, Clausewitz não fez uma pausa para refletir que aquilo que estava desacreditando havia sido considerado como o objetivo apropriado da arte do general por todos os mestres da arte da guerra, aí incluído o próprio Napoleão.

A frase de Clausewitz seria daí por diante empregada por inúmeros autores, menos esclarecidos, para desculpar a até mesmo justificar um fútil desperdício de vidas em impetuosos assaltos frontais.

O perigo aumentou devido à maneira como ele se referia constantemente à decisiva importância da *superioridade numérica*. Com penetração mais profunda salientou em um trecho que "a surpresa é o fundamento de todos os empreendimentos, pois sem ela a preponderância no ponto decisivo não é convenientemente concebível". Entretanto, seus discípulos, impressionados pela importância que deu com mais freqüência a "números", passaram a considerar a mera massa como receita simples para a vitória.

A Teoria do Objetivo de Clausewitz

Ainda de conseqüências mais funestas foi a exposição teórica e a exaltação que fez da idéia de guerra "absoluta", quando proclamou que o caminho para o êxito só é possível pela aplicação ilimitada da força. Assim, uma doutrina que começou definindo a guerra apenas como "uma continuação da política do estado por outros meios" chegou a um final contraditório tornando a política escrava da estratégia e, no caso, da má estratégia.

Essa tendência foi ainda mais incentivada por sua afirmação de que: "Introduzir na filosofia da guerra um princípio de moderação seria absurdo. A guerra é um ato de violência levado aos seus limites extremos."

Essa afirmação serviu como base do extravagante absurdo da moderna guerra total. Seu princípio, de força sem limite e sem preocupações com o custo, ajusta-se e só pode ajustar-se a uma multidão enlouquecida pelo ódio. É a negação do estadismo e da estratégia inteligente, que procura servir aos fins da política.

Para ser uma continuação da política, como declara Clausewitz em outro lugar, a guerra deve necessariamente ser conduzida com vistas aos benefícios de após-guerra. Um Estado que gaste sua força ao ponto de esgotamento promove a falência de sua própria política.

O próprio Clausewitz qualificara seu princípio de "força máxima" admitindo que "o objeto político, como motivo original da guerra, deve ser o padrão para a determinação tanto do objetivo da força militar como da quantidade de esforço a ser feito."

Ainda mais significativa é uma passagem ponderada na qual observa que, objetivando-se o extremo lógico, faríamos que "os meios perdessem toda relação com o fim e, em muitos casos, o objetivo seria arruinado num esforço extremo pelo peso em contrário de forças existentes dentro dele."

Sua obra clássica "On the War" foi o produto de doze anos de intensas meditações; se o autor tivesse vivido para dedicar mais tempo a pensamentos sobre a guerra talvez tivesse chegado a conclusões mais sábias e claras. À medida que seu pensamento evoluía, estava sendo levado para conclusões diferentes, muito mais profundas. Infelizmente esse processo foi interrompido por sua morte pela cólera, em 1830. Somente depois de seu falecimento é que seus escritos sobre a guerra foram publicados por sua viúva. Foram encontrados em vários pacotes selados, contendo esta significativa e profética anotação:

"Se o trabalho for interrompido por minha morte, o que for encontrado só pode ser considerado como massa de idéias não colocadas em forma... sujeita a intermináveis interpretações errôneas."

Muito mal poderia ter sido evitado se não fosse aquele fatal gérmen da cólera. Há indícios significativos de que na gradual evolução de seu pensamento Clausewitz chegara a um ponto em que estava para abandonar seu conceito original de guerra "absoluta" e rever toda sua teoria dentro da linha de maior bom-senso, quando a morte interveio.

Em conseqüência o caminho ficou aberto para "intermináveis interpretações errôneas", em escala bem maior do que ele imaginava, pois a adoção universal da teoria de guerra ilimitada chegou quase a destruir a civilização. Os ensinamentos de Clausewitz, acolhidos sem compreensão, influenciaram decisivamente a deflagração e o caráter da Primeira Guerra Mundial.

Teoria em Fluxo — Depois da Primeira Guerra Mundial

O curso e os efeitos da Primeira Guerra Mundial ofereceram motivo bastante para que a validade da teoria de Clausewitz ou pelo menos a interpretação que lhe foi dada pelos seus sucessores fosse posta em dúvida. Em terra inúmeras batalhas foram travadas sem jamais produzirem os resultados decisivos que delas se esperavam. Contudo os líderes responsáveis demoraram em adaptar seu objetivo à situação ou desenvolver novos meios para tornar o objetivo mais possível. Em lugar de enfrentar o problema, levaram a teoria a um extremo suicida, esgotando sua própria força além do limite de segurança, em busca de um ideal de vitória completa por uma batalha que jamais se concretizou.

O fato de um dos partidos ter finalmente entrado em colapso foi devido mais ao estômago vazio, ocasionado pela pressão econômica do poder marítimo, do que pela perda de sangue, embora o sangue que se perdeu nas fracassadas ofensivas alemãs de 1918 e a perda de ânimo decorrente de não haver mais esperanças de vitória tenham apressado o colapso. Se isso proporcionou às nações inimigas uma *aparência* de vitória, os esforços despendidos por essas nações para vencer custaram tal preço, em esgotamento moral e físico, que elas, vencedoras aparentes, ficaram incapazes de consolidar sua posição.

Tornou-se evidente que havia algo errado na teoria ou pelo menos em sua aplicação, tanto no campo da tática como no da estratégia e da política. As espantosas perdas sofridas na vã procura do objetivo "ideal" e o esgotamento dos vencedores nominais no após-guerra mostraram ser necessário um completo reexame de todo o problema referente ao objeto e ao objetivo.

Além desses fatores negativos houve, também, várias razões positivas para que fosse aberto novo inquérito. Uma delas foi o papel decisivo representado pelo poder marítimo, sem qualquer batalha decisiva no mar, para provocar o colapso do inimigo por pressão econômica. Isso fez que se indagasse se a Grã-Bretanha, particularmente, não cometera um erro básico ao abandonar sua tradicional estratégia e dedicar tão grande parte de seu esforço, por um custo elevadíssimo, numa tentativa prolongada de conquistar uma vitória decisiva em terra.

As duas outras razões decorrem de fatores novos. O crescimento das forças aéreas ofereceu a possibilidade de atacar os centros econômicos e morais do inimigo sem ter sido antes necessária "a destruição das forças principais do inimigo no campo de batalha". O poder aéreo pôde alcançar um fim direto por meios indiretos, saltando sobre os obstáculos em lugar de dominá-los.

Ao mesmo tempo o aperfeiçoamento do motor a gasolina e da lagarta abriu nova perspectiva para o desenvolvimento das forças terrestres mecanizadas de alta mobilidade. Isso, por sua vez, prenunciou nova ampliação da possibilidade de obter o colapso das "principais forças do inimigo" sem uma batalha decisiva por meio de um corte de suas linhas de suprimento, deslocando seu sistema de comando ou causando sua paralisia pelo puro choque nervoso decorrente de profunda penetração em sua retaguarda. Forças terrestres mecanizadas, dessa nova espécie, talvez pudessem oferecer, a exemplo do poder aéreo, embora em escala menor, uma possibilidade de ataque ao coração e ao sistema nervoso do país inimigo.

Enquanto a mobilidade aérea ia permitir tais golpes sob a forma de ação indireta realizada por cima, a mobilidade dos carros podia possibilitá-los por ações diretas em terra, evitando o "obstáculo" do exército inimigo. Para ilustrar o argumento por meio de uma analogia no jogo de xadrez, poderíamos dizer que a mobilidade aérea introduziu na guerra um novo movimento de cavalo e a mobilidade dos carros um novo movimento de dama. Essa analogia, naturalmente, não expressa seus respectivos valores, pois uma força aérea combina o poder de salto do movimento do cavalo com a flexibilidade, em todos os sentidos, do movimento da dama. Por outro lado, uma força terrestre mecanizada, embora não dispondo do poder de salto, pode permanecer ocupando a "asa" que conquistar.

Esses novos elementos, aéreo e terrestre, terão fatalmente profunda influência sobre o *objetivo militar* e a escolha de *objetos* numa guerra futura. Eles aumentaram a capacidade de aplicação de ação militar contra objetivos civis, econômicos e morais, ao mesmo tempo que tornaram seu efeito mais poderoso. Aumentaram também o "alcance" da ação militar contra objetivos militares, tornando mais fácil vencer uma fôrça adversária, como um exército, paralisando alguns de seus órgãos vitais, em lugar de destruí-la fìsicamente numa luta renhida. Anular a resistência, paralisando sua capacidade de oposição, é uma economia de força muito mais bem realizada do que a destruição efetiva dessa resistência, que é sempre um processo demorado e oneroso para o vencedor. O poder aéreo promete um campo mais amplo para a obtenção dessa paralisia da oposição armada com a vantagem de poder esquivar-se a essa oposição e atacar objetivos civis no interior do território inimigo.

O efeito total do advento dessa mobilidade múltipla, tanto em terra como no ar, foi aumentar o poder e a importância da estratégia em relação à tática. Os comandantes, no alto escalão, terão no futuro possibilidades de conseguir resultados decisivos muito mais pela manobra do que pelo combate, em relação aos seus predecessores.

Embora o valor da vitória numa batalha decisiva não desapareça e as probabilidades de consegui-la sejam efetivamente aumentadas com as novas possibilidades da mobilidade, mesmo essa batalha não teria a forma da batalha tradicional. Assemelhar-se-ia mais à conclusão natural de uma manobra estratégica. "Batalha" é realmente uma denominação errônea para uma operação realizada tão *progressivamente.*

Infelizmente aqueles que estavam à testa dos exércitos depois da Primeira Guerra Mundial demoraram em reconhecer a necessidade de nova definição para o objetivo militar em face da modificação das condições e dos instrumentos empregados na guerra.

Infelizmente, também, aqueles que estavam à frente das fôrças aéreas se preocuparam exclusivamente em afirmar sua independência e, assim, se concentraram muito estreitamente na exploração da possibilidade de ataques a objetivos civis, sem levar em conta suas limitações ou os resultados perniciosos que determinavam. Cheios de entusiasmo pela nova arma a que pertenciam, confiaram excessivamente em que ela pudesse causar o rápido colapso moral do povo inimigo ou o estrangulamento econômico do poder marítimo, de maneira intensa e com um efeito muito mais rapidamente decisivo.

Experiência da Segunda Guerra Mundial

Quando sobreveio a guerra seguinte, um punhado das novas forças terrestres, do tipo mecanizado, que haviam sido criadas, justificou plenamente as afirmações feitas em seu favor e em favor do resultado decisivo que provocavam, quando empregadas em ataques de longo alcance contra objetivos estratégicos.

Um simples grupamento de seis divisões dessa espécie exerceu grande influência no colapso da Polônia, obtido em poucas semanas. Apenas dez dessas divisões, virtualmente, decidiram a chamada "Batalha da França", antes que a massa de infantaria do exército alemão tivesse sequer entrado em ação e determinaram, em conseqüência, o colapso de todos os países ocidentais. Essa conquista do Oeste foi completada em apenas um mês de campanha, com custo espantosamente baixo para o vencedor. Com efeito, o "derramamento de sangue" total foi muito pequeno e, na fase decisiva, insignificante, para qualquer padrão clausewitziano.

Embora essa vitória arrasadora tenha sido obtida com uma ação exercida contra objetivos de natureza militar, essa ação teve o caráter de uma forma de manobra mais estratégica do que tática.

Contudo, os efeitos obtidos com o corte das comunicações dos exércitos adversários e com o desmantelamento de seu serviço de controle, durante a profunda investida realizada, dificilmente podem ser separados dos efeitos correlatos, abalando o moral do povo e desmantelando suas organizações civis. Pode ser assim considerado como uma prova da nova eficiência na ação exercida contra objetivos civis.

Conclusões semelhantes podem ser igualmente tiradas da conquista, ainda mais rápida, dos Balcãs, em 1941, quando os novos instrumentos de ação demonstraram cabalmente seu poder paralisante e sua aplicação estratégica. A "batalha" foi comparativamente insignificante e "destruição" é um termo evidentemente inadequado para expressar a maneira de como foi obtida a decisão.

Quando se chega à invasão da Rússia verifica-se que foi tentado um método diferente. Muitos dos generais alemães, especialmente Halder, chefe do Estado-Maior, queixam-se da tendência de Hitler em visar mais objetivos econômicos do que militares. Entretanto, uma análise das ordens de operações existentes e dos próprios testemunhos desses generais não comprova a acusação. Embora Hitler estivesse inclinado a pensar que o objetivo econômico seria mais eficiente, é claro que no período crucial da campanha de 1941 se conformou com a preferência do Estado-Maior pelas batalhas militares. A procura desse objetivo não se mostrou decisiva, embora tenha produzido algumas grandes vitórias nas quais foram destruídas imensas forças inimigas.

É discutível se a concentração em objetivos econômicos teria sido mais decisiva. Contudo, alguns dos mais competentes generais alemães consideram que a melhor oportunidade de derrotar a Rússia Soviética foi perdida devido ao interesse em vencer "batalhas" à maneira "clássica", em lugar de se procurar conquistar, o mais rapidamente possível, os objetivos morais e econômicos representados por Moscou e Leningrado, como queria fazer Guderian, principal expoente da nova escola de guerra móvel mecanizada. Nessa questão-chave Hitler tomou o partido da escola ortodoxa.

Na série de rápidas conquistas alemãs, a força aérea combinou-se com os elementos mecanizados das forças terrestres para determinar a paralisia e a desintegração moral das forças adversárias e das nações que se colocavam por trás delas. O efeito obtido foi terrível e deve ser considerado tão importante quanto o obtido com as forças "panzer". Os dois são inseparáveis na apreciação dos elementos que criaram o novo estilo de guerra-relâmpago — a *blitzkrieg*.

Maior ainda foi a contribuição que as forças aéreas britânicas e americanas, numa fase posterior da guerra, prestaram ao êxito dos exércitos e marinha aliados. Devido às forças aéreas, acima de tudo, é que se tornou possível, em primeiro lugar, a invasão aliada do continente europeu e foi assegurado, depois, o avanço para a vitória. Por sua ação contra objetivos militares, particularmente as comunicações, tiveram um efeito decisivamente mutilador sobre os exércitos alemães em sua capacidade de responder aos movimentos aliados.

Os Estados-Maiores da Aeronáutica jamais demonstraram, porém, pela realização de operações dessa espécie, a mesma ansiedade que demonstravam pela execução de operações independentes contra objetivos "civis", como o ataque executado contra os centros industriais do país adversário. Seu propósito, tal como foi concebido, era combinar um efeito direto econômico e moral sobre a nação adversária, na crença de que seria mais decisivo, muito mais rapidamente, do que a ação em conjunto realizada contra as forças armadas do inimigo.

Embora os Estados-Maiores da Aeronáutica qualificassem isso como "bombardeio estratégico", a expressão era na realidade errada, pois objetivo e ação dessa espécie enquadram-se na esfera da grande estratégia. Seria definido, com maior propriedade, como "bombardeio da grande estratégia" ou, se isso parecer uma expressão muito complicada, como "bombardeio industrial", denominação que abrange ao mesmo tempo o efeito moral e o econômico.

A conseqüência real que essa espécie de bombardeio exerceu como contribuição para a vitória é muito difícil de ser calculada, apesar de uma pormenorizada investigação realizada. A avaliação dos dados é confundida pelas afirmações apaixonadas, que tomavam partido, tanto daqueles que favoreceram o bombardeio industrial como daqueles que a ele se opuseram por vários motivos. Além do nevoeiro assim criado, uma avaliação correta é dificultada e tornada quase impossível pelo volume de elementos imponderáveis nos dados, em maior número do que em qualquer outra documentação sobre qualquer outra forma de ação militar.

Contudo, parece bastante certo, mesmo dentro de uma opinião razoavelmente favorável sobre seus efeitos, que tais bombardeios foram menos decisivos do que a ação das forças aéreas contra objetivos estratégicos, no campo militar. Em qualquer caso, foram menos claramente decisivos. É evidente também que, fase por fase, durante toda a guerra, os resultados estiveram muito aquém do que afirmavam em favor dessa espécie de ação aqueles que a estavam dirigindo.

Ainda mais claro é o efeito extremamente pernicioso do bombardeio industrial sobre a situação de após-guerra. Além da imensa escala de devastação, difícil de ser reparada, existem os efeitos sociais e morais, menos evidentes, mas provavelmente mais duradouros. Essa espécie de ação produz inevitavelmente um perigo que solapa os alicerces relativamente raros da vida civilizada. Esse perigo comum está agora imensamente aumentado pelo advento da bomba atômica.

Somos aqui levados a caracterizar a diferença fundamental entre estratégia e grande estratégia. Enquanto a estratégia se interessa apenas pelo problema de conquistar vitórias militares, a grande estratégia deve ter uma visão mais distante, pois seu problema é conquistar a paz. Essa ordem de idéias não é uma questão de "pôr o carro à frente dos bois", mas de tornar claro para onde estão indo os bois e o carro.

A ação aérea contra um objetivo essencialmente "civil" é ação que se desenrola no campo da grande estratégia. É posta em questão exatamente dentro dessa base. Pela prova de sua natureza, parece não ser um objetivo sólido. Seria uma escolha imprudente como objetivo militar, ainda que sua capacidade de decidir uma guerra estivesse mais conclusivamente provada ou pelo menos mais claramente demonstrada do que foi até hoje.

Nova Revisão da Teoria

Ao procurar revisar qualquer teoria e reajustá-la para melhor equilíbrio, é vantajoso ter um lastro de estudo sobre o assunto, desde que haja disposição para modificar as próprias conclusões. Eu fui, pelo que sei, o primeiro estudante de guerra depois de 1914-18 a fazer um reexame das doutrinas prevalecentes, derivadas de Clausewitz, sobre o objeto da guerra. Depois de discuti-las em numerosos artigos publicados em revistas militares, examinei-as mais demoradamente em "Paris, ou o Futuro da Guerra, 1925":

Esse pequeno livro começava por fazer uma crítica ao modo de como o objetivo ortodoxo, "a destruição das forças principais do inimigo no campo de batalha", fora procurado na Primeira Guerra Mundial, acentuando seus resultados indecisos e extenuantes. Passava então a argumentar em favor das vantagens do "objetivo moral" mostrando: 1) como forças blindadas poderiam desfechar um golpe decisivo contra o "calcanhar de Aquiles" do exército inimigo, suas comunicações e postos de comando, que formam seu sistema nervoso; 2) como as forças aéreas, além de cooperarem nessa ação estratégica, poderiam também atacar com decisivo efeito direto o "sistema nervoso de uma nação", seus "centros civis estáticos" de indústria.

O Estado-Maior recomendou a livro para estudo dos oficiais da primeira Força Mecanizada Experimental, quando esta foi formada dois anos mais tarde. O Estado-Maior da Aeronáutica, de maneira menos surpreendente, utilizou-o ainda mais plenamente, pois havia falta de manuais sobre estratégia aérea e a obra adaptava-se à tendência em desenvolvimento, conforme suas idéias sobre o assunto. O chefe do Estado-Maior da Aeronáutica distribuiu exemplares do livro entre seus colegas chefes de Estado-Maior.

O que disse agora é, portanto, uma revisão feita depois de prolongada reflexão, daquilo que escrevi há um quarto de século e um reconhecimento do erro cometido em parte da tese. Isso mostra como, ao endireitar a balança, a gente tende a incliná-la demais para o outro lado. T. E. Lawrence, numa carta que me escreveu em 1928, observou:

"O sistema lógico de Clausewitz é excessivamente complexo. Induz seus discípulos e aqueles que preferem lutar com suas armas e não com suas pernas, a erros. Você, atualmente, está tentando (com muito pouco auxílio daqueles cuja função é pensar em sua profissão) equilibrar a balança depois da orgia da última guerra. Quando o conseguir (aproximadamente em 1945) seus ensinamentos ultrapassarão os limites da discrição e possivelmente serão recuados por algum estrategista que o interprete. Para trás e para a frente caminhamos nós."

Em 1925 fui muito longe quando procurei defender as vantagens do ataque aéreo a objetivos civis, embora procurasse acentuar a necessidade de ser ele executado de modo a infligir "o menor dano permanente", pois o inimigo de hoje é o freguês de amanhã e o aliado do futuro. Minha crença então era que "um ataque aéreo decisivo causaria menos dano total e permitiria recuperação mais rápida do país inimigo do que uma guerra prolongada do tipo atualmente existente."

Em novo estudo cheguei a compreender que um ataque aéreo contra centros industriais não tinha possibilidade de provocar conseqüências imediatas de caráter decisivo e acarretaria, provavelmente, outra prolongada guerra de desgaste, com outro aspecto, talvez com menos mortes, mas certamente com devastação maior que a verificada em 1914-18. Entretanto, quando comecei a acentuar isso logo verifiquei que o Estado-Maior da Aeronáutica se mostrava com menos tendência a aceitar nova conclusão do que a antiga, pois continuava a acreditar numa decisão rápida e quando a experiência da guerra o obrigou a abandonar essa convicção, passou a acreditar no desgaste industrial com o mesmo ardor que o Estado-Maior da última guerra tinha em relação ao desgaste do potencial humano.

Apesar disso, a compreensão das desvantagens e males de tomar como objetivo a estrutura civil não significa a retomada da "batalha", no velho sentido, como objetivo. As desvantagens daquela fórmula clausewitziana foram amplamente demonstradas na Primeira Guerra Mundial. Ao contrário, a Segunda Guerra Mundial demonstrou as vantagens e as novas potencialidades da ação indireta, ou estratégica, contra um objetivo militar, confirmando o que fora previsto a esse respeito. Mesmo no passado tal ação foi eficazmente explorada por alguns dos grandes capitães, apesar das limitações de seus instrumentos. Hoje, porém, com o auxílio de novos instrumentos, ela se mostra ainda mais decisiva, apesar de ter aumentado o poder da resistência tática. *A nova mobilidade acarretou uma flexibilidade que, possibilitando que se variasse a direção da investida e da ameaça, "desarmou" aquela resistência.*

Já é tempo de se fazer nova revisão da doutrina do objetivo militar, à luz da recente experiência e das condições atuais. É desejável que ela se processe no âmbito de forças combinadas, para produzir uma solução satisfatória, em virtude da perigosa discordância de doutrina atualmente existente entre elas.

Os contornos de uma teoria atualizada, adaptada às condições e aos conhecimentos atuais, emergiram, segundo espero, no curso dessa discussão sobre o assunto. A idéia-chave é a "operação estratégica" em lugar da "batalha", velho termo que sobreviveu à sua conveniência e utilidade. Batalhas talvez ainda ocorram, mas não serão consideradas como objetivos em si próprias. Para repetir uma conclusão anterior que foi impressionantemente justificada na Segunda Guerra Mundial, "o verdadeiro objetivo não é tanto a procura da batalha mas procurar uma situação estratégica tão vantajosa que se não conseguir ocasionar por si só a decisão esta será seguramente obtida por sua continuação através de uma batalha."

CAPÍTULO XXII

GRANDE ESTRATÉGIA

Este livro trata de estratégia e não de grande estratégia ou política de guerra. Para abordar convenientemente esse último assunto, muito mais amplo, seria necessário não apenas um livro maior, mas um volume separado, pois, embora a grande estratégia deva controlar a estratégia, seus princípios muitas vezes colidem com aqueles que prevalecem no terreno desta. Por isso é de toda conveniência que aqui somente incluamos algumas das conclusões mais importantes a que chegamos num estudo sobre a grande estratégia.

O objeto da guerra é conseguir uma paz melhor, segundo nosso ponto de vista. Daí ser essencial conduzir a guerra com a constante preocupação pela paz que desejamos. Essa é a verdade que existe no fundo da definição de guerra de Clausewitz, quando se refere a "continuação da política por outros meios"; o prosseguimento dessa política durante toda guerra e durante a paz jamais deve ser esquecida. Um Estado que se desgasta até à exaustão está promovendo a falência de sua própria política e de seu futuro.

Se nos preocuparmos exclusivamente com a vitória, sem nenhuma atenção para as conseqüências dela decorrentes, poderemos ficar esgotados demais para tirar proveito da paz, que será certamente má e conterá os germens que irão provocar outra guerra. Essa é uma lição que tem o apoio de abundante experiência.

Esses riscos são ainda maiores em uma guerra de coalizão porque, em tal caso, uma vitória esmagadora complica inevitavelmente o problema da obtenção de uma paz justa e sábia, pois quando não mais existe o contrapeso de uma força inimiga, para controlar os apetites dos vencedores, desaparecem os obstáculos ao conflito de opiniões e aos interesses dos estados coligados. A divergência tende então a tornar-se tão aguda a ponto de transformar a camaradagem, do tempo do perigo comum durante as hostilidades, em um descontentamento generalizado, de modo que um aliado de uma guerra passa a ser o inimigo da seguinte.

Isso acarreta uma questão nova e mais ampla. O atrito que comumente surge em qualquer sistema de aliança, especialmente quando não existe uma força coordenadora, foi um dos fatores que mais incentivaram, em toda a História, as numerosas tentativas feitas no sentido de ser buscada uma solução com a fusão dos membros da aliança em um só organismo político e nos ensina que isso significa, na prática, domínio de uma das partes sobre o conjunto. E, embora haja uma tendência natural para a fusão de pequenos grupos em grupos maiores, a conseqüência natural é a discórdia que se estabelece logo que se procuram elaborar os planos destinados à fixação da unidade política da organização.

Além disso, por mais que tal coisa possa parecer lamentável para um idealista, a experiência da História não oferece bases para que se acredite que um verdadeiro progresso e liberdade só sejam possíveis com a unificação, pois, onde esta conseguiu estabelecer unidade de idéias, estimulou a rotina, impedindo o aparecimento de novas idéias. E onde a unificação apenas criou uma unidade artificial ou imposta, abriu caminho para sua dissolução, pela discórdia.

A vitalidade nasce da diversidade, que produz realmente bons resultados desde que haja tolerância mútua, baseada no reconhecimento de que um mal maior resulta mais da tentativa de eliminar divergências do que da de aceitá-las. Por essa razão o tipo de paz mais compatível com o progresso é a que é assegurada pela existência de controles mútuos decorrentes de um equilíbrio de forças, tanto na política interna como nas relações internacionais.

No campo interno o sistema bipartidário da política inglesa durou tempo bastante para mostrar sua superioridade na prática, quaisquer que tenham sido seus inconvenientes teóricos, sobre qualquer outro sistema de governo já experimentado. No campo internacional o "equilíbrio de poder" foi uma teoria sólida enquanto esse equilíbrio foi mantido. Entretanto a freqüência com que o "equilíbrio de poder" europeu foi quebrado, acarretando a guerra, constituiu-se em um estímulo constante para a procura de uma solução mais estável, seja pela fusão seja pela federação. Esta última se apresenta como solução mais promissora, porque incorpora o princípio da cooperação, ao passo que a fusão encoraja o monopólio do poder, por um dos Estados-membros. E todo monopólio de poder conduz à repetida verdade histórica, tantas vezes demonstrada, sintetizada na frase de Lorde Acton: "Todo poder corrompe e o poder absoluto corrompe absolutamente." Desse perigo nem mesmo uma federação está imune, de modo que ela deve ser aceita tendo-se o cuidado de assegurar os controles mútuos e os fatores de coordenação, indispensáveis à correção das falhas inerentes a uma unidade constitucional.

Outra conclusão que decorre do estudo da grande estratégia, fruto da experiência da História, é a necessidade prática de se adaptar a teoria geral da estratégia à natureza da política fundamental na nação interessada. Existe uma diferença essencial nos objetivos e deve haver em conseqüência uma diferença nos métodos empregados por um Estado "agressor" e por outro "conservador".

A teoria pura de estratégia, exposta no capítulo XIX, se adapta melhor ao caso de um Estado interessado em conquistas. Precisa ser modificada para atender ao verdadeiro propósito de povos que estejam satisfeitos com suas fronteiras atuais e interessados, principalmente, em preservar sua segurança e conservar seu modo de vida. O Estado agressor, inerentemente insatisfeito, precisa obter vitórias para atingir seu objeto e deve, portanto, correr maiores riscos nessa tentativa. O Estado conservador pode alcançar seu objeto induzindo simplesmente seu agressor a desistir de seu intento de conquista, convencendo-se de que "o jogo não vale o risco". Sua vitória, num sentido prático, é conseguida frustrando a tentativa de vitória do outro partido. Entretanto, procurando obter mais do que isso, pode fazer malograr seu propósito, esgotando-se ao ponto de ficar incapaz de resistir a outros inimigos ou aos efeitos internos do excesso de tensão. O auto-esgotamento na guerra derrotou mais Estados do que qualquer agressor estrangeiro.

Pesando-se esses fatores verifica-se que o problema que se apresenta a um Estado conservador está em encontrar um tipo de estratégia que atenda a seu propósito muito mais limitado, permitindo-lhe conservar o máximo de forças capaz de garantir tanto seu futuro como seu presente. À primeira vista poderia parecer que a defensiva seria o método mais econômico a empregar; mas isso implica em defesa estática e a experiência da História adverte que esse método é perigosamente inseguro. Combina-se melhor a economia de força e efeito dissuasivo na defensiva-agressiva, desde que se disponha de forças dotadas de grande mobilidade que proporcionem facilidades para uma resposta pronta a qualquer provocação.

O Império Romano Oriental é um exemplo de uma estratégia ativamente "conservadora", cuidadosamente elaborada, baseada em sua política de guerra, fato que muito contribuiu para explicar a duração, sem paralelo, que teve esse império. Outro exemplo, fruto mais do instinto que da previsão, é oferecido pela estratégia, baseado no poder naval, que a Inglaterra executou em suas guerras do século XVI ao século XIX. O sucesso dessa estratégia é demonstrado pelo fato de que a Grã-Bretanha não perdeu o seu poderio, enquanto crescia, ao passo que todos os seus rivais tombaram, sucessivamente, como decorrência do seu auto-esgotamento na guerra, que pode ser atribuído ao moderado desejo de obtenção de uma vitória imediata e completa.

Uma longa série de guerras extenuantes e devastadoras, sobretudo a Guerra dos Trinta Anos, levou os estadistas, no século XVIII, a compreenderem a necessidade de, quando empenhados em luta, refrear suas ambições e paixões no interesse do propósito da guerra. De um lado a compreensão disso provocou uma tácita limitação da guerra, com a abstenção de excessos que pudessem prejudicar as perspectivas do após-guerra, e, de outro, tornou os adversários mais predispostos a negociar uma paz logo que surgissem dúvidas quanto à possibilidade de vitória.

Os acordos de paz mais satisfatórios, mesmo para o lado mais forte, foram aqueles obtidos por meio de negociações e não após uma vitória militar decisiva.

Essa evolução, no que se refere às limitações na guerra, estava ainda em desenvolvimento quando foi interrompida pela Revolução Francesa, que guindou homens sem experiência à situação de estadistas. O Diretório e seu sucessor, Napoleão, perseguiram a solução de uma paz duradoura, guerra após guerra, durante vinte anos, sem jamais atingirem o alvo, chegando, finalmente, a tal esgotamento que provocou suas derrotas.

A bancarrota do Império Napoleônico repetiu uma lição já ensinada muitas vezes. Ela não foi aprendida, no caso, devido ao seu obscurecimento provocado pela bruma crepuscular do mito napoleônico. A mesma lição já estava esquecida na guerra de 1914-18 e, mesmo após essa amarga experiência, os estadistas da Segunda Guerra Mundial não demonstraram terem-na aprendido.

Embora a guerra contrarie a razão, pois decide questões pela força, quando pela discussão não se consegue chegar a uma solução favorável, a conduta da guerra deve ser controlada pela razão, para que seu objeto seja atingido. Isso porque:

1) Embora a luta seja um ato físico, sua direção decorre de um processo mental. Quanto melhor a estratégia tanto mais fácil o sucesso e menos ele nos custará.

2) Inversamente, quanto mais força desperdiçarmos, tanto mais aumentaremos o risco de a balança, na guerra, pender contra nós e, mesmo que uma vitória seja obtida, porque de menos força disporemos para nos beneficiarmos da paz.

3) Quanto mais brutais nossos métodos, tanto mais rancorosos tornaremos nosso adversário, enrijecendo a resistência que pretendemos vencer; quanto maior equilíbrio houver entre os partidos em luta tanto mais sábio será evitar extremos de violência que tendem a consolidar as forças e o povo inimigo em torno de seus líderes.

4) Essas apreciações vão ainda mais longe. Quanto mais decididos parecermos para impor uma paz inteiramente de

nossa escolha, pela força, tanto mais forte será o obstáculo que estamos erguendo em nosso caminho.

5) Atingido nosso objetivo militar, quanto mais exigirmos do inimigo derrotado tanto maiores serão as dificuldades que teremos e mais motivos estamos dando para uma tentativa, em desespero, por parte do adversário, para alterar essa situação.

A força é um círculo vicioso, ou melhor, uma espiral, a menos que sua aplicação seja devidamente controlada pelo raciocínio. Assim a guerra, que começa negando a razão, passa a justificá-la, a seguir, em todas as fases da luta.

O instinto de luta é necessário para que se obtenha êxito na batalha, embora, mesmo nela, o combatente que conseguir manter sua calma leve vantagem sobre o homem que "vê tudo vermelho", mas deve ser trabalhado com a rédea curta. O estadista que não refreia aquele instinto não está em condições de responsabilizar-se pelos destinos de uma nação.

A vitória no seu verdadeiro sentido implica em que o estado de paz e a situação do povo, após a guerra, sejam melhores do que antes. Essa vitória só é possível quando se obtém um resultado rápido ou quando um esforço prolongado seja proporcional aos recursos disponíveis pela nação. O fim deve ser ajustado aos meios. Não havendo possibilidade de tal vitória o estadista capaz não deverá perder qualquer oportunidade para negociar a paz. A paz que se segue a um impasse, decorrente do reconhecimento por ambos os partidos do valor do oponente, é preferível à paz resultante do esgotamento comum e tem-se mostrado, com freqüência, muito mais duradoura.

É muito mais interessante correr os riscos de uma guerra, pelo desejo de preservar a paz, do que correr riscos de esgotamento numa guerra com a ambição da vitória; esta é a conclusão que contraria o costume existente, mas é apoiada pela experiência. Persistir na guerra só se justifica quando há grandes possibilidades de seu término com sucesso, isto é, a perspectiva de uma paz que compense as perdas humanas e materiais provocadas pela guerra. Com efeito, um estudo aprofundado da experiência do passado leva à conclusão de que as nações poderiam, muitas vezes, aproximar-se mais do objetivo pretendido aproveitando uma trégua na luta para discutir um acordo, do que prosseguindo com a guerra, visando uma "vitória".

A História mostra também que, em muitos casos, uma paz poderia ter sido obtida em boas condições se os estadistas das nações combatentes se imbuíssem de maior compreensão dos elementos psicológicos durante as "sondagens" preliminares. A atitude que têm tomado assemelha-se ao que se vê numa briga doméstica, em que cada parte receia dar a impressão de estar cedendo. Quando uma delas denota qualquer inclinação para conciliação essa tendência é traduzida numa linguagem formal; ao mesmo tempo, a outra demora na resposta, em parte por orgulho ou obstinação e em parte pela tendência em interpretar tal gesto como prova de fraqueza, quando talvez tenha sido prova de bom-senso. Assim, essas ocasiões propícias não são aproveitadas e o conflito continua, para prejuízo mútuo. Raramente esta continuação atende a qualquer propósito razoável quando as duas partes estão condenadas a viver sob o mesmo teto. Isso se aplica mais à guerra moderna do que a um conflito doméstico, pois a industrialização das nações tornou seus destinos inseparáveis. É de responsabilidade do estadismo jamais perder de vista o após-guerra toda vez que se sentir atraído pela "miragem da vitória".

Quando dois partidos estão excessivamente equilibrados, não havendo possibilidades de solução rápida para a pendência existente entre ambos, é sabido o estadista que consegue aprender algo na psicologia da estratégia. É princípio elementar de estratégia que, quando encontramos nosso adversário numa posição forte, cuja conquista nos custará muito, devemos deixar-lhe uma linha de retirada como o meio mais rápido de afrouxar sua resistência. Deveria, também, ser um princípio de política, principalmente na guerra, fornecer ao adversário uma escada pela qual ele pudesse descer.

É indiscutível que essas conclusões, fruto da história da guerra entre Estados chamados civilizados, não se aplicam às condições de um tipo de guerra puramente predatória, como a que foi travada entre os agressores bárbaros e o Império Romano, ou uma guerra mista, religiosa e predatória, como a travada pelos seguidores fanáticos de Maomé. Em tais guerras qualquer paz negociada teria menos valor que qualquer outro tipo de paz (pois a História torna excessivamente claro que os Estados raras vezes mantêm os compromissos assumidos entre si, a não ser quando isso atenda a seus interesses). Quanto menos uma nação considera suas obrigações morais, tanto mais respeito tem pela força física e pelo poder dissuasivo de uma força poderosa demais para ser desafiada. Coisa semelhante acontece com os indivíduos, pois a experiência demonstra que o desordeiro e o ladrão hesitam atacar alguém que tenha força semelhante à deles e se mostram muito mais relutantes em fazer isso do que um indivíduo pacato em enfrentar um assaltante mais forte do que ele.

É loucura imaginar que os tipos agressivos, indivíduos ou nações, podem ser comparados ou, como se diz em linguagem moderna, "apaziguados", pois um pagamento estimula a exigência de outros. Entretanto, eles podem ser refreados. Sua própria crença no valor da força torna-os mais suscetíveis à ação dissuasiva de uma força inimiga que lhes pareça poderosa. Esta passa a ser um obstáculo adequado, exceto contra o fanatismo puro, um fanatismo que não esteja ligado ao desejo de conquista.

Embora seja difícil fazer uma paz verdadeira com tipos predatórios, é fácil induzi-los a aceitar um estado de trégua, solução que desgasta muito menos do que a tentativa de esmagá-los, que lhes dará, como a todos os tipos humanos, a coragem do desespero.

A experiência da História prova amplamente que a queda dos Estados civilizados resulta menos de ataques diretos de inimigos do que da decadência interna, combinada com as conseqüências do esgotamento na guerra. Um estado de incerteza é exasperante e muitas vezes tem levado nações, assim como indivíduos, a cometer suicídio, por não serem capazes de suportá-lo. Contudo, a incerteza é preferível a um esgotamento que certamente decorrerá da perseguição à miragem de uma vitória. Uma trégua nas hostilidades efetivas permite uma recuperação e um aumento de força, ao mesmo tempo que a necessidade da vigilância ajuda a manter a nação em pé.

As nações pacíficas correm perigo maior porque depois de provocadas ficam mais predispostas a ir aos extremos do que as nações predatórias. Estas últimas, fazendo da guerra um meio de lucro, estão em geral mais dispostas a desistir dele toda vez que encontram um adversário difícil de ser vencido com rapidez. É o lutador renitente, impelido pela emoção e não pelo raciocínio, quem procura levar a luta até ao fim. Com isso ele freqüentemente abandona o objetivo que pretendia conquistar, quando não provoca sua própria derrota, pois o espírito de barbarismo só pode ser enfraquecido após a cessação das hostilidades; a guerra sempre o fortalece, lançando lenha à fogueira.

APÊNDICE I

A ESTRATÉGIA DA AÇÃO INDIRETA NA CAMPANHA NORTE-AFRICANA DE 1940-42

Relato do GENERAL DE DIVISÃO ERIC DORMAN-SMITH, subchefe do Estado-Maior no Oriente Médio em 1942.

(Originariamente esta carta foi publicada como prefácio da edição de 1946)

MEU CARO BASIL:

Já lhe tinha escrito anteriormente, sobre a influência favorável que suas idéias tiveram sobre o curso dos acontecimentos no Egito, por duas vezes, em situações cruciais, vividas entre 1940 e 1942. O plano do ataque que acarretou o aniquilamento do exército de Graziani, em Sidi Barrani, anulando a primeira invasão do Egito em 1940 e a estratégia e a tática defensivas, que fizeram malograr a invasão de Rommel em Alamein, em julho de 1942, constituem exemplos perfeitos de aplicação da ação indireta. Vou contar-lhe aqui a história disso, com mais pormenores. Por ela você verá que sempre que desprezamos a ação indireta pagamos caro por essa atitude.

Em setembro de 1940, fui designado (por ter sido encarregado do Treinamento Militar na Índia) para comandante da recém-criada Escola de Estado-Maior do Oriente Médio. Em princípios de outubro, quando o exército invasor de Graziani foi detido perto de Sidi Barrani, fui passar duas semanas com as forças de O' Connor no Deserto Ocidental. O'Connor estava estudando as possibilidades de realizar um golpe ofensivo, apesar da superioridade numérica de Graziani, em terra e no ar. Discutimos as falhas observadas no dispositivo de Graziani e as possibilidades existentes para uma ampla manobra ofensiva ao sul do escarpamento, visando Sollum e Halfaya, lá criando o que você chama de "barragem estratégica" na retaguarda do inimigo e, na sua impossibilidade, de um ataque mais perto de Sidi Barrani. A escassez de transporte nos obrigou, posteriormente, a escolher esta última linha de ação.

A remessa de parte da já escassa força aérea do Oriente Médio, para a Grécia, retardou a ofensiva prevista para o dia 21 de novembro. Wavell ordenou-me que fizesse nova visita ao quartel-general do Comando do Deserto Ocidental.

Aproveitando minha presença, O'Connor pediu-me para dar-lhe uma opinião franca sobre o plano da 4.ª Divisão, que pretendia executar um ataque contra um acampamento fortificado no deserto, um dos muitos guarnecidos pelos italianos, em suas posições ao sul de Sidi Barrani. Esse ataque, da maneira como estava planejado, era inteiramente frontal; deveria ser desfechado ao longo da "linha de maior expectativa" e através de um campo de minas que, na ocasião, não podia ser limpo por falta de meios. Estava programado de modo que a artilharia dispusesse de quatro horas, depois do nascer do sol, para seus preparativos, o que era muito perigoso, pois, durante aquele intervalo, as tropas atacantes ficariam expostas à ação da força aérea inimiga, muito superior. Em suma, o método empregado estava inteiramente de acordo com os regulamentos, mas não com a situação tática e por isso parecia condenado ao fracasso. Naquela noite O'Connor, Galloway e eu planejamos nova manobra, nada ortodoxa e muito mais indireta. Expusemos nossas conclusões num documento denominado "Método para o ataque a um acampamento no deserto", que serviu como diretriz tática para a operação e funcionou maravilhosamente. Aplicava seu princípio de "ação indireta", na direção, no método, no horário e psicologicamente.

A marcha de aproximação foi iniciada no dia 8 e nessa mesma noite nossas forças foram concentradas numa área ao sul de Nibeiwa, que era o acampamento mais ao sul da posição inimiga e o mais próximo de uma brecha existente entre esse e o grupo de acampamentos existentes em Sofafi, utilizado na proteção daquele flanco. Imediatamente após o alvorecer de 9 de dezembro, o Batalhão de carros de combate do Exército (o 7.º R. T. R.) e algumas forças de infantaria motorizada da 4.ª Divisão indiana atacaram e capturaram o acampamento de Nibeiwa pela *retaguarda* e a seguir Tummar, também pela retaguarda. O longo tempo destinado à preparação pela artilharia foi eliminado e esta nem por isso deixou de prestar seu apoio. Setenta e dois canhões "tostaram" o acampamento italiano na direção oposta à do ataque dos carros e nós acalmamos os artilheiros chamando isso de "fogo para a desmoralização", o que sem dúvida estava correto. Entrementes, a 7.ª Divisão Blindada investia através da brecha e avançava sobre a retaguarda de toda a área avançada do inimigo, a fim de isolá-lo de seus reforços e bloquear sua retirada para Sollum. Este conjunto de ações táticas indiretas perturbou o equilíbrio do inimigo. Sua resistência entrou em colapso e nós cercamos o grosso de seu exército, a leste do escarpamento, com perdas espantosamente baixas, para nossas forças, numericamente muito menores do que as do inimigo e com acentuada inferioridade aérea. Comentando esses acontecimentos, Wavell certa vez assim se expressou: "Um pouco de heterodoxia é coisa perigosa, mas sem ela raramente alguém vence batalhas."

Aspecto não menos interessante na ofensiva de O'Connor foi o fato de, devido à séria escassez de transporte, ter sido ele obrigado a estocar suprimentos de água e munições para quarenta horas de luta, na área de um posto avançado móvel, sob o nariz de Graziani. Se sua operação não tivesse êxito, dentro do período previsto, O'Connor seria obrigado a retirar-se por falta de água, pois todos seus meios de transporte estavam empenhados no deslocamento de sua infantaria. Nenhum outro comandante britânico — e penso que muitos comandantes ocidentais, exceto possivelmente os russos — teria iniciado uma ofensiva com essa desvantagem. Entretanto, O'Connor fez isso duas vezes, a segunda delas em Beda Fomm. É ele um combatente ousado e calculista e um adversário perigoso, que sabe executar uma ação indireta no plano administrativo.

Depois desse avanço, realizado na Cirenaica Ocidental, fui lá outra vez em janeiro, para preparar um relatório sobre as operações que determinaram a conquista de Bárdia e

Tobruk. O'Connor falou-me sobre seus planos futuros e eu tive a sorte de acompanhar o desenrolar da marcha de flanco de Beda Fomm (pela 7.ª Divisão Blindada) que isolou o remanescente das forças inimigas ao sul de Benghazi, antes que elas pudessem retirar-se para a Tripolitânia.

Tudo isso aconteceu antes de ter sido publicada a nova edição de sua "Estratégia da Ação Indireta" (Strategy of Indirect Approach). Você deve lembrar-se que durante muito tempo meu espírito se embebeu na essência que você destilara da História, na qual introduzira sua própria filosofia militar e que fiquei fascinado ao perceber a maneira impressionante como em todas essas operações a prática confirmava sua teoria.

Em fins de 1941, recebi o exemplar de seu livro, já reeditado, que você me remetera em uma ocasião qualquer daquele verão. Li-o e reli-o nos meses seguintes. Minha compreensão dos princípios estratégicos foi refrescada e despertada. A significação de sua teoria, comprovada pelos fatos da campanha do norte da África, tornou-se para mim ainda mais clara do que antes. As operações de O'Connor, de dezembro de 1940 a fevereiro de 1941, foram também um extraordinário exemplo da estratégia e da tática indiretas. Desde seu brilhante começo em Sidi Barrani, até seu impetuoso final em Beda Fomm, cada um dos magistrais movimentos foi um testemunho vivo da verdade analisada e exposta nos capítulos X, XIX e XX de seu livro. O caso, porém, é que O'Connor era um comandante de primeira ordem e realmente o único dirigente militar britânico, nesta guerra, que "matava a raposa em campo aberto".

Na primavera de 1941, o dramático aparecimento de Rommel fez a arma de ação indireta voltar-se contra nós e nossas pequenas e mal equipadas forças só escaparam ao desastre realizando desordenada retirada para Tobruk. Nessa ocasião, infelizmente, perdemos O'Connor. Contudo, a decisão ousada de fazer alto a 27,5 milhas do perímetro de Tobruk, com uma força de 4,5 brigadas que, embora absurdamente pequena para a missão, era tudo o que praticamente restava das tropas combatentes disponíveis no Egito, arrebatou das mãos de Rommel a arma da ação indireta e durante todo o verão e outono o inimigo mal teve poderio suficiente para conter-nos em Tobruk e manter suas posições em torno de Sollum, opondo-se a nossos esforços no sentido de socorrer Tobruk por terra. A decisão de defender Tobruk foi tomada por Churchill e Wavell. Voei para Tobruk, no dia 10 de abril, a fim de transmitir a Morshead a ordem para lá permanecer.

Todas nossas ofensivas realizadas em junho de 1941, na fronteira egípcia, embora a situação oferecesse amplo campo para desbordamentos, foram frontais e evidentes e, desse modo, fracassaram lamentavelmente. Foi por isso que nossa progressão, muito direta e ostensiva, da Palestina para a Síria, encontrou sérios obstáculos e bem poderia ter ocasionado nossa derrota se as ações subseqüentes, de caráter indireto, executadas no norte do Iraque por Auchinleck, contra o vulnerável flanco oriental da Síria de Vichy, não tivessem reafirmado a propriedade do princípio, apanhando os franceses pela retaguarda. Desse modo, em cada operação que se executava sua teoria mais se justificava.

O Comando do Oriente Médio mudou de mãos em junho de 1941 e coube a Auchinleck, vindo da Índia, reorganizar e levantar o moral das forças um tanto desanimadas do Deserto Ocidental, para o golpe que se realizaria a seguir contra o Eixo, na Cirenaica. Nessa fase, a Força do Deserto Ocidental transformou-se no Oitavo Exército. Tobruk ainda estava cercada e Rommel reunia gradualmente os meios necessários para desfechar um assalto decisivo contra suas fracas defesas. Em novembro, antes que Rommel estivesse pronto para atacar Tobruk, lançamos a ofensiva conhecida como "Cruzador". Ela tinha sólida base estratégica que proporcionou a Cunningham, comandante do exército, uma linha de ação bem favorável, pois, partindo de uma área de suprimento camuflada no deserto, nas proximidades de Maddalena, se dirigia para o norte, permitindo-lhe certa flexibilidade na escolha de objetivos, por ameaçar quer a retaguarda do inimigo, que cercava Tobruk, quer as defesas inimigas da fronteira. Rommel, por outro lado, encontrava-se em posição esquisita, com as costas voltadas para o mar e necessitando proteger, ao mesmo tempo, o cerco de Tobruk e suas posições em Halfaya, que não tinham profundidade. Nosso ataque, lançado de Maddalena, obrigou-o a combater numa frente em ângulo reto em relação ao eixo de suas comunicações. Apesar de todas essas vantagens, que eram consideráveis, a operação não conseguiu destruir as forças de Rommel, porque, no plano tático, havia uma previsão para que nossas forças blindadas atraíssem as forças blindadas de Rommel, antes que qualquer ação indireta fosse exercida contra Tobruk ou as defesas da fronteira, e Rommel, embora surpreendido estrategicamente, soube empregar sua força blindada, tecnicamente superior, em combinação com suas outras armas e assim infligir uma derrota tática inicial. Esta só foi atenuada depois de a operação ter degenerado numa batalha de comandantes de corpos, e Ritchie ter lançado um ataque indireto muito atrasado, na direção de Bir Gobi e El Adem, fazendo que Rommel retirasse suas forças principais, em boa ordem, para El Agheila, sacrificando as demais que se encontravam na fronteira e em Bárdia.

Daí por diante o princípio da ação indireta foi abandonado por nós. A surtida seguinte, realizada por Rommel, partindo de El Agheila, encontrou nossas forças muito dispersas e obrigou-as a recuar em desordem. Uma vez em Msus, Rommel colocou Ritchie "nas alternativas de um dilema", com suas pontas em Benghazi e Mechili, da qual ele só escapou realizando precipitado recuo para Tobruk, que, embora interrompido na linha Gazala-Bir Hacheim, não ocasionou maiores conseqüências. De fevereiro a maio de 1942, o Oitavo Exército permaneceu desdobrado na linha entre Gazala e Bir Hacheim, nas mesmas condições em que aí havia parado depois da retirada, enquanto Rommel, em segurança no Jebel Akdar, planejava sua derrota. Durante esse período, tendo visitado a frente do Oitavo Exército, interessei-me em imaginar um desdobramento tático, para um exército moderno, capaz de evitar os defeitos evidentes apresentados pelo dispositivo de Graziani em Sidi Barrani e que haviam reaparecido nas disposições de Ritchie em Gazala e Tobruk. Com efeito, o desdobramento do Oitavo Exército, no período de fevereiro a maio de 1942, apresentava impressionante semelhança com o do exército italiano, nas proximidades de Sidi Barrani, em outubro e novembro de 1940, pelo fato de não terem profundidade e flexibilidade e por importantes destacamentos estarem sendo empregados sem apoio tático.

Ali aparecia o maior problema da guerra do deserto, isto é, a relação que deveria existir entre a frente a defender e a profundidade e entre as tropas empenhadas e as reservas. A mobilidade mecanizada, tão simples de obter no deserto, particularmente porque os fatores administrativos obrigam à redução dos exércitos em campanha, faz que o lado que se estabelece definitivamente possa ser prontamente flanqueado pelo seu adversário. Para se corrigir isso é necessário que se estenda a frente, em prejuízo da profundidade e das reservas; e essa parece não ser a solução correta para o problema, por ser facilmente identificável, pelo inimigo, quando o Exército tem escassez de tropas móveis ou é fraco em força blindada ofensiva e também quando seu comandante ignora a natureza fundamental desse tipo de guerrra. O próprio Rommel sucumbiu a isso no outono de 1942 quando, devido ao resultado da luta de julho, estendeu excessivamente sua frente até à depressão de Quattara, ficando assim com pouca profundidade, em sua posição defensiva, na ocasião em que Montgomery atacou.

O problema que primeiro venceu a Graziani e depois a Ritchie está claramente exposto em alguns trechos do seu livro "A Ação da Estratégia" como este: "Como evitar o desequilíbrio psicológico que resulta de uma ação repentina efetuada pelo inimigo contra nossa retaguarda ou, inversamente, como desdobrar um Exército, de modo que possa empregar seus braços numa nova direção, sem ficar desequilibrado? A solução está em dispormos nossas forças de modo que o simples fato de o inimigo marchar em direção à retaguarda de nosso dispositivo não constitua ação estratégica indireta. Isso exige que quem estiver na defensiva seja capaz de estabelecer em seus flancos e sua retaguarda uma defesa tão poderosa quanto em sua frente original, o que, como toda ação defensiva eficiente na guerra, é obtido com a fixação do avanço do inimigo e a realização de um contra-ataque geral.

Existem, na realidade, apenas três dispositivos possíveis para um exército na defensiva: o linear, dispondo de reservas móveis; o circular, isto é, uma posição defensiva em que não há retaguarda e onde se empregam abundantemente, para proteção, campos de minas, ninhos de metralhadoras ou barragens de artilharia; o que tem a forma de um quadrado axadrezado aberto, constituído de centros de resistência intervalados de uma distância compatível com o apoio mútuo de fogo de artilharia e a capacidade de deslocamento de reforços e permitindo que pelo menos 75 por cento das unidades móveis de lançamento de mísseis possam ser concentradas na região atacada, antes que o inimigo rompa a resistência das regiões organizadas ameaçadas. Isso implica em certo abandono da idéia rígida de área de divisão e frente de divisão, estabelecida nos *Regulamentos de Serviço em Campanha*, que incutiu nos novos comandantes a tendência para pensar que, se numa frente determinada dispusermos de x divisões em linha, cada uma delas deveria preocupar-se exclusivamente com a defesa da própria frente e só ajudar suas vizinhas, mais próximas, tendo em vista seu interesse particular. De acordo com essa idéia, seria função das reservas apoiar qualquer divisão avançada que estivesse sendo pesadamente atacada e proteger o conjunto do dispositivo contra ações de retaguarda. A dificuldade na ação defensiva de forças com pequeno efetivo, em terreno aberto, está no fato de o defensor, invariavelmente, estender demais sua frente, ficando com pouca ou nenhuma profundidade ou reservas, a menos que perceba estar, agora, de volta às proporções em número, frente e mobilidade, do tempo de Waterloo, e procure ajustar-se a isso.

A solução parece estar na utilização de uma forma modernizada do dispositivo dos legionários, na qual o exército na defensiva seja disposto com seu elemento defensivo estável ocupando regiões intervaladas lateralmente e em profundidade da ordem de 10.000 metros, cada uma delas dispondo de artilharia e infantaria, enquanto o restante da artilharia, infantaria e força blindada esteja livre para movimentar-se dentro desse dispositivo, seja para concentrar-se em qualquer ponto ameaçado, seja para atacar o flanco e a retaguarda de um inimigo que tente contorná-lo. Desse modo, um exército de, digamos, quatro divisões de infantaria e um corpo blindado, poderia ser disposto num retângulo de 24 por 18 milhas sem prejuízo para o apoio mútuo entre suas frações, enquanto seu elemento blindado poderia operar nesse dispositivo, em posição central. Os aeródromos estariam protegidos por esse dispositivo terrestre e ficariam na sua retaguarda. Externamente, em ambos os flancos do retângulo, devem ser colocados elementos ligeiros móveis, dispondo de depósitos de munição independentes e, um pouco afastada, mas dentro do apoio da artilharia da "legião", deve ficar a força blindada pesada de que se dispuser, em uma posição que assegure sua flexibilidade. Em terreno muito aberto, os "pivôs legionários" devem ocupar áreas de observação de onde possam controlar, pela sua posição dominante, as vias de acesso. Em terreno coberto dispondo de estradas, devem ser colocados nos entroncamentos rodoviários. O conjunto deve ser móvel, flexível, mas bem defendido. Compare esse sistema com o do artigo sobre defensiva que me deu, quando voltei pela primeira vez do Egito, e verá que se trata da mesma idéia.

Um dispositivo do Oitavo Exército, ao sul de Tobruk, dentro dessas idéias, teria derrotado Rommel. Entretanto, ele estava desdobrado linearmente e convidava a um ataque na clássica ordem oblíqua. Esse ataque foi lançado por Rommel no dia 27 de maio. Seu plano consistia em fazer que o grosso do elemento italiano do "Exército Panzer da África" imobilizasse a frente de Ritchie, enquanto o relativamente pequeno "Afrika Korps" alemão, juntamente com parte das melhores forças italianas, contornaria o posto francês livre em Bir Hacheim e atacaria a área de Ritchie, entre El Adem e Knightsbridge. Embora o ataque inicial não fosse bem sucedido, inteiramente, paralisou Ritchie de tal modo que Rommel conseguiu, em primeiro lugar, destruir uma brigada isolada da 50.ª Divisão e, depois, conquistar a ainda mais isolada posição francesa livre, depois de repelir vários contra-ataques frontais, infligindo pesadas perdas, lançar nova ação contra El Adem que colocou Ritchie, novamente, nas alternativas de um dilema, pois com ela ameaçava igualmente a retaguarda de nossas forças, que guarneciam o setor de Gazala e o terreno imediatamente a leste de Tobruk, onde ficavam nosso terminal e nossos depósitos. Esta ameaça impressionou tanto ao comandante do exército, que ele retirou pouco mais da metade do Oitavo Exército para a fronteira egípcia, deixando o restante em Tobruk, sem cobertura de caça, condenado assim a inevitável destruição.

Nessas operações Rommel demonstrou saber aplicar a ação indireta, fazendo que um pequeno corpo alemão, constituído de duas brigadas blindadas e quatro de infantaria mecanizada, atacasse e derrotasse todo o Oitavo Exército de Ritchie, cuja maior parte ficou imobilizada pela ação frontal do elemento italiano, numeroso mais inútil.

Em 25 de junho, Auchinleck, substituindo Ritchie, assumiu o comando direto das operações no Deserto Ocidental e eu o acompanhei até o Quartel-General do Oitavo Exército. A essa altura, o que restava do Oitavo Exército se retirava para as proximidades de Mersa Matruh, tendo Ritchie burlado os esforços de Rommel para isolá-lo da fronteira egípcia. A chegada de Auchinleck trouxe novo alento à luta, pois ele tinha ação sobre que restava das nossas forças militares existentes entre Matruh e a Pérsia e como Comandante-Chefe podia tomar as decisões estratégicas mais amplas que se tornassem necessárias para produzir resultados nessa crise. Seu primeiro problema foi decidir se devia oferecer combate perto da Matruh ou retirar-se mais para leste. Em vista do prestígio místico atribuído às áreas defendidas em torno de Matruh, elas pareciam, à primeira vista, ser um bom lugar para combater, mas Mersa Matruh só poderia ser mantida se o Exército defensor tivesse uma força blindada suficientemente forte para impedir o inimigo de contornar a posição pelo deserto; sem tal força as defesas de Matruh e Baguish transformar-se-iam em campos de internamento, sem água, que após ultrapassados abririam caminho para uma investida até ao delta do Nilo.

Como o grosso de nossa força blindada fora perdido na luta anterior, o comandante-chefe decidiu, apenas, retardar o inimigo numa batalha móvel ao sul de Matruh e oferecer resistência nas proximidades de El Alamein, onde seria travada a "Batalha do Egito". Todavia, tomou duas decisões que iriam alterar toda a técnica a ser utilizada na batalha que se daria posteriormente e dar-lhe, automaticamente, uma característica de ação indireta. A primeira decisão foi centralizar, mais uma vez, o controle da artilharia de exército, que fora inconvenientemente fracionada com o emprego dos grupos dos regimentos de campanha em apoio às brigadas de infantaria. A segunda decisão foi a de abandonar as defesas anteriormente preparadas, amplamente dispersas, entre El Alamein e a depressão de Quattara, por não mais serem adequadas ao tipo de batalha que iria ser travada. Esta última decisão intrigou consideravelmente o inimigo. Auchinleck reduziu, também, o efetivo de suas formações, que dispunham de infantaria não-mecanizada em quantidade excessiva para essa guerra móvel, tornando-a muito vulnerável.

A História, penso eu, mostrará que a ação do comando do Oitavo Exército, exercido por Auchinleck, em junho e julho de 1942, não apenas salvou as Nações Unidas de uma derrota de efeitos desastrosos, como ofereceu aos estudiosos da guerra uma demonstração clássica da aplicação da ação indireta. Embora sua estratégia fosse necessariamente defensiva, toda sua ação tática foi ofensiva. Tendo levado os remanescentes de volta a El Alamein, sua primeira preocupação foi esmagar a investida frontal de Rommel sobre Alexandria, ao longo do litoral. Entre 1.º e 3 de julho as forças do Eixo atacaram nossas posições ao sul de El Alamein, enfrentando intenso fogo de artilharia e um bombardeio aéreo incessante, em uma frente elástica que se estendia desde El Alamein até ao terreno dominante do monte Rweisat. A própria técnica empregada nessa frente era nova, pois a infantaria e a artilharia combatiam lado a lado. Era realmente uma frente flexível, com a artilharia de campanha protegida por uma infantaria cerradamente disposta, que contava com o apoio de todos os carros de assalto que nos restavam. Face a essas providências, o "Afrika Korps" esmoreceu e, no dia 3 de julho, seus ataques cessaram.

Sem demora Auchinleck assumiu a ofensiva e atacou com sua ala esquerda, sob o comando de Gott, constituída pelo elemento móvel da Divisão da Nova Zelândia e pela 7.ª Brigada Motorizada, o flanco direito de Rommel, que estava nessa ocasião mais ou menos a meio caminho entre a costa e a depressão de Quattara. Rommel enfrentou esse ataque, que danificou seriamente a Divisão Ariete italiana, determinando que as tropas alemãs estendessem sua direita até a depressão de Quattara e deixando sua esquerda, nas proximidades do litoral, defendida quase exclusivamente pelos italianos. Estes, no dia 10 de julho, foram atacados pela 9.ª Divisão australiana de Morshead, com tanto êxito, aliás, que Rommel só conseguiu salvar a situação graças a tropas que acabavam de chegar de Creta, por via aérea. Mesmo assim foi necessário que transportasse seus cansados alemães novamente para o norte, a toda velocidade. Tão logo aconteceu isso, Auchinleck lançou seu terceiro ataque, desta vez com os neozelandeses, contra os italianos que ocupavam o centro do dispositivo de Rommel.

Esses três ataques, bem planejados, obrigaram Rommel a reforçar os desmoralizados italianos, dispersando para isso o "Afrika Korps" alemão numa extensão de quarenta milhas, entre o mar e a depressão de Quattara, imobilizando o elemento ofensivo do seu "Exército blindado".

Assim, em meados de julho, a invasão do Eixo podia ser considerada como fracassada, pois daí por diante o inimigo passou a sofrer perdas em escala crescente, em conseqüência das baixas em combate e por doença, pois, permanecendo numa frente de quarenta milhas, num deserto aberto, estava exposto ao impiedoso bombardeio da poderosa força aérea e ao fogo concentrado de mais de trezentos canhões de campanha. A ofensiva de Rommel contra o Delta havia malogrado decisivamente, tendo os alemães perdido cerca de 9.000 prisioneiros, desde sua chegada em El Alamein. Todavia, Rommel tinha considerável capacidade de recuperação. Restava ainda destruí-lo e, ao mesmo tempo, reforçar as defesas do Egito e a posição do Oitavo Exército, para que ele voltasse a fracassar caso atacasse de novo. Era também necessário estar preparado para a perseguição, caso as circunstâncias obrigassem Rommel a retirar-se de sua frente, exposta e excessivamente longa, embora isso parecesse improvável em vista do temperamento do comandante alemão.

A tarefa mais imediata era reforçar a posição do Oitavo Exército, no terreno aberto entre o mar e o monte de Rweisat, com um flanco exposto ao sul, pois já havíamos visto, por duas vezes, nessas campanhas, exércitos assim acampados no deserto aberto serem atacados e destruídos por forças menores (o efeito é plenamente descrito no Capítulo XIX de seu livro). O problema de Auchinleck era saber como colocar o Oitavo Exército em segurança contra a repetição, por parte de Rommel, da manobra que tinha executado sobre o flanco de Ritchie. A solução dada consistiu em pôr em execução o plano teórico já descrito anteriormente. Tendo abandonado as posições adequadas, preparadas em 1941, construiu-se imediatamente, na retaguarda da frente do Oitavo Exército, que se estendia logo ao sul da serra de Rweisat, numa distância de 20 milhas, um tabuleiro de centros de resistência separados entre si, lateralmente e em profundidade, de cerca de 10.000 metros e cada um deles guarnecido por dois batalhões de infantaria e uma bateria de caminhões de 25 libras. As divisões, com três brigadas de infantaria, tinham três desses centros em sua área. Não havia centros isolados. Contudo, esse dispositivo representava apenas o arcabouço do plano de defesa para o conjunto da área do Exército; todas as forças que não foram necessárias para esse dispositivo ficaram livres para operar sob o comando pessoal de Auchinleck, atuando nos intervalos entre os centros de resistência, nos seus flancos e retaguarda. Dentro desse grande tabuleiro havia cinturões de minas dispostos de modo a perturbar a progressão do inimigo, sem, entretanto, interferirem nas nossas próprias manobras. Um exército disposto dessa maneira poderia combater em qualquer frente, sem ser desequilibrado. Não havia, desse modo, nenhum perigo de que qualquer de suas partes combatesse isoladamente ou o conjunto sofresse aquela ação pela retaguarda, tão fatal a Graziani e a Ritchie. O posto de comando de Auchinleck estava colocado dentro do tabuleiro. Contudo, ainda era necessário mais do que isso. Caso o inimigo operasse contra um ou outro flanco da área defendida, era preciso que ele fosse contra-atacado tanto de fora como de dentro. Por isso, Auchinleck fez preparativos para um contragolpe a ser executado por elementos blindados e motorizados, partindo de sudeste contra qualquer movimento desse tipo. Esse plano comportava uma aplicação tríplice da ação indireta: a batalha no "tabuleiro", destinada a enfrentar o avanço inimigo de maneira essencialmente indireta; a ação dos grupos blindados pesado e móvel ligeiro, destinada à execução de uma ação indireta dirigida contra o flanco e a retaguarda do inimigo, em qualquer direção que se aproximasse.

Entretanto, ainda que Rommel conseguisse desalojar-nos das posições de Alamein-Rweisat, antes de o Oitavo Exército ter recebido os reforços que estavam chegando da Pátria, nem tudo estaria perdido, pois tão logo eles chegassem a El Alamein já encontrariam prontos os preparativos para uma segunda batalha que deveria ser travada mais a leste. Para esse fim, as defesas de Alexandria foram estendidas tanto para o interior do deserto, além de Amriya, como para leste do Nilo. O Wadi Natrun foi utilizado como obstáculo na nova área defendida; a oeste do Cairo, as defesas na "Cultivation" foram estendidas em direção ao Fayum; preparou-se a travessia do Nilo perto de Maadi e mais ao sul. Esses trabalhos representavam uma garantia de que, se o Oitavo Exército precisasse retirar-se da área de El Alamein, por estar Rommel muito forte, sua retirada seria realizada em boa ordem e conduzida de modo a ameaçar constantemente o flanco inimigo, em duas direções.

Em 6 de agosto de 1942, quando visitou o Oitavo Exército, Wavell disse-me, antes de partir: "Vocês estão de fato vantajosamente colocados. Esta é uma forma de defesa que justificaria uma retirada da frente, visando atrair o inimigo para uma armadilha. Vocês já pensaram em fazer isso?" Já havíamos, com efeito, examinado essa possibilidade e a idéia parecia promissora.

Talvez não tenha sido vantajoso para a ciência militar esse plano não ter sido convenientemente experimentado em combate porque, quando Rommel retomou seu avanço em setembro, o Oitavo Exército, já reforçado, lhe era superior em efetivo, potencial de fogo e armamento blindado e seu ataque, lançado contra o flanco sul do tabuleiro, encontrou tal reação por parte das reservas que não deu resultado algum e causou-lhe uma perda de cerca de sessenta carros de assalto. Nessa operação Rommel, em nenhuma ocasião, conseguiu obter qualquer vantagem, pois a batalha se desenvolveu de acordo com o plano do comandante-chefe britânico e não com o seu. Foi uma vitória de Auchinleck, embora outros comandantes se tivessem beneficiado de seu trabalho. Isso não diminui o valor da concepção ou o mérito do comandante que empregou idéias novas numa situação de crise. Realmente, Rommel foi derrotado em julho, ainda que se tivesse de esperar até outubro para que Montgomery viesse selar a vitória de Auchinleck. O espírito da ação indireta e da defensiva agressiva, que inspirou todos os planejamentos dessa campanha, pode ser encontrado em todos os trabalhos de sua autoria.

Duas vezes, nesta guerra, nossas forças do Oriente Médio passaram por crises que, tivessem os acontecimentos ocorrido de maneira diferente, poderiam ter selado seu destino. A batalha ofensiva de Sidi Barrani foi a primeira dessas ocasiões; a batalha defensiva do Egito foi a segunda. Se O'Connor tivesse falhado ou se Rommel tivesse derrotado o Oitavo Exército, com o comando de Auchinleck, o Eixo teria invadido o Egito Médio e a história da guerra teria sido totalmente modificada. Raramente um general, na posição de Auchinleck, enfrentou situação tão crítica com tanta calma e inteligência. Raramente a arte da guerra viu seqüência semelhante de exemplos sugestivos de ação indireta, seja na defesa seja no ataque, principalmente aquele que transformou o desastre em vitória, em julho de 1942. É como se o conteúdo dos capítulos X, XIX, XX tivesse inspirado esses movimentos e, até certo ponto, foi o que aconteceu, conforme já assinalei. Isso não quer dizer que O'Connor, Auchinleck ou qualquer bom general faça a guerra seguindo algum livro, mas seus estudos e reflexões têm valor idêntico para a paz e para a guerra. Pode-se concluir desta análise, baseada em uma série de campanhas nas quais a vitória decorreu sistematicamente da aplicação de seus princípios de ação indireta que, exceto quando um partido tem esmagadora preponderância de armas terrestres, mobilidade e poder aéreo, será imprudente qualquer comandante desprezar os citados princípios. É significativo observar que nem Rommel, em Gazala, nem O'Connor, em Sidi Barrani, possuíam superioridade aérea; esta jamais compensará o emprego incorreto que um general faça de suas tropas em terra.

Os leitores ávidos de mementos não encontrarão em seu livro fórmulas rituais para a obtenção do êxito — descobrirão, em lugar disso, um método para a solução dos problemas da guerra, em todos seus campos de ação, cuja chave é a "obliqüidade". Este instrumento, puramente mental, só será utilizado por espíritos evoluídos e não-ortodoxos, por aqueles soldados de mentalidade aberta, que possam dizer como Brian Boru, antes da batalha de Clontarf: "Que espécie de guerra será a de hoje?" Não existe uma lei, prontamente discernível, para a matéria — só a análise dos fatores presentes na situação, corretamente avaliados, indicará a melhor linha de ação indireta a ser utilizada contra a liberdade de ação mental e física do inimigo, e a obliqüidade da ação adequada. Numa ocasião, ela será logística, em outra, será balística. Ataque e defesa devem ser empregados de acordo com os ditames da obliqüidade. A defesa estratégica pode exigir o ataque. O ataque estratégico pode beneficiar-se de uma defensiva tática inicial. A atitude do espírito é importante. A obliqüidade é sempre ofensiva. Uma mentalidade defensiva, por mais força de que disponha, está inicialmente condenada ao insucesso. O objetivo da obliqüidade é encontrar uma fenda na armadura mental do adversário. Seu objeto é o aniquilamento psicológico do comando adversário e seu sucesso é função do grau de liberdade de ação de que se dispõe, no fim do processo. Para este fim devem ser utilizados todos os meios possíveis para conservar o inimigo em dúvida; daí o valor dos objetivos alternativos. Contudo, não há regras tangíveis e não há esperanças para o "bom general rotineiro", de mentalidade direta, para quem a "a poeira existente sobre o pão exposto (nos rituais judaicos) é mais sagrada do que tudo".

Não há dúvida, entretanto, de que as verdadeiras qualidades mentais indispensáveis ao bom êxito, em todos os esca-

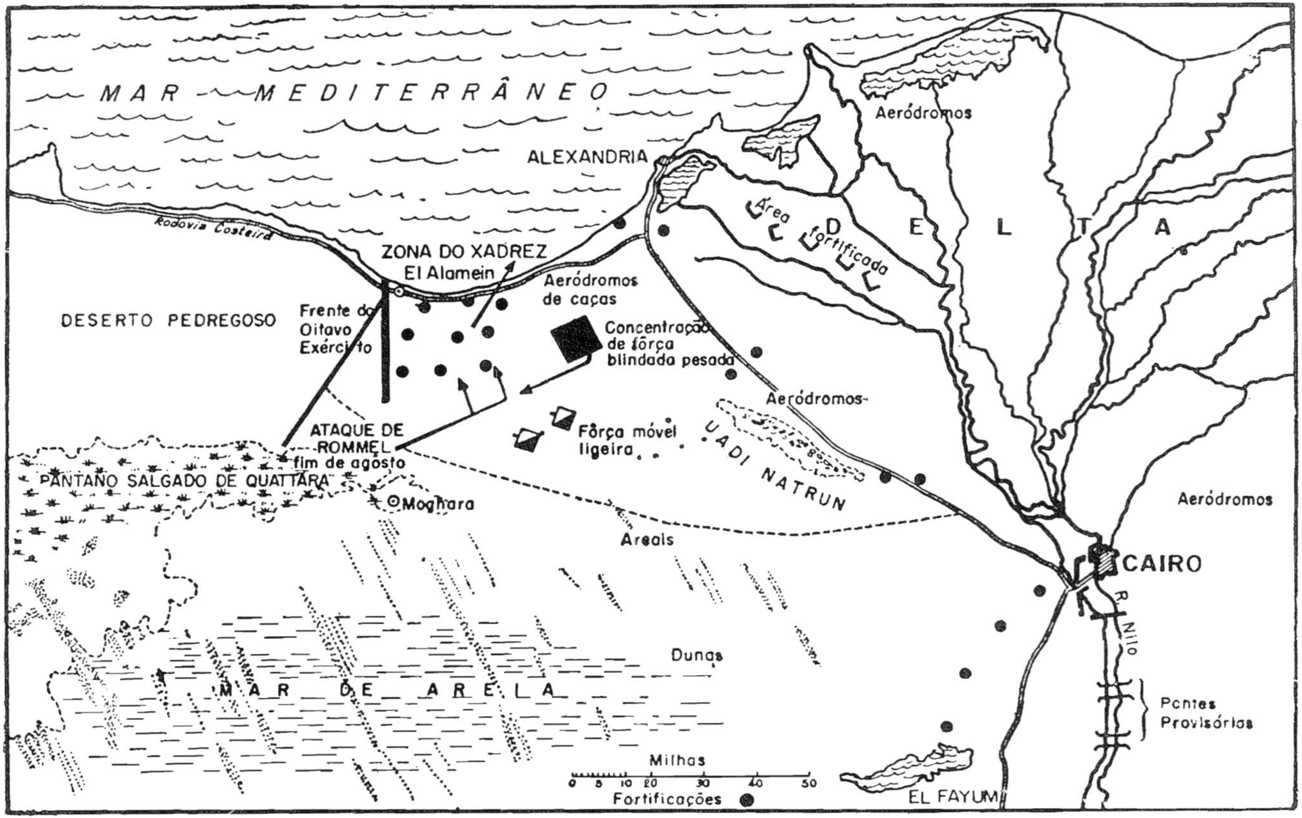

MAR MEDITERRÂNEO
ALEXANDRIA
Aeródromos
DELTA
Área fortificada
Rodovia Costeira
ZONA DO XADREZ
El Alamein
Aeródromos de caças
DESERTO PEDREGOSO
Frente do Oitavo Exército
Concentração de fôrça blindada pesada
Aeródromos
Fôrça móvel ligeira
ATAQUE DE ROMMEL fim de agosto
UADI NATRUN
PANTANO SALGADO DE QUATTARA
Moghara
Aeródromos
Areals
CAIRO
R. Nilo
Dunas
MAR DE AREIA
Pontes Provisórias
Milhas
0 5 10 20 30 40 50
Fortificações
EL FAYUM

lões da ação militar, são o bom-senso, a razão e a obliqüidade; esta última torna-se mais necessária à medida que se sobe o escalão e se chega ao comando independente. O caminho da ação indireta é seguramente o caminho indicado para se vencer nas guerras.

Sempre seu
ERIC

Outubro de 1942

APÊNDICE II

"COM MEDIDAS DE PRUDÊNCIA FARÁS A GUERRA".

(Provérbios 24,6)

Tradução condensada de um artigo do General Yigael Yadin, publicado no *"Bamachaneh"* (periódico das forças armadas de Israel) de setembro de 1949.

Análise estratégica das batalhas dos últimos anos pelo

GENERAL Y. YADIN
Chefe do Estado-Maior das Forças de Israel

O problema a ser enfrentado pelo planejamento estratégico (e também pelo tático, embora de maneira mais restrita) é de duplo aspecto: de um lado, devemos procurar impedir, por todos os meios, que o inimigo consiga desenvolver suas ações aplicando, corretamente, os princípios da guerra; de outro lado, deve envidar-se todo esforço no planejamento a fim de permitir que nossas forças possam seguir aqueles mesmos princípios, facilitando a conquista de nossos propósitos e objetivos.

Assim sendo, contrariar qualquer princípio que o inimigo tenha probabilidade de aplicar deve constituir um objetivo para a engenhosidade daqueles que planejam as operações de nossas forças.

Vejamos o que isso exige:

PRINCÍPIOS	REAÇÃO — OPOSIÇÃO — AÇÕES
Surpresa	Atividade contínua dos órgãos de informações
Persistência no Objetivo	Ataques diversionários táticos e ofensiva estratégica, psicológica e política
Economia de Forças	Ataques contra as vias de transporte e depósitos da retaguarda, imobilizando o inimigo e dispersando suas forças
Coordenação	Golpes contra os canais da administração
Concentração	Ataques diversionários e atividade aérea para dissociar as forças do inimigo
Espírito Ofensivo	Espírito ofensivo
Mobilidade	Destruição das vias de transporte
Segurança	Somatório global das ações acima

O planejamento de nossas ações principais — com a finalidade de conquistar um objetivo político-militar determinado, em cada fase da luta, deve ser coordenado, também, com o das operações secundárias e diversionárias. Entretanto, devemos ter sempre em mente que o principal propósito do planejamento é explorar os princípios da guerra, tão completamente e de tal maneira que o desfecho estratégico da batalha esteja decidido antes mesmo que o combate comece ou que, pelo menos, assegure que o combate se trave nas condições mais vantajosas para nós. Na verdade, essa é a "chave" para um planejamento estratégico perfeito. A famosa máxima de Clausewitz de que "o sangue é o preço da vitória" é uma idéia obsoleta.

Os ataques táticos, frontais, estão desaparecendo rapidamente, pois a arte da tática atual objetiva o cumprimento da missão principal por meio de ataques aos flancos e à retaguarda. No entanto, ainda há debates entre os "Capitães-da-guerra" sobre se esse processo se aplica ou não à estratégia. Certamente que é aplicável, porém de maneira diversa, como é fácil de deduzir. Não há dúvida de que a estratégia da ação indireta é a única estratégia correta.

A natureza da ação indireta na estratégia — como foi brilhantemente definida, explicada e elaborada pelo capitão Liddel Hart — é muito mais ampla e mais complexa que no campo tático.

Para aplicar os princípios da guerra em proveito de nossos objetivos e basearmos nossa atuação na estratégia da ação indireta, buscando o desfecho da luta antes mesmo que o combate haja começado, é preciso atingir os três objetivos seguintes:

a) cortar as vias de transporte do inimigo, dificultando ou paralisando sua concentração;
b) fechar-lhe as linhas de retirada, solapando-lhe a "vontade" e destruindo seu moral;
c) atingir seus centros de administração e impedir suas comunicações, interrompendo, assim, o elo entre seu "cérebro" e seus "membros".

Uma meditação sobre esses três objetivos confirma a verdade da máxima de Napoleão de que "todo o segredo da arte da guerra reside na habilidade em se assenhorear das linhas de comunicações".

A conquista desses três objetivos é, conseqüentemente, condição básica para o bom êxito da missão estratégica principal, tão corretamente definida pelo Capitão Liddel Hart na análise do objetivo da estratégia e da responsabilidade do estrategista:

> "O verdadeiro objetivo não é tanto procurar a batalha mas procurar uma situação estratégica tão vantajosa que, se não produzir a decisão por si mesma, haja a certeza de que seu prolongamento, através da batalha, o fará."

Obtém-se uma situação estratégica vantajosa, principalmente, se impusermos às organizações do inimigo a tomada de um dispositivo desequilibrado, isto é, provocando-se "sua dissolução ou sua dissociação na batalha", através da consecução dos três objetivos acima citados.

Por outro lado, no planejamento que conduz a isso tem-se, freqüentemente, que levar em conta os fatores políticos que impõem a forma de sua execução. Assim, por exemplo, é bem sabido que quanto à rapidez dos seus efeitos, o corte das linhas de comunicações e a obstrução das estradas estão em proporção inversa com a distância entre os locais onde essas operações são realizadas e a força principal contra a qual se combate. Em outras palavras, quanto mais próxima estiver a força principal inimiga do local onde se desenrolam aquelas operações, tanto mais imediatos os seus efeitos. Verifica-se ainda, no que diz respeito ao valor dessas ações, que quanto mais longe, isto é, mais à retaguarda e mais próximo da base estratégica do inimigo elas tiverem lugar, tanto maiores os seus efeitos.

Conseqüentemente, os planos têm que considerar, cuidadosamente, o tempo disponível para a operação.

Esse fator, prazo, foi algumas vezes determinado por causas artificiais, em nossas batalhas, em virtude do caráter especial da guerra do ano passado — melhor dizendo, devido à intermitência da intervenção das Nações Unidas. Por vezes, foi necessário preparar planos que produzissem efeitos mais imediatos e não, necessariamente, os maiores efeitos, como observaremos adiante ao analisarmos as batalhas travadas no ano passado.

Mas algumas palavras sobre a persistência do objetivo. O objetivo deve ser único mas a maneira de conquistá-lo, se quisermos ter certeza dessa conquista, deve admitir alternativas pois, ao contrário, o fracasso de uma ação qualquer produzirá, imediatamente, o fracasso na conquista do objetivo.

Um plano deve ser fundamentado no seguinte esquema: "se... isto ou aquilo acontecer... então...; se, ao contrário, acontecer isso... então...".

Vejam-se nessa concatenação as considerações muito lúcidas de Jacó, em seus preparativos para o combate com Esaú, no Capítulo 32 do Gênese.

Liddel Hart escreveu, muito acertadamente: "Um plano, como uma árvore, deve ter galhos, se é que se destina a dar frutos; um plano sem alternativas é como uma estaca estéril."

Meu objetivo, agora, é capacitar nossos soldados a estudarem e analisarem, por si mesmos, as batalhas em que tomaram parte e levá-los a tentar aplicar isso em considerações e elocubrações estratégicas, em vez de ficarem satisfeitos com as descrições táticas subjetivas, nas quais nossa literatura sobre guerra é tão abundante.

Seja-me, entretanto, permitido dizer algumas palavras para analisar operações do ano passado, à luz do que foi dito até agora.

As mais importantes foram:

a) Operações Dez Pragas (contra os egípcios);
b) Operação Ayin (contra os egípcios);
c) Operação de consolidação em Elath (área do golfo de Agaba);
d) Operação "Hiram" (libertação da Galiléia);
e, sob o ponto de vista estratégico, conforme definido anteriormente, até mesmo as "Operações Rhodes" (acordos de armistício).

Um levantamento mostrará que o planejamento de todas essas operações foi elaborado segundo os princípios estratégicos que mencionamos — ação estratégica indireta, seccionamentos, interdições e emprego máximo da habilidade para obtenção da surpresa destinada a provocar o rápido e fundamental desequilíbrio do dispositivo do inimigo.

As condições de tempo, que em virtude de intervenções várias não eram pequenas, também influenciaram a escolha dos processos.

O inimigo egípcio, ao invadir o país, esperava que os portões se lhe abrissem e, conseqüentemente, investiu para o norte, pelas rodovias costeiras, em direção a Isdud e, quando foi detido, dividiu-se, lançando uma parte para Faluja, na direção de Jerusalém. Suas forças eram muito superiores e nos obrigaram a evitar os combates frontais na medida do possível, pois isso lhe daria superioridade, uma vez que se achava estabelecido em várias posições defensivas e dispunha de maior quantidade de armas defensivas. Por outro lado, sua principal fraqueza estava naquele ponto exato assinalado por Napoleão: "Todo segredo da arte da guerra reside na habilidade de se assenhorear das comunicações" — pois suas linhas de comunicações eram extremamente longas.

A "Operação Dez Pragas" — cujo objetivo era abrir caminho para o Negev e desarticular o dispositivo inimigo — explorou ao máximo essa fraqueza. O sistema tríplice que mencionou — cortes das linhas de suprimento, obstrução das estradas de retirada e ataques aos centros de administração — teve uma aplicação clássica na "Operação Dez Pragas";

a) A ruptura a leste de Iraq-el-Manshiyah, cortando as comunicações orientais do inimigo, de um lado, e conquistando a Colina 113, de outro, combinou-se com numerosos golpes desfechados por unidades de comandos e solapou a estrutura física do dispositivo inimigo.

b) A conquista de Beth-Hanun, obstruindo sua estrada principal de retirada, confundiu o inimigo e, além do efeito material da interrupção das linhas de comunicações, prejudicou-lhe fundamentalmente a vontade e o moral e provocou sua decisão de se retrair (incidentalmente esse é um exemplo de obstrução aproximada que provoca efeito imediato).

c) Os repetidos bombardeios de Gaza, Majdal, Rafah e El-Arish atingiram as artérias e centros da administração do inimigo e paralisaram todo o seu sistema nervoso — o sistema que ligava o cérebro com os membros.

Deve-se ressaltar o fato de que nossas forças operaram tanto contra o setor norte do inimigo como contra seu setor ocidental, com formações de vulto e independentes, permitindo dessa forma ao Comando a flexibilidade de mudar proveitosamente o esforço, de acordo com as necessidades.

A "Operação Ayin", também contra os egípcios, na região de Auja-El-Arish, proporcionou algumas lições surpreendentes sobre a arte da guerra. De início o inimigo egípcio não tirou partido da localização de seus dois grupamentos de forças — Oriental e Ocidental — perdendo, assim, uma vantagem estratégica que poderia ter sido decisiva. Depois da "Operação Dez Pragas", tentou, tardiamente, usar o grupamento oriental para isolar e fechar o Negev meridional. Como foi observado anteriormente, a resposta mais adequada para o espírito ofensivo é o espírito ofensivo e esse foi, na verdade, a origem da "Operação Ayin". (Nossos sábios disseram há muito tempo: "Se aquele vem para matar-te, mata-o em primeiro lugar".) O esforço da ofensiva contra a retaguarda do inimigo, a surpresa da aproximação (fazer o que o inimigo considera como impossível), feita através de Haluzah, na direção de Auja e a diversão estratégica (combinar ameaças táticas, psicológicas e políticas) contra o setor ocidental, ao longo da costa, tudo se combinou para produzir a vitória.

A "Operação Ayin" demonstrou claramente as verdades mencionadas acima — que o objetivo do plano estratégico é decidir a batalha antes mesmo que ela comece, ou pelo menos criar condições tais que dêem a certeza de que a realização da batalha provocará a decisão. A exploração da "Operação Ayin" por uma perseguição realizada Egito a dentro também demonstrou, de maneira cabal, o outro princípio mencionado anteriormente, no que concerne à relação entre a localização de uma obstrução e a rapidez e proporções de seu efeito. A irrupção de nossas forças na direção de El-Arish e o domínio do vital entroncamento rodoviário de Abu Aweiglia, no deserto de Sinai, poderia ter provocado resultados ainda mais decisivos se o tempo necessário a uma decisão não fosse demasiado longo. Por outro lado, a rápida mudança da ação de interdição para as vizinhanças de Rafah — embora fosse, provavelmente, de natureza menos decisiva, em virtude da sua proximidade das forças principais do inimigo (o que o colocava em posição de superioridade tática, "vis a vis" de nosas forças) produziu resultados mais imediatos e provocou, incontinenti, a solicitação egípcia de armistício.

As várias operações "Rhodes", a operação destinada à nossa fixação em Elath e a que teve como objetivo nossa expansão no chamado Triângulo de Wadi Arah (passo de

Megiddo), ilustram a lição de que os instrumentos empregados na estratégia diferem, freqüentemente, dos instrumentos usados na tática — pelo fato de a estratégia escolher, às vezes, instrumentos políticos para obter condições favoráveis à decisão tática. Esses instrumentos, quando bem sucedidos, poupam grande quantidade de sangue e de suor.

Finalmente, como não menos importante, devo mencionar a "Operação Hiram" que, embora sendo uma operação-relâmpago do tipo clássico, proporcionou exemplo bem ilustrativo de decisão estratégica, cuja importância não é menor e neste caso se mostrou até mais eficaz do que a de uma decisão tática. Kaukji pretendeu forçar uma decisão tática, que poderia ter-lhe sido favorável, se, após a pressão que exerceu sobre Manara, tivéssemos a possibilidade de realizar novos ataques frontais, quando alguns deles já haviam fracassado. Na "Operação Hiram" aplicamos a estratégia da ação indireta, com o uso mais completo possível de linhas de ação alternativas nos planos gerais e a execução de interrupções, interdições, ataques aos centros de administração etc. Os dois grupamentos de nossas forças, um deslocando-se de Safad para o norte, na direção de Sasa e o outro de Kabri para leste, através de Tarshiha, apresentaram, na campanha de 1948, um excelente exemplo de envolvimento estratégico planejado, que produziu uma decisão rápida.

Em conclusão, devo salientar que não foi minha intenção descrever as várias ações com detalhes, mas colocá-las sob a luz de um holofote estratégico — dessa maneira estabelecendo um ponto de vista compreensível, para o entendimento de sua significação.

NARRATIVA

(do T.[te]-CORONEL N. LORCH, Chefe da Seção Histórica do Estado-Maior das Forças de Israel

"Operação Dez Pragas" — 15 a 21 de outubro de 1948

Embora os dez dias de combates, entre o primeiro e segundo armistícios (9 a 19 de julho), houvessem testemunhado a iniciativa de Israel em outras frentes, com todas as vantagens disso decorrentes, a situação na frente egípcia permaneceu mais ou menos estática. O exército egípcio, havendo perdido sua esperança inicial de uma vitória rápida e decisiva contra as forças de Israel, precariamente equipadas e desgastadas pelos combates, procurou, desde o instante do primeiro armistício, consolidar suas posições na área da Palestina, já ocupada por suas forças e mais particularmente nas localidades árabes existentes ao longo da rodovia costeira, até Isdud, ao norte; nas localidades ao longo da rodovia Auja-Asluj-Beersheba-Hebrom-Bethlém e nas situadas ao longo da estrada Majdal-Beth-Jibrin, que liga as duas, transversalmente.

A despeito de suas numerosas tentativas, somente duas localidades judias, situadas isoladamente ao longo da estrada costeira, foram conquistadas. A terceira, depois de haver enfrentado, com sucesso, uma série de ataques, foi evacuada durante a primeira trégua. A principal região judia, no Negev — a região semi-árida do sul da Palestina, que tinha sido entregue, em sua maior parte, ao Estado Judeu pela Resolução da Partilha das Nações Unidas (novembro de 1947) — estava bastante afastada das rodovias e permaneceu intacta. Entretanto, suas comunicações com o norte — o centro do Estado — foram interrompidas de ambos os lados das posições já mencionadas, com o corte da estrada transversal de Majdal-Beth-Jibrin.

Era evidente que essa situação não podia persistir, embora os dispositivos do armistício que previam uso, pelos egípcios, durante certas horas do dia, da estrada leste-oeste e, pelos judeus, durante horas diferentes, da estrada norte-sul, tivessem sido escrupulosamente observados pelos egípcios.

Enquanto os egípcios pareciam estar satisfeitos, no momento, na esperança de poderem submeter o Negev judeu em futuro próximo ou fazê-lo render-se pela inanição, o problema de suprimento das cidades isoladas obrigou Israel a tomar a iniciativa, principalmente porque havia indícios de que a situação militar existente era encarada como base para uma solução política, que iria deixar Israel sem Negev.

O problema enfrentado pelo Comando israelita era cruciante. A situação na região era de inquietação, desde algum tempo; um comboio israelita, despachado para o sul, de acordo com a decisão das Nações Unidas, fora atacado, alguns de seus veículos haviam se incendiado e o comboio obrigado a recuar. Era evidente, portanto, que qualquer ação que se decidisse empreender, como represália, não poderia ser realizada de surpresa. Segundo, era claro que só se poderia obter uma via de acesso ao Negev com a captura de um ou mais pontos fortes, num dos ramos da estrada Majadal-Beth-Jibrin, que estavam muito bem fortificados e isso numa fase inicial da operação. Em outras palavras, não somente se tinha de sacrificar a surpresa no tempo, como realizar um ataque direto, no ponto exato onde os egípcios o estavam esperando.

Entretanto, o dispositivo egípcio carecia de profundidade. Era formado por uma série de linhas — a costeira espremida entre o mar e nossas forças do Negev, a linha ao longo da estrada Majdal-Beth-Jibrin e uma terceira, que se estendia para nordeste, até aos montes da Judéia. Foi essa fraqueza que exploramos durante a operação e que compensou amplamente as condições adversas mencionadas acima. Isso exigia, porém, a presença no sul de forças mais numerosas que as que possuíamos lá, inicialmente. A "Ope-

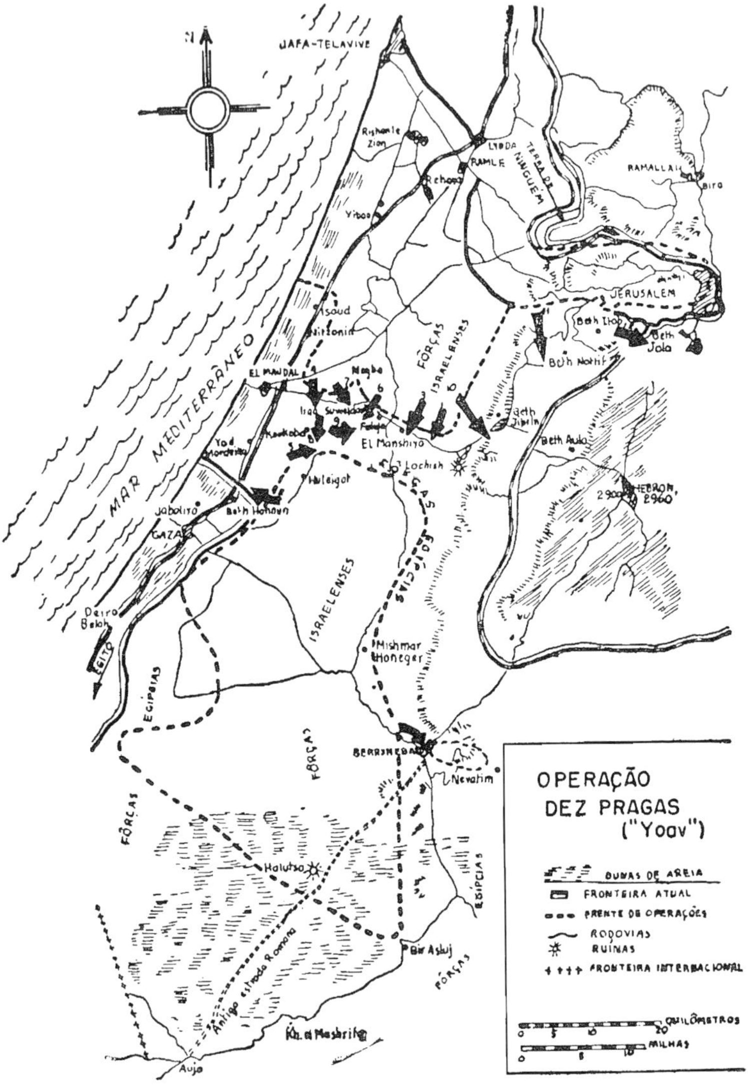

OPERAÇÃO
DEZ PRAGAS
("Yoav")
DUNAS DE AREIA
FRONTEIRA ATUAL
FRENTE DE OPERAÇÕES
RODOVIAS
RUINAS
FRONTEIRA INTERNACIONAL
QUILÔMETROS
MILHAS
MAR MEDITERRÂNEO
JAFA-TELAVIVE
LYDDA
RAMLE
TERRA DE NINGUEM
RAMALLAH
JERUSALEM
GAZA
FORÇAS ISRAELENSES
FORÇAS EGIPCIAS
BERSHEBA
HEBRON

ração Dez Pragas" foi precedida, conseqüentemente, de consideráveis transportes aéreos para o Negev e do deslocamento, por terra, de uma ponderável força móvel, pelas linhas egípcias, bem debaixo de seus narizes.

Feito isso foi dado o sinal para a nossa ofensiva, no dia 15 de outubro de 1948. Naquele mesmo dia, à tarde, a força aérea israelita atacou o aeródromo egípcio de El-Arish e vários outros objetivos, entre os quais Gaza, Beth Hanun, Majdal e Faluja, desfechando um formidável golpe na força aérea egípcia, a qual, embora ativa durante o restante da operação, não mais reconquistou a superioridade aérea. Na noite seguinte, as forças terrestres de Israel introduziram profunda cunha nas linhas egípcias, perto da aldeia de Beth Anun, na estrada costeira. Isso ameaçou e posteriormente quase interrompeu as comunicações egípcias, impedindo, desse modo, que os reforços e suprimentos fluíssem livremente para Majdal e obrigando os egípcios a desviarem forças consideráveis do seu campo de batalha principal. O mesmo motivo justificou uma série de incursões ainda mais ao sul, visando destruir as pontes e as linhas ferroviárias entre El-Arish, Rafah e Han Unis.

Ao mesmo tempo a estrada transversal de Majdal a Beth Jibrin era cortada com a ocupação de algumas colinas, até então não utilizadas pelos egípcios, na região de Beth Jibrin. Desse modo, na manhã, de 16 de outubro, embora tivessem sido insignificantes os combates, as comunicações egípcias haviam sido cortadas ao norte e ameaçadas a oeste. O palco parecia estar pronto para uma tentativa de rompimento das linhas egípcias na direção do norte e esta foi realizada com um ataque de blindados e infantaria, contra a aldeia de Iraq-el-Manshiyah e o antigo Tell, seu acidente topográfico dominante, na madrugada de 16 de outubro. O ataque, entretanto, encontrou disparos de artilharia tão bem ajustados que numerosos carros de combate foram postos fora de ação e a infantaria, sem apoio, não pôde prosseguir. Assim, foi dada a ordem de retirada.

A conquista de Iraq-el-Manshiyah poderia ter-nos proporcionado, êntre outras coisas, ameaçar as posições egípcias perto da sua junção pela retaguarda. Uma vez que falhara, não havia outra alternativa senão assaltá-las diretamente. As defesas egípcias apoiavam-se em uma série de colinas — algumas em suas proximidades imediatas e outras afastadas cerca de uma milha — e no forte de Iraq-Suweidan, situado a duas milhas a leste da junção, dominando completamente toda a região. Não houve nada de indireto no assalto a esses acidentes topográficos. Durante a noite de 16 para 17 a colina 113 e várias outras elevações foram tomadas, depois de encarniçados combates corpo-a-corpo, os quais, em alguns casos, terminaram com o uso de dentes. Os egípcios provaram que não somente sabiam organizar defensivamente uma posição, mas também defendê-la.

O ataque foi iniciado naquela noite, contra o flanco direito dos egípcios, nas colinas da Judéia, a sudoeste de Jerusalém. Embora sendo uma ação diversionária, como tinha sido planejado, esse ataque pouco pôde fazer em proveito das forças que investiam a junção, a noz mais dura de todas.

No decorrer do dia 17 os egípcios contra-atacaram fortemente para restabelecer suas comunicações entre as regiões de Madjal e Faluja, porém fracassaram em suas tentativas de retomar qualquer das elevações que havíamos conquistado. A situação agora era tal que, embora a estrada leste-oeste estivesse interditada aos egípcios, a rodovia norte-sul ainda não se abrira para nós. Isso poderia ser obtido, quer com a conquista dos pontos fortes egípcios que ainda restavam ao longo da estrada norte-sul, na região de Huleiqat, quer com a conquista de outros pontos fortes mais a leste, o que nos permitiria desbordar Huleiqat. Os dois dias seguintes foram gastos, por nós, nesse setor, à procura da conquista de qualquer desses dois objetivos e, pelos egípcios, em uma defesa pertinaz e em contra-ataques. Enquanto os egípcios conseguiam manter o terreno a leste do forte de Iraq-Suweidan, até Iraq-el-Manshiyah — tornando-a a região conhecida, desde então, pelo nome de Bolsão de Faluja — Huleiqat caía, na noite de 19 para 20 de outubro. Depois de um isolamento que durava havia muitos anos (praticamente desde dezembro de 1947), fora, finalmente, estabelecida uma ponte firme entre o Negev e o resto de Israel.

Pode-se resumir rapidamente o restante da operação. A oeste os egípcios, preocupados com suas comunicações, por causa da cunha de Beth Hanun, evacuaram a região de Madjal, quase sem dispararem um tiro, abandonando desse modo, entre outros pontos, as localidades judias de Yad Mordechai e Nitzamin, que haviam caído em suas mãos em maio, após alguns dos combates mais encarniçados da guerra. A leste foram expulsos de suas posições na montanha com rápida ofensiva que levou nossas forças aos subúrbios de Bethlém. Ao norte, somente a força do bolsão de Faluja ainda se mantinha firme. Essa resistência veio pôr em destaque um dos perigos inerentes à ação indireta — o corte de suas linhas de comunicações pode obrigar um inimigo, que de outra forma preferiria retrair-se, a fazer meia volta e lutar. Entrementes, a periferia do bolsão ia ficando progressivamente reduzida e quando o forte de Iraq-Suweidan caiu, finalmente, a 8 de novembro o bolsão havia perdido os últimos vestígios de seu valor ofensivo potencial. Incidentalmente, é interessante assinalar que, entre os documentos capturados no forte, estava um exemplar da "Estratégia da Ação Indireta", pertencente a um comandante egípcio. É, agora, uma lembrança muito cara para o oficial que comandou o assalto. (*)

Entrementes, a operação era coroada de êxito mais ao sul com a conquista de Beersheba. Num rápido aproveitamento do êxito, foram impulsionadas forças para o sul, no Negev, pela estrada recentemente aberta e, juntamente com outras, que já se encontravam na região, se apossaram da cidade, na noite de 20 para 21. Embora, provavelmente, não desconhecesse a luta que se travava ao norte, o comandante da guarnição, que não esperava que lhe batessem à porta tão cedo, foi apanhado de surpresa e se rendeu depois de cinco horas apenas de combate. A rendição ocorreu trinta e um anos depois da tomada de Beersheba pelos ingleses, na Primeira Guerra Mundial e à vista do monumento que cultua a memória dos soldados da Comunidade Britânica tombados naquele ataque. A conquista de Beersheba selou o destino da guarnição egípcia da região do Hebron, que pouco depois

(*) Felizmente, porém, ele não se imbuíra da essência do livro e, conseqüentemente, foi completamente surpreendido por nosso plano estratégico, baseado nos princípios nele ensinados. (assinado) Y. Yadin.

foi substituída pela Legião Árabe, havendo os egípcios recuado para o sul, em Bir-Asluj, a sudoeste de Beersheba.

"Operação Ayin" — 22 de dezembro de 1948 a 7 de janeiro de 1949

O dispositivo dos egípcios, no início da "Operação Ayin", era semelhante ao que existia antes da "Operação Dez Pragas", embora em escala muito menor. Novamente existiam duas alas: a da esquerda, acompanhando a estrada costeira até Gaza; a da direita, ao longo da rodovia Auja-Hebrom, até Bir-Asluj, a sudoeste de Beersheba. As duas alas ligavam-se, lateralmente, através da estrada Rafah-Auja, que se desenvolve, parcialmente, em território egípcio e, mais ao sul, através da estrada que liga El-Arish a Abu Aweiglia. Além disso, havia forças egípcias destacadas no bolsão de Faluja e, em menor quantidade, na região de Hebrom. Embora fosse improvável que empreendesse qualquer operação ofensiva de vulto, sem o auxílio de pelo menos um dos outros exércitos árabes, o exército egípcio não havia sido derrotado. Conservando ainda parte considerável da Palestina, constituía uma ameaça e, a menos que fosse finalmente derrotado, podia representar um perigo permanente para a segurança do jovem Estado.

O dispositivo egípcio baseava-se em duas premissas — das quais uma provou ser correta e a outra errônea — e esta provocou, finalmente, a sua derrota. A primeira dessas era que, em uma região de fraca densidade demográfica, como o sul do Negev, quem dominasse as comunicações tornar-se-ia senhor de toda a região; a segunda era que as linhas de comunicações, nesse território, confundiam-se com as estradas macadamizadas existentes. Conseqüentemente, os egípcios, uma vez mais, basearam sua defesa em uma série de pontos fortes localizados a cavaleiro das mencionadas estradas, com seus campos de tiro principais cobrindo as próprias estradas.

As únicas lições que haviam aprendido com a "Operação Dez Pragas" era serem os israelitas especialistas em ataques noturnos e, agora, a força aérea israelita era uma arma a ser considerada. Como resultado, suas posições estavam mais bem disfarçadas que anteriormente e a vigilância durante a noite havia sido intensificada.

Nosso plano geral de ataque assemelhava-se ao de Allenby para a terceira batalha de Gaza, no outono de 1917, mas executado ao contrário, pois, enquanto a investida de Allenby pressionara do sul, a nossa desceu do norte. A idéia era atrair e aferrar uma proporção tão grande quanto possível de forças egípcias no setor ocidental e então, por meio de uma pressão decidida, envolver a ala oriental, além da fronteira egípcia. Isso feito, nossas forças infletiriam para noroeste e forçariam a evacuação da faixa de Gaza, pela ameaça às suas comunicações com o Egito, acompanhada, caso necessário, de um ataque direto a Gaza, na fase final da batalha.

A operação iniciou-se com um ataque maciço da força aérea israelita aos aeródromos egípcios e concentrações de tropa em Rafar, Hans Yunis e Gaza, seguido do bombardeio de artilharia sobre os pontos fortes egípcios ao longo de toda a frente. No decorrer da mesma noite, nossas forças da frente ocidental ocuparam uma série de elevações, cerca de oito milhas (12,9 km) ao sul de Gaza, desse modo ameaçando cortar a rodovia Rafah-Gaza. De acordo com sua experiência anterior, os egípcios não demoraram a engolir a isca, e concentraram uma força considerável, inclusive a maior parte de seus blindados, para contra-atacarem nesse setor, ao mesmo tempo em que também reforçavam suas defesas na região Gaza-Rafah como um todo.

Embora a colina 86 fosse retomada pelos egípcios, depois de encarniçado combate, a ação atingiu sua finalidade, como diversão. Tanto assim que o ataque no setor oriental obteve completa surpresa estratégica. O primeiro objetivo era a limpeza da rodovia Beersheba-Auja até à própria Auja, inclusive. Naturalmente, os egípcios estavam preparados para essa operação; mal supunham, porém, que nosso Serviço de Informações descobriria uma antiga estrada romana que se estendia de Beersheba, quase em linha reta, até à retaguarda de Auja. Menos ainda, esperavam que nossa engenharia fosse capaz de, despercebidamente, preparar essa estrada para a passagem de veículos pesados como os carros de combate médios. No entanto, foi isso que aconteceu. Enquanto os postos avançados egípcios, em Bir-Asluj, vigiavam, inteiramente, a estrada de Beersheba, esperando um ataque nessa direção, as leves forças móveis de Israel irromperam do deserto, capturaram uma série de pontos fortes mais ao sul e interromperam a estrada Auja-Rafah em dois pontos. Quando a própria Auja foi atacada, na madrugada do dia 25 de dezembro, já fora isolada, tanto de seus postos avançados no norte, quanto de suas bases no oeste. A guarnição da localidade fez o que pôde, mas depois que todos os reforços enviados foram rechaçados pelas forças que obstruíam a rodovia para Rafah, retirou-se para o deserto, nas primeiras horas do dia 27 de dezembro. Poucas horas depois Bir-Asluj, agora completamente isolada, foi ocupada, e a rodovia Beersheba-Auja aberta ao nosso tráfego, completando-se desse modo a primeira fase do nosso plano.

Embora nossas tropas estivessem cansadas por causa dos combates dos dias precedentes, a segunda fase da operação começou depois de um pequeno intervalo indispensável ao descanso e ao recompletamento de suprimentos com a investida, Egito a dentro. Abu Aweiglia, base egípcia do Sinai, na estrada para Ismailya, foi tomada na noite de 28 para 29 de dezembro, e uma coluna blindada foi lançada à frente nessa ocasião, ao longo da estrada para El-Arish, apoderando-se de um aeródromo ao sul da cidadezinha, com algumas de suas aeronaves intactas. Outra investida ter-nos-ia possibilitado tomar posições a cavaleiro da estrada costeira e atingir o litoral nas imediações de El-Arish. Ali, entretanto, circunstâncias políticas intervieram na conduta militar da ofensiva. Conquanto os egípcios houvessem tudo suportado, para que operassem sem serem perturbados, em território israelita, evidenciava-se que não seria tolerada a presença de forças israelitas em solo egípcio. Sob forte pressão política e a ameaça de intervenção militar dos ingleses, a coluna blindada recebeu ordem de se retirar para o território de Israel.

Não havia alternativa senão tentar a realização do mesmo desiderato, ao norte da linha da fronteira. Com essa finalidade, foram apressadamente reunidas várias brigadas, para um ataque a Rafah, partindo do sudeste e do sul. Estas ocuparam um reduto no cemitério, à vista da cidade e os grandes

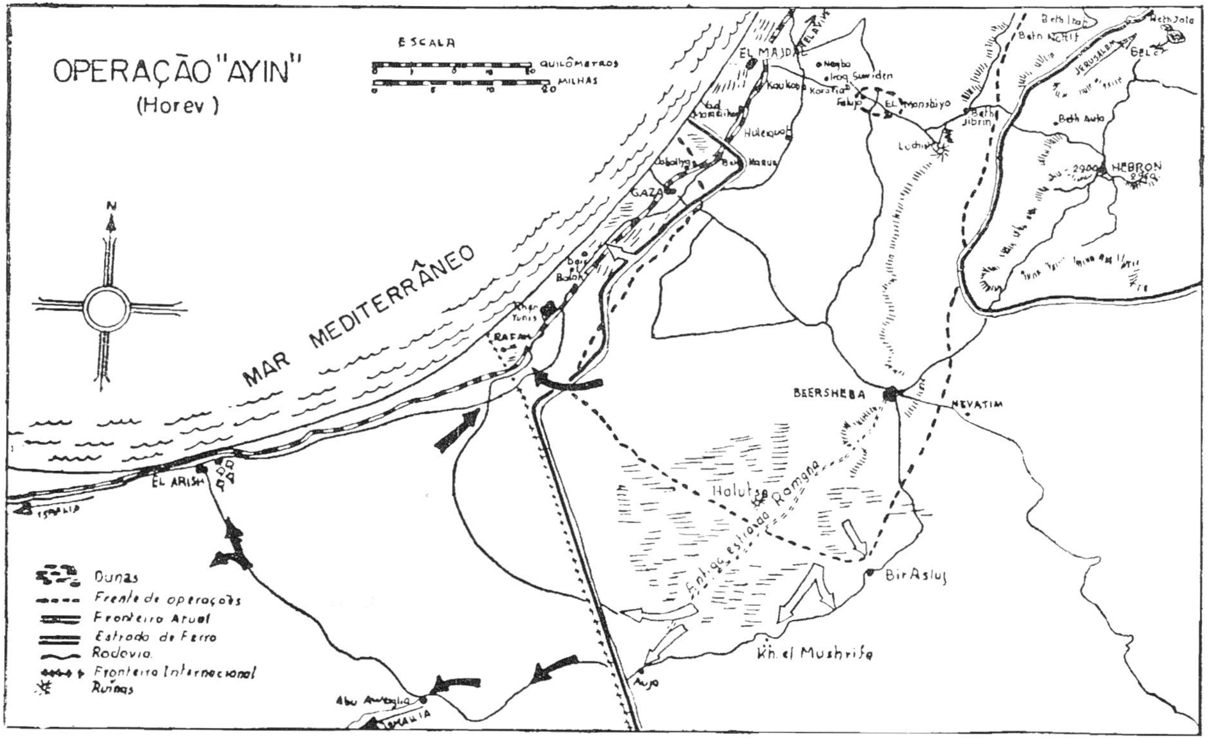
OPERAÇÃO "AYIN"
(Horev)
ESCALA
QUILÔMETROS
MILHAS
N
MAR MEDITERRÂNEO
EL MAJDAL
TEL AVIV
Kaukaba
Huleiqat
GAZA
Rafah
EL ARISH
BEERSHEBA
NEVATIM
HEBRON
JERUSALEM
Beth Jibrin
Lachish
EL Monsbiyo
Falujo
Holutsa
Bir Aslus
Kh. el Mushrife
Aujo
Abu Aweigila
Antiga estrada Romana
Dunas
Frente de operaçoes
Fronteira Atual
Estrada de Ferro
Rodovia
Fronteira Internacional
Ruínas

acantonamentos construídos pelos ingleses, em suas vizinhanças, bem como um grupo de elevações ao sul das estradas El-Arish-Rafah-Auja. Quando a batalha atingiu essa fase, na tarde do dia 7 de janeiro, os egípcios solicitaram um armistício.

Embora a ordem de retirada do território egípcio houvesse sido recebida no auge da ofensiva, quando os frutos desta pareciam ao alcance da mão, Israel teve boas razões para satisfação, ao recapitular os resultados da operação. Exceto quanto à faixa de Gaza, os egípcios haviam sido expulsos de toda a Palestina e a maior parte de seu exército fora destruída ou debandada, tendo sido posta fora de ação por considerável espaço de tempo, no futuro. Tudo isso havia sido realizado por uma força atacante escassamente superior aos defensores em número, e inferior a eles, em equipamento.

"Operação Hiram" — 28 a 30 de outubro de 1948

Quando os exércitos regulares árabes invadiram a Palestina, o Exército de Libertação, sob o comando de Fawzi Kaukji, que, até então, suportara o ônus do combate, foi evacuado para se reorganizar — ou melhor, para ser transformado em força regular. Após a primeira trégua, Kaukji ficara senhor da Galiléia e fazia entendimentos, alternadamente, com os sírios, os libaneses e os iraquianos, ainda nominalmente sob o comando direto da Liga Árabe e não sob o comando de qualquer dos exércitos regulares.

Os dez dias de combate entre as duas tréguas custaram-lhe a maior parte da Baixa-Galiléia, inclusive Nazaré. Conseguiu, entretanto, retirar a maior parte de suas forças para a Alta-Galiléia, onde ocupou uma área retangular, de cerca de quinze por vinte milhas (24,1 x 32,2 km). Embora sem probabilidade de empreender qualquer ofensiva de vulto, por si mesmo, em futuro imediato, em virtude dos rechaços que sofrera anteriormente, ainda constituía um perigo potencial, junto com um ou mais dos exércitos regulares árabes. Operando em linhas interiores, da vantajosa situação dos terrenos altos da Galiléia, os mais altos da Palestina Ocidental, ele podia empreender uma ofensiva contra qualquer das três estreitas faixas mantidas por Israel e que circundavam seu território — contra o vale do Zebulun, a oeste, em conjunção com os libaneses; o Vale do Esdraelon, no sul, com os iraquianos; ou, mais provavelmente, contra o Vale do Hule, com os sírios.

Cerca de meados de outubro, Kaukji — imaginando que Israel estava inteiramente absorvido com os combates da frente egípcia — decidiu que chegara o momento, malgrado a trégua, de obter pelo menos um sucesso parcial, a fim de restabelecer seu prestígio. Deliberou, portanto, atacar o reduto de Sheikj Abed, que tinha comandamento sobre a localidade judia de Manara (precariamente pendurada na crista da cadeia de elevações, 2.500 pés (757,5 m) acima do Vale do Hule. O reduto foi conquistado por um ataque de surpresa, e Manara ficou mais uma vez isolada, pondo em perigo o Hule.

Entretanto, Kaukji mais uma vez errara os cálculos — desta vez fatalmente. Em vista da provocação de Kaukji e de sua ruptura da trégua, e aproveitando-se de um intervalo nos combates da frente egípcia, o que libertara a força aérea israelita para emprego em outros locais, o Alto-Comando de Israel decidiu ajustar contas, de uma vez por todas, com o Exército de Libertação da Kaukji e expulsá-lo da Palestina — e também, se possível, destruí-lo, completamente. O primeiro desses objetivos foi integralmente atingido e o último em grande parte, em não mais que sessenta horas — pela "Operação Hiram".(*)

A área mantida por Kaukji adaptava-se às maravilhas à tática de guerrilhas ou às operações defensivas de qualquer força resoluta e imaginosa. Para um exército regular moderno — e Kaukji havia adquirido a maior parte das deficiências, embora poucas, das possibilidades de um exército assim — possuía uma desvantagem ponderável: a parcimônia de estradas adequadas. Uma estrada no sentido norte-sul e quatro no sentido leste-oeste era tudo quanto podia ser usado. Quanto ao mais, havia trilhas, a maioria das quais demasiado difíceis, mesmo para muares. A chave de todo o sistema de comunicações era a vila e entroncamento rodo-

(*) O nome de código Hiram foi dado por causa do nome de um dos antigos reis do Líbano: Hiram.

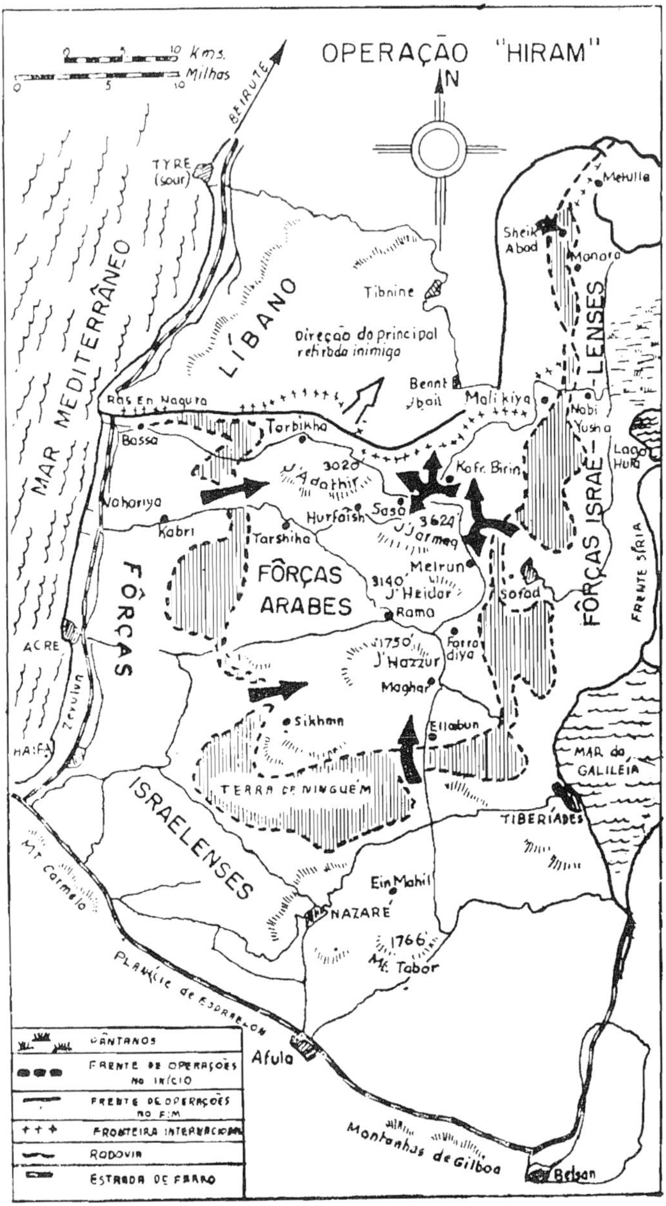

OPERAÇÃO "HIRAM"
N
10 Kms.
Milhas
BEIRUTE
TYRE (sour)
Metulla
Sheik Abad
Manara
Tibnine
LÍBANO
Direção do principal retirada inimiga
MAR MEDITERRÂNEO
Bennt Jbail
Malikiya
Ras En Naqura
Tarbikha
Bassa
Nabi Yusha
Lago Hula
3020
J' Adathir
Kafr. Birin
Nahariya
Hurfaish
Sasa
3624
J' Jarmaq
Kabri
Tarshiha
FÔRÇAS ARABES
Meirun
3140
J' Heidar
Safad
FÔRÇAS ISRAELENSES
FRENTE SÍRIA
Rama
ACRE
1750
J' Hazzur
Farradiya
Maghar
Zevulun
Sikhnin
Eilabun
HAIFA
MAR da GALILÉIA
TERRA DE NINGUÉM
TIBERÍADES
Mt Carmelo
Ein Mahil
NAZARÉ
1766
Mt. Tabor
Planície de Esdraelon
Afula
Montanhas de Gilboa
Beisan
PÂNTANOS
FRENTE DE OPERAÇÕES NO INÍCIO
FRENTE DE OPERAÇÕES NO FIM
FRONTEIRA INTERNACIONAL
RODOVIA
ESTRADA DE FERRO

viário de Sasa, onde as rodovias Bassa-Tarbika e Noharya--Tarshiha, que vinham do litoral, encontravam-se na estrada de Malikiya, que seguia para o norte e penetrava no Líbano, base de suprimentos de Kaukji.

As forças de Kaukji eram constituídas de três elementos mais ou menos iguais, chamados Brigadas "Yarmuk". Chamá-los de "Brigada" era bastante pretensioso, do mesmo modo que o era sua associação nominal com o exército de Yarmuch, que tomara a Palestina aos bizantinos, sob o comando de Khalid-ibn-el-Walid. Uma das brigadas estava localizada ao sul da rodovia de Acre, a segunda mantinha a região nordeste, inclusive Sasa, e a terceira o noroeste, com o Quartel-General em Tarshiha.

O arcabouço do nosso plano foi o seguinte: duas forças foram destacadas para aferrarem as forças de Kaukji no sul, por meio de fintas partidas do sul e do sudoeste, e uma terceira força devia tomar Tarshiha pelo oeste. Enquanto isso, a força principal, constituída de carros blindados leves, meias-lagartas e infantaria — devia investir para oeste, partindo de Safad, e conquistar Sasa, e ao mesmo tempo proteger seus flancos e retaguarda contra ataques do sul e do oeste. Uma vez que houvesse sido realizada a junção entre os braços oriental e ocidental da pinça, o êxito devia ser explorado:

a) para varrer as forças remanescentes no saliente, agora transformado em bolsão;

b) para avançar para nordeste e limpar a região ao longo da estrada Malikiya-Metulla, tornando dessa forma segura a região das povoações judias do Vale do Hube, lá embaixo.

A força aérea devia bombardear os principais objetivos — Tarshiha, Sasa, Malikiya etc. — na tarde anterior à hora zero e, posteriormente, ficar de prontidão, para dar apoio às forças atacantes terrestres, onde fosse necessário. A artilharia era escassa, sendo reservada, principalmente, ao esforço principal, mas, mesmo aí mal atingia o valor de uma bateria.

A missão dos blindados, nesse plano, é particularmente digna de nota. À primeira vista, seu uso, nessa região, parecia arriscado, pois ficariam presos às poucas estradas e à mercê de um inimigo que ocupasse as elevações de qualquer dos lados. Não obstante, foi decidido, não somente usá-los mas empregá-los como ponta-de-lança do ataque ao objetivo principal, e cancelar ou retardar os reforços que pudessem ser enviados. A consideração dominante era a velocidade. O êxito de toda operação dependia, por motivos tanto políticos como militares, de esmagar Kaukji, antes que qualquer exército tivesse tempo de interferir, e antes que ele mesmo tivesse tempo para dar um balanço e avaliar a situação, que, mesmo depois da perda de Sasa, podia ter sido remediada. O uso dos blindados, nessas condições, era um risco, mas que deu certo.

Quanto à execução do plano, há pouca coisa a ser acrescentada. Embora a remoção da obstrução das estradas e das minas, durante a primeira noite, houvesse consumido mais tempo do que o previsto — de modo que o ataque a Meirun e a Gish, originariamente planejado para a noite, foi realizado ao alvorecer — a força do leste progrediu bem em seu caminho para Sasa, durante a manhã de 29, havendo conquistado duas vilas logo ao sul da cidade e repelido um batalhão regular sírio, que se deslocara durante a noite, o qual foi atacado e em grande parte destruído — quase antes que tivesse tempo para ocupar as posições que lhe haviam sido designadas. O inimigo fora apanhado de surpresa.

Ao mesmo tempo, as duas fintas do sul e do sudoeste haviam, ambas, obtido sucesso e fracassado. Obtiveram êxito em convencer Kaukji de que ali estava o esforço real, mas fracassaram em aferrar forças nessa frente, pois Kaukji deu, apressadamente, ordens para uma retirada para o norte da estrada de Acre, isto é, para a região que continha nosso objetivo principal. As unidades em retirada foram, porém, de pouca valia nessa região.

A força de oeste fracassou na conquista de Tarshiha durante aquela noite (28 para 29), provocando como resultado que algumas vilas, que já se haviam rendido, se voltaram então contra as forças ocupantes, mais para terem um álibi, no caso de Kaukji ser bem sucedido, do que por qualquer outro motivo.

Nas primeiras horas da noite seguinte, (29 para 30), Sasa foi conquistada, após o que as forças de Kaukji evacuaram Tarshiha, que foi ocupada no dia 30, no começo da manhã. Algumas horas mais tarde foi realizada a junção entre elementos avançados das forças de leste e de oeste, embora não tivesse sido suficientemente eficaz para impedir que considerável número de soldados árabes rompesse o cerco e atravessasse a fronteira do Líbano. O que se seguiu foi rotina — a perseguição não somente limpou toda a Alta-Galiléia até a fronteira imposta à Palestina, ao norte, mas levou algumas de nossas unidades ao interior do Líbano, no Wadi Dubbe.

Por volta das seis horas do dia 31, menos de sessenta horas após o início, a "Operação Hiram" estava terminada, com quase nenhuma baixa para os atacantes.

ÍNDICE ALFABÉTICO

ÍNDICE DAS DEDUÇÕES

Coleção "GNOSE"

Volumes publicados:

1.	*As Grandes Religiões*	Félicien Challaye
2.	*As Sociedades Secretas*	Herman e Georg Schreiber
3.	*Fenômenos Ocultos*	Zsolt Aradi
4.	*O Poder da Meditação Transcendental*	Anthony Norvell
5.	*O Poder das Forças Ocultas*	Anthony Norvell
6.	*A Bíblia Estava Certa*	H. J. Schonfeld
7.	*O Ensino das Mahatmas (Teosofia)*	Alberto Lyra
8.	*Mistérios Cósmicos do Universo*	Adrian Clark
9.	*A Evolução Divina da Esfinge ao Cristo*	Édouard Schuré
10.	*Raízes do Oculto — A Verdadeira História de Madame H. P. Blavatsky*	Henry S. Olcott
11.	*O Budismo do Buda*	Alexandra David-Neel
12.	*Diálogos de Confúcio*	
13.	*A Sugestão Mental*	J. Ochorowicz
14.	*A Magia e o Diabo no Século XX*	Alberto Lyra
15.	*Catecismo Budista*	Henry S. Olcott
16.	*Além da Razão — O Fenômeno da Sugestão*	Jean Lerède
17.	*Os Grandes Iniciados*	Édouard Schuré
18.	*A Arca da Aliança*	Michel Coquel
19.	*Os Caminhos do Graal*	Patrik Rivière
20.	*Os Mistérios da Rosa-Cruz*	Christopher McIntosh
21.	*Zoroastro — Religião e Filosofia*	Paul du Breuil
22.	*Qabalah — A Doutrina Secreta dos Judeus Numa Perspectiva Ocidental*	Alberto Lyra
23.	*A Alquimia e Seus Mistérios*	Cherry Gilchrist
24.	*O Poder da Magia*	Israel Regardie
25.	*Reencarnação e Imortalidade*	Alexandra David-Neel
26.	*A Religião Astral dos Pitagóricos*	Louis Rougier
27.	*Tao Te King/I Ching — O Caminho do Sábio*	Sérgio B. de Brito
28.	*A Franco-Maçonaria*	Robert Ambelain
29.	*A Ciência Sagrada dos Números*	Tuball Kahan
30.	*O Mistério de Jesus*	Vamberto Morais
31.	*A Meditação pela Yoga*	Vamberto Morais
32.	*Retorno ao Centro*	Bede Griffiths
33.	*O Pensamento Védico*	Carlos Alberto Tinôco
34.	*A Primeira Comunidade Cristã e a Religião do Futuro*	Vamberto Morais
35.	*Psicologia Oriental — Os Sete Raios*	Padma-patra
36.	*O Tarô Esotérico — O Livro de Toth*	Julio Peradejordi
37.	*O Sobrenatural Através dos Tempos*	Marc André R. Keppe
38.	*Os Cátaros e o Catarismo*	Lucienne Julien
39.	*Santa Verônica e o Sudário*	Ewa Kuryluk
40.	*O Sentido da Vida*	Vamberto Morais
41.	*O Povo do Segredo*	Ernest Scott
42.	*Meditação ao Alcance de Todos*	Henepola Gunarátana
43.	*A Deusa da Compaixão e do Amor*	John Blofeld
44.	*A Religião do Terceiro Milênio*	Vamberto Morais
45.	*O Poder do Som — Mantra Yoga*	Padma-patra

Biblioteca "PARAPSICOLOGIA"

Volumes publicados:

1.	*Nas Fronteiras da Ciência e da Parapsicologia*	Alfred Still
2.	*Novas Fronteiras da Mente*	J. B. Rhine
3.	*Os Poderes Secretos do Homem*	Robert Tocquet
4.	*Telepatia — Experiências Modernas*	S. G. Soal/F. Bateman
5.	*Parapsicologia Atual: Fatos e Realidade*	Milan Ryzl
6.	*Paragnose do Futuro*	Adelaide P. Lessa
7.	*Parapsicologia ao Alcance de Todos*	Rodney Marsden
8.	*O Modelo Energético do Homem*	Newton Milhomens
9.	*Fotos Kirlian — Como Interpretar*	Newton Milhomens
10.	*Poltergeist — Fenômenos de Psicocinesia Espontânea*	Carlos Alberto Tinoco
11.	*Parapsicologia, Psiquiatria, Religião*	Alberto Lyra
12.	*Vida Após a Morte*	D. Scott Rogo
13.	*A Mente e a Matéria*	D. Scott Rogo
14.	*As Casas Mal-Assombradas*	A. Pércia de Carvalho
15.	*A Mente — Uma Energia Cósmica Viva e Atuante*	Newton Milhomens
16.	*Parapsicologia e Ciência*	Carlos Alberto Tinoco
17.	*Esoterismo, Parapsicologia, Psicologia*	Newton Milhomens
18.	*Além da Realidade*	D. Scott Rogo
19.	*Milagres*	D. Scott Rogo
20.	*A Inteligência no Poltergeist*	D. Scott Rogo
21.	*Vida, Universo e Mente*	Newton Milhomens

Este livro foi impresso a partir de
fotolitos fornecidos pelo cliente,
pela Ferrari Editora e Artes Gráficas
em Agosto de 2005